해양경찰법체계

손영태 저

Legal System in Korea

Coast Guard Relevant Laws

Profile

손영태

국립경상대학교 해양과학대학 기관공학과 졸업(공학사)
서울디지털대학교 경찰학과(법학 복수전공) 졸업(경찰(법)학사)
목포해양대학교 일반대학원 해양경찰법학과 해양경찰법학 전공(법학석사)
동국대학교 일반대학원 법학과 범죄수사법 전공(법학박사)
(현) 한국해양경찰학회 이사
선박안전기술공단 책임검사원(기관검사원) 재직 중

해양경찰법체계

2013년 9월 16일 초판 1쇄 발행
2013년 12월 5일 초판 2쇄 발행

지은이 | 손영태
펴낸이 | 김종욱
펴낸곳 | 지식인공동체 지식인
등 록 | 제301-2013-134호
주 소 | 서울시 중구 서애로5길 12-20 성운빌딩 402호
전 화 | 02)2266-8606
팩 스 | 02)2266-8607
E-mail | jisikin2013@naver.com

ISBN 978-89-98591-08-3 (93350)

값 23,000원

*저자와의 협의 하에 인지는 생략합니다.

해양경찰법체계

머리말

본 저서는 저자의 박사학위 논문("해양경찰 법체계의 개선방안에 관한 연구", 동국대학교 일반대학원, 2013)을 기반으로 하여 현재 대학에서 해양경찰학을 전공하고 있는 많은 해양경찰학도들에게 우리나라 해양경찰의 현주소를 보다 체계적으로 전달하고자 집필되었다.

지금까지 경찰조직과 관련한 기존의 각종 문헌을 살펴보면, 해양경찰을 배제하고 있는 경향을 보이고 있다. 또한 항상 국방부 소속의 헌병대 등과 같은 특별경찰집행기관으로 간주되어 일반적 경찰기관으로서의 논점으로는 거론되고 있지 않다. 하지만 해양경찰은 우리나라 「정부조직법」상 엄연히 육상경찰과 대등한 경찰조직으로서의 위치를 가진다. 따라서 여러 문헌에서 육상경찰에 한해 언급되고 있는 일반적 이론 중 해양경찰의 입장을 반영하여 재구성이 필요한 부분에 대해 이론적 · 법률적 측면에서 자세히 피력하고자 하였다.

현재 해양경찰은 1953년 창설될 당시보다 조직의 규모뿐만 아니라 기능적 역할에서 상당한 성장을 보이고 있다. 하지만 60여 년이 지난 지금까지 육상경찰과는 달리 해양경찰을 대표하는 조직법 및 작용법에 대한 근거 없이 직무를 수행하고 있는 것이 현실이다. 비록 최근에 해양경찰의 작용법적 성격을 내포한 「해양경비법」을 제정하여 운영하고는 있으나, 이는 해양경찰의 직무범위 모두를 포함하지 못하고 있으며 매우 제한적으로 운영되고 있어 해양경찰의 대표적 작용법으로서의 역할에 못미친다 할 것이다.

이러한 내용들을 바탕으로 본 저서에서는 해양경찰의 이론적 개념 정립은 물론 해양경찰 법체계의 재정비를 위한 필요성 및 당위성 등 개선방안에 관한 전반적인 내용을 학문적 · 제도적 측면에서 구체적으로 제시하여 해양경찰과 관련한 법체계를 확립하기 위한 역할에 충실하고자 노력하였다.

일반적으로 국가기관의 제도적 문제점에 대한 개선방향 등을 논하고자 할 때는 대부분 외국 유사기관의 입법례를 비교 · 분석하여 개선점의 대안으로 제시하는 경향이 짙다. 우리나라 해양경찰청과 비교해서 유사한 외국의 해양경찰기관으로는 미국의 해안경비대와 일본의 해상보안청 등이 이에 해당한다. 하지만 본 저서에서는 해양경찰 법체계의 미흡하고 불합리한 점 등을 제도적 측면에서 사실적으로 분석하여 해양경찰과 관련한 법체계의 개선방안을 마련하기 위한 대상으로 주요국가의 해양경찰제도를 대상으로 하지 않고, 국내 중앙행정기관으로 「정부조직법」 제34조제4항에서 규정하고 있는 안전행정부 소속 '경찰청'을 대상으로 이와 관련한 법제(「정부조직법」, 「경찰법」 및 「경찰관직무집행법」 등)를 중심으로 하였다.

왜냐하면, 우리나라의 국가경찰기관은 「정부조직법」상 경찰청과 해양경찰청이 전부이고, 업무적 성격을 제외하면 대등한 위치의 중앙행정기관이나 조직의 설립 근거 및 직무수행과 관련한 법체계에 있어서는 상당한 차이를 보이고 있기 때문이다. 또한 우리나라 해양경찰 법체계를 정립하는데 있어 외국의 입법례를 통한 접근보다는 국내 유사기관과의 비교 · 분석을 통한 개선방안의 마련이 더 실질적인 대안(對案)이라 보았기 때문이다.

단지 주요국가의 해양경찰기관에 대한 분석은 우리나라 해양경찰 법체계를 재정비해야만 하는 필요성을 강조하기 위한 수단적 방안으로 제시하였다.

이상의 내용을 배경으로 해양경찰 법체계의 개선방안에 대해 구체적인 논거를 제시하고자 한다.

경찰은 일선에서 국가의 안전보장과 사회질서를 유지하는 조직이다. 그리고 사회질서를 유지하기 위하여 필요한 경우 국민의 권리나 이익을 제한 또는 박탈하거나 일정한 의무를 부과하는 등 형사사법권을 행사하는 기관으로 이는 해양경찰도 육상경찰과 마찬가지이다. 다만, 해양경찰의 주요업무는 해양범죄 예방 및 단속을 통해 해상치안을 확보하고 불법조업이나 밀수 등을 통제함으로써 해양주권을 수호하는 것은 물론 해양오염방제 및 해양환경보전 등의 해양보호활동에 힘쓰고 있다.

뿐만 아니라 안전한 해양관광, 레저활동이 보장받을 수 있도록 해상교통 안전관리를 위해 노력하고 있으며, 해양사고 발생 시 경비구난 업무를 수행하고 있다. 특히 국제 성범죄에 효과적으로 대응하기 위하여 국제교류 협력을 강화하는 등 육상경찰과는 업무영역과 기능면에서 분명한 차이가 있다.

육상경찰은 조직의 관리 · 운영과 효율적인 임무수행을 위하여 기본조직 및 직무범위 등을 규정한 「경찰법」과 육상경찰의 직무수행에 필요한 사항을 규정하고 있는 「경찰관직무집행법」을 두고 있어서 경찰조직으로서의 기본적인 법체계를 구비하고 있다. 그러나 육상경찰과는 달리 해양경찰은 조직구성과 경찰활동의 근거를 독립된 개별법이 없이 「정부조직법」에 극히 개괄적으로 규정되어 있을 뿐이다.

최근 해양경찰의 작용법이라고 할 수 있는 「해양경비법」이 제정되어 시행되고 있지만 여러 가지 논점에서 미흡한 부분이 있다. 한편, 동법이 제정되기 전까지 해양경찰의 직무수행에 필요한 사항은 업무영역이나 기능면에서 차이가 있는 육상경찰의 「경찰관직무집행법」을 60여 년 동안 준용하여 왔다. 또한 「해양경비법」의 적용범위를 제외한 업무영역에서는 여전히 「경찰관직무집행법」을 따르고 있는 실정이다.

따라서 육상경찰과 차이가 있는 해양경찰의 환경과 업무특성 등에 기초하여 해양경찰에 합당한 조직구성과 해양경찰의 직무활동의 근거가 되는 법률의 제정 또는 개정의 필요성을 논증하고 입법의 방향성을 제시하였다. 즉 해양경찰이 육상경찰과 대등한 지위를 가지는 정부기관이면서도 업무의 성격에서는 분명한 차이를 보이고 있기 때문에 관련 법체계에서도 이러한 차이가 반영되어야 한다는 것이 필자의 입장이다. 하지만 아직까지 해양경찰은 현실적으로 국가나 정치적 관심의 대상에서 다소 배제된 경향을 보이고 있으므로 향후 해양경찰 관련 법체계를 정비할 경우 본 저서가 조금이나마 길라잡이로서의 작은 기여를 하길 바라는 마음이다.

본 저서를 마무리하면서 필자의 박사과정 지도교수님으로 항상 진심어린 조언과 격려를 아끼지 않으시고 바른 길로의 인도와 지혜를 가르쳐주신 동국대학교 박병식 교수님을 비롯하여 언제나 따뜻한 가르침과 함께 응원을 아끼지 않으신 용인대 정용기 교수님, 그리고 저자의 박사학위 논문을 지도해 주신 경찰대 이기호 교수님, 해양경찰청 구자영 과장님, 해군 헌병대 김영수 대령님께도 깊은 감사를 드립니다. 또한 여기까지 올 수 있도록 초년의 꿈을 심어주신 경상대학교 노기덕 교수님, 목포해양대학교 박성일 교수님, 이창희 교수님, 임채현 교수님, 대전대학교 이봉한 교수님, 조선대학교 김종구 교수님께도 감사를 드립니다. 뿐만 아니라 아낌없는 응원과 격려를 보내주신 동국대학교 대학원(범죄수사법 연구) 원우님들과 본 저서가 출판될 수 있게 도와주신 도서출판 지식인의 사장님께도 고마움을 전합니다.

끝으로, 오늘의 제가 있도록 해주신 부모님, 형님, 형수님, 조카들 그리고 장인어른, 장모님, 처제들, 더욱이 어려운 환경에서도 남편을 끝까지 지켜봐주고 뒤에서 소리 없이 도와준 아내 하영과 우리 늦둥이 아들 건회에게도 감사의 마음을 전합니다.

2013년 9월

저자 **손영태**

차 례

제3편 주요국가의 해양경찰제도는? 147

제4편 해양경찰조직법은 마련되어야 하는가? 211

표차례

그림차례

제1편

해양경찰의 대표적 조직법 및 작용법은?

경찰권의 행사는 법률에 근거해야 하고, 우리나라 국가경찰조직인 육상경찰뿐만 아니라 해양경찰에게도 동일하게 요구되는 조건이다.

육상경찰은 조직구성과 경찰활동의 법적 근거로 조직법인 「경찰법」과 작용법인 「경찰관직무집행법」을 두고 경찰조직으로서의 기본적인 법체계를 갖추고 있다. 하지만 해양경찰은 육상경찰과 대등한 경찰기관이지만 법적 근거에 있어서는 상당한 차이를 보인다.

국가에서도 육상경찰과 해양경찰을 운영하는데 있어 제도적 차이를 두는 이유를 명확히 설명하지 못하고 있다. 또한 학계 등 일부 연구기관에서도 해양경찰 관련 법제의 개선방안에 대해 구체적으로 접근한 사례는 전무하다.

「해양경비법」이 제정되기 이전 해양경찰은 대부분의 모든 직무를 수행하는데 있어 「경찰관직무집행법」을 준용했다. 이는 법률의 포괄적 해석과 사회 통념적으로 합당하면 국가는 국민에게 공권력을 행사할 수 있다는 것을 보여준 사례이다.

해양경찰은 육상경찰의 직무를 수행하는데 있어서의 대표적 조직법인 「경찰법」과 대표적 작용법인 「경찰관직무집행법」과 같은 근거법률 없이도 지금까지 관련 직무를 수행해 왔다. 이에 대한 확인은 현행 「경찰법」과 「해양경비법」이 제정되기 전부터 육상경찰과 해양경찰은 국민에게 경찰권을 행사해 왔다는 사실에서도 쉽게 알 수 있다. 참고로 「경찰법」은 「경찰관직무집행법」이 제정된 이후 약 39여 년 뒤에 제정되었으며, 「해양경비법」은 해양경찰이 창설된 지 약 60여 년이 지난 시점에서야 비로소 제정되었다.

육상경찰과 해양경찰이 창설된 이후 수십 년 만에 뒤늦게 「경찰법」과 「해양경비법」은 각각 제정되었다. 또한 각각의 법률은 제정이유를 명확히 제시하고 있는데, 이는 국가경찰기관에 대한 국민적 요구사항이 무엇이며, 국가 차원에서 이러한 법률을 제정할 수밖에 없었던 입장을 짐작할 수 있다.

제1장

Legal System in Korea Coast Guard Relevant Laws

해양경찰 법체계의 현주소

제1절 해양경찰 법체계의 개요

경찰은 국가의 안전보장과 사회질서 및 공공복리를 위해 우리사회의 최일선에 위치한다. 또한 공공의 안녕과 사회질서를 유지하기 위하여 필요한 경우 국민의 권리나 이익을 제한 또는 박탈하거나 국민에게 새로운 의무를 부과하는 등의 형사제재를 행사할 수 있다. 하지만 경찰권의 행사는 법률에 근거해야 하고, 국민의 기본권 제한도 자유와 권리의 본질적인 내용을 침해할 수 없다는 헌법의 정신에 입각해야 한다. 우리나라 경찰조직인 육상경찰뿐만 아니라 해양경찰[1]에게도 동일하게 요구되는 조건이다.

육상경찰은 조직구성과 경찰활동의 법적 근거로 조직법인 「경찰법」과 작용법인 「경찰관직무집행법」을 두고 경찰조직으로서의 기본적인 법체계를 갖추고 있다. 그러나 해양경찰은 조직의 구성과 활동에 필요한 법적 근거를 육상경

1) 안전행정부 소속의 '경찰청'과 해양수산부 소속인 '해양경찰청'이라는 구별에 따라 각각 '일반경찰'과 '해양경찰'이라고 하는 견해가 있다(권영호 · 고헌환, 『해양경찰법』, 제주대학교출판부, 2010, 12면; 이상집 외 6인, 『해양경찰학개론』, 한국해양대학교, 2006, 1면). 현행 「국가공무원법」 제2조제2항제2호에서는 경찰공무원을 특정직공무원으로 구분하고 있는데 경찰청과 해양경찰청 소속의 경찰직 공무원을 모두 포함하는 개념이다. 또한 「국가공무원법」 제2조제2항제1호에서 기술 · 연구 또는 행정 일반에 대한 업무를 담당하는 공무원을 일반직공무원으로 규정하고 있다. 결론적으로 안전행정부 소속의 경찰관을 일반경찰이라고 하는 것은 법규정과도 일치하지 아니하고, 해양경찰청은 일반적인 경찰업무가 아닌 경찰청 업무 중에서 특수한 직무만을 담당하는 것처럼 보일 수 있으므로 적합한 구분이라 할 수 없다. 따라서 본 저서에서는 경찰청과 해양경찰청의 업무수행 영역(범위)을 기준으로 '육상경찰'과 '해양경찰'로 구분하여 칭하기로 한다.

찰과는 달리 독립된 개별법이 없이 「정부조직법」 제43조제2항[2])에 극히 개괄적으로 규정되어 있을 뿐이다. 즉 육상경찰과 해양경찰은 대등한 경찰기관이지만 법적 근거에 있어서는 상당한 차이를 보인다. 하지만 국가에서는 육상경찰과 해양경찰을 운영하는데 있어 제도적 차이를 두는 이유를 명확히 설명하지 못하고 있다.

그리고 해양경찰의 작용법으로는 최근 제정된 「해양경비법」[3])이 시행되고 있지만, 수십 년 동안 육상경찰의 「경찰관직무집행법」이나 관련 타 부처의 법률에 상당부분 의존해 왔다. 이와 관련해서 「경찰관직무집행법」은 육상경찰의 작용법으로 해양경찰의 직무수행에 적합한 제도적 장치가 아니라는 문제점 또한 동시에 지속적으로 제기되어 왔다.[4]) 결국 해양경찰이 「경찰관직무집행법」을 준용했다는 것은 법률의 포괄적 해석과 사회 통념적으로 합당하면 국가는 국민에게 공권력을 행사할 수 있다는 사례를 보여준 것이다. 물론 국민들도 해양경찰의 경찰권 행사에 대한 적법성에 대해 논하지 않으며 직접적인 체감도 하지 못한다.

뿐만 아니라 국가도 대수롭지 않게 여겼던 것이다. 학계 등 일부 연구기관에서 해양경찰 관련 법제에 대한 개선점을 언급하고는 있으나, 구체적으로 접근한 사례는 전무한 실정이다.

더욱이 「해양경비법」은 많은 제도적 문제점을 내포하고 있는 「경찰관직무집

2) 「정부조직법」 제43조(해양수산부) ② 해양에서의 경찰 및 오염방제에 관한 사무를 관장하기 위하여 해양수산부장관 소속으로 해양경찰청을 둔다.

3) 「해양경비법」은 경비수역에서의 해양안보 확보, 치안질서 유지, 해양자원 및 해양시설 보호를 위하여 해양경비에 관한 사항을 규정함으로써 국민의 안전과 공공질서의 유지를 목적으로 2012년 2월 22일 제정(법률 제11372호)되어 2012년 8월 23일부터 시행되고 있다.

4) 권영호 외, 앞의 책, 215~216면; 박찬호, 수요자 및 유관기관, "해양경비에 관한 법률 제정 공청회 자료", 해양경찰청, 2010, 34면; 박상희, "해양경찰법제 정비의 기본방향", 「한국해양대학교 국제해양문제연구소 2006년 연례 학술심포지엄 자료」, 2006, 63면; 이상집 외, 앞의 책, 166면. 물론 이러한 입장은 「해양경비법」이 제정되기 이전의 주장이기는 하나, 해양경찰의 업무 전반에 대한 특성들을 면밀히 살펴본다면 해양경찰이 직무를 수행하는데 있어 「경찰관직무집행법」을 무조건적으로 수용하기보다는 종합적인 검토가 필요하다.

행법」을 일부 그대로 따르고 있으며, 적용범위에 있어서도 해양경찰의 직무범위를 포괄적으로 담고 있지 못하고 있다. 따라서 「해양경비법」을 현시점에 맞게 개정하여 단기적으로 운영할 수 있는 개선방안을 마련하고, 더 나아가 해양경찰의 직무를 전체적으로 수행하기 위한 장기적인 계획수립이 필요하다.

해양경찰은 육상경찰의 직무를 수행하는데 있어서의 대표적 조직법인 「경찰법」과 대표적 작용법인 「경찰관직무집행법」과 같은 근거 법률 없이도 직무수행에 있어서의 별다른 어려움이 없다. 또한 경찰권을 행사하는데 있어서도 법적인 문제점은 없다 할 것이다. 물론 해양경찰의 직무수행이 법적 근거 없이 행해졌다는 것은 아니다. 이는 현행 「경찰법」과 「해양경비법」이 제정되기 전부터 육상경찰과 해양경찰은 국민에게 경찰권을 행사해 왔다는 사실에서도 쉽게 알 수 있다.

그러나 육상경찰과 해양경찰이 창설된 이후 수십 년 만에 뒤늦게 「경찰법」과 「해양경비법」은 각각 제정되었고, 제정이유를 통해 국가경찰기관에 대한 국민적 요구사항이 무엇이며 국가 차원에서 이러한 법률을 제정할 수밖에 없었던 입장을 짐작할 수 있다. 만약 「경찰법」과 「해양경비법」을 제정과 관련한 명확한 이유가 없다면 법제정의 실익은 사실상 없는 것이다.

「경찰관직무집행법」[5]보다 39여 년 뒤인 1991년에 제정된 「경찰법」의 제정이유를 살펴보면 '경찰의 민주적인 관리운영과 효율적인 임무수행을 위하여 …(중간생략)… 경찰의 임무인 국민의 생명과 재산의 보호 및 공공의 안녕과 질서유지에 충실할 수 있도록 그 임무를 명확히 하고 직권을 남용하지 못하도록 하여 국민의 자유와 권리를 최대한 보장함으로써 경찰에 대한 국민의 신뢰를 회복하고…(이하생략)'이라고 하고 있다.[6] 그리고 해양경찰이 1953년 창설된

---

5) 1953년 12월 14일 제정된 「경찰관직무집행법」의 제정이유로는 '경찰관이 국민에 대한 생명 · 신체 · 재산의 보호, 범죄의 예방, 공안의 유지, 기타 법령집행 등의 직무를 수행하도록 하기 위하여 필요한 사항을 정하는 것'으로 하고 있다(법제처, 법률검색, 2013.6.22. 방문. 〈http://www.law.go.kr〉).

6) 법제처, 법률검색, 2013.6.22. 방문. 〈http://www.law.go.kr〉

이래 60여 년이 지난 2012년 2월 22일 제정된 「해양경비법」의 제정이유를 살펴보면 '급변하는 해양환경의 변화에 능동적으로 대처하여 해양안보를 수호하고 …(중간생략)… 해양경비 업무수행에 관한 법적인 근거를 마련함으로써 해양에서 국민의 안전과 공공질서 유지에 이바지하려는 것'으로 그 이유를 밝히고 있다.[7)]

하나같이 공공(국민)의 안전과 질서유지 그리고 경찰권 행사의 법적 근거마련을 법률 제정의 이유로 거론하고 있다. 차이점은 경찰권 행사의 근거법으로 육상경찰은 조직법을, 해양경찰은 작용법을 각각 창설된 지 40~60여 년이 지난 후에 비로소 제정된 것이다.

이는 국민에 대한 침해의 소지가 있는 행정을 집행할 경우, 즉 국가기관의 침해행정[8)]은 명확한 법적 근거를 제공하지 않으면 결국 한계에 직면한다는 것을 설명하기에 충분하다. 특히 경찰권 행사의 근거법으로 작용법과는 별도로 조직법을 반드시 수반해야 한다는 중요한 대목이다.[9)] 즉 헌법의 포괄적인 법

---

7) 법제처, 법률검색, 2013.6.22. 방문. 〈http://www.law.go.kr〉

8) 일반적으로 행정이란 국가통치 작용 중 입법 · 사법 작용을 제외한 국가작용을 말하는 것으로 행정의 정확한 범위 획정(劃定)은 각국의 헌법과 정치 · 행정문화가 결정하는 현실적 권력분립 구조에 따라 달라질 뿐만 아니라 오늘날 행정부가 하는 일은 국방 · 치안 · 교정(矯政) · 조세 등 전통적이고 권력적인 것으로부터 물가통제 · 방역활동 · 도시계획 · 청소 · 공공사업 · 생활보호 등의 새롭고 권력적인 것에 이르기까지 지극히 다양하다 할 것이다. 또한 이같은 행정의 종류 중에는 상대방인 국민에 대한 효과를 기준으로 법적 제재조치를 취하는 침해행정(侵害行政)이 있는데, 이러한 침해행정을 행사하는데 있어서의 일정한 행정권의 발동은 법률에 근거하여 이루어져야 한다는 공법상 원칙인 법률유보의 원칙을 따르도록 하고 있다(네이버 검색사이트, 지식검색, 2013.6.22. 방문. 〈http://www.naver.com〉). 이와 같은 이론은 경찰이 사회공공의 안녕과 질서에 대한 위험방지를 위하여 국민에게 명령 · 강제 등을 행사하는 권력적 · 침익적 작용인 경찰권에 있어서도 마찬가지로 적용될 것이므로 경찰권 행사 또한 일종의 침해행정이라 할 수 있다. 따라서 본 저서에서 언급하고 있는 '침해행정'에 대한 용어는 이와 관련한 각종 학설은 고려하지 않고, 단지 경찰권 행사를 하는데 있어 공공의 안전과 질서유지를 위하여 개인의 기본권을 제한한다는 의미로 사용하였다.

9) 경찰권 행사에는 반드시 법률적 근거, 즉 법률의 수권이 있어야 하는 것은 먼저 조직법에 의한 수권이 필요하고, 나아가 작용법에 의한 수권을 요구하게 된다(김상호 외 8인, 『경찰학개론』, 법문사, 2005, 288면). 그러나 우리나라 육상경찰은 대표적 작용법인 「경찰관직무집행법」이 제

적 이념을 바탕으로 구체적인 법률 제정을 통해 국민에게 법적 안정성을 명확히 제공하고, 국가기관으로서의 신뢰를 확보하기 위해서는 조직법과 작용법이 함께 마련되어야 하는 것이다. 단순히 조직의 효율적인 운영이나 직무상의 이유보다 훨씬 고차원적인 법적 취지를 가진다.

본 저서는 해양경찰이 육상경찰과 대등한 국가기관임에도 불구하고 제도적으로 미흡한 점에 대한 개선 또는 보완이 필요하다는 주장만을 내세우는 것은 아니다. 해양경찰은 육상경찰과 비교해서 업무영역과 기능면에서 확연한 차이가 있고, 또한 경찰권 행사에 대한 명확한 조직법의 부재는 결국 국민의 권리를 침해할 소지가 있다는 관점에서 접근하였다. 궁극적으로 조직법이나 작용법 제정은 조직을 효율적으로 운영하고 관리하는 측면 이외 경찰권 행사의 근거를 명확히 하여 직권의 남용을 방지함으로써 국민의 자유와 권리를 최대한 보장하는 헌법정신이 기본이념으로 수반되어야 한다.

해양경찰이 규모면에서의 외형적 성장이 아닌 실질적으로 성숙된 조직으로 발전하기 위해서는 법률로써의 제도적 보완과 지속적이고 꾸준한 학계 등의 관심이 꼭 필요하다. 그러기 위해서는 해양경찰 내부조직의 적극적인 대응체계 구축뿐만 아니라 국가적 · 정치적 차원에서의 지원 · 관심과 함께 여러 단체로부터 해양경찰 법체계의 개선발전을 위해 다양한 연구활동 등이 서로 상호보완관계를 이룰 수 있는 분위기 조성이 먼저 수반되어야 한다.

우리나라 해양경찰은 육상경찰에 비해 위상이 낮은 편이라고 할 수 있는데, 이는 업무의 특성상 정치적 · 사회적 관심을 받기가 어려운 환경에 놓여 있기 때문인 것으로 보인다. 해양환경은 지리적으로 제한적이고 특수하여, 대부분의 국민과는 직접적으로 접촉할 기회가 드문 업무환경을 가진 곳이다.[10] 따라서 국가나 정치권의 관심에서 배제되는 경향은 자연스러운 현상일 수 있다. 한편,

---

정된 이후 조직법인 「경찰법」이 제정되었다. 이는 해양경찰에 시사하는 바가 크다 할 것이다.

10) 학계에서도 경찰 관련 법률의 개선을 위한 대부분의 노력은 육상경찰의 제도적 측면만을 위주로 이루어지고 있는 실정이다.

이러한 외부적 여건의 영향으로 인해 해양경찰 내부에서도 제도적 변화에 대한 필요성을 크게 인식하지 못하고 있을 수 있다.

결국 이러한 주변의 사회적 환경은 해양경찰 법체계를 개선하는데 있어 부정적 요소로 작용할 수밖에 없다. 또한 경찰권 행사의 원칙과 한계를 명확히 규정하기 위한 조직법과 경찰권 행사의 근거에 필요한 작용법을 충족하여 국민의 자유와 권리를 보장하기 위한 제도를 마련하는데 있어 바람직하지 못한 결과를 가져올 수 있다. 따라서 국가적 · 정치적 차원뿐만 아니라 여러 학계 등의 지속적인 관심과 노력이 필요하다.

지금까지의 여러 문헌을 살펴보면, 육상경찰과 해양경찰을 같은 경찰기관이라는 관점에서 육상경찰의 거론만으로도 해양경찰을 포함해서 수용할 수 있다는, 일명 '열역학 제0법칙'[11]과 같은 역학적 논리의 접근이 상당부분 내포되어 있는 것 같다. 또한 경찰의 개념정립 등에서 해양경찰에 대해 무조건적인 배제로 일관하는 것으로 보인다. 이는 해양경찰을 육상경찰로부터 독립된 조직임을 부정하고, 역사적으로 해양경찰이 육상경찰의 소속으로 일종의 경과(警科)[12] 정도의 위치에 있다는 시각에서 벗어나지 못하고 있는 것으로 보여진다.

---

11) 열역학 제0법칙(the zeroth law of thermodynamics, 熱力學第零法則): 물체 A와 B가 다른 물체 C와 각각 열평형을 이루었다면 A와 B도 열평형을 이룬다. 즉 한 물체 C와 각각 열평형 상태에 있는 두 물체 A와 B는 서로 열평형 상태에 있다. 다시 말해 계(系)의 물체 A와 C가 열적 평형상태에 있고 B와 C가 열적 평형상태에 있으면, A와 B도 열평형상태에 있다는 법칙이다(노건상, 『오픈열역학』, 태훈출판사, 2012, 8~9면; 엄기찬, 『기계중심의 열역학』, 북스힐, 2011, 7~8면).

12) 현행 「경찰공무원법」 제3조(경과구분) 제1항에서는 경찰공무원 직무의 종류에 따라 '경과(警科)'를 구분하고 있으며, 같은 법 동조 제2항에서는 구체적인 사항을 대통령으로 정한다고 규정하고 있다. 경찰공무원의 경과와 관련한 내용을 살펴보면 다음과 같다. 「경찰공무원임용령」 제3조(경과 및 특기) 제1항에서는 1. 일반경과, 2. 수사경과, 3. 보안경과, 4. 특수경과로 구분하고 있으며, 특수경과는 다시 해양경과, 운전경과, 항공경과, 정보통신경과로 구분하고 있다. 「경찰공무원법」 상의 경과 구분은 육상경찰과 해양경찰 모두 다에게 적용될 수 있다고 보아야 한다. 하지만 해양경찰의 경과는 「해양경찰청 소속 경찰공무원 임용에 관한 규정」 제1조의2(경과부여)에서 1. 해양경과, 2. 항공경과, 3. 정보통신경과, 4. 특임경과로 구분하고 있어 대부분 육상경찰의 특수경과에만 해당한다. 하지만 이는 적절한 구분이라 할 수 없다. 왜냐

즉 해양경찰의 업무적 특성을 전혀 고려하지 않은 것이다.

현재 해양경찰은 엄연히 육상경찰과는 제도적으로 각각의 중앙부처 외청으로서의 독립적인 위치에 있다. 또한 육상경찰과 해양경찰은 과거 같은 소속으로 상호 유사점이 다소 존재하고 있어 국가경찰기관으로서의 대등한 요소를 발견할 수 있다. 뿐만 아니라 주요업무의 범위에 있어서도 과거에 비해 여러 분야에서 다양한 기능적 역할을 수행하고 있다. 해양경찰은 직무의 특성상 육상경찰과는 다르게 국제법적으로도 중요한 위치에 있으므로 해양경찰의 조직에 대한 정체성 및 명확성을 확립하는 것은 그 어느 때보다도 중요한 시점이다. 그리고 해양경찰에 대한 사실적 재조명은 국가가 관심을 가지고 수행해야 하는 과제 중 하나이다.

해양경찰은 과거에 비해 상당한 조직적 발전을 거듭했다고 할 수 있으나, 이는 상대적으로 제도적 뒷받침이 부족한 비균형적 성장이다. 수십 차례 「정부조직법」의 개정과 시대별 정치권의 이해관계에 휘말려 많은 변화를 겪어오는 과정에서 해양경찰은 조직의 소속뿐만 아니라 신분의 지위가 바뀌는 등 조직의 정체성에 대해 명확한 근거 없이 혼란을 겪어왔다. 이는 해양경찰의 조직법이 마련되지 않은 상황에서는 현재까지 계속해서 진행되고 있다 할 것이다.

따라서 본 저서에서는 해양경찰과 관련한 기본적이고 근본이 될 수 있는 법체계를 분류하고 이에 대한 세부적인 방안을 모색해 보고자 한다. 그리고 해양경찰의 정체성 확립뿐만 아니라 국민에게 신뢰받는 행정기관으로서의 사회적 위치를 확고히 하기 위한 기초적이지만 근본적 대책방안을 제시하고자 한다.

하면, 해양경찰은 육상경찰과 마찬가지로 수사, 정보, 보안, 외사 이외 각 분야를 세분화하여 업무를 수행하고 있기 때문이다. 또한 해양경찰의 관할구역인 직무수행 영역은 해양뿐만 아니라 육상도 포함하고 있다(「해양경찰과 그 소속기관 직제 시행규칙」 제17조).

제2절 구성내용 및 선행연구 분석

Ⅰ. 구성내용

본 저서는 해양경찰조직법[13] 제정의 필요성과 「해양경비법」의 개정방향을 목적으로 수행되었다. 해양경찰은 육상경찰과 대등한 경찰기관임과 동시에 업무영역과 기능면에서 확연한 차이를 보이고 있는 국가조직이다. 하지만 해양경찰은 육상경찰과 달리 경찰조직으로서의 기본적인 법체계를 구비하고 있지 못하다. 또한 해양이라는 제한되고 특수한 지리적 환경과 육상경찰에 비해 상대적으로 사회적 이슈가 될 만한 관심을 받기 어려운 업무환경이다. 결국 이러한 점들은 해양경찰 법체계를 정비하는데 있어 사회적 필요성을 주장하기에 미흡한 외형적·환경적 요소가 될 수 있다. 아마도 정치권에서 해양경찰에 대한 관심을 두고 있지 않은 것도 이러한 이유 때문이라 본다.

따라서 본 저서에서는 해양경찰의 조직법이 마련되어야 하는 당위성과 필요성을 중점적으로 논거하고 조직법의 제정방향을 제시하고자 한다. 그리고 해양경찰의 작용법으로 최근 제정된 「해양경비법」의 개정방향을 중점으로 구체적으로 다루고자 한다. 특히 해양경찰조직법이 해양경찰의 업무특성상 별도의 조직법을 제정해야 한다는 추상적 이론 중심의 논거는 지양하고, 「정부조직법」 등 해당 실정법들을 근거로 사실적이고 체계적으로 분석하였다.

본 저서는 크게 총 6편으로 나누어 총 6장으로 편제되었다. 제1편은 본 저서의 개관으로 해양경찰의 대표적 조직법 및 작용법의 현주소에 대해 전반적으로 살펴보았다.

제2편에서는 육상경찰과 해양경찰이 각각의 독립된 경찰기관으로서의 대등

13) 본 저서에서 사용한 '해양경찰조직법' 용어의 의미는 해양경찰과 관련한 조직법의 법률명을 임시로 정하여 부르는 것(가칭)이 아니다. 단지 '해양경찰과 관련한 조직법'이라는 의미를 담고 있음을 미리 밝혀둔다.

한 위치에서 적절히 평가되고 있는지에 대해 이론적 · 제도적으로 자세히 다루었다. 이를 위해서 현재 여러 문헌 등을 통해 논거되고 있는 경찰의 개념, 경찰의 성격, 경찰의 이념 등이 해양경찰을 포함하고 있는지를 가급적 해양경찰 관련 법제 및 직무범위에서 발생될 수 있는 사례를 중심으로 논하였다. 또한 육상경찰과 해양경찰의 조직을 비교 · 분석했을 뿐만 아니라 해양경찰이 수행하고 있는 사회적 역할을 통해 총체적으로 살펴보았다.

제3편에서는 우리나라 해양경찰청과 유사한 업무를 수행하고 있는 몇몇 주요국가의 해양경찰제도에 대해 살펴보았다. 왜냐하면, 우리나라 해양경찰 법체계 개선의 필요성을 좀더 구체적으로 강조하기 위해서이다. 특히 설치근거가 된 법률의 구성이나 특징들을 중심으로 자세히 살펴보았다. 대상 국가는 일본 해상보안청 설립의 모델이 된 미국해안경비대의 제도적 특징들에 대해서 자세히 검토하였으며, 우리나라와 가장 유사한 문화적 특징과 법 감정을 가지고 있는 일본의 해상보안청을 중심으로 논하였다. 또한 우리나라 해양경찰청과의 비교를 통해 해양경찰의 현 위치를 파악하고, 우리 실정에 맞는 법제정비의 방향성을 제시하기 위한 기초자료로서의 검토과정을 거쳤다.

제4편에서는 해양경찰조직법의 필요성과 방향설정에 대해 구체적으로 논거하고, 포괄적인 입법 방향을 제시하였다. 이를 위해 육상경찰조직법의 현황 및 문제점을 살펴보고, 현행 해양경찰의 조직법으로 거론되고 있는 「정부조직법」이 조직법으로서의 충분한 자격을 갖추고 있는지에 대해서도 검토해 보았다. 또한 해양경찰의 조직법 부재로 인해 발생할 수 있는 문제점과 해양경찰에 대한 정치권의 동향에 대해서도 전반적으로 살펴보았다. 무엇보다도 해양경찰조직법 제정에 있어서의 사회적 당위성 및 필요성을 해양경찰의 직무범위, 관련 문헌 및 다른 중앙행정기관과의 관계 등을 통해 구체적으로 다루었다.

제5편에서는 해양경찰의 대표적 작용법인 「해양경비법」의 적정성 여부를 제시하기 위해 동법[14]의 문제점과 개정방향을 제시하였다. 이를 위해 육상경찰의 대표적 작용법인 「경찰관직무집행법」의 법적 성격에 대한 의미를 살펴보고,

제도적 문제점을 분석하였다. 또한 「경찰관직무집행법」을 준용하도록 한 몇몇 조항이 적합한지, 그 밖에 「해양경비법」이 입법과정에서 제대로 평가되었는지에 대해 구체적으로 분석하였다. 그리고 「해양경비법」 개정의 필요성 및 방향성에 대해서도 개별적 수권조항을 중심으로 제시함은 물론 장기적으로 개선되어야 할 부분도 간략히 언급하였다.

제6편은 본 저서의 마무리에 해당한다. 해양경찰은 육상경찰과 여러 면에서 분명한 차이가 있는 독자적인 중앙행정조직이므로 해양경찰의 조직체계를 규정하는 해양경찰조직법 제정은 반드시 필요하다는 주장을 이론적 · 제도적 측면에서 구체적으로 제시하였다. 또한 현행 「해양경비법」의 개정을 통하여 해양경찰의 특수성을 고려한 직무수행의 범위 등을 확정함으로써 합당한 해양경찰권 행사에 대한 구체적인 제도적 뒷받침이 필요하다는 점도 함께 피력하였다.

Ⅱ. 선행연구 분석

본 저서는 앞서 서술한 바와 같이 해양경찰 관련 법체계에 대한 미비점을 살펴보고 개선방안을 제안하는데 주안점을 두었다. 지금까지 해양경찰과 관련한 조직법을 입법화하기 위한 당위성과 필요성을 현행 법률을 근거로 해서 구체적으로 제시한 사례는 전무하다. 그리고 해양경찰조직법 제정과 관련해서 이미 선행된 연구결과 또한 대부분 그 이유와 입법의 방향을 개략적으로 제시하거나, 조직운영에 있어서의 효율적인 측면만을 강조하는데 그치고 있다. 이와 관련해서 기존 선행된 연구의 내용을 살펴보면 다음과 같다.[15]

---

14) 본 저서에서는 원활한 내용 전달을 위해 '동법'과 '같은 법'의 용어를 동일한 의미로 문맥의 흐름에 맞게 적절히 사용하였다.

15) 김현, "한국해양경찰 기능의 재정립에 관한 연구", 전남대학교 일반대학원 박사학위논문, 2005, 142~143면; 박상희, 앞의 논문, 65면; 박귀보, "해양경찰의 조직 및 법제에 관한 연구", 동아대학교 경찰법무대학원 석사학위논문, 2005, 105~106면을 참고하여 작성하였다. 그리고 여기에서는 해양경찰의 조직과 관련한 법명을 가칭 '해양경찰법'이라는 용어를 사용하고 있어 본 저서에서는 인용 시 동일하게 사용하였다.

i) 해양경찰법의 제정은 육상경찰과의 통일성 및 일원화를 전제로 마련되어야 하며, 그렇지 않을 경우 기존의 경찰 관련 법률과의 충돌로 입법과정에서 또다시 신분의 정체성 논란에 휩싸일 우려가 있다. 그리고 해양경찰법을 제정하는 경우에도 제한적일 수밖에 없는 입장이다.

ii) 정치권의 타협이나 중앙정부의 일방적 의도에 의하여 임의적 조직개편을 방지하고, 장기적 안목과 비전을 가지고 조직발전을 도모할 수 있도록 해양경찰법은 반드시 제정되어야 한다.

iii) 해양경찰은 중앙행정부처의 외청이고, 신분관계는 국가경찰공무원의 신분이라는 점에 대해 특별한 법기술적인 고려가 있어야 한다는 견해를 보이고 있다.

대체로 해양경찰조직법이 필요하다는 의견에는 일치하고 있다. 하지만 방법론적인 면에서는 구체적이지 못하고, 또한 필요성에 대해서도 일반론적인 의견에 그치고 있다. 뿐만 아니라 해양경찰법 제정이 오히려 해양경찰조직의 안정성을 더 악화시킨다는 부정적인 측면을 주장하기도 한다. 예를 들어, 해양경찰법을 제정할 경우 조직의 독자성과 정체성을 확보할 수 있을 것이나, 「경찰법」, 「경찰관직무집행법」 및 「경찰공무원법」 등 기존의 경찰 관련 법률과의 충돌을 피할 수 없고, 이로 인해 입법과정에서 경찰직 신분이 공안직 신분으로 전환될 우려가 있다는 주장이다.

그러나 이와 같은 주장에는 설득력이 없으며, 조직운영과 관련한 다른 법률과의 관계 등 방법론적인 측면만을 강조하고 있다. 이는 일반 행정기관과는 조직적 성격이 다른 해양경찰의 특성과 이에 수반되는 근거법을 제정해야 하는 진정한 이유를 간과한 것으로 보인다.

다음으로 해양경찰의 작용법과 관련해서 선행된 연구결과를 살펴보고, 이를 통해 「해양경비법」 개정의 방향성을 설정하는데 있어 구체적인 대안을 제시하고자 한다. 「해양경비법」이 제정되기 이전 현행 「경찰관직무집행법」을 해양경찰의 주된 작용법으로 간주하는 것에 대한 적정성의 논란은 끊이질 않았다. 해양경찰의 경찰권 행사에 대한 근거법으로 충분하다는 견해와 그렇지 않다는 견해로 양립되었다. 하지만 긍정적으로 보는 입장은 극히 드물며, 또한 그 주장은 논리가 명확하지 못한 것으로 보인다. 단지 경찰조직의 통일성이라는 측면에서 「경찰관직무집행법」을 전적으로 배제할 수 없으므로 일부 미진한 부분만을 보완해서 해양경찰의 작용법을 입법화하자는 주장이다.[16] 뿐만 아니라 현행 「해양경비법」을 법제처에서 심의하는 과정에서도 「경찰관직무집행법」의 보충적 · 특례적 일반법으로 여기고 있어 위의 주장과 유사한 견해를 보인다.[17]

물론 타당하고 옳은 주장일 수 있다. 그러나 국민의 법적 안정성이라는 측면에서 신중히 고려해 본다면 단순히 조직운영상의 효율성만을 내세울 것은 아니다. 또한 「경찰관직무집행법」은 그 자체만으로 많은 문제점을 내포하고 있기 때문에 해양경찰에서 동법을 따른다는 것은 그 문제점도 같이 수용하는 결과를 가지게 된다. 다시 말해서 해양경찰의 경찰권 행사에 대한 본질적인 접근보다는 조직운영상의 효율적 측면만을 강조하고 있는 것이다. 그 밖에 「경찰관직무집행법」은 육상경찰을 대상으로 제정된 작용법으로 해양경찰만의 고유한 직무범위를 수행하기에는 합당하지 않다고 보는 견해도 있다. 이와 관련해서는 앞서 이미 언급하였다.

따라서 본 저서에서는 「해양경비법」의 개정을 통해 동법의 적정운영에 필요한 방향성을 제시하고, 또한 해양경찰의 모든 업무범위를 수용할 수 있는 독립된 개별작용법을 마련해야 하는 주장을 피력했다. 즉 「경찰관직무집행법」을 그대로 따르면서 해양이라는 일부 제한된 직무수행에 한해서만 「해양경비법」이 필요하다는 주장과는 다른 의견을 제시하고자 한다.

16) 박귀보, 앞의 논문, 107면.
17) 안병준, "해양경비법에 대한 심의경과 보고서", 법제 통권 제636호, 법제처, 2010, 105면.

제2편

해양경찰은 제대로 평가되고 있는가?

「정부조직법」상 해양경찰은 육상경찰과 대등한 국가경찰이나 경찰에 대한 조직의 특성 등 경찰 관련 기본 이론정립을 논하는 대상에서 항상 배제되어 왔다. 뿐만 아니라 학계 등 해양경찰과 관련한 연구활동에 있어서도 대부분 해양경찰조직의 효율화 방안 등 조직운영상의 측면에 한정되어 있었던 것이 현실이다.

여러 문헌 등을 통해 경찰의 개념들을 살펴보면, 육상경찰만을 대상으로 하고 있다는 것을 알 수 있다. 따라서 이러한 경찰의 개념에 대한 정의가 해양경찰에도 똑같이 적용되는지에 대한 분석이 필요할 것이라 본다. 이는 해양경찰이 이론적 · 학문적 측면에서 진정한 경찰로서의 의미를 가지고, 또한 경찰기관으로서의 위치를 감당하고 있는지에 대한 확인을 통해 해양경찰의 개념을 총체적으로 이해하기 위한 중요한 과정이다.

일반적으로 경찰의 개념은 형식적 · 실질적 · 조직적 의미로 구분된다. 그리고 이러한 경찰개념에 대한 설명은 보통경찰행정기관으로서의 조직상의 특성 이외에 「경찰법」 및 「경찰관직무집행법」을 근거로 하고 있다. 따라서 「해양경비법」이 제정되지 않았다면 해양경찰의 개념에 대한 법률상의 설명은 사실상 어려웠을 것으로 보이며, 단지 조직의 특성만을 내세워 '조직적 의미의 경찰개념'에 한정된다 할 수 있다.

경찰집행기관은 일반경찰집행기관과 특별경찰집행기관으로 분류하고 있으며, 여러 문헌에서는 육상경찰을 일반경찰집행기관으로, 해양경찰은 지방소방본부, 헌병대 등과 같은 부류의 특별경찰집행기관으로 구분하고 있다. 뿐만 아니라 육상경찰과 해양경찰 모두 보통경찰기관이라 할 수 있으나, 이와 관련한 예시를 언급하면서도 대부분의 문헌에서는 해양경찰청장, 지방해양경찰청장, 해양경찰서장은 배제하고 있는 실정이다. 하지만 해양경찰도 육상경찰과 마찬가지로 조직의 구성 및 성격에서 대등한 위치에 있으면서 육상경찰과 마찬가지로 정보 · 수사 · 보안 · 외사 등의 직무를 수행하고 있다.

또한 「국가공무원법」에서는 경찰공무원을 '특정직 공무원'으로 육상경찰과 해양경찰을 동일하게 취급하고 있으며, 「형사소송법」에서도 해양경찰은 육상경찰과 같은 법적 위치로서 일반사법경찰기관으로서의 직무를 수행하고 있다. 따라서 육상경찰과 해양경찰을 구분지으면서, 해양경찰을 특별경찰집행기관으로 분류하는 것은 합당하지 않다.

참고로, 해양경찰의 경찰권 행사에 대한 한계를 설명하면서 이와 관련한 이해를 돕기 위해 육상경찰의 활동사례 이외에 해양경찰과 관련한 직무사례를 적절히 제시하여 다른 문헌과의 차별화를 두었다.

제2장

Legal System in Korea Coast Guard Relevant Laws

해양경찰에 관한 일반적 고찰

육상경찰과 해양경찰은 각각 안전행정부와 해양수산부의 독립된 외청으로 상호 대등한 위치에 있는 경찰기관임은 분명한 사실이다. 또한 전형적인 경찰기관으로서의 업무적 특징을 가지고 있다. 하지만 육상경찰과 해양경찰은 엄연히 다른 조직으로서의 특징을 보이고 있으며, 이에 수반하여 고유한 직무를 수행하고 있다. 즉 육상경찰과 해양경찰은 대등한 위치의 개별 중앙행정기관으로서의 자격을 갖추고 있을 뿐만 아니라 직무상 분장업무의 구분도 명확하다.

또한 우리나라 해양경찰의 관할해역은 배타적 경제수역(EEZ)[1]을 기준으로 국토면적의 약 4.5배[2]에 달하고, 상황에 따라 공해(High Seas, 公海)[3]까지 포함하는 경우도 있다. 그리고 해양경찰의 관할구역은 육지를 포함한 해양이라는 특수한 현장에서 가장 중요한 직무를 수행하고 있는 대표적 중앙행정기구이다.[4] 특히 이같은 이중적 영역의 직무를 동시에 수행함에 있어 우리나라 해양

1) 배타적 경제수역(Exclusive Economic Zone; EEZ): 자국 연안으로부터 200해리(1해리=1,852m)까지의 모든 자원에 대해 독점적 권리를 행사할 수 있는 「해양법에 관한 국제연합 협약」(이하 "유엔해양법협약(United Nations Convention on the Law of the Sea; UNCLOS)"이라 표기한다) 상의 수역을 말한다.

2) 이병석, "대한민국 해경발전을 위한 위원장 제언", 국회국토해양위원회, 2008, 2면; 해양경찰청, 『해양경찰백서』, 2011, 2면.

3) 공해(High Seas, 公海): 내수(內水)와 영해(領海)를 제외한 해양의 전부로서 국제법상 어느 나라의 영역에도 속하지 않고 모든 국가에 개방되어 있는 해역을 말하며 「유엔해양법협약」 제7장에서 관련 내용을 규정하고 있다.

4) 해양경비활동의 범위와 관련하여 해양범죄의 장소별 발생현황은 육상(71.6%), 연안(14.8%), 항내(10.3%), 원 · 근해(3.2%) 순으로 나타나는데, 이는 해양범죄가 해상뿐만 아니라 육상까지도 연계되고 있다는 점을 보여주는 통계자료이다(박수철, "해양경비법안 심사보고서", 국토해양위원회 전문위원, 2011, 11면).

관련 분야를 담당하는 여러 국가기관 중 해양경찰만큼 인력구조, 보유장비 등에서 체계적이고 전문화된 기관은 없다. 이러한 이유에서 해양경찰은 다른 행정기구가 해야 하는 서비스 행정업무도 함께 수행해야 하는 특성을 가지고 있다. 즉 해양경찰은 업무의 범위(내용)와 강도면에서는 육상경찰과는 완전히 다른 경찰조직이다.[5] 다시 말해서, 해양경찰은 육상경찰과 비교해서 대등한 위치에 있으나 관할영역 및 주요업무에 있어 상당한 특징적 차이를 보인다. 그러나 해양경찰의 조직 및 작용에 대한 법체계는 육상경찰에 비해 상당히 미치지 못하는 것이 현실이다.

따라서 본 장에서는 육상경찰과 해양경찰이 법률적으로 대등한 위치의 경찰기관임을 입증하고, 기능면에서 육상경찰과 구별되는 해양경찰만의 고유한 직무 특성을 구체적으로 살펴보고자 한다. 이는 뒤에서 해양경찰의 조직구성 및 경찰활동과 관련한 조직법을 제정하고 작용법을 개정하는데 있어 그 당위성을 입증해 줄 근거자료가 될 수 있을 것이다.

제1절 해양경찰의 의의

해양경찰의 의의에 있어서 해양경찰조직에 대한 일반적인 이론정립은 경찰권을 행사하는 국가기관의 조직특성 및 설정된 목표를 추진하는데 있어서의 방향성뿐만 아니라 그 밖에 조직운영과 사회환경과의 관계를 통해 경찰기관의 활동 전반에 대한 내용을 담고 있어야 한다. 해양경찰 또한 육상경찰과 마찬가지로 경찰조직으로서 이러한 조건들에 포함하고 있어야 하므로 육상경찰과의 상호 연관성에 대한 분석은 필요하다.

경찰조직은 범죄로부터 국민의 생명과 재산보호 및 경우에 따라 질서유지를 위해 명령과 강제를 할 수 있는 권력기관으로서의 역할 이외에 국민에게 사회

5) 이상집 외, 앞의 책, 5~6면.

공공의 서비스를 제공하는 비권력적 역할도 수행하고 있다.[6] 또한 격변하는 사회환경 및 갈수록 전문화 · 지능화 · 광역화되어가는 치안환경에 대해 신속한 대응능력을 요구한다. 뿐만 아니라 범세계적 시대에 따른 국제환경의 정세에도 관심을 기울여야 한다.[7]

특히 해양경찰은 육상경찰보다 더 국제정세의 환경에 민감하다 할 수 있다. 관할영역이 대부분 국내로 국한되어 있는 육상경찰의 경우 국제분쟁에 휩싸일 가능성이 적은 반면, 해양경찰의 경우 배타적 경제수역이나 공해 등에서의 경찰권 행사와 관련한 국제분쟁의 소지가 항상 존재하기 때문이다.

Ⅰ. 해양경찰의 개념

각종 문헌이나 여러 논문 등의 자료를 살펴보면, 경찰개념의 형성과 그 변천과정에 대한 어원적 측면뿐만 아니라 고대 및 중세, 경찰국가시대, 자유주의적 법치국가시대 등 각각의 시대별로 그 변천과정에 대해서도 구체적으로 언급하고 있다. 그리고 세계사적으로 대륙법계와 영미법계로 구분하기도 하며, 경찰의 의미를 본질과 제도를 기준으로 형식적 의미의 경찰, 실질적 의미의 경찰로 구분하기도 한다. 이처럼 '경찰'에 대한 개념정립은 논리적 입장보다는 역사를 거치는 과정 속에서 각각의 시대에 따른 변천과정을 거듭하면서 형성된 개념[8] 이기 때문에 그 시대와 사회상을 어떻게 반영하고 있으며, 또한 어떠한 개념적 위치에 있는지에 대한 분석은 중요하다.[9]

---

6) 이영남 · 신현기, 『경찰조직관리론』, 법문사, 2003, 36면.

7) 이영남, "전략개념에 의한 경찰체제의 연구", 한국공안행정학회보 제3호, 1994, 136~137면; 김형만 외 8인, 『경찰행정학』, 법문사, 2005, 147~148면.

8) Wolf-Rüdiger Scenke, Polizei-und Ordnungsrecht, C. F. Müller Verlag, 2002, s. 1.

9) '경찰'이라는 개념을 논의하는데 있어 대부분의 학자들은 시간적 · 공간적 상대성에 대한 인식을 요구하고 있으며, 시간과 공간을 초월한 절대적이고 논리적인 개념이 아니라 역사성과 사회성을 반영한 유동적인 것임을 지적하고 있는 견해도 있다(김충남, 『경찰학개론』, 박영사, 2005, 3~4면; 김상호 외, 앞의 책, 3면 재인용).

따라서 본 저서에서는 경찰에 대한 개념을 형식적 의미의 경찰, 실질적 의미의 경찰에 더해 조직적 의미의 경찰[10]을 추가하여 세부적으로 구분해서 살펴보고자 한다. 뿐만 아니라 이러한 각각의 개념들이 현재 우리나라에서 제도적으로 분류되고 있는 경찰기관의 기능적 측면과는 어떠한 관계가 있는지에 대해서도 분석해 보았다. 이처럼 형식적 · 실질적 · 제도적 의미의 경찰에 대해서만 한정하여 구분한 이유는 경찰의 개념을 구분하는데 있어 대부분의 학계 등에서 일반적이고 보편적으로 취급하고 있는 방법이기 때문이다. 또한 현재 우리나라에서 운영하고 있는 경찰 관련 법제 및 경찰의 기능적 측면과 관련지어 논하기에 가장 합당한 분류기준이기도 하다.

뿐만 아니라 개념정립은 당대의 보편적 사회상을 반영한 것으로 이론정립에 있어 중요한 부분을 차지한다. 즉 관련 제도와 조직의 기능에 대한 세부사항을 살펴보기 위해서는 개념의 의미를 먼저 파악하는 것이 가장 실질적이고 타당한 방법이기도 하다. 무엇보다 본 저서에서 경찰의 개념을 제도적 그리고 기능적 측면에서 구체화하여 분석해 보고자 한 이유는 해양경찰의 조직과 직무에 대한 올바른 이해를 위해서는 우선 '경찰'에 대한 개념정립이 선행되어야 하기 때문이다. 하지만 여러 문헌 등을 통해 경찰의 개념들을 살펴보면, 육상경찰만을 대상으로 하고 있다는 것을 알 수 있다. 따라서 이러한 경찰의 개념에 대한 정의가 해양경찰에도 똑같이 적용되는지에 대한 분석이 필요할 것이라 본다.

---

10) 오늘날 독일의 경우 경찰의 개념을 정의함에 있어서는 실질적 의미의 경찰, 형식적 의미의 경찰, 조직적 의미의 경찰로 구분하여 설명하는 것이 일반적이다. 우리나라 역시 그러한 설명방법을 취하는 학자가 늘어나고 있는 실정이다(김성수, 『개별행정법』, 법문사, 2004, 451면; 홍정선, 『행정법원론(하)』, 2008, 박영사, 342면; 서정범 외 2인, 『경찰법연구』, 세창출판사, 2012, 37~38면 재인용); 반면에 경찰의 개념과 관련하여 일반적 경찰작용으로서의 보안경찰을 의미하는 협의의 경찰과 보안경찰 이외에 개별행정 등과 같은 특별한 행정목적의 달성을 위하여 행하는 행정경찰을 포함한 광의의 경찰로 구분하는 경우도 있다(한견우, 『현대 행정법강의』, 신영사, 2008, 754면); 그리고 제도적 의미의 경찰과 형식적 의미의 경찰을 동일한 개념으로 사용하는 학자도 있는 학자도 있다(박균성, 『행정법강의』, 박영사, 2008, 1219면; 박윤흔, 『최신 행정법강의(하)』, 박영사, 2004, 302면).

이는 해양경찰이 이론적 · 학문적 측면에서 진정한 경찰로서의 의미와 위치를 감당하고 있는지에 대한 확인을 통해 해양경찰의 개념을 총체적으로 이해하기 위한 중요한 과정이다.

1. 형식적 의미의 해양경찰

형식적 의미의 경찰이라 함은 우리나라 실정법상 보통경찰기관(경찰청장, 지방경찰청장, 경찰서장)의 권한으로 되어 있는 모든 경찰행정 작용을 말한다.[11] 또한 경찰행정 작용의 성질 여하를 불문하므로 형식적 의미의 경찰범위를 어떻게 규정할 것인지의 문제는 전적으로 그 나라의 입법정책에 속하는 문제라고 할 수 있을 것이다.[12]

우리나라의 경찰과 관련된 법제 중 현재 육상경찰의 조직법으로 가장 대표적 일반법인 「경찰법」 제3조(국가경찰의 임무)에서는 국가경찰의 임무에 대해 국민의 생명 · 신체 및 재산의 보호, 범죄의 예방 · 진압 및 수사, 경비 · 요인경호 및 대간첩작전 수행, 치안정보의 수집 · 작성 및 배포, 교통의 단속과 위해의 방지, 그 밖의 공공의 안녕과 질서유지로 규정하고 있다.

그리고 육상경찰의 가장 대표적 작용법인 「경찰관직무집행법」도 「경찰법」과 마찬가지로 제2조(직무의 범위)에서 경찰관의 직무에 대해 국민의 생명 · 신체 및 재산의 보호, 범죄의 예방 · 진압 및 수사, 경비 · 요인경호 및 대간첩작전 수행, 치안정보의 수집 · 작성 및 배포, 교통의 단속과 위해의 방지, 기타 공공의 안녕과 질서유지로 규정하고 있다.

이처럼 경찰의 직무와 관련한 범위에 대하여 언급한 것을 형식적 의미의 경

---

11) 서정범 외, 앞의 책, 40면; 김재광, 『경찰관직무집행법』, 학림, 2012, 20면; 이운주, "경찰법상의 개괄수권조항에 관한 연구", 서울대학교 일반대학원 박사학위논문, 2004, 100면. 여기에서 보통경찰기관으로 해양경찰청, 지방해양경찰청, 해양경찰서도 포함된다 할 것이나, 대부분의 문헌에서는 해양경찰 관련 기관을 배제하고 있다.

12) 서정범 외, 앞의 책, 40면.

찰개념으로 파악하고 있다.[13] 그렇다면 해양경찰 또한 육상경찰과 마찬가지로 형식적 의미의 경찰 개념을 내포하고 있는지에 대해 제도적(법률적) 근거를 가지고 접근해 보면 다음과 같다.

「경찰법」이나 「경찰관직무집행법」은 육상경찰의 조직 및 작용과 관련한 법제로 대부분 육상경찰을 대상으로 한 법률이다. 해양경찰은 육상경찰과 같이 중앙행정부처의 외청으로서 독립된 위치에 있는 동등한 입장의 경찰조직임에도 불구하고, 모든 경찰행정 작용의 권한이 있는 보통경찰기관으로서의 형식적 의미의 경찰이라는 이론적 조건 이외에 제도적인 조건을 만족할 만한 근거가 없다. 하지만 현재 해양경찰은 해당 직무를 수행하는데 있어서의 법적 미비점을 보완하고자 육상경찰의 「경찰관직무집행법」과 유사한 법률로써 해양경찰의 작용과 관련한 대표적 근거법인 「해양경비법」을 제정하여 시행하고 있다.

「해양경비법」에는 「경찰관직무집행법」의 제2조와 유사한 취지의 내용을 포함하고 있는데, 구체적으로 「해양경비법」 제7조(해양경비활동의 범위)에서는 해양경찰청 소속 경찰공무원의 해양경비활동의 범위에 대하여 해양 관련 범죄에 대한 예방, 해양오염 방제 및 해양자원 보호에 관한 조치, 해상경호, 대(對)테러 및 대간첩작전 수행, 해양시설의 보호에 관한 조치, 해상항행[14] 보호에 관한

---

13) 서정범 외, 앞의 책, 40면; 김재광, 앞의 책, 20면; 이운주, 앞의 논문, 101면.

14) 본 저서에서는 '항행(航行)'과 '항해(航海)'의 용어를 병행하여 사용하였다. 이는 각각의 개별법에서 사용되고 있는 용어를 여과 없이 준용한 것이다. 현재 「선박안전법」 각 조문에서는 '항해'라는 용어를 사용하고 있으나, 동법이 2007년 1월 3일 전면개정되기 이전까지는 '항해'대신 '항행'이라는 용어를 사용한 것으로 볼 때 구별에 따른 실익은 크게 없는 것으로 보인다. 하지만 각각의 개별법에서 사용하고 있는 용어에 대한 상호 일치는 필요하다. '선박'의 정의를 규정하고 있는 각각의 개별법에서도 위의 용어사용에 대해 불일치를 보이고 있다. i) 「해사안전법」 제2조제2호 "선박"이란 물에서 항행수단으로 사용하거나 사용할 수 있는 모든 종류의 배(물 위에서 이동할 수 있는 수상항공기와 수면비행선박을 포함한다)를 말한다. ii) 「선박안전법」 제2조제1호 "선박"이라 함은 수상(水上) 또는 수중(水中)에서 항해용으로 사용하거나 사용될 수 있는 것(선외기를 장착한 것을 포함한다)과 이동식 시추선 · 수상호텔 등 해양수산부령이 정하는 부유식 해상구조물을 말한다. iii) 「선박법」 제1조의2제1항 이 법에서 "선박"이란 수상 또는 수중에서 항행용으로 사용하거나 사용할 수 있는 배 종류를 말한다. 이상과 같이 각각의 개별법에서는 '항행'과 '항해'의 용어 사용에 대한 명확한 구분을 하고 있지 못한 실정

조치, 그 밖에 경비수역에서 해양경비를 위한 공공의 안녕과 질서유지를 규정하고 있다. 이는 해양경찰도 형식적 의미의 경찰개념에 포함시킬 수 있는 제도적 보완이 일부 이루어졌다고 할 수 있다.

이상의 내용을 종합해 볼 때 일반적으로 언급되어지고 있는 경찰의 개념 중 형식적 의미의 경찰개념을 적극적 측면에서 이해한다면 해양경찰은 보통경찰행정기관이며 「해양경비법」에서 해양경찰에 대한 직무범위를 규정하고 있다는 점 등을 들어 형식적 의미의 경찰개념에 속한다 할 것이다. 하지만 「해양경비법」이 제정되지 않았더라면 해양경찰을 형식적 의미의 경찰개념에 포함시키기에는 상당히 미흡한 점을 내포하고 있는 것이다. 즉 동법이 제정되기 이전까지 해양경찰에 대한 형식적 의미의 개념을 법률적으로 정립하는데 있어서는 한계를 가지고 있다 할 것이다.

또한 「해양경비법」은 해양경찰의 직무수행과 관련한 모든 업무를 수용하고 있지 못한 상황에서 해양에서의 경찰권 행사와 관련한 업무로 한정하여 규정하고 있다. 결국 「경찰관직무집행법」상의 육상경찰에 대한 직무범위보다 그 정도가 미흡하다 할 것이므로 제도적 측면에서 소극적으로 이해한다면 형식적 의미의 경찰은 단순히 육상경찰만을 언급한 것이다. 따라서 해양경찰은 육상경찰과 동등한 위치에서의 개념정립을 확고히 하기 위해 제도적 근거 마련이 필요하다.

2. 실질적 의미의 해양경찰

실질적 의미의 경찰이라 함은 국가의 일반통치권에 따라 사회공공의 안전(안녕)과 질서를 유지하기 위하여 국민에게 명령 · 강제하는 권력적 작용을 말한다. 여기에는 「정부조직법」 및 「경찰공무원」상의 경찰조직이 아닌 경우로 일반 행정관청의 명령적 · 강제적 권력작용도 포함된다.[15] 이는 위험을 방지하기

이다. 참고로 「해양경비법」에서도 "항행"이라는 용어를 사용하고 있다.

15) 김동희, 『행정법(Ⅱ)』, 박영사, 2005, 176면; 서정범 외, 앞의 책, 42면.

위한 업무를 말하는 것으로 건축 · 보건 · 문화 · 산림 · 환경 등을 담당하는 특별사법경찰기관의 권력작용을 비롯하여 지방자치단체가 행하는 권력작용도 실질적 경찰개념에 해당된다. 따라서 일반통치권에 의거하여 국민에게 명령 혹은 강제하는 것이 아니면 실질적 경찰의 개념에서 배제된다. 또한 경찰의 주요활동 중 봉사 및 사법경찰활동도 실질적 의미의 경찰개념에 포함되지 않는다.[16] 경찰의 봉사활동의 경우 일종의 서비스 행정업무이며, 사법경찰활동은 순전히 형식적 의미의 경찰개념에 포함되기 때문이다.

한편, 실질적 의미의 경찰개념을 「정부조직법」 및 「경찰공무원」 이외 현행 다른 법률과 관련지어 살펴보면 「경찰법」 제3조제6호와 「경찰관직무집행법」 제2조제6호에서 규정하고 있는 '공공의 안녕과 질서유지'가 이에 해당하는 것으로 보고 있다.[17]

하지만 여기에서 언급하고 있는 「경찰법」과 「경찰관직무집행법」은 주로 육상경찰을 대상으로 하고 있으므로 해양경찰을 이와 같은 관점에서 실질적 의미의 경찰개념으로 정립하기에는 다소 무리가 있다. 따라서 해양경찰은 「해양경비법」 제7조제6호에서 규정하고 있는 해양경찰의 해양경비활동의 범위 중 '그 밖에 경비수역에서 해양경비를 위한 공공의 안녕과 질서유지'를 근거로 실질적 의미의 경찰개념을 정립할 수 있을 것이나, 이는 해양경찰의 직무범위를 제한적으로 규정하고 있어 육상경찰보다는 다소 경찰개념의 정립에 있어 구체적이지 못하다.

다른 한편에서는 실질적 의미의 경찰을 행정경찰이라고도 하는데[18] 행정경찰은 다시 보안경찰과 협의의 행정경찰로 구분될 수 있다. 보안경찰은 경찰기관의 직무에 해당하는 공공의 안녕 · 질서를 유지하기 위하여 다른 행정관청의

16) 이운주, 앞의 논문, 99~100면; 고영완, "경찰법제의 개선 및 통합에 관한 연구", 서울시립대학교 일반대학원 박사학위논문, 2009, 9면.

17) 김동희, 앞의 책, 172면; 이운주, 앞의 논문, 100면.

18) 김새광, 앞의 책, 21면.

작용에 수반되는 것 없이 그 자체로서 독립하여 행하여지는 경찰작용이다. 이에는 교통 · 보안 · 정보 · 방범 · 외사 등의 경찰청 분장사무와 그 밖에 해양경찰청의 업무분장을 들 수 있다.

협의의 행정경찰은 다른 행정작용에 부수하여 그 행정작용의 특정분야에서 생길 수 있는 공공의 안녕질서에 대한 위해를 예방하고, 현실적으로 발생한 위해를 제거하기 위해 행하여지는 경찰작용으로서 영업 · 위생 · 관세 · 건축 · 철도경찰 등을 말한다.[19)]

이상의 내용을 통해 확인해 보면 육상경찰과 해양경찰은 모두 행정경찰로 분류되고 있음을 알 수 있다. 이는 또한 「경찰법」 제3조제6호와 「경찰관직무집행법」 제2조제6호 및 「해양경비법」 제7조제6호에서 공통적으로 규정하고 있는 '공공의 안녕과 질서유지'라는 제도적 근거를 통해 해양경찰은 실질적 의미의 경찰개념에 속한다 할 수 있다.

한편, 일반적으로 형식적 의미의 경찰개념과 실질적 의미의 경찰개념은 상호간 일치하지 않으며, 업무의 내용이나 성질에서 다소 차이를 보이고 있다. 형식적 의미의 경찰은 실질적 의미의 경찰개념에 추가하여 보통경찰기관의 사법경찰 작용인 범죄수사 등의 활동을 포함하고 있으나, 실질적 의미의 경찰은 이를 포함하고 있지 않다. 즉 실질적 의미의 경찰개념은 사법경찰 작용을 제외한 일반 행정경찰 작용에 해당하는 업무를 포함하고 있다. 실질적으로 수사업무를 하지 않는 일반 행정부서의 경찰관이 이에 해당한다.

다시 이를 해양경찰의 개념 확립이라는 측면에서 살펴보면 해양경찰은 보통경찰기관이라는 측면과 행정경찰 중 보안경찰의 업무를 수행하고 있다는 점에서 형식적 의미의 경찰개념과 실질적 의미의 경찰개념을 모두 포함하고 있다. 하지만 앞에서 언급한 바와 같이 형식적 의미의 경찰개념은 제도적으로 일부 보완해야 할 것으로 보인다.

19) 양문승 외 8인, 『비교경찰제도론』, 2003, 11면.

3. 조직적 의미의 해양경찰

조직적 의미의 경찰개념은 조직구조의 체계가 경찰로 이루어진 경우를 말하며, 다른 말로 제도적 의미의 경찰이라고도 한다. 조직적 의미의 경찰범위는 경찰조직에 관하여 규정하고 있는 「경찰법」 제2조를 근거로 두고 있다.[20)]

현행 「경찰법」 제2조(국가경찰의 조직)에서는 '치안에 관한 사무를 관장하게 하기 위하여 안전행정부장관 소속으로 경찰청을 둔다고 규정하고 있다(제1호)', 그리고 '경찰청의 사무를 지역적으로 분담하여 수행하게 하기 위하여 특별시장 · 광역시장 및 도지사(이하 "시 · 도지사"라 한다) 소속으로 지방경찰청을 두고, 지방경찰청장 소속으로 경찰서를 둔다. 이 경우 인구, 행정구역, 면적, 지리적 특성, 교통 및 그 밖의 조건을 고려하여 시 · 도지사 소속으로 2개의 지방경찰청을 둘 수 있다(제2호)'라고 규정하고 있다. 따라서 경찰청, 지방경찰청, 경찰서가 조직적 의미의 경찰에 해당된다.

한편, 2006년 2월 21일 제정되어 시행되어지고 있는 「제주특별자치도 설치 및 국제자유도시 조성을 위한 특별법」(이하 "제주특별자치도특별법"이라 표기한다) 제106조에서 규정하고 있는 제주자치도의 '자치경찰단'도 조직적 의미의 경찰에 해당된다 할 것이다.[21)]

이상의 내용을 살펴볼 때 해양경찰은 형식적 의미의 경찰개념에서 보여준 입장과 마찬가지로 외형적 경찰조직이라는 측면 이외에 제도적 측면에서는 조직적 의미의 경찰개념을 명확히 포함하고 있지 않다. 해양경찰은 육상경찰과 같이 개별조직법을 운영하고 있지는 않지만, 「정부조직법」 제43조제2항에서는 '해양에서의 경찰 및 오염방제에 관한 사무를 관장하기 위하여 해양수산부장관 소속으로 해양경찰청을 둔다'고 규정하고 있어 조직적 의미의 경찰개념으로 간주할 여지는 있다 할 것이다. 또한 형식적 내용만을 놓고 볼 때 「경찰법」 제2조

---

20) 손재영, 『경찰법』, 박영사, 2012, 30면.
21) 서정범 외, 앞의 책, 39면.

제1호와 동일하다 할 수 있을 것이나, 법률적 지위 및 법체계에서의 입장은 상호 차이를 보인다.

이상 지금까지 일반적으로 육상경찰만을 대상으로 언급하고 있는 형식적 의미의 경찰개념, 실질적 의미의 경찰개념, 조직적 의미의 경찰개념이 해양경찰과는 어떠한 관계가 있는지에 대하여 살펴보았다.

종합해서 언급하면, 해양경찰 또한 육상경찰과 마찬가지로 형식적 의미의 경찰개념, 실질적 의미의 경찰개념 및 조직적 의미의 경찰개념에 속한다고 할 것이다. 하지만 해양경찰의 형식적 · 조직적 의미의 경찰개념은 육상경찰과는 달리 근거가 되는 법률적 지위가 다르다는 것을 알 수 있다. 결국 이러한 배경들은 여러 문헌 등을 통해서도 확인할 수 있듯이 경찰의 개념을 기술하면서 해양경찰을 배제하게 된 이유가 될 수 있을 것이다. 또한 해양경찰을 육상경찰과 대등한 경찰조직으로서 인식하고 있지 않은 데서 기인한 것으로 보인다.

미국의 해안경비대와 일본의 해상보안청은 우리나라 해양경찰과 유사한 업무를 수행하는 국가기관이나, 그 신분이 경찰직이 아닌 준군인, 그리고 공안직 신분인 것을 감안할 때 우리나라에서의 경찰개념을 논하는데 있어서는 해양경찰도 함께 포함시켜 좀더 구체적으로 접근해야 하는 것이 타당하다. 물론 이를 위해서는 해양경찰조직법 제정의 기본적 뒷받침이 우선 선행되어야 한다.

Ⅱ. 해양경찰의 성격[22)]

해양경찰은 육상경찰과 엄연히 다른 해양경찰만의 고유한 직무를 수행하고

22) 우리나라 경찰조직은 헌법을 비롯하여 「정부조직법」에 법적 기초를 두고 있다. 또한 「국가공무원법」과 「경찰공무원법」을 통해 알 수 있듯이 경찰권을 중앙에 집중시키고 있는 국가경찰제도를 채택하고 있으며, 제주특별자치도의 '자치경찰단'과 같은 자치경찰제도는 인정하지 않고 있다. 특히 경찰의 중립성 보장과 민주성, 공정성을 확보하고, 독임제의 집권적인 의사결정문제를 완화하기 위하여 안전행정부 소속기관으로 경찰위원회를 두어 경찰행정에 관한 중요한 사항을 심의 · 의결하게 하고 있다(이영남 외, 앞의 책, 287면). 하지만 '경찰의 성격'과 관련한 내용에서 해양경찰도 일정부분 포함시킬 수 있을 것이나, 대부분의 문헌에서는 대체로 육상경찰을 배경으로 다루고 있다.

있으므로 제도적 또는 이론적으로 육상경찰과 비교해서 어떠한 조직적 특징을 가지고 있는지에 대한 검토과정이 필요하다. 따라서 해양경찰조직의 성격을 확인하기 위해 법적 지위, 경찰기관으로서의 업무적 특성 그리고 이론적으로 어떻게 분류하고 있는지를 확인해 보았다. 이 또한 해양경찰을 육상경찰과의 제도적으로 비교를 통해 대등한 위치임을 확인하기 위한 것이다.

1. 해양경찰의 법적 지위

우리나라 경찰공무원의 신분을 규정하고 있는 제도적 장치로는 「국가공무원법」 및 「경찰공무원법」이 있다. 이 중 현행 「국가공무원법」 제2조(공무원의 구분)에서는 경찰공무원 신분과 관련하여 '실적과 자격에 따라 임용되고 그 신분이 보장되며 평생토록 공무원으로 근무할 것이 예정되는 경력직공무원'으로 정의하고 있다. 세부적으로는 특수분야의 업무를 담당하는 특정직공무원(법관, 검사, 외무공무원, 소방공무원, 교육공무원, 군인, 군무원, 헌법재판소 헌법연구관, 국가정보원의 직원)으로 규정되고 있다. 기술 · 연구 또는 행정 일반에 대한 업무를 담당하는 일반직공무원은 아니다.

또한 경찰공무원은 「국가공무원법」에 대한 특례를 규정함을 목적으로 한 현행 「경찰공무원법」에서도 신분에 대해 규정하고 있다.[23] 이는 '특별법우선원칙'에 따라 경찰공무원은 「국가공무원법」에 대하여 특별법적 지위에 있는 「경찰공무원법」에 우선 적용된다. 이는 경찰공무원의 인사에 관한 기본법이라 볼 수 있으며,[24] 「경찰공무원법」에 규정이 없는 사항에 대하여 「국가공무원법」의 적용을 받는다. 즉 경찰공무원은 일반법으로서 「국가공무원법」과 특별법으로서 「경찰공무원법」의 적용을 받는다. 참고로 작전전투경찰순경이나 의무전투

---

23) 「경찰공무원법」 제1조는 국가경찰공무원의 책임 및 직무의 중요성과 신분 및 근무조건의 특수성에 비추어 그 임용, 교육훈련, 복무(服務), 신분보장 등에 관하여 「국가공무원법」에 대한 특례를 규정함을 목적으로 한다.

24) 김영환, 『경찰관련법규해설』, 현남, 2000, 4면.

경찰순경은 경찰공무원에 해당되지 않으나, 「형법」상 공무집행방해죄의 공무원에 해당되고, 「국가배상법」의 공무원의 개념에 포함된다.[25]

그 밖에 경찰공무원의 소속을 「정부조직법」 제34조제4항 및 제43조제2항에서 경찰청, 해양경찰청으로 엄격히 구분하고 있으며, 구성원들은 각각의 해당 기관에 소속되어 경찰업무를 담당하고 있다. 계급구조는 순경에서부터 치안총감에 이르며, 이는 육상경찰과 해양경찰이 동일하다.

2. 해양경찰의 특수성 및 기본이념

육상경찰과 해양경찰은 경찰조직으로서 일반 행정업무를 담당하고 있는 국가기관과는 다른 경찰만의 고유한 업무적 특수성을 가지고 있다. 경찰업무의 특수성에는 복잡성 · 난해성 · 위험성 · 돌발성 · 시급성 · 권력성 · 강제성 · 정치성 · 고립성[26] · 보수성 · 전문성 등을 들 수 있다.[27]

특히 경찰조직의 전문화를 위해서는 전문인력의 지속적인 보강은 물론 채용에서부터 세부적이며 다양한 분야의 전문 우수인력을 확보하기 위한 방안을

---

25) 김영환, 앞의 책, 7면.

26) 해양경찰과 관련된 자(선박소유자, 선박운영자 등)는 평상시 육상경찰과 접촉하는 경우와 달리 업무상 해양경찰과 항상 밀접한 관계(해양경찰의 상시 출입항 통제 등)에 있기 때문에, 사회적 통념상 일반적이고 경미한 범법행위에 대해 엄중한 경찰권을 행사할 경우, 오히려 해양경찰의 경찰권을 냉소적으로 대할 가능성이 높다.

27) 신현기, 『경찰조직론』, 법문사, 2007, 27면; 이황우, 『경찰행정학』, 법문사, 2002, 29면; 손봉선 · 송재복, 『경찰조직관리론』, 대왕사, 2002, 28면; 임준태, "경찰작용의 본질과 서비스 한계", 「한국경찰연구」, 제1권 제1호, 한국경찰발전연구회, 2002, 31~34면; Barker, Joan C, Danger, Duty and Disillusion, Prospect Heights, Illinois: Waveland Press, Inc, 1999, p. 46; Bayley, David H, Police For the Future, New York: Oxford University Press, 1994, p. 3, 17, 26; Bratton, William · Peter Knobler, Turnaround: How America's Top Cop Reversed the Crime Epidemic, New York: Random House, 1998, pp. 309~310; Holden, R. N, Modern Police Management, Englewood Cliffs, NJ: Prentice Hall Career and Technology, 1994, pp. 2~3; Karmen, Andrew, New York Murder Mystery, New York: New York University Press, 2000, pp. 257~271; Samuel Walker and Charles M. Katz, *The Police in America*, N.Y.: McGraw-Hill, 2002, p. 9; Wilson, James Q, Dilemmas of Police Administration, Public Administration Review (Sep/Oct), American Society of Public Administration, 1968, p. 407; 김형만 외 앞의 책, 4~16면 재인용.

마련하는 것이 필요하다. 더욱이 과학기술의 발달과 함께 범죄 수법이 날로 지능화 · 다양화되고 있는 치안환경의 변화를 반영한 새로운 개념의 범죄예방 및 대응전략을 강화함과 동시에 치안수요를 정확하게 측정하여 치안역량을 제고하기 위한 방안을 확고히 마련해야 한다.[28]

그리고 다른 한편에서는 경찰조직을 강제적 · 권력적 · 강압적 조직, 통합기능, 공익조직으로 보고 있다.[29] 일반적으로 경찰조직은 조직의 공정성, 합리성, 효율성 등을 기할 수 있도록 위계적 질서를 형성하고 있는 전형적인 관료조직이다. 경찰조직의 업무적 특수성은 절대적인 틀에 맞춰진 것은 아니지만 민간조직이나 일반 행정조직과의 상대적 차별성을 보여주고 있다.

결과적으로 그와 같은 차별성은 민간영역 또는 일반 행정영역에 맞게 개발된 다양한 운영체제들을 아무런 검토과정 없이 그대로 경찰조직의 관리체제에 적용할 경우 심각한 문제점과 한계에 직면할 수 있다는 것을 보여주는 중요한 특성이기도 하다.[30]

이상의 경찰업무와 관련한 다양한 특수성들은 경우에 따라 업무해결을 위한 방안으로 상 · 하 관계를 강조하게 되고, 그로 인해 엄격한 계급구조를 형성함과 동시에 제복착용 등과 같은 관리체계 등을 채택하게 함으로써 일반 행정조직과의 차별화를 보여주는 중요한 요소로 작용하고 있다.

---

28) 수사요원의 전문성을 높여 수사역량을 강화하기 위한 방안으로 국내 교육뿐만 아니라 해외연수를 통한 선진 수사기법을 적극 수용해야 할 것이다. 그리고 시간과 장소의 제약 없이 생생한 수사 관련 교육을 좀더 쉽게 접할 수 있도록 온라인 교육을 확충함은 물론 현업부서의 집행력 강화를 도모할 수 있는 수사 관련 교육프로그램 개발 확충에도 많은 노력이 필요할 것으로 보인다. 뿐만 아니라 광역범죄 대응을 위한 첨단 수사기법 개발과 공조 · 지원기반을 확충하고, 과학수사 역량을 지속적으로 강화하여 수사의 전문성과 경쟁력을 높일 수 있는 방안마련이 필요할 것이다.

29) Amitai Etzioni, *A Comparative study of complex Organization*, N.Y.: The Free Press, 1961, pp. 27~44; 이창원, 『새조직론』, 대영문화사, 1997, 38~44면; 김상호 외, 앞의 책, 79~80면 재인용; Talcott Parsons, *Structure and Process in Modern Societies*, Glencoe, Ill.: The Free Press, 1960, 44~46면; 김상호 외, 앞의 책, 80면 재인용.

30) 김형민 외, 앞의 책, 16면; 신현기, 앞의 책, 27면.

하지만 이러한 특수성들은 오히려 경찰관들로 하여금 적극적인 업무수행의 자세를 취하게 하기보다 편협적인 업무분배로 부당한 처우를 피하기 위한 복지부동적 자세를 보다 선호하게 만든다는 견해도 있으므로 보다 세밀하고 체계적인 관리전략이 요구되고 있는 실정이다.[31] 이같은 경찰조직에 대한 특성들은 해양경찰이 수행하고 있는 직무과정에서도 동일하게 나타난다 할 수 있다.

한편, 경찰은 공공의 안녕과 질서유지를 그 기본 목적으로 하되, 그러한 목적달성을 위한 수단은 경찰업무의 특수성은 무조건적으로 반영하여 집행하여서는 안 되며, 반드시 경찰의 기본이념을 포함하고 있어야 한다.[32]

일반적으로 경찰의 이념이란 경찰이 임무를 추진하는 과정이나 활동이 추구해야 하는 일련의 가치를 의미한다. 즉 경찰조직의 관리나 활동이 정당화되는 기준 내지는 가치라고 정의하고 있다.[33] 또한 다른 한편에서는 경찰이념에 대해 경찰이 지향하고자 하는 방향 · 가치 · 규범 및 정신을 말하는 것으로 이러한 이념은 경찰조직 및 경찰관 개개인 모두에게 적용되는 것으로 정의하기도 한다.[34]

구체적인 이념의 내용과 관련해서는 "민주적 · 법치주의 · 인권존중주의 · 정치적 중립주의 · 경영주의", "본질적 이념으로서의 정의 · 자유, 수단적 이념으로서의 민주성 · 능률성 · 합법성 · 인권존중주의 · 정치적 중립성" 등이 제기되고 있다.[35] 그 외 경찰행정의 이념으로 "합법성 · 민주성 · 능률성 · 효과성 · 정치적 중립성 · 사회적 형평성" 등이 제시되고 있으며[36], 경찰행정법의 기본원리로 "민주주의 · 법치주의 · 정치적 중립 · 효율성 · 집권성" 등을 제시하고 있다.[37]

이처럼 여러 다양한 분야에서 경찰의 이념에 대해 이상적으로 여기는 생각

31) 김형만 외, 앞의 책, 16면.
32) 신현기, 앞의 책, 30면.
33) 손봉선 외, 앞의 책, 37면; 신현기, 앞의 책, 30면 재인용.
34) 김상호 외, 앞의 책, 10면.
35) 김충남, 앞의 책, 26~39면; 이운주, 『경찰학개론』, 경찰대학, 2001, 35~41면.
36) 이황우, 앞의 책, 33~36면.
37) 허경미, 『경찰행정법』, 법문사, 2003, 18~20면.

이나 견해 그리고 추구하고자 하는 가치와 규범에 있어 동일한 내용을 제시하고 있는 것은 아니나, 궁극적으로 경찰에 대한 기본이념은 그 맥락을 같이한다고 볼 수 있을 것이다. 또한 제도적으로 경찰기관의 성격을 내포하고 있는 해양경찰에도 이같은 경찰의 기본이념을 조직이나 그 구성원들에게 적용하는 것은 당연한 것으로 이견이 있을 수 없다.

하지만 경찰의 이념적 가치가 우리 국민에게 있어 얼마나 공감대를 형성하고 있는지에 대해서는 현실적이고, 사실적인 측면에서의 신중한 검토과정이 필요하다. 뿐만 아니라 경찰권 행사는 명확한 법률적 근거에 의해 국민에게 집행되어야 하므로 법률상의 명확성이 강조되어야 한다.

이러한 내용들을 종합해서 살펴보면, 해양경찰의 조직법과 관련한 조속한 입법추진의 필요성은 경찰조직과 관련한 이론적 논점을 통해서도 발견되고 있다. 즉 해양경찰을 육상경찰과 실질적으로 대등한 위치에서 경찰조직으로서의 이론적 입장을 명확히 표명하기 위해서는 우선 제도적 측면에서의 적절한 법적 근거를 제시해야 한다는 것을 알 수 있다. 따라서 해양경찰의 독립된 조직으로서의 근거가 될 수 있는 개별조직법에 대해 적극적인 입법추진이 필요하다.

3. 해양경찰의 분류[38]

우리나라 경찰조직은 크게 경찰심의 · 의결기관인 경찰위원회, 경찰협의기관

38) 김형만 외, 앞의 책, 172~173면; 경찰행정법상 경찰의 종류에 따른 개념정립은 여러 가지가 있을 수 있으나, 일반적인 분류방법에 따르면 육상경찰과 해양경찰은 사법경찰(형식적 의미의 경찰, 「형사소송법」 적용)이면서 행정경찰(실질적 의미의 경찰, 행정법규 적용)로 분류할 수는 있으나 행정경찰로서는 완전하지 않으며, 행정경찰의 개념 중에는 보안경찰(보안 · 정보 · 교통 · 방범 · 경비 등)과 협의의 행정경찰(위생 · 관세 · 건축 · 산림 · 문화 등)로 구분되나, 보안경찰의 특성만을 가지고 있다. 또한 예방경찰(「경찰관직무집행법」 제4조(보호조치 등) 및 「해양경비법」 제14조(해상항행 보호조치))과 진압경찰의 개념적 특성을 동시에 가지고 있으나, 진압경찰의 개념에 좀더 밀접하다 할 수 있다. 그리고 평시경찰과 비상경찰의 구분에서는 평시경찰에 해당한다 할 수 있을 것이며, 그 밖에 국가경찰과 자치경찰에 대한 구분에서는 국가경찰로 분류될 수 있다(김상호 외, 앞의 책, 8~10면; 권영호 외, 앞의 책, 17~20면; 양문승 외, 앞의 책, 10~12면). 즉 경찰의 종류를 통해 살펴본 육상경찰과 해양경찰 두 기관의 개념적 입장은 상호일치하고 있다.

으로서 치안행정협의회, 그리고 보통경찰기관, 특별경찰기관 등으로 나눌 수 있다. 육상경찰과 해양경찰은 보통경찰기관에 속하므로 본 저서에서는 보통경찰기관에 대해 자세히 살펴보기로 한다.

보통경찰기관은 행정경찰작용을 주된 관장업무로 하는 경찰기관으로 이는 다시 기능에 따라 경찰행정관청과 경찰집행기관으로 나누어진다. 여기에서 경찰행정관청은 국가의 의사를 결정하고 표시하는 권한을 가진 행정기관인 경찰청장(중앙경찰행정관청), 지방경찰청장 및 경찰서장(지방경찰행정관청)을 말한다.

다음으로 경찰집행기관은 경찰행정관청의 명을 받아 국민에게 경찰과 관련된 국가의사를 직접적으로 행사하는 경찰기관을 말한다. 즉 경찰의 작용은 법률에서 요구되고 있는 행위 이외 일반 보편적 차원의 사실행위에도 경찰의 강제작용을 포함하고 있기 때문에, 의사결정기관으로 경찰관청 이외에 사실행사기관으로 집행기관이 필요한 것이다.

경찰집행기관에는 직무의 일반성 여부에 따라 일반경찰집행기관과 특별경찰집행기관으로 구분할 수 있다. i) 일반경찰집행기관은 일반경찰 업무를 집행하는 기관을 말하며 이들 집행기관에는 경찰청과 그 직할기관, 지방경찰청과 그 직할기관 및 경찰서와 그 직할기관 등이 있다. 이러한 경찰기관은 대부분 경찰관으로 구성된다. ii) 특별경찰집행기관은 특별한 분야의 경찰작용에 관한 집행기관을 말하는데, 이러한 특별경찰집행기관으로는 지방소방본부, 해양경찰청, 전투경찰대, 그리고 헌병대 등이 있다.[39]

하지만 경찰집행기관의 구분기준을 집행업무의 일반성 여부에 따라 무조건적으로 구분하는 것은 바람직하지 않다. 해양경찰청은 경찰청과 마찬가지로 지방경찰청과 경찰서를 두고 있으며, 경찰청 소속의 구성원이 「국가공무원법」 및 「경찰공무원법」에 따라 특정직공무원으로서의 경찰관 신분이다. 마찬가지로 해양경찰청 소속의 구성원도 특정직공무원으로서의 경찰관 신분을 가질 뿐

---

39) 김형만 외, 앞의 책, 172～173면.

만 아니라 경찰관 계급체계 역시 육상경찰과 해양경찰 모두에게 동일하다. 해양경찰은 업무영역으로 해양을 포함하고 있다는 것뿐이지 정보·수사·보안·외사 등 육상경찰과 직무특성상 유사한 업무를 수행하고 있어 육상경찰과는 상호 대등한 위치의 독립된 조직이다.

따라서 해양경찰의 주요업무적 특성과 관련된 단편적인 이유만으로 해양경찰을 특별경찰집행기관으로 구분하여 분류하는 것은 해양경찰의 조직적 특성을 충분히 고려하지 않은 데서 비롯된 것이라 본다. 이는 해양경찰을 전체 경찰조직 중 독립된 조직에서의 접근보다는 경찰공무원의 직무 종류에 따라 구분하고 있는 경과 정도의 수준으로 보고 있다는 것이다. 참고로 해양경찰과 육상경찰을 소속하고 있는 중앙행정기관은 안전행정부와 해양수산부로 서로 다르나, 현행 「형사소송법」 제196조에 따라 해양경찰은 육상경찰과 동일한 일반사법경찰관리의 직무를 수행하고 있다.

Ⅲ. 해양경찰의 역할과 경찰권 행사

여기에서는 경찰기관은 어떠한 위치에서 어떠한 개념적 역할을 통해 경찰권을 행사하는지를 학문적 차원에서 포괄적으로 여타 문헌을 참고하여 서술하였다. 이는 경찰기관이 직무를 수행하는데 있어 기본적으로 포함하고 있어야 하는 선행원칙이기 때문이다. 경찰의 역할에 대한 개념적용은 육상경찰뿐만 아니라 실정법상 보통경찰기관인 해양경찰에도 포함된다 할 것이다. 그리고 경찰권 행사의 적법성 여하는 다음과 같은 관점에서 단계적인 검토가 요구된다.

경찰권 행사는 법적 근거뿐만 아니라 개별적 수권조항에서의 전제조건을 명확히 수용하고 있는지, 특히 공공의 안녕 및 질서를 해치는 위험이 개괄적 수권조항에 근거해서 존재하는지의 여부 또한 신중히 살펴보아야 한다. 뿐만 아니라 경찰권 행사의 대상이 올바르게 선정되었는지 그리고 경찰권 행사의 한계를 넘어서 위법하게 경찰권이 집행되었는지에 대한 내용 등을 포함해서 종합적인 검토과정이 필요하다. 한편 이러한 검토과정에서 무엇보다도 우선적으로 모든 판단의 기준이 되어야 하는 것이 바로 헌법정신에 입각한 헌법원리라고 할 수 있다.[40]

1. 경찰의 역할

경찰의 역할은 국가마다 다른 특징을 보이고 있다. 대륙법계 국가의 경우, 과거 국정 전반에 걸쳐 경찰이 담당해야 할 역할이 주어졌으나, 오늘날에는 보안경찰사무(내무행정, 위험방지 예방 및 단속 분야 등)로 점차 축소되는 경향을 보이고 있다. 즉 공공의 안녕과 질서를 유지하기 위하여 행정작용이 아닌 경찰기관의 자체적인 소관사무를 기본으로 국한해서 독립된 역할을 수행하고 있는 것이다. 반면, 영미법계 국가에서는 경찰의 역할을 단순히 주어진 업무를 수행하는 차원을 넘어 법집행, 질서유지 및 공공서비스를 실행하는 과정에서 국민을 중심으로 한 논의를 바탕으로 경찰활동을 전개하고 있어 대륙법계 국가와는 다른 양상을 보이고 있다.[41]

---

40) 서정범 외, 앞의 책, 5면.

41) 이상안, 『신경찰행정학』, 대명출판사, 2001, 37면; Dempsey는 경찰의 역할을 범죄통제(crime fighting)와 질서유지(order maintenance)로 대별한 후, 법집행을 범죄통제로, 평화유지(peace-keeping) 및 사회서비스(social service) 제공을 질서유지 활동으로 나누고 있다(John S. Dempsey, An Introduction to policing, N.Y.: West/Wadsworth Publishing Company, 1999, p. 12; Henry M. Wrobleski and Kären M. Hess, Introduction to Law Enforcement and Criminal Justice, Belmont, CA.: Wadsworth, 2000, p. 129; Samuel Walker and Charles M. Katz, op. cit., p. 5; Joseph J. Senna and Larry J. Siegel, Introduction to Criminal Justice, Belmont, CA, Wadsworth, 1999, pp. 178~181; 김상호 외, 앞의 책, 286~287면 재인용); 또 다른 한편에서는 경찰의 역할(기능)을 다음과 같이 구분하여 설명하고 있다. Wilson은 경찰의 주요기능을 '법집행(law enforcement)'과 '질서유지(peace-keeping or order maintenance)'로 대별한 후, 양자의 차이에 대하여 다음과 같이 지적하였다. 질서유지와 법집행의 차이는 단순히 "하찮은 일(little stuff)"과 "진정한 범죄(real crime)" 혹은 범법행위의 경중에 의해 구별되는 것은 아니다. 그 차이는 경찰 역할에 있어 매우 중요한 바, 경찰 활동과 판단의 기초를 이루기 때문이다. 질서유지는 서로가 상대방을 비방하는 시민들 사이의 분쟁으로부터 야기되는 반면, 법집행은 가해자에 의한 피해자의 피해로부터 야기된다. 무질서한 상황을 취급하는데 있어 경찰관에게는 적절

한편, 경찰 역할에 대한 실증적 연구결과를 살펴보면, 법집행에 대한 요청보다 서비스에 대한 요청이 증가되어가는 양상을 보여주고 있다.[42] 오늘날 우리나라에서의 경찰 역할에 대한 구성은 대륙법계와 영미법계의 관점에서 논의되어지고 있다. 즉 공공의 안녕과 질서를 유지하기 위한 권력적 경찰작용 이외에 여러 비권력적 서비스 활동을 중요시하고 있는 것이다.[43] 실제 해양경찰은 해상

한 행동 기준에 대한 판단이 유보되어 있는 반면, 법집행에 있어서는 가해자의 행동을 명확한 법적 기준과 비교하는 작업만이 요구된다. 살인이나 절도 등은 법령에 의해 명백하게 정의되어 있지만, 공공질서는 그러하지 아니하다. 질서유지 활동은 체포로 이어지는 경우가 드문 반면, 법집행 활동은 용의자가 식별되면 대체로 전형적인 체포로 이어진다(James Q. Wilson, "What Makes a Better Policeman?" Atlantic, March 1969, p. 131; 김상호 외, 앞의 책, 286면 재인용).

42) John Webster는 순찰경찰관의 활동을 분석한 결과 순찰시간의 55%, 출동 요청의 57%를 사회봉사와 행정업무에 소요하고 있음을 발견하였다. 범죄 통제와 관련된 비중은 순찰시간의 17%, 출동 요청의 16%에 불과했다(John Webster, Police Task and Time Study, Journal of Criminal Law, Criminology, and Police Science 61, 1970, pp. 94~100; Joseph J. Senna and Larry J. Siegel, *op. cit.*, p. 180; 김상호 외, 앞의 책, 286~287면 재인용). Robert Lilly 또한 4개월에 걸칠 Kentucky 경찰서의 18,000여 건의 출동 요청에 대한 분석을 통해 유사한 결론을 제시하였다. 출동 요청의 60%가 정보를 요구하는 것이었고, 13%는 교통문제와 관련이 있었다. 폭력범죄와 관련한 사항은 3% 미만이었고, 약 2% 정도가 절도와 연관되어 있었다(Robert Lilly, What Are the Police Now Doing? Journal of Police Science and Administration 6, 1978, pp. 51~53, cited as in John S. Dempsey, op. cit., p. 113; 김상호 외, 앞의 책, 287면 재인용).

43) 경찰기관의 비권력적 작용과 관련하여 실제로 경찰기관은 위해방지를 위하여 명령 · 강제와 같은 권력적 작용 외에도 비권력적 수단을 많이 사용한다. 요인과 중요시설의 경비, 정보의 수집과 배포, 방범을 위한 순찰, 미아 등의 보호, 교통질서의 확립을 위한 지도 · 계몽 등 경찰이 사용하는 비권력적 수단은 다양하다. 뿐만 아니라 양적으로는 권력적 작용보다 훨씬 더 많다고 할 수 있다. 그런데 이러한 비권력적 작용은 위해방지를 목적으로 하는 것임에도 불구하고 경찰작용에 해당되는가 하는 문제가 제기될 수 있다. 그러나 비권력적 작용을 경찰작용에서 제외하면 그것을 어떤 행정영역으로 포함시켜야 하는 문제가 발생할 수 있으며, 현실적으로 경찰기관 활동의 대부분에 대하여 법적 규율을 포기하는 결과가 될 것이다. 따라서 경찰기관의 비권력적 작용도 그것이 위해방지를 목적으로 하는 작용이라면 당연히 경찰작용에 포함되는 것으로 보아야 한다. 특히 명령 · 강제에 의한 소극적인 질서유지 이외에 적극적인 서비스 활동이 경찰의 임무로서 강조되고 있는 오늘날 비권력적 위해방지활동을 경찰작용으로 포섭하여 경찰행정법의 규율 하에 놓이게 할 필요성은 매우 크다. 따라서 실질적 의미의 경찰개념 요소인 권력적 작용이란 권력적 명령 · 강제가 경찰의 주요한 수단이며 동시에 그것이 경찰이 두드러진 특징이라는 의미이지, 비권력적 작용을 경찰에서 배제하는 것으

범죄를 예방 · 단속하는 해상치안기능의 권력적 경찰작용 이외에 경비구난 및 수색구조(Search and Rescue; SAR), 해상교통 안전관리, 해양환경보존, 해양오염방제 등과 같은 해상안전기능의 비권력적 경찰작용도 수행하고 있다. 특히 해상안전기능은 유 · 도선사업 관리, 여객선안전운항 관리, 수상레저안전 관리 이외에 연안선박의 해상교통안전 관리 등이 이에 해당된다. 이와 같은 해양경찰의 비권력적 작용은 국민에게 편의를 제공하기 위한 서비스 차원의 개념이라 할 수 있다.

경찰의 역할을 형식적 의미의 경찰개념, 즉 실정법상의 제도적 관점에서 경찰기관 전체로 파악한다면 그 범위를 어떻게 규정할 것인지의 문제는 전적으로 그 나라의 입법정책에 속하게 된다. 우리나라 경찰의 역할은 「경찰법」, 「경찰관직무집행법」 및 「해양경비법」 그 밖에 관련 법규 등에서 규정하고 있다. 「경찰법」 제3조의 국가경찰의 임무, 「경찰관직무집행법」 제2조의 경찰관의 직무범위 및 「해양경비법」 제7조의 해양경비활동이 이에 해당한다. 특히 "공공의 안녕과 질서유지"[44]라는 규정은 그 개념적 의미와 함께 경찰활동의 준거가능성 소위 '일반적 수권조항' 문제와 관련하여 논란의 대상이 되고 있는 바,[45] 다음에 후술할 경찰활동의 근거와 관련한 내용에서 자세히 다루고자 한다.

2. 경찰권 행사의 근거

국민의 자유와 권리를 제한하고 의무를 과하는 모든 활동은 법률로써만 가능하다(「대한민국헌법」 제37조제2항). 경찰은 사회공공의 안녕과 질서를 유지하기 위해 국민에게 명령 · 강제 등 권력적 · 침익적 작용을 행사하므로 그 활동에는 반드시 법적 근거를 요구한다. 따라서 사회공공의 안녕과 질서에 대해 위

로 이해해서는 안 된다(최영규, 『경찰행정법』, 법영사, 2007, 12면; 박주석, "경찰의 정보수집 작용에 관한 법적 연구", 서울시립대학교 일반대학원 박사학위논문, 2010, 19면).

44) 「경찰법」 제3조제6호: 그 밖의 공공의 안녕과 질서유지, 「경찰관직무집행법」 제2조제6호: 기타 공공의 안녕과 질서유지, 「해양경비법」 제7조제6호: 그 밖에 경비수역에서 해양경비를 위한 공공의 안녕과 질서유지.

45) 김상호 외, 앞의 책, 287면.

해가 존재하더라도 그 수권 규정이 없으면 경찰권을 발동할 수 없다. 반면, 법률에 근거하여 국민의 권리 · 자유를 제한하는 경우에는 "그 본질적인 내용을 침해할 수는 없다"라고 하는 내재적 한계가 있음을 명심해야 한다(「대한민국헌법」 제37조제2항 후단).

법률의 수권이 있어야 한다는 것은 먼저 조직법에 의한 수권이 필요하고, 나아가 작용법에 의한 수권을 요구하게 된다.[46] 여기에서 경찰조직법이라 함은 육상경찰의 대표적 일반법인 「경찰법」이 이에 해당된다. 또한 경찰작용법으로는 「경찰관직무집행법」이 대표적 일반법으로서의 기능을 수행하고 있으며, 그 외 다수의 단행법 등이 제정되어 직무수행에 적용되고 있다. 이러한 법률은 경찰의 직무(임무)에 대한 범위, 경찰권 발동의 근거와 한계, 경찰행정의 유형, 경찰처분의 법적 효력 및 경찰강제 등에 관한 규율을 내용으로 한다.[47]

한편, 해양경찰의 경찰작용에 대한 대표적 일반법으로는 「해양경비법」이 있으며, 해양경찰도 육상경찰과 마찬가지로 다수의 단행법을 경찰권 행사의 근거로 적용되고 있다. 이와 관련해서는 뒤에서 자세히 다루고자 한다.

참고로 「경찰법」과 「경찰관직무집행법」상의 일반 수권조항, 즉 개괄적 수권조항에 대한 인정 여부를 제외하면,[48] 「경찰법」상 개별조항의 특별수권 방식과 여러 특별법상의 개별조항이 경찰권을 행사하는 근거법에 해당한다. 특히 「경찰법」상 개별조항에 의한 특별수권 방식으로 「경찰관직무집행법」 제3조 이하의 조항을 근거로 들고 있다.[49]

---

46) 김상호 외, 앞의 책, 288면 재인용.

47) 경찰조직법은 경찰에 그 존립의 근거를 부여하고, 경찰이 설치할 기관의 명칭, 권한, 관청상호간의 관계, 나아가 경찰관청의 임면 · 신분 · 직무 등에 대해서 규정하는 법을 말한다. 또한 경찰작용법은 경찰행정의 내용을 규율하고 있으며, 경찰행정상의 법률관계의 성립 · 변경 · 소멸에 관련된 모든 법규를 말한다(홍준형 외 3인, "경찰통합법에 관한 연구", 연구보고서 97-03, 치안연구소, 1997, 7면).

48) 「경찰법」 제3조6호와 「경찰관직무집행법」 제2조제6호가 경찰권 행사에 있어서의 일반적(개괄적) 수권조항으로서의 인정 여부와 관련해서는 찬반대립이 있다(김상호 외, 앞의 책, 288~291면).

49) 김상호 외, 앞의 책, 288~289면.

하지만 경찰이 적법하게 직무를 수행하기 위해서는 조직법과 작용법에 의한 개별 수권을 필요로 하고 있다는 점을 감안하면 해양경찰은 「정부조직법」 이외에 「경찰법」과 같은 조직법이 부재인 상태에서 경찰작용의 수권방식을 논하는데 있어서는 법률적 한계가 있다 할 것이다. 따라서 해양경찰의 개별조직법이 마련되어야 하는 이유는 여기에서도 발견되고 있다.

3. 경찰권 행사의 한계

경찰권 행사의 한계는 기본적 제한원칙인 법률상의 한계와 조리상의 한계로 나누어진다. 먼저 법률상의 한계와 관련해서는 이론적 배경을 바탕으로 육상경찰과 해양경찰의 경찰권 행사에 대한 제한적인 내용에 있어 현재 어떠한 제도적 장치가 마련되어 있는지에 대해 알아본다. 그리고 조리상의 한계 또한 어떠한 내용으로 기술하고 있는지에 대해서도 같은 관점에서 검토해 보고자 한다.

경찰기관에 있어 공공의 질서유지를 위한 활동인 경찰활동은 권력남용의 우려가 적지 않다는 문제점을 지니고 있다.[50] 이는 해양경찰도 마찬가지다. 따라서 공공질서를 위한 경찰의 활동범위가 확대되더라도 공공의 안녕에 대한 보충적 개념이라는 내적 한계로 인해 객관적인 법질서를 초월하여 적용될 수 없다.[51] 또한 경찰활동이 여러 분야에서 포괄적 범위로 행사될 경우, 국가권력의 발동으로 인해 국민의 자유와 권리가 크게 제한되므로 경찰권 행사의 한계를 엄격히 할 필요가 있다.[52]

---

50) 홍정선, 앞의 책, 253~256면.

51) 김상호 외, 앞의 책, 300면.

52) 경찰권은 공공의 안녕 또는 질서에 대한 위험이 존재하는 경우에만 행사할 수 있다. 이 경우 경찰권 행사의 요건을 구성하고 있는 공공의 안녕, 공공의 질서 및 위험의 개념을 이해하는 데 있어서도 헌법 및 헌법적 원리가 고려되어야 한다. 첫째, 공공의 안녕이란 종래 "개인의 생명 · 신체(건강) · 명예 · 자유 · 재산과 같은 주관적 권리와 법익, 객관적인 성문의 법질서, 국가의 존속 · 국가 및 그 밖의 공권력주체의 제도 및 행사가 아무런 장해도 받고 있지 않은 상태"를 의미하는 것으로 이해되어 왔다. 여기서 객관적인 성문의 법질서에 헌법이 속한다는 것은 의문의 여지가 없다. 따라서 헌법에 위반하게 되면 공공의 안녕을 해치는 것이 되고,

즉 「경찰법」에서의 수권조항은 대체적으로 불확정 개념을 사용하고 있으며, 명령과 강제를 경찰작용의 전형적인 수단으로 이용하면서 일정부분 경찰에게 재량권을 부여하고 있다. 따라서 국민의 자유와 권리를 보호하기 위해서는 법률상의 한계와 정형화된 조리상의 한계를 경찰활동에 설정할 필요가 있다.[53)]

여기서 법률상의 한계는 법률유보의 원칙을 수반으로 하는 '제1단계 제약'이 된다. 또한 조리상의 한계를 '제2단계적 제약'이라고도 한다.[54)] 이는 경찰권 행사에 대한 법률상의 제한에는 입법 기술적인 한계로 충분하지 않을 수 있기 때문에 보완적 차원에서의 제한 근거를 제시하기 위한 것이다.[55)] 이상의 내용을 바탕으로 육상경찰과 해양경찰의 경찰권 행사의 한계를 법률적 근거 및 학문적 접근을 통해 검토해 보고자 한다.

이는 당연히 경찰권 행사의 요건을 충족하지 못하게 되는 것이다. 둘째, 공공의 질서란 "헌법상의 가치척도에 따른 그때마다의 지배적인 윤리관 · 가치관에 따를 때 그를 준수하는 것이 인간의 원만한 공동생활을 위한 불가결의 전제조건이라고 간주되는, 공중(公衆) 속에서 인간의 행위에 대한 불문규율의 총체"를 말한다. 한편 이러한 공공의 질서라는 보호이익의 정당성, 즉 공공의 질서에 대한 위험의 존재를 이유로 경찰권이 행사될 수 있는지에 대해서는 과도한 규율의 문제인 사실적 관점에서, 불가능의 문제인 사회적 관점에서, 그리고 위헌의 문제인 법학적 관점에서의 비판이 행하여져 왔는데 이 중 법학적 관점에서의 비판을 살펴보면, 공공질서의 개념은 그러한 질서의 존재 확인을 위한 기준이 명확히 확인되지 않으므로 헌법상 요구되는 명확성이 결여되어 있다. 그 결과 존재가 불분명한 규범에 근거한 경찰권 행사를 인정하게 되어 헌법상의 법치국가원리에 반한다는 점이 지적되고 있는 것이다. 셋째, 경찰권을 행사하기 위한 요건으로서의 구체적 위험이란 종래 "현재의 상황을 그대로 방치하여 두면 가까운 장래에 손해가 발생할 충분한 개연성이 있는 상태"를 의미하는 것으로 이해되어 왔다. 그런데 근래에 들어 이러한 전통적인 위험개념에 따라서는 설명이 불가능한 현상, 즉 구체적 위험이 존재하지 않음에도 불구하고 경찰권이 행사되는 경우가 나타나게 되었다. 그 대표적 예로는 국경지역에서의 신원확인 조치, 공항에서의 안전검색 등이 해당한다(서정범 외, 앞의 책, 5~9면). 그 밖에 선박에서의 각종 수속절차 등도 이에 해당한다 할 것이다.

53) 장영민 · 박기석, "경찰관직무집행법에 관한 연구", 한국형사정책연구원, 1995, 39면.

54) 박윤흔, 『행정법원론(하)』, 박영사, 2007, 325~326면; 박평준 · 박창석, 『경찰행정법』, 고시연구사, 2004, 158면; 윤성의, "경찰관직무집행법상 경찰활동의 문제점과 개선방안에 관한 연구", 호남대학교 일반대학원 박사학위논문, 2008, 63면 재인용.

55) 김춘환, 『행정법Ⅱ』, 조선대학교출판부, 2006, 327면, 박윤흔, 앞의 책, 326면; 박평준 외, 앞의 책, 158~159면; 윤성의, 앞의 논문, 65면 재인용.

가. 법률상의 한계[56)]

현행 「대한민국헌법」 제37조제2항에서 '국민의 모든 자유와 권리는 국가안전보장 · 질서유지 또는 공공복리를 위하여 필요한 경우에 한하여 법률로써 제한할 수 있으며, 제한하는 경우에도 자유와 권리의 본질적인 내용을 침해할 수 없다'고 규정하고 있다. 또한 「경찰법」 제4조(권한남용의 금지)에서의 '국가경찰은 그 직무를 수행할 때 헌법과 법률에 따라 국민의 자유와 권리를 존중하고, 국민 전체에 대한 봉사자로서 공정 · 중립을 지켜야 하며, 부여된 권한을 남용하여서는 아니된다'고 규정하고 있어 이를 뒷받침하고 있다.

그 밖에 「경찰관직무집행법」 제1조제2항에서도 '이 법에 규정된 경찰관의 직권은 그 직무수행에 필요한 최소한도 내에서 행사되어야 하며 이를 남용하여서는 아니된다'고 규정하고 있다. 이 모두는 경찰의 행사에 대한 법률적 제한을 언급하고 있는 것이라 할 수 있다. 뿐만 아니라 「경찰관직무집행법」 제10조부터 제10조의4에서 무기사용 등과 관련하여 엄격히 제한하고 있는 규정도 이에 해당된다.[57)]

---

56) 법치행정의 원리상 침해행정의 성격을 가지고 있는 경찰활동은 반드시 법률에 근거하여야 한다. 따라서 경찰법규는 경찰권의 근거인 동시에 제한적 한계가 된다(김상호 외, 앞의 책, 300면). 다시 말해 경찰작용도 다른 행정작용과 마찬가지로 법치행정의 원칙에 따라야 하는 것이다. 법치행정의 원칙에는 법률우위의 원칙과 법률유보의 원칙이 포함된다. 여기서 전자는 경찰권의 행사가 법에 위반할 수 없다는 것이고, 후자는 경찰권의 행사는 반드시 법에 근거해야 한다는 것을 의미한다. 이러한 원칙은 경찰권 행사의 한계를 규정하는데 적용된다. 그러므로 구체적으로 법률에서 경찰권 행사의 한계가 규정되어 있는 경우에는 이에 따라야 한다(장영민 외, 앞의 논문, 39면~40면).

57) 대법원 판례에서도 현행법상 경찰권 행사에 대한 근거규정이 있더라도 주의의무와 그 허용범위를 명확히 판시하고 있는 입장이다. [1] 경찰관은 범인의 체포 또는 도주의 방지, 타인 또는 경찰관의 생명 · 신체에 대한 방호, 공무집행에 대한 항거의 억제를 위하여 필요한 때에는 최소한의 범위 안에서 가스총을 사용할 수 있으나, 가스총은 통상의 용법대로 사용하는 경우 사람의 생명 또는 신체에 위해를 가할 수 있는 이른바 위해성 장비로서 그 탄환은 고무마개로 막혀 있어 사람에게 근접하여 발사하는 경우에는 고무마개가 가스와 함께 발사되어 인체에 위해를 가할 가능성이 있으므로, 이를 사용하는 경찰관으로서는 인체에 대한 위해를 방지하기 위하여 상대방과 근접한 거리에서 상대방의 얼굴을 향하여 이를 발사하지 않는 등 가스총 사용 시 요구되는 최소한의 안전수칙을 준수함으로써 장비 사용으로 인한 사고 발생을 미리 막아야 할

이 중 「대한민국헌법」에서 언급하고 있는 제한의 범위는 경찰권의 행사뿐만 아니라 국가 · 지방자치단체 등의 행정주체가 행정 목적을 달성하기 위해 행하는 모든 법률적 작용 및 사실적 작용과 같은 행정작용도 포함하고 있다. 경찰권 행사에 대한 제한은 「경찰법」 및 「경찰관직무집행법」에서 규정하고 있다. 하지만 「경찰법」 및 「경찰관직무집행법」은 육상경찰의 조직 및 작용을 대상으로 하고 있는 개별법으로 해양경찰의 경찰권 행사에 대한 제한규정으로는 미흡하다.

한편, 해양경찰은 「해양경비법」 제8조(권한남용의 금지)에서 '해양경찰관은 이 법에 따른 직무를 수행할 때 권한을 남용하여 개인의 권리 및 자유를 침해하여서는 아니된다'고 규정하고 있으나, 이는 같은 법 제2조제1호에서 규정하고 있는 해양경비와 관련한 일부 경찰권행사[58]에 한정되어 있으므로 해양경찰에서 수행하고 있는 경찰권 행사 전부를 포함하기에는 다소 무리가 있다.

결국 동법에서 규정하고 있지 않은 해양경찰 활동의 제한적 근거는 「경찰관직무집행법」을 준용할 수밖에 없는 실정이다.

주의 의무가 있다. ⇒ 경찰관이 난동을 부리던 범인을 검거하면서 가스총을 근접 발사하여 가스와 함께 발사된 고무마개가 범인의 눈에 맞아 실명한 경우 국가배상책임을 인정한 사례(대법원 2003.3.14, 선고 2002다57218 판결). [2] 경찰관은 범인의 체포, 도주의 방지, 자기 또는 타인의 생명 · 신체에 대한 방호, 공무집행에 대한 항거의 억제를 위하여 무기를 사용할 수 있으나, 이 경우에도 무기는 목적달성에 필요하다고 인정되는 상당한 이유가 있을 때 그 사태를 합리적으로 판단하여 필요한 한도 내에서 사용하여야 하는 바(구, 「경찰관직무집행법」(1999.5.24. 법률 제5988호로 개정되기 전의 것) 제11조), 경찰관의 무기 사용이 이러한 요건을 충족하는지 여부는 범죄의 종류, 죄질, 피해법익의 경중, 위해의 급박성, 저항의 강약, 범인과 경찰관의 수, 무기의 종류, 무기 사용의 태양, 주변의 상황 등을 고려하여 사회통념상 상당하다고 평가되는지 여부에 따라 판단하여야 하고, 특히 사람에게 위해를 가할 위험성이 큰 권총의 사용에 있어서는 그 요건을 더욱 엄격하게 판단하여야 한다. ⇒ 50cc 소형 오토바이 1대를 절취하여 운전 중인 15~16세의 절도 혐의자 3인이 경찰관의 검문에 불응하며 도주하자, 경찰관이 체포 목적으로 오토바이의 바퀴를 조준하여 실탄을 발사하였으나 오토바이에 타고 있던 1인이 총상을 입게 된 경우, 제반 사정에 비추어 경찰관의 총기 사용이 사회통념상 허용범위를 벗어나 위법하다고 한 사례(대법원 2004.5.13, 선고 2003다57956 판결).

58) 제2조(정의) 1. "해양경비"란 해양경찰청장이 경비수역에서 해양주권의 수호를 목적으로 행하는 해양안보 및 해양치안의 확보, 해양자원 및 해양시설의 보호를 위한 경찰권의 행사를 말한다.

나. 조리상의 한계[59]

경찰권에 대한 조리상의 한계는 법률상의 한계에 대한 입법 기술적 한계를 보완한다. 우리사회는 법률에서 규정하고 있는 개별적 수권조항의 전제조건을 만족하지 못하는 다양한 사건·사고의 상황들이 현실에서 발생되거나 발생될 수 있는 위험에 놓여있다. 이에 대해 경찰은 임기응변으로 적절한 조치를 취할 수 있도록 개괄적이고 탄력적인 규정이 필요하다. 하지만 경찰 관련 법률은 경찰권 행사의 법적 근거 이외 경찰권 행사의 조건 및 정도에 있어 대체로 구체적인 한계를 규정하고 있는 못한 경우가 많다.[60]

따라서 경찰권의 행사 여부와 관련해서 경찰기관에 어느 정도의 재량적 판단권을 부여할 필요가 있다.[61] 그러나 재량권의 판단 여부는 완전한 자유재량이 아닌 일정한 한계를 두고 있는데 일반적으로 경찰소극적 목적의 원칙, 경찰공공의 원칙, 경찰책임의 원칙, 경찰비례의 원칙, 경찰평등의 원칙으로 구분할 수 있다.[62]

먼저 각각의 세부원칙을 논하기에 앞서 조리상의 한계의 적용범위에 관하여 살펴보고자 한다. 전통적으로 개괄적 수권조항과 개별적 수권조항 모두에 조리상의 한계가 적용되는 것으로 파악하였다.[63] 하지만 지금에 와서는 개괄적 수권조항의 제약원칙 이외에는 조리상의 한계원칙이 적용되지 않는 것으로 간

---

59) 경찰활동에 대한 제약은 법률상의 제약만으로는 불충분하다. 즉 경찰권 발동이 법률에서 규정되어 있다 하더라도 법률이 정한 범위 안에서 경찰권을 아무런 제한 없이 자유롭게 행사할 수는 없으며, 그러한 경우에도 헌법이념이나 경찰의 목적 및 성질에 비추어 필요한 정도의 일정한 한도 내에서 경찰활동이 제한되는 것이다. 종래에는 이러한 제한을 경찰권의 조리상 한계 다시 말해서 일정한 불문법원리에 의한 제한으로 고찰하였으나 국민의 기본권이 헌법상 보장되고, 입법·행정에 대한 헌법적 기속이 확립되어 있는 실질적 법치주의 아래에서는 경찰권 행사를 한계 짓는 이러한 원칙들을 기본적으로 헌법과의 관련에서 검토해야 한다는 유력한 주장이 제기되고 있다(박윤흔, 앞의 책(2004), 320~321면; 김상호 외, 앞의 책, 301면 재인용).

60) 장영민 외, 앞의 논문, 40면.

61) 김동희, 앞의 책, 196~197면.

62) 박윤흔, 앞의 책(2004), 326면; 구형근, "경찰법상 위험방지에 관한 연구", 조선대학교 일반대학원, 박사학위논문, 2006, 106~107면 재인용.

63) 이상규, 『신행정법론(下)』, 법문사, 1994, 268면.

주되고 있다. 따라서 명령과 강제를 전형적인 수단으로 하는 경찰작용으로부터 국민의 자유와 권리를 보호하기 위해서는 법적 근거 외에 일정한 조리상의 한계를 설정할 필요가 있다고 보는 것이다.64)

(1) 경찰소극적목적의 원칙

경찰소극적목적의 원칙은 법률에 특별한 규정이 있는 한도 내에서 사회공공의 안녕과 질서유지에 반하는 행위로 인해 발생될 수 있는 위험을 방지하고, 장애요소를 제거하는 소극목적을 위해서만 경찰권이 발동될 수 있으며, 공공복리 실현(증진) 및 사회경제질서를 유도할 목적으로는 경찰권을 행사할 수 없는 것을 말한다. 즉 경찰기관은 법률상의 특별한 규정이 없는 한 소극적인 목적을 넘어 경찰권을 행사할 경우 권력남용금지의 원칙위반으로 위법하게 된다.65)

이와 같이 경찰권 행사의 영역 및 목적을 소극적으로 제한하고자 하는 것은 이에 수반되어 행해지는 경찰작용의 경우 전형적인 권력적 명령과 강제를 수단으로 하고 있으며, 이는 곧 국민의 자유를 침해 또는 제한하는 결과를 가져오므로 이를 엄격히 제한하기 위한 것이다.66)

하지만 현재에 와서는 소극적인 경찰권 행사의 영역이 불법행위에 대한 질서유지 및 위해방지를 위해서만 인정되었던 과거와는 달리 불법행위로부터 피해자를 보호하기 위한 경찰활동 중 국민의 복리증진을 위한 적극적인 규제의 특성을 보이고 있는 사례가 다수 발생하고 있다. 따라서 질서유지를 위한 소극적인 경찰활동의 목적과 복리증진을 위한 적극적인 경찰규제 상호간의 구분이 명확하지 않은 경우가 일부에서 나타나고 있는 추세이다.67)

64) 장영민 외, 앞의 논문, 41~42면.

65) 김상호 외, 앞의 책, 301면; 김재광, 앞의 책, 52면; 석종현, 『일반행정법(하)』, 삼영사, 2005, 301면; 홍정선, 앞의 책, 381면; 김재호, "경찰권의 한계", 「법학연구」, 제11집 제1호, 충남대학교 법학연구소, 2000, 32면; 구형근, 앞의 논문, 107면; 윤성의, 앞의 논문, 65면; 장영민 외, 앞의 논문, 41면; 김재광, 앞의 책, 52면.

66) 박주석, 앞의 논문, 18면.

67) 김상호 외, 앞의 책, 301면; 구형근, 앞의 논문, 108면; 윤성의, 앞의 논문, 65면; 경찰소극적목

예컨대, 해양경찰의 주요업무 중 해상레저활동 등과 같은 해상에서의 안전한 활동이 보장될 수 있도록 해상에서 일어나는 모든 위험과 장애로부터 국민을 보호하는 해상교통 안전관리 측면에서의 규제나 깨끗한 바다를 위한 해양오염 감시활동과 오염사고예방을 위한 해양환경보전과 같은 규제 등을 통해 적극적으로 국민생활의 질을 향상시키기 위한 활동들이 이에 속한다.

(2) 경찰공공의 원칙

경찰공공의 원칙은 사회공공의 안녕과 질서를 유지하는데 있어 직접적인 영향이 있는 경우에만 경찰권을 발동할 수 있는 것을 원칙으로 한다. 즉 개인의 사익에 관한 사항에 대해서는 원칙적으로 경찰권을 적용할 수 없다. 따라서 법률이 정하는 바에 따라 공공의 질서에 영향을 미치는 한도 내에서만 사익에 대해 경찰권을 발동할 수 있다.[68]

결국 경찰공공의 원칙을 넘어서거나 개인의 사생활에 대해 경찰권을 행사하면서 법률상의 명확한 수권조항을 근거로 하지 않을 경우 권력남용금지의 원칙 및 비례원칙의 위반으로 위법하게 된다.[69]

경찰공공의 원칙은 사주소불가침의 원칙, 사생활불가침의 원칙, 민사관계불간섭의 원칙, 법률관계불간섭의 원칙 등을 포함하고 있다. 오늘날 경찰공공의 원칙은 경찰권의 조리상의 한계원칙 이외 헌법원칙으로 보는 견해가 있다. 이중 사주소불가침의 원칙, 사생활불가침의 원칙은 조리상의 한계를 넘어 현행

적의 원칙을 경찰권의 한계로 보는 입장이 일반적인 통설이나, 경찰소극적목적의 원칙은 경찰의 개념에서 당연히 도출되는 것으로 구태여 조리상의 경찰권 한계로 파악할 필요가 없다고 주장하는 경우도 있다. 그러나 원칙적으로 경찰행정은 소극적목적을 위해서 발동되지만 예외적으로 복지증진과 관련한 법규의 수권조항이 존재하는 경우에는 적극적으로 목적을 달성하기 위해서 발동될 수 있으므로 경찰의 개념이 전적으로 소극목적에 국한된다고 보기는 어렵다. 따라서 이를 경찰작용의 원칙 중의 하나로 채택함이 타당하다고 보는 견해가 지배적이다(장영민 외, 앞의 논문, 41면).

68) 김도창, 『일반행정법론(하)』, 청운사, 1993, 310면.

69) 김재광, 앞의 책, 52면.

「대한민국헌법」 제14조[70] 및 제17조[71]에서 각각 수용하고 있다.[72]

다음에서는 경찰공공의 원칙에 대한 세부내용을 살펴보고, 이러한 원칙들이 육상경찰뿐만 아니라 해양경찰의 경찰권 행사에 대해서도 어떻게 적용되고 있는지에 대해 자세히 다루고자 한다.

(가) 사주소불가침의 원칙

사주소불가침의 원칙은 개인의 사주소 내의 생활을 기준으로 하고 있으며, 이는 고유한 자유영역으로 사회공공의 질서와 직접 접촉하지 않으므로 경찰권의 대상이 되지 않는다는 원칙이다.[73]

여기서 사주소란 일반적으로 사회와 직접적인 접촉이 없는 개인의 사적 활동의 근거지를 가리킨다. 예컨대, 사람이 거주하고 있는 주거지뿐만 아니라 회사 · 사무실 · 연구실 · 공장 · 창고 등 사적 활동의 근거지가 되는 장소이면 사주소에 해당한다. 이는 또한 개인의 가택권(家宅權)에 의하여 지배되고, 장기적이든 일시적이든 개인생활의 근거가 되는 모든 장소를 포함한다 할 것이다.[74]

그러나 현행 「경찰관직무집행법」 제7조제2항에서는 흥행장 · 여관 · 음식점 · 역 기타 다수인이 출입하는 장소를 공개된 장소로 규정하고, 공개된 장소에서의 관리자 또는 이에 준하는 관계인은 그 영업 또는 공개시간 내에 경찰관이 범죄의 예방 또는 인명 · 신체와 재산에 대한 위해예방을 목적으로 그 장소에 출입할 것을 요구한 때에는 정당한 이유 없이 이를 거절할 수 없다고 명시하고 있다. 따라서 아무리 사주소라 할지라도 사회공공의 안녕과 질서에 영향을 미

70) 「대한민국헌법」 제14조에서는 모든 국민은 거주 · 이전의 자유를 가진다고 규정하고 있으며, 같은 법 제16조에서는 예외적 조건이 있으나, 모든 국민은 주거의 자유를 침해받지 아니한다고 규정하고 있다.

71) 「대한민국헌법」 제17조에서는 모든 국민은 사생활의 비밀과 자유를 침해받지 아니한다고 규정하고 있다.

72) 김상호 외, 앞의 책, 302면; 김재광, 앞의 책, 53면.

73) 김상호 외, 앞의 책, 302면; 구형근, 앞의 논문, 109면; 윤성의, 앞의 논문, 67면.

74) 최영규, 앞의 책, 188면.

치지는 행위에 대한 경찰권 행사는 법률에 근거가 있는 경우 정당한 것이다.

또한 「경범죄처벌법」 제1조제26호[75] 및 제41호[76] 에서는 사주소 내에서 행한 행위라도 사주소불가침의 원칙이 허용되지 않는다고 규정하고 있다.[77] 이에 더해 해양경찰권과 관련한 현행 법률 중에서 사주소불가침의 원칙을 설명할 수 있는 경우에 대해 짚어보고자 한다.

「해양경비법」 제4조에서는 해양경찰권의 적용범위를 경비수역[78]에 있는 선박 등[79]이나 해양시설[80]뿐만 아니라 경비수역을 제외한 수역에 있는 「선박법」 제2조[81]에 따른 대한민국 선박으로 규정하고 있는데 여기에서의 선박 등이나 해양시설을 사적 활동의 근거지인 사유지로 볼 수 있느냐하는 것이다. 일반적

---

75) 「경범죄처벌법」 제1조제26호(인근소란 등) 악기 · 라디오 · 텔레비전 · 전축 · 종 · 확성기 · 전동기 등의 소리를 지나치게 크게 내거나 큰소리로 떠들거나 노래를 불러 이웃을 시끄럽게 한 사람

76) 「경범죄처벌법」 제1조제41호(과다노출) 여러 사람의 눈에 뜨이는 곳에서 함부로 알몸을 지나치게 내놓거나 속까지 들여다보이는 옷을 입거나 또는 가려야 할 곳을 내어 놓아 다른 사람에게 부끄러운 느낌이나 불쾌감을 준 사람

77) 사회공공의 안녕과 질서에 영향을 미치는 행위는 아니나 「가정폭력방지 및 피해자보호 등에 관한 법률」 제9조의4제1항에서는 '가정폭력범죄의 신고에 따라 현장에 출동한 사법경찰관리는 피해자를 보호하기 위하여 신고된 현장에 출입하여 조사를 할 수 있다'라고 규정하고 있어 이 또한 사주소불가침의 원칙이 허용되지 않는 대표적 사례이다.

78) 「해양경비법」 제2조제2호 "경비수역"이란 대한민국의 법령과 국제법에 따라 대한민국의 권리가 미치는 수역으로서 연안수역, 근해수역 및 원해수역을 말한다.

79) 「해양경비법」 제2조제10호 "선박 등"이란 「선박법」 제1조의2제1항에 따른 선박(이하 "선박"이라 한다), 「수상레저안전법」 제2조제3호에 따른 수상레저기구, 그 밖에 수상에서 사람이 탑승하여 이동 가능한 기구를 말한다.

80) 「해양경비법」 제2조제7호 "해양시설"이란 「해양환경관리법」 제2조제17호에 따른 해양시설을 말한다.

81) 「선박법」 제2조(한국선박)에서는 다음 각 호의 선박을 대한민국 선박(이하 "한국선박"이라 한다)으로 한다.

1. 국유 또는 공유의 선박
2. 대한민국 국민이 소유하는 선박
3. 대한민국의 법률에 따라 설립된 상사법인(商事法人)이 소유하는 선박
4. 대한민국에 주된 사무소를 둔 제3호 외의 법인으로서 그 대표자(공동대표인 경우에는 그 전원)가 대한민국 국민인 경우에 그 법인이 소유하는 선박

으로 주거지 등의 사주소에 대한 목적물의 권리내용을 명백히 하고, 소유권 행사를 위해 등기라는 법률적 절차를 거치게 된다.

현행법상 등기의 종류로서는 부동산등기 · 선박 등기 · 공장재단등기 등이 있다. 여기서 주택이나 건축물 등의 경우 「부동산등기법」 제3조에서 해당 소유자의 소유권에 대한 권한을 규정토록 하고 있으며, 선박의 경우에는 「선박등기법」 제2조 및 제3조에서 총톤수 20톤 이상의 기선(機船)과 범선(帆船) 및 총톤수 100톤 이상의 부선(艀船)에 대한 소유자의 소유권에 대한 권한을 규정하고 있다. 이와 같이 개인 소유라는 측면에서 볼 때 선박 또한 사적 활동의 근거지라 할 것이므로 사주소불가침의 원칙이 적용될 수 있다.

그러나 「해양경비법」 제12조제1항[82]에 해당하는 선박 등에 한해 해상검문검색을 허용하고 있으며, 이는 사주소불가침 원칙의 예외 조항에 해당된다 할 수 있다. 비록 그러하더라도 이는 단속권자의 자의적 판단이 내포될 가능성이 높으므로 경찰권 행사에 있어 신중을 기해야 한다.

이상의 내용을 전반적으로 살펴보면, 경찰권 행사에 있어서의 사주소불가침의 원칙에 대한 허용은 사주소 내에서의 행동일지라도 공공의 안녕 및 질서에 위해를 야기하는 경우에는 법률이 규정하고 있는 허용범위 내에서 경찰권이 행사될 수 있다. 이는 또한 경찰권 행사의 한계는 법률로써 명확히 제한되어야 한다는 것을 보여주고 있는 것이다.

---

82) 「해양경비법」 제12조(해상검문검색) ① 해양경찰관은 해양경비활동 중 다음 각 호의 어느 하나에 해당하는 선박 등에 대하여 주위의 사정을 합리적으로 판단하여 상당한 이유가 있는 경우 해상 검문검색을 실시할 수 있다. 다만, 외국선박에 대한 해상 검문검색은 대한민국이 체결 · 비준한 조약 또는 일반적으로 승인된 국제법규에 따라 실시한다.

1. 다른 선박의 항행 안전에 지장을 주거나 진로 등 항행상태가 일정하지 아니하고 정상적인 항법을 일탈하여 운항되는 선박 등
2. 대량파괴무기나 그 밖의 무기류 또는 관련 물자의 수송에 사용되고 있다고 의심되는 선박 등
3. 국내법령 및 대한민국이 체결 · 비준한 조약을 위반하거나 위반행위가 발생하려 하고 있다고 의심되는 선박 등

(나) 사생활불가침의 원칙

사생활불가침의 원칙은 원뜻 그대로 개인의 생활에 경찰권이 간섭해서는 안 된다는 원칙을 말한다.[83] 다만 이 또한 사주소불가침의 원칙과 마찬가지로 공공의 안전과 질서유지에 직접적인 관계가 없는 경우로 한정하고 있다.

따라서 사회공공의 안녕 및 질서유지와 무관한 사생활에 대해 경찰권을 행사하는 것은 권련남용에 해당되며, 이는 「대한민국헌법」 제17조를 위반한 것으로 위법하다 할 것이다. 또한 비례의 원칙에도 어긋난다. 여기서 사생활이라 함은 개인의 활동으로서 그 영향이 본인 또는 그 가족 등 사적인 생활범위에 그치고, 일반사회생활과 직접적인 관련성이 없는 경우를 말한다.[84]

사생활인가의 여부는 당시의 사회통념에 따라 결정되며, 대체로 사생활과 공공생활은 상호 명확히 구분되지 않는 경우가 많다. 다만, 사생활인가의 여부가 분명하지 않은 경우에는 경찰권 행사의 보충성의 원칙에 따라 사생활로 보아 경찰권 행사를 자제함이 옳다고 보는 견해도 있다.[85] 그러나 아무리 사생활이라 해도 사회공공의 안전과 질서유지에 불법적인 위해를 야기시키는 경우에는 경찰권이 행사될 수 있다 할 것이다. 이 또한 사주소불가침의 원칙에 대해 경찰권을 행사한 것과 마찬가지로 법률이 규정하고 있는 적용범위 이내로 제한되어야 한다.

(다) 민사관계불간섭의 원칙

민사관계불간섭의 원칙은 개인에 있어 민사상의 법률관계(계약관계나 사유재선권의 행사 등)에 대한 분쟁으로 이는 공공의 안녕과 질서를 유지하는데 있어 위해를 가하지 않으므로 당사자의 청구에 따라 법원 등의 사법기관에 의해

83) 김상호 외, 앞의 책, 302면; 김재광, 앞의 책, 53면; 구형근, 앞의 논문, 108면; 윤성의, 앞의 논문, 66면.

84) 김재광, 앞의 책, 53면.

85) 장영민 외, 앞의 논문, 42면.

해결을 도모하여야 하고, 여기에는 어떠한 경우에도 경찰권을 개입하여서는 안 된다는 원칙을 말한다.[86]

이 또한 사주소불가침의 원칙 및 사생활불가침의 원칙과 마찬가지로 사회공공의 안녕 및 질서유지와 관계가 없음에도 경찰이 개인의 민사문제에 개입할 경우 이는 헌법상의 사경제 자유의 원칙을 침해하고, 권한남용이 되어 위법하다. 또한 비례의 원칙에도 벗어나는 행위라 할 것이다.[87]

하지만 민사상 법률관계의 문제라 하더라도 「경범죄처벌법」 제1조제47호[88], 「청소년보호법」 제28조[89] 등과 같은 공공의 안녕과 질서에 유해를 야기하는 경우에는 경찰권이 행사될 수 있다. 또한 이러한 민사관계의 영역에 있어서도 법원에 제소(提訴)를 하는데 있어 때를 놓칠 우려가 있으며 사인의 자력구제 역시 충분치 않은 때에는 경찰권이 보충적으로 발동될 수 있다는 견해를 보이기도 한다.[90]

뿐만 아니라 개인의 재산권에 대한 상호 당사자 간의 계약관계가 민사문제라 하더라도 계약과정에서 「형법」 제347조[91]에서 규정하고 있는 '사기죄'가 성립될 경우에는 경찰권이 행사된다.

이런 경우는 어선의 매매과정에서 일어나기도 하는데 대체로 어업면허증[92]

---

86) 김상호 외, 앞의 책, 302~303면.

87) 김재광, 앞의 책, 53면.

88) 「경범죄처벌법」 제1조제47호에서는 흥행장 · 경기장 · 역 · 나루터 또는 정류장 그 밖의 정해진 요금을 받고 입장시키거나 승차 또는 승선시키는 곳에서 웃돈을 받고 입장권 · 승차권 또는 승선권을 다른 사람에게 되판 사람에게는 경찰권을 행사할 수 있도록 하고 있다.

89) 「청소년보호법」 제28조에서는 누구든지 청소년을 대상으로 청소년유해약물 등(주류, 담배, 마약류 등)을 판매 · 대여 · 배포(자동기계장치 · 무인판매장치 · 통신장치를 통하여 판매 · 대여 · 배포하는 경우를 포함한다)하거나 무상으로 제공하여서는 아니된다고 규정하고 있다.

90) 장영민 외, 앞의 논문, 43면.

91) 「형법」 제347조(사기) ① 사람을 기망하여 재물의 교부를 받거나 재산상의 이익을 취득한 자는 10년 이하의 징역 또는 2천만 원 이하의 벌금에 처한다.
② 전항의 방법으로 제3자로 하여금 재물의 교부를 받게 하거나 재산상의 이익을 취득하게 한 때에도 전항의 형과 같다.

92) 「수산업법」 제8조에서는 어업을 하려는 자는 시장 · 군수 · 구청장의 면허를 받아야 한다고

과 어선검사증서상의 어선이 상호 일치하는 경우가 대부분이다. 하지만 어선의 소유자가 이를 분리하여 어업면허증만을 양도하고자 할 때 어업면허증을 인수한 자가 정상적으로 등록[93]과 검사[94]가 이루어지지 않은 불법으로 건조된 어선을 저가로 구매한 다음 어업면허증상의 어선과 불법어선이 동일한 것처럼 속여 제3자에게 다시 양도하는 경우가 이에 해당한다.

(3) 경찰책임의 원칙

경찰권의 행사는 사회공공의 안녕과 질서에 대해 경찰상의 위험이나 장해가 발생하거나 발생할 가능성을 포함하고 있는 경우, 그에 대한 책임이 있는 자, 즉 경찰책임자에 대해서만 발동되는 것을 원칙으로 한다. 다만, 긴급을 요하고 법규상 특별한 근거를 두고 있는 경우, 그리고 경찰책임자에 대한 경찰권의 발동이 사실상 어려운 경우에는 예외적으로 경찰책임이 없는 자, 즉 경찰비책임자에게도 경찰권이 행사될 수 있다. 하지만 경찰권 행사의 대상을 규정하고 있는 법률상의 개괄적 수권조항이 추상적 · 포괄적으로 규정되어 명확하지 않을 경우 경찰권 행사의 대상과 경찰책임에 대한 근거이론은 부득이 해석을 통해 적용할 수밖에 없다.[95]

규정하고 있다.

93) 「어선법」 제13조제1항 및 제2항에서는 어선의 소유자나 해양수산부령으로 정하는 선박의 소유자는 그 어선이나 선박이 주로 입항 · 출항하는 항구 및 포구(이하 "선적항"이라 한다)를 관할하는 시장 · 군수 · 구청장에게 해양수산부령으로 정하는 바에 따라 어선원부에 어선의 등록을 하여야 한다. 이 경우 「선박등기법」 제2조에 해당하는 어선은 선박등기를 한 후에 어선의 등록을 하여야 한다고 규정하고 있다. 또한 등록을 하지 아니한 어선은 어선으로 사용할 수 없도록 하고 있다.

94) 「어선법」 제21조에서는 어선의 소유자는 같은 법 제3조에 따른 어선의 설비(길이 24미터 이상의 경우에는 제4조에 따른 만재흘수선의 표시를 포함한다)에 관하여 해양수산부령으로 정하는 바에 따라 해양수산부장관의 검사를 받아야 한다고 규정하고 있다.

95) 김재광, 앞의 책, 55면; 경찰비책임자에 대한 경찰권 행사와 관련하여 위해를 방지할 수 없고 비례의 원칙이나 기대가능성의 범위 내에서 볼 때 경찰비책임자에게 경찰권을 행사하여 위해를 방지하는 것이 타당하다고 판단된 경우에는 이를 인정할 수 있다고 본다. 그러나 현재의 법체계 하에서는 경찰비책임자에 대해 적용하는 경찰권 발동은 상황해석을 통한 임의적

또한 위해를 방지 또는 제거하기 위해 경찰비책임자에게도 경찰권을 행사할 수 있는가 하는 것은 여러 각도에서의 검토과정이 필요할 것으로 보인다. 예컨대, 「경찰관직무집행법」 제5조에서의 위험발생 방지에 대한 조치, 「해양경비법」 제14조에서의 위법한 해상항행에 대한 보호조치 등과 같이 현행법상 개별조항이 있는 경우에는 별문제가 되지 않으나, 개별조항이 존재하지 않을 경우 개괄조항을 근거로 하여 경찰비책임자에게 경찰책임을 명령하거나 강제할 수 있는가 하는 것은 문제가 될 수 있다.

이와 관련해서는 일정한 자격요건을 충족하면 개괄적 수권조항을 인정할 수 있다는 견해가 있는가 하면, 법률상 개별적 수권조항 없이 개괄적 수권조항의 해석을 통해 경찰권 행사하는 것은 적절한 적용방법이 아니라는 반론도 제기되고 있다.[96]

한편, 경찰책임도 법률상의 책임이라는 점에서 형사책임이나 민사책임과 동일한 성격을 가진다. 또한 사회로부터 발생되는 위험으로부터 개인을 보호하기 위하여 경찰책임자 등의 특정인에게 제재를 과한다는 점에서는 형사책임과 유사하다. 하지만 다른 한편에서는 경찰책임은 형사책임과 다르게 보는 경우도 있다. 경찰책임은 행위 또는 상태의 특별한 위법성을 요구하지 않으며, 또한 고의 · 과실과 같은 별도의 추가적인 요건을 요구하지 않기 때문에 과실이 없는 경우에도 자기의 생활범위 내에서 사회적 장해가 발생한 경우 당사자는 그에 대한 책임을 면할 수 없다.[97] 따라서 경찰책임은 위법행위에 대한 처벌이라기보다는 공공의 안녕과 질서를 위지하는데 있어 위험을 제거하기 위한 경찰권인 것이다.[98]

경찰책임의 원칙에는 행위책임, 상태책임, 그리고 이 둘의 중복적 특성을 가

판단으로 행사하는 것은 인정될 수 없고, 엄격한 요건 하의 명시적 입법에 의해서만 가능하다고 보아야 한다는 견해도 있다(장영민 외, 앞의 논문, 49면).

96) 정하중, "독일경찰법의 체계와 한국 경찰관직무집행법의 개선방향(상)", 사법행정, 1994, 3~6면.

97) 박평준 외, 앞의 책, 166면; 최영규, 앞의 책, 194~195면.

98) 윤성이, 앞이 논문, 72면.

지고 있는 복합적 책임(다수자 책임)이 있다. 이에 대해 간단히 살펴보면 다음과 같다.

ⅰ) 행위책임은 자기의 행위로 인하여 사회공공의 안녕과 질서에 위해를 야기케 한 자는 행위자로서 그에 대한 경찰책임을 지게 된다(행위자 책임).[99]

또한 타인을 보호 · 감독할 지위에 있는 자(친권자와 미성년자, 사용주(使用主)와 고용인(雇傭人) 등의 관계에서의 친권자와 사용주)는 그 범위 안에서 지배자로서 그 피지배자의 행위로 인해 발생하는 질서위반에 대하여 경찰책임을 진다(지배자 책임).[100] 이와 같이 경찰위반상태가 타인의 행위로 인하여 발생하였더라도 그 책임은 관리자가 져야 한다는 것인데, 이러한 책임은 타인을 대신하여 지는 책임이 아니라 자기의 지배권 내에서 발생한 경찰위반상태에 대해 지는 자기책임인 것이다.

「선박안전법」 제84조에서는 위법행위에 대한 행위자 처벌 외에 그 업무의 주체인 법인 또는 개인도 함께 처벌하는 양벌규정을 두고 있다. 선장이 선박소유자의 업무에 관하여 동법 제84조제1항[101]의 위반행위를 하면 선장을 벌하는

---

99) 일반적으로 경찰위반상태가 발생한 경우 특정인에게 경찰책임을 귀속시키는 기준을 어떻게 판단할 것인가에 대한 문제는 행위자체가 경찰위반상태를 직접적으로 야기하게 된 경우에만 인과관계를 인정하는 직접원인설이 통설이다(이명구, 『신행정법원론』, 대명출판사, 1997, 973면; 장태주, 『행정법개론』, 현암사, 2003, 906면; 이재화, 『행정법의 쟁점』, 문영사, 1998, 556면).

100) 김상호 외, 앞의 책, 303~304면.

101) 「선박안전법」 제84조제1항에서는 선박검사증서에 기재된 항해구역을 넘어서 선박을 항해에 사용한 때(제1호), 선박검사증서에 기재된 최대승선인원을 초과하여 승선자를 탑승한 채 선박을 항해에 사용한 때(제2호), 선박검사증서에 기재된 만재흘수선의 지정된 위치를 위반하여 선박을 항해에 사용한 때(제3호), 해양수산부장관의 허가를 받지 아니하고 선박의 길이 · 너비 · 깊이 또는 선박의 용도를 변경한 때(제4호), 선박검사증서 등이 없거나 선박검사증서 등의 효력이 정지된 선박을 항해에 사용한 때(제5호), 선박검사증서 등에 기재된 항해와 관련한 조건을 위반하여 선박을 항해에 사용한 때(제6호), 삭제(제7호), 만재흘수선의 표시를 은폐 · 변경 또는 말소한 때(제8호), 만재흘수선을 초과하여 여객 또는 화물을 운송한 때(제9호), 무선설비를 갖추지 아니하고 선박을 항해에 사용한 때(제10호)에는 선박소유자, 선장 또는 선박직원이 위의 하나에 해당하는 행위를 하는 때에는 1년 이하의 징역 또는 1천만원 이하의 벌금에 처한다고 규정하고 있다.

외에 선박소유자에게도(제2항), 선장 외에 선박승무원이 제1항의 위반행위를 하면 선박승무원을 벌하는 외에 그 선장에게도(제3항), 선박소유자의 대리인(선박소유자가 법인인 경우 대표자를 포함한다)·사용인·그 밖의 종업원(선박승무원은 제외한다)이 선박소유자의 업무에 관하여 제1항의 위반행위를 하면 그 대리인·사용인·그 밖의 종업원을 벌하는 외에 그 선박소유자에게도(제4항) 제1항의 벌금형을 과(科)한다고 규정하고 있다. 그 밖에 행위책임이란 사람의 행위 중 작위·부작위로 인하여 질서위반상태가 발생한 경우에 지는 경찰책임이기도 하다.[102]

여기서 전형적인 부작위에 해당하는 행위책임으로는 「해사안전법」 제43조 제1항에서 규정하고 있는 책임의무사항이 해당된다 할 것이다. 「해사안전법」 제43조제1항에서는 해양사고가 일어난 경우 선장이나 선박소유자는 해양사고가 일어나 선박이 위험하게 되거나 다른 선박의 항행안전에 위험을 줄 우려가 있는 경우에는 위험을 방지하기 위하여 신속하게 필요한 조치를 취하고, 해양경찰서장이나 지방해양항만청장에서 신속히 신고하여야 할 의무를 다하도록 규정하고 있다.[103]

ii) 상태책임은 물건(토지·공작물·선박 등) 또는 동물의 소유자·점유자 이외 이를 실질적으로 관리·운영하고 있는 지배권자에게 이들이 소유(점유)하고 있는 물건(또는 동물)이 주된 원인이 되어 사회공공의 안녕과 질서유지에 반하는 위해를 발생시킨 경우, 이에 대하여 경찰책임을 지게 하는 것이다.[104]

그리고 상태책임자의 책임은 전적으로 물건의 상태로 인하여 결정되며, 그

102) 구형근, 앞의 논문, 120면.

103) 「해사안전법」 제110조에서는 같은 법 제43조제1항에 따른 신고를 하지 아니하였거나 게을리 한 자 또는 거짓으로 신고한 자에게는 300만 원 이하의 과태료를 부과하고 있다. 참고로 이 조문에 대한 언급은 해양경찰의 직무와 부작위에 대해 상호 이론적 이해를 돕고자 언급한 것으로 벌칙조항에 해당하지는 않으나, 과태료는 대통령령으로 정하는 바에 따라 해양수산부장관, 해양경찰청장, 지방해양항만청장 또는 해양경찰서장이 부과·징수하고 있어 해양경찰의 경찰권 행사범위에 포함된다 할 것이다.

104) 김상호 외, 앞의 책, 304면; 장영민 외, 앞의 논문, 123면.

런 상태가 누구에 의하여 발생되었는지, 혹은 상태책임자가 고의 · 과실로 그러한 위험을 야기시켰는지에 대한 여부를 고려하지 않는다. 여기에서의 문제는 물건에 대한 소유자와 점유권자 및 사실상의 관리자가 다를 경우이다.

이 때 소유자에게는 사실적 지배자인 전세자, 임차인, 보관인, 용선자(傭船者)[105]의 책임과 관계없이 별도로 추가적인 책임이 따를 뿐이다. 여기서 사실상의 관리권자가 소유자의 동의 없이 또는 의사에 반하여 그의 물건에 대해 지배력을 행사한 경우에는 소유자의 책임은 없다. 반면 사실상의 관리자가 소유자의 의사에 따라 지배력을 행사하는 경우 소유자는 관리자와 함께 책임을 져야 한다. 이 때 누구에게 더 가중한 경찰권을 행사할 것인지에 대해서는 적합성과 효율성의 원칙에 따라야 한다.[106]

예컨대, 앞서 언급한 사례 중 「선박안전법」 제84조제1항제4호에서는 '해양수산부장관의 허가를 받지 아니하고 선박의 길이 · 너비 · 깊이 또는 선박의 용도를 변경한 때'에는 경찰권 행사를 하도록 하고 있다. 이 경우 선박은 물건에 해당한다 할 수 있을 것이며, 이 때 선박이 용선(傭船)[107]일 경우 이를 불법으로 변경한 행위에 대한 경찰책임의 적용범위는 소유자의 의사가 반영되었는지 또는 위반 사실에 대해 암묵적으로 묵인하고 있었는지에 대한 여부로 결정될 것이다.

상태책임의 인정범위는 원칙적으로 제한이 없으므로 원인에 상관없이 당해 물건(또는 동물)의 상태로부터 경찰위반상태가 발생한 경우, 상태책임자는 전적으로 책임을 지게 된다.[108] 이는 당해 물건 등으로부터 일정한 이익을 얻고 있는 경우라면 이와 동시에 불이익 대하여도 책임을 져야 하기 때문이다. 그러

---

105) 선박을 선주로부터 빌려 자기 혹은 타인을 위하여 화물운송을 하는 자를 용선자라 한다. 즉 선박소유자에게 운송용으로 배를 빌려 쓰는 사람을 말한다.

106) 김재광, "경찰관직무집행법의 개선방안 연구", 한국법제연구원, 2003, 68면.

107) 선주가 선박을 이용하는 자를 위하여 선박의 전부 또는 일부를 빌려주는 행위를 말한다(신학승, "정기용선계약 하에서 제3자 손해에 대한 책임분담에 관한 연구", 부산대학교 일반대학원 박사학위논문, 2011, 9면).

108) 박상희 · 서정범, "경찰작용법제의 개선방안", 연구보고서 96-8, 한국법제연구원, 1996, 61면.

나 상태책임은 책임주체자의 의사와는 무관하게 비정형적인 사건, 즉 자연재해, 불가항력적인 상황 등에 기인하여 당해 물건으로부터 경찰위반상태를 발생시킨 경우에는 책임이 배제되어야 한다.[109)]

iii) 끝으로, 복합적 책임(다수자 책임)은 하나의 경찰위반상태가 다수인의 행위 또는 다수인이 관리하는 물건의 상태에 기인하여 책임이 발생한 경우 부담하는 경찰책임을 말한다.[110)] 즉 행위책임과 상태책임이 결합되어 경찰위해를 조성하고 있는 경우이다.[111)] 이와 관련해서 첫 번째로 거론되고 있는 문제는 행위책임과 상태책임이 병존하는 경우 책임의 분배를 어떻게 해야 할 것인가의 문제이다.

예컨대, 「개항질서법」 제47조에서는 법인의 대표자나 법인 또는 개인의 대리인, 사용인, 그 밖의 종업원이 그 법인 또는 개인의 업무에 관하여 동법 제44조부터 제46조[112)]까지의 어느 하나에 해당하는 위반행위를 하면 그 행위자를 벌하는 외에 그 법인 또는 개인에게도 해당 조문의 벌금형을 과(科)한다는 양벌규정을 두고 있다. 물론 법인 또는 개인이 그 위반행위를 방지하기 위하여 해

109) 류지태, 『행정법신론』, 신영사, 2002, 799면.

110) 김상호 외, 앞의 책, 304~305면; 윤성의, 앞의 논문, 75면.

111) 장영민 외, 앞의 논문, 47면.

112) 「개항질서법」 제44조(벌칙) 다음 각 호의 어느 하나에 해당하는 자는 1년 이하의 징역 또는 1천만 원 이하의 벌금에 처한다.
1. 제5조 단서, 제7조제1항, 제21조 또는 제23조제1항을 위반한 자
2. 제23조제3항, 제24조제4항 또는 제40조에 따른 명령이나 처분을 위반한 자
제45조(벌칙) 다음 각 호의 어느 하나에 해당하는 자는 500만 원 이하의 벌금에 처한다.
1. 제6조제1항 본문, 제7조제4항, 제10조제1항, 제11조제1항 본문, 제12조제1항, 제22조제1항, 제24조제3항 또는 제36조제1항을 위반한 자
2. 제7조제5항, 제9조제1항·제2항, 제10조제5항, 제22조제2항·제3항, 제36조제2항 또는 제39조제1항에 따른 명령이나 처분을 위반한 자
제46조(벌칙) 다음 각 호의 어느 하나에 해당하는 자는 300만 원 이하의 벌금에 처한다.
1. 제5조 본문에 따른 출입 신고를 하지 아니하거나 거짓으로 신고한 자
2. 제13조제1항·제2항, 제24조제1항, 제33조제1항, 제34조제1항 또는 제37조를 위반한 자
3. 제20조제2항, 제33조제2항, 제38조제2항 또는 제42조에 따른 명령이나 처분을 위반한 자

당 업무에 관하여 상당한 주의와 감독을 게을리하지 아니한 경우에 한해서 이다. 이 때 해당 선박이 용선인 경우 선박의 소유자는 넓은 의미에서 상태책임이 있고, 용선의 임차인은 행위책임이 있다 할 것인데, 여기서 행위책임자 이외 상태책임자에 대해 경찰책임을 부담시킬 것인지에 대한 결정은 정확한 사실관계를 통해 확정해야 할 것이다.

일반적으로 행위책임과 상태책임이 경합하고, 특히 양자 간 분할이 불가능한 경우에는 행위책임을 우선적으로 적용해한다는 견해가 있다.[113] 반면, 합목적성과 효율성의 관점에서 경찰위반상태를 가장 신속하고도 효과적으로 제거 · 방지할 수 있는 자에게 경찰권을 행사해야 한다는 견해도 있다.[114] 따라서 경찰권을 수행하는데 있어 경찰위해의 결과와 경찰책임자 상호간의 인과관계를 종합적으로 살펴서 명확한 사실관계를 입증하는 것이 무엇보다도 중요하다.[115]

계속해서 두 번째로 거론되고 있는 문제는 다수인의 행위 또는 물건이 복합적으로 합쳐져서 경찰위해를 일으키는 경우, 누구에게 경찰책임을 물을 것인지에 대한 문제인데 이는 복합적 책임의 문제에 해당한다. 이러한 경우는 결정적인 장애를 일으키고 있는 자, 즉 위험을 가장 효과적이고 신속하게 제거할 수 있는 자를 경찰책임자로 보는 것이 타당하다는 견해가 팽배하나, 우선적 해결을 위해 효율성만을 따질 것이 아니라 헌법원칙, 특히 비례의 원칙을 고려해서 판단해야 한다. 경우에 따라 결정적 장애유발자를 지목할 수 없을 때에는 일단 다수인 전체를 경찰책임자로 볼 수 있다. 그러나 이러한 경우에는 우선적으로 그 경찰위해를 제거하는데 있어 가장 적합한 상황에 있는 자에게 경찰권을 행사할 수 있다.[116]

---

113) 박균성, 『행정법론(하)』, 박영사, 2007, 460면; 허경미, 앞의 책, 126면; 김철용, 『행정법Ⅱ』, 박영사, 2005, 245면.

114) 김도창, 앞의 책, 318면; 구형근, 앞의 논문, 125면; 윤성의, 앞의 논문, 75면 재인용.

115) 김철용, 앞의 책(2005), 243면.

116) 장영민 외, 앞의 논문, 48면.

(4) 경찰비례의 원칙

경찰비례의 원칙은 사회공공의 안녕과 질서유지를 위하여 필요한 경우에 한하여 최소한의 범위 내에서 국민의 자유와 권리를 제한하여야 한다는 원칙을 말한다. 이 때 발동되는 경찰권 행사의 조건과 그 수단 및 정도는 사회통념상 적당하다고 인정되는 합리적 비례관계가 유지되어야 한다.[117]

비록 경찰비례의 원칙은 조리상의 한계영역에 속해있지만, 오늘날에는 「대한민국헌법」 제37조제2항과 같은 헌법상의 원리에 포함되어 경찰행정뿐만 아니라 입법 · 사법을 포함한 모든 국가행정작용에 적용된다.[118] 그리고 구체적으로 경찰비례의 원칙에 대한 근거규정으로는 「경찰관직무집행법」 제1조제2항 및 「해양경비법」 제8조에서 규정하고 있는 권력남용의 금지원칙이 이에 해당한다.[119] 즉 경찰비례의 원칙은 조리상의 원칙으로 해석되는 부분을 제외하면 실정법에서 일부 수용하여 법률상의 원칙으로 거론되어지고 있다.[120]

따라서 경찰비례의 원칙은 법치국가의 본질적 구성 원리로서 어떠한 근거에 따른 경찰권 행사[121]에 관계없이 모든 경우에 적용되는 원칙으로 볼 수 있다. 그리고 경찰비례의 원칙은 경찰권 행사의 한계와 관련하여 좀더 세부적으로 적합성의 원칙, 필요성의 원칙, 상당성의 원칙으로 구성되어 있으며 그 주요내용은 다음과 같다.[122]

i) 적합성의 원칙은 경찰권 행사로 사용된 수단이 목적을 달성하는데 있이 적합해야 한다는 원칙으로 수단과 목적 상호간의 질적인 측면을 평가한 것이

---

117) 김도창, 앞의 책, 312면; 석종현, 앞의 책, 302면; 구형근, 앞의 논문, 110면; 윤성의, 앞의 논문, 69면 재인용.

118) 박평준 외, 앞의 책, 190~191면; 홍정선, 앞의 책, 417면; 윤성의, 앞의 논문, 69면 재인용.

119) 구형근, 앞의 논문, 110~111면.

120) 장영민 외, 앞의 논문, 44면.

121) 경찰작용에 관한 법규의 규정 유무, 개괄적 수권조항과 개별적 수권조항의 구별 여부, 나아가 개괄적 수권조항에 의한 경찰권 행사 또는 개별적 수권조항에 의한 경찰권 행사 등이 이에 해당한다.

122) 구형근, 앞의 논문, 111면, 윤성의, 앞의 논문, 69면 재인용.

다.[123] 경찰이 취하는 조치의 적합성은 우선 경찰의 기본적 직무에 해당하는 위험방지에 적용했을 때 접합한지를 먼저 검토해야 한다.[124]

따라서 적합성 원칙을 충족하기 위해서는 하나의 조치만으로 목적을 달성할 것을 요구하지는 않는다. 즉 다른 조치 및 수단이 합쳐져서 목적을 달성한 경우에도 이 원칙을 충족한 것으로 보고 있다. 경우에 따라 조치의 적합성 여부가 명확하지 않은 경우에는 이미 사회통념상 받아들여지고 있는 수단 또는 이론을 근거로 그 적합성의 여부가 심사되어야 하며, 그러한 심사가 행해졌다면 그 요건은 충족되는 것으로 볼 수 있다. 하지만 이미 취해진 조치가 사후에 부적합으로 판명될 경우에 경찰(행정)기관은 같은 조치를 중지하여야 하며, 이미 취해진 조치의 원상회복에 노력해야 한다. 그리고 만약 완전한 원상회복이 불가능한 경우에는 발생한 결과를 최대한으로 완화시키도록 노력하지 않으면 안 된다.[125]

ii) 필요성의 원칙은 일명 '최소침해의 원칙'이라고도 한다. 즉 목적을 달성하기 위한 수단을 선택할 경우, 경찰기관은 필요한 한도 내에서 최소한의 침해를 관계자에게 행사하여 가장 적은 부담을 주는 수단을 선택해야 한다는 것이다.[126]

예컨대, 범죄행위의 구체적인 사안에 따라 다를 수는 있으나, '업무방해죄'에 대한 것이 이에 해당한다. 현행 「형법」 제314조제1항[127]과 「경범죄처벌법」 제1조제12호[128]에서는 업무방해에 대한 처벌규정을 각각 두고 있다.

「형법」의 처벌규정이 5년 이하의 징역 또는 1천500만 원 이하의 벌금인 것

123) 여기에서 수단이 적합하다는 것은 달성하려는 목적이 선택된 수단에 의하여 실현에 접근하는 경우로서 목적의 완전한 실현을 요청하는 것은 아니므로 일부 달성효과를 가져오는 것도 적합할 수 있을 것이다. 이 때 선택된 수단은 목적달성에 적합할 뿐만 아니라 사실상 · 법률상 가능한 것이어야 한다(박윤흔, 앞의 책(2007), 339면; 윤성의, 앞의 논문, 70면 재인용).

124) 김남진, 『경찰행정법』, 2002, 경세원, 140~141면; 장영민 외, 앞의 논문, 44면.

125) 김남진, 앞의 책, 272~273면; 구형근, 앞의 논문, 113면 재인용.

126) 김춘환, 앞의 책, 332면; 홍정선, 앞의 책, 355면.

127) 「형법」 제314조(업무방해) 제1항에서는 '제313조의 방법 또는 위력으로써 사람의 업무를 방해한 자는 5년 이하의 징역 또는 1천500만 원 이하의 벌금에 처한다'고 규정하고 있다.

128) 「경범죄처벌법」 제1조제12호(업무방해)에서는 '다른 사람 또는 단체의 업무에 관하여 못된 장난 등으로 이를 방해한 사람에 대해 처벌'하도록 규정하고 있다.

에 반해 「경범죄처벌법」의 경우 전형적인 질서위반법으로 경미한 행정법규위반 등 질서위반행위에 대해서 질서벌의 일종인 범칙금이나 과태료 부과 등을 규율하는 법체계를 말한다. 이에 해당하는 처벌은 범칙금납부통고처분을 통한 10만 원 이하의 벌금, 구류 또는 과료의 형으로 경미한 범죄에 대하여 사법경제적 관점에서 경찰서장, 해양경찰서장 또는 제주특별자치도지사에게 처분권을 부여하고 있다.

또한 당사자는 경찰청장 또는 해양경찰청장이 지정하는 국고은행, 그 지점이나 대리점, 우체국 또는 제주특별자치도지사가 지정하는 금융기관이나 그 지점에 범칙금을 납부함으로써 형사사건이 종결되도록 하는 한편 범칙행위자에게 전과기록을 남기지 않도록 처분하는 제도이다.[129)]

iii) 상당성의 원칙은 위에서 언급하고 있는 적합성의 원칙과는 달리 경찰권 행사로 사용된 조치(수단)가 그 목적을 달성하는데 있어 상호간 양적인 관점에서 평가한 원칙으로 종래 협의의 비례원칙인 '수인가능성의 원칙'이라고도 한다. 즉 경찰권 행사로 인해 달성하고자 하는 효과보다 이에 따른 불이익이 현저하게 큰 경우에는 처음에 의도한 조치를 취해서는 안 된다는 것이다. 「경찰관직무집행법」 제10의4(무기의 사용)는 상당성의 원칙을 반영한 것이라 할 수 있다. 이러한 각 원칙들은 일정한 순서에 따라 단계적 심사과정을 거치게 된다.[130)]

(5) 경찰평등의 원칙

경찰평등의 원칙은 경찰권을 행사하는데 있어 외형적인 조건(종교 · 신분 · 성별 · 인종 등)을 이유로 불합리하게 차별화해서 집행할 수 없다는 원칙을 말한다. 즉 어떠한 외형적 조건에 관계없이 정확한 사실관계에 입각해서 경찰권을 발동해야 해야 하는 것이다.[131)]

---

129) 신호진, 『형법요론』, 한국서원, 2002, 3면.

130) 김상호 외, 앞의 책, 306면.

131) 장영민 외, 앞의 논문, 49면.

예컨대, 「대한민국헌법」 제11조제1항[132]에서는 '모든 국민은 법 앞에 평등하다. 누구든지 성별 · 종교 또는 사회적 신분에 의하여 정치적 · 경제적 · 사회적 · 문화적 생활의 모든 영역에 있어서 차별을 받지 아니한다'고 규정하고 있다. 이는 단순히 경찰권 행사의 한계를 조리상의 원칙에 그치지 않고 헌법정신에 입각해서 법률로써 제도화한 것이다.

특히 경찰권 행사는 명령과 강제를 수단으로 국민의 자유와 권리를 제한하는 정형적인 권력행정작용이다. 따라서 경찰권을 행사하는데 있어 가장 신중히 고려되어야 하는 제한원칙이기도 하다 한다. 한편, 일반적 행정작용에 있어서의 평등은 무조건적인 평등이 아닌 정당하고 합리적인 사유를 고려하여 일부 보장성이 내포된 차별을 두기도 한다. 그리고 평등의 원칙은 본질적으로 평등 혹은 불평등한 것을 자의적인으로 임의 판단에서 그 본질을 훼손시켜서는 안 된다는 원칙이다.[133]

4. 경찰권 한계의 평가

경찰권의 한계원칙은 크게 법률상의 한계와 조리상의 한계로 구분되고 있으며, 최근에 들어 경찰권의 한계는 정형화된 단순이론적 해석에서 벗어나 다른 측면에서의 논의가 진행되고 있다.

특히 조리상의 한계원칙은 법률로써 명문화되지 않은 경찰의 재량권 남용을 방지하고, 입법기술적 한계를 보완하기 위한 법이론이다. 하지만 오늘날의 법치국가에서는 평등권을 비롯한 국민의 기본권이 헌법에 의하여 직접 보장되고 있으며, 조리상 한계이론 중 경찰비례의 원칙, 경찰평등의 원칙은 헌법원칙에

132) 「대한민국헌법」 제11조 ① 모든 국민은 법 앞에 평등하다. 누구든지 성별 · 종교 또는 사회적 신분에 의하여 정치적 · 경제적 · 사회적 · 문화적 생활의 모든 영역에 있어서 차별을 받지 아니한다.

133) 석종현, 앞의 책, 305쪽; 김철용, 『행정법 I』, 박영사, 2006, 39면; 구형근, 앞의 논문, 133면 재인용.

속한다 할 수 있어 더 이상 조리상의 이론을 실정법과 별개로 존속시킬 이유가 없다는 주장과 함께 그 실효성에 대해 재해석이 제기되고 있다.[134)]

예컨대, 「경찰관직무집행법」 제7조제2항, 「경범죄처벌법」 제1조제26호 및 제41조, 「청소년보호법」 세28조 등은 조리상의 한계원칙인 경찰공공의 원칙에서 파생된 사주소불가침의 원칙, 사생활불가침의 원칙, 민사관계불간섭의 원칙을 실정법으로 수용한 사례이다. 뿐만 아니라 비례의 원칙 역시 「대한민국헌법」 제37조제2항에서 직접 명시하고 있다.

그럼에도 불구하고 조리상 한계이론은 경찰권에 대한 기속재량(羈束裁量)[135)]의 관점에서 법률로써의 수용 여부를 확대 검토할 수 있는 수단적 가치가 있으며, 또한 헌법에서 규정하고 있는 국민에 대한 기본권을 보장하기 위한 경찰권 행사의 한계원리로서의 작용적 의미가 있다.[136)]

뿐만 아니라 조리상의 한계에 해당하는 경찰소극적목적의 원칙에 대한 소극적 한계이론에 더불어 경찰적극적목적 원칙에서의 적극적 한계이론에 대해서도 새로이 평가되고 있다. 경찰적극적목적의 한계원칙은 사회공공의 안녕과 질서를 유지하는데 있어 심각한 위험과 장애가 발생할 경우에 경찰은 적극적

---

134) 김철용, 앞의 책(2006), 248～249면; 이운주, 앞의 논문, 295면; 구형근, 앞의 논문, 138～139면; 윤성의, 앞의 논문, 77면 재인용.

135) 기속재량(羈束裁量)은 법규재량(法規裁量)이라고도 하는데, 구체적인 경우에 무엇이 법인가의 문제에 관한 행정청의 재량을 말한다. 편의재량(便宜裁量)에 대응하는 개념이다. 즉 법규가 일정한 행정행위의 전제에 대하여 일의적(一義的)으로 규정하지 않고 해석상의 여지를 남겼다고 하여도, 그것은 행정청의 자유로운 판단에 전적으로 위임한다는 것이 아니라, 법규의 해석 · 적용에 관한 법률적 판단의 여지를 부여한데 그치는 경우의 재량을 뜻한다.

136) 윤성의, 앞의 논문, 77면; 경찰권 행사에 대한 한계의 필요성과 관련하여 다음과 같은 법률조항상의 견해가 있다. ⅰ) 「경찰관직무집행법」 제1조제1항(적극적으로 경찰권발동의 범위를 규정) 및 제2항(소극적으로 경찰권 행사의 한계를 규정): 경찰행정은 다른 행정업무와는 달리 강제력을 동반함으로써 사람의 자유나 권리를 침해할 소지가 특히 많은 영역이므로 이에 대한 한계설정과 남용을 엄격히 하여야 한다는 점에서 명시적으로 이러한 규정을 필요로 한다는 견해, ⅱ) 「경찰관직무집행법」 제2조제6호: 경찰권은 그 영역이 대단히 넓을 뿐만 아니라 이는 보충적 임무규정으로서 그 한계도 불분명하므로 적정한 경찰권 행사의 한계를 두어야 함에 따라 이러한 규정이 필요하다는 견해(장영빈 외, 앞의 논문, 51면).

으로 경찰권을 행사하여야 한다. 이 때 적극적 경찰권 행사의 한계는 방법론적 측면에서 논의되고 있으며, 이 때의 대표적인 사례가 '경찰개입청구권'이다.[137)]

여기서 '경찰개입청구권'이란 경찰이 마땅히 해야 할 것으로 기대되는 조치를 하지 않은 부작위로 인하여 국민 당사자의 권익을 침해당한 경우 이에 당사자는 경찰행정청에 대하여 경찰권 행사를 청구할 수 있는 권리이다.[138)] 즉 경찰 관련 법규가 당사자의 법익을 보호하도록 명문규정상 해석이 가능하고, 경찰재량권이 수축[139)]된 경우에는 경찰개입청구권이 발생된다고 할 것이다.[140)]

한편, 경찰권 행사와 관련한 이같은 평가활동은 지속적으로 여러 방면에서 진행될 것이고, 이는 결과적으로 경찰권 운영방안의 변화를 가져올 것이다.

과거 경찰권은 공익의 보호증진을 위하여 사회공공의 공익적 이익을 위한 활동이 주를 이루었으며, 국민은 이러한 경찰활동의 관계로 인해 발생된 이익을 반사적 효과로서의 작용으로만 간주하였다. 하지만 최근 경찰 관련 법규는 헌법원칙에 입각하여 국민의 보호를 최우선으로 고려하는 등 국민에게 직·간접적인 이익을 제공하는 정책수립이 주를 이루고 있다.[141)]

제2절 육상경찰과 해양경찰의 비교

해양경찰조직에 대한 특성을 육상경찰과의 비교를 통해 살펴본다. 이는 해

---

137) 김재광, 앞의 책, 65면; 김철용, 앞의 책(2006), 249~250면.

138) 김남진, 『행정법』, 법문사, 2001, 146면; 구형근, 앞의 논문, 135~136면 재인용.

139) 경찰재량권의 수축이란 유일한 하나의 행위 이외에는 위법이며, 그 행위를 행하지 아니한 부작위도 위법하게 된다. 이는 경찰재량권이 수축된 결과 경찰이 개입하지 않는 것이 유일한 하나의 행위일 수 있으며, 반대로 경찰이 개입하는 것만이 유일한 하나의 행위일 수 있다. 후자의 경우가 경찰개입 의무가 인정되고, 당사자에 의한 경찰개입청구권이 인정되는 것이다(윤성의, 앞의 논문, 76면).

140) 박윤흔, 앞의 책(2007), 340~341면.

141) 김남진, 『행정법Ⅱ』, 법문사, 2002, 276면.

양경찰의 외형적으로 보이는 단순한 조직의 특성만을 언급하고자 한 것은 아니다. 해양경찰이 과거 육상경찰에 소속되어 있었던 시절에서 벗어나 현재 국가적 · 사회적으로 육상경찰과 대등한 입장의 국가행정조직으로서의 기능을 수행하고 있는지에 대한 근거를 구체적으로 제시하는데 의미가 있다.

Ⅰ. 육상경찰과 해양경찰의 유사성

해양경찰은 육상경찰과 출발부터 같은 내무부 소속에서 동일한 신분으로 시작하였다. 해양경찰이 상공부 해무청 소속이었던 기간을 제외하면 조직문화 및 제도적 측면에서 유사한 점들이 많다. 그 유사점을 정리하면 다음과 같다.[142] 첫째, 해양경찰 작용과 관련한 근거법으로 「경찰관직무집행법」을 최근까지 적용했다. 하지만 앞서 언급한 바와 같이 동법은 주로 육상경찰을 대상으로 제정된 개별적 작용법으로 이 법률을 그대로 해양경찰에 적용하는 것과 관련해서는 현실적으로 많은 문제점들이 제시되었다. 해양경찰은 이러한 문제점들을 보완하고자 「해양경비법」을 제정하게 되었지만 지금까지 해양경찰의 작용법적 근거가 되어온 「경찰관직무집행법」을 완전히 배제하지는 못하고 일부 조항에서는 준용하도록 하고 있다.[143]

둘째, 해양경찰도 육상경찰과 마찬가지로 「경찰공무원법」의 적용을 받고 있는데 신규채용 · 승진 · 전보 · 파견 · 휴직 · 직위해제 · 정직 · 강등 · 복직 · 면직 · 해임 및 파면 등과 같은 임용상의 절차와 교육훈련 그리고 제복을 착용하는 점,

---

142) 김현, 앞의 논문, 65~67면; 손영태, "해양경찰조직 관련 법제의 입법방향에 관한 고찰", 「동국대학교 비교법연구」, 제11권 제2호, 2011, 251~253면 재인용.

143) 「해양경비법」 제5조(다른 법률과의 관계) 제2항에서는 해양경비에 관하여 이 법에서 규정한 것을 제외하고는 「경찰관직무집행법」을 적용한다고 규정하고 있으며, 제17조(무기의 사용) 제1항에서는 해양경찰관은 해양경비활동 중 무기사용의 기준은 「경찰관직무집행법」 제10조의4에 따른다고 규정하고 있다. 그리고 제18조(해양경찰장비 및 장구의 사용) 제1항에서는 해양경찰관은 경찰장비 및 경찰장구를 사용함에 있어 일부 「경찰관직무집행법」 제10조 제2항 및 제10조의2제2항을 따르도록 규정하고 있다.

무기휴대 등과 같은 내용을 동일하게 적용받는다. 또한 「경찰공무원법」 이외 「국가공무원법」 제2조제2항제2호에서도 경찰공무원의 신분을 갖는 특정직공무원으로 동일하게 규정하고 있다.

셋째, 「형사소송법」 제196조에 따라 사법경찰관리의 임무를 수행하는 것이다. 동법에 따르면 「경찰공무원법」 제2조(계급구분)에서 규정하고 있는 순경부터 경무관까지 검사 또는 사법경찰관의 지휘를 받아 수사하도록 하고 있다. 이는 「형사소송법」과 같은 다른 법률에서도 두 기관의 동질성을 인정하는 것이다.

넷째, 경찰관서별 관할구역을 정하는 것도 동일하다. 육상경찰은 소속기관에 대한 관할구역을 지방경찰청의 관할, 경찰서관할 등을 '경찰청과 그 소속기관 직제 시행규칙' 제21조에 규정하여 운영하고 있다. 또한 해양경찰도 마찬가지로 지방해양경찰청 및 직할해양경찰서와 지방해양경찰청 소속 해양경찰서의 관할구역을 '해양경찰청과 그 소속기관 직제 시행규칙' 제17조에 규정하고 있다.

종합해 보면, 육상경찰과 해양경찰은 조직자체의 정서적인 면이나 문화적인 면에서 또한 일부 한정된 부분이기는 하나 제도적인 측면에서 아주 유사한 특성을 보이고 있다.

Ⅱ. 육상경찰과 해양경찰의 조직 비교

육상경찰과 해양경찰의 조직규모에 대한 비교는 조직현황, 인력의 구성에 따른 규모 및 연간 총 운영예산에 대한 자료를 통해 확인해 보고자 한다. 이는 해양경찰이 외형적으로 보이는 조직의 규모가 실제 육상경찰과는 어떠한 차이를 보이고 있으며, 해양경찰만의 주요한 특색이 무엇인지에 대해 살펴보고자 하는 것이다.

1. 육상경찰의 조직 및 예산

현재 육상경찰은 청장을 중심으로 1차장 및 4관, 7국, 1대변인, 1심의관과 13

담당관, 26과로 구성되어 있다. 부속기관으로는 경찰대학 · 경찰교육원 · 중앙경찰학교 · 경찰수사연수원 등 4개의 교육기관과 책임운영기관인 경찰병원이 있다. 또한 치안사무를 지역적으로 분담수행하기 위하여 전국 특별시 · 광역시 · 도에 16개 지방경찰청을 두고 있으며 지방경찰청 소속 하에 경찰서 249개, 지구대 426개, 파출소 1,531개를 운영하고 있다.144) [그림 2-1]은 경찰청(육상경찰)의 세부조직도를 나타내고 있다.

2011년 기준 경찰청의 장비와 인력현황은 다음과 같다. 경찰장구류, 안전 · 보호장비, 무기류, 검색 · 관찰장비, 감정 · 감식장비, 정보통신장비 등 10종 263만여 점이 있으며, 기동장비(승용, 승합, 화물, 특수, 이륜)는 15,481대를 보유하고 있다.145)

경찰인력은 총 128,687명이며, 경찰관 101,239명(78.7%), 전 · 의경 23,609명(18.3%), 일반직 · 기능직 등 3,839명(3.0%)으로 구성되어 있다. 이 중 전 · 의경을 제외한 경위 이하의 계급은 전체 인력의 약 93.3%(94,423명)를 차지하고 있다.

이와 같은 원인은 정부의 병역제도 개선정책 추진에 따른 결과 때문인 것으로 보여지며, 전 · 의경의 전체적인 분포는 계속적으로 감소하고 있는 추세이다. 육상경찰은 정부의 병역제도 개선정책 추진에 따라 인력운용의 효율성과 집회 · 시위 관리의 전문성을 제고하기 위해 2008년부터 전 · 의경 감축 및 대체경찰관 증원을 추진해 왔다. 전체 전 · 의경 정원의 30%를 감축하고, 감축정원의 30%에 해당하는 정원을 경찰관으로 충원하는 계획을 수립하여, 2008년부터 4년에 걸쳐 연차적으로 총 18,191명의 전 · 의경을 감축하고 4,866명의 경찰관을 증원하였다.146)

---

144) 경찰청, 경찰관서 소개, 2013.5.13. 방문. 〈http://www.police.go.kr〉

145) 경찰청, 『경찰백서』, 2012, 314~315면.

146) 경찰청의 인력현황은 앞의 경찰백서 281~284면을 참고하여 작성하였다.

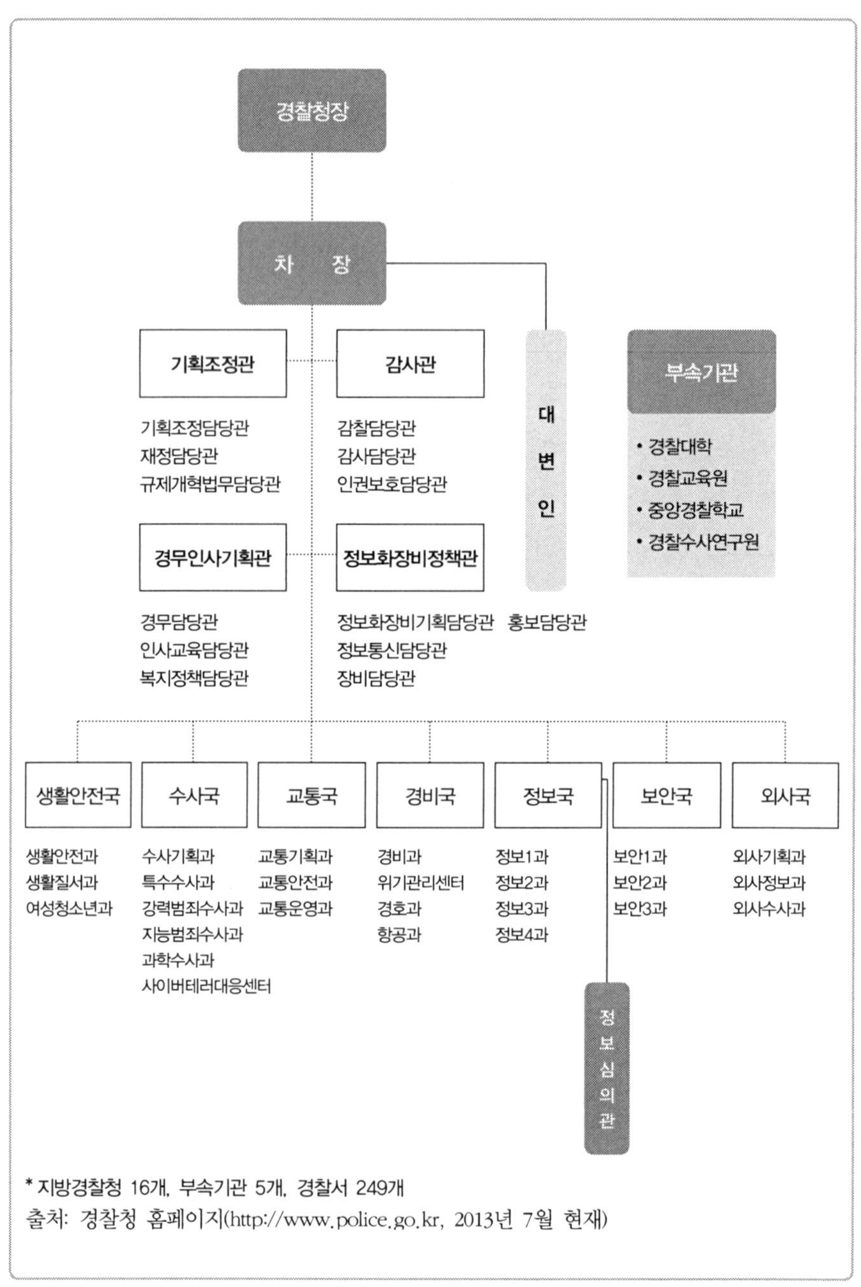

* 지방경찰청 16개, 부속기관 5개, 경찰서 249개

출처: 경찰청 홈페이지(http://www.police.go.kr, 2013년 7월 현재)

[그림 2-1] 경찰청 조직도

육상경찰의 2011년 기준 연간 총 운영예산은 7조7,887억 원으로 일반회계 7조 6,231억 원, 특별회계 1,656억 원으로 편성되어 있다. 이를 성질별로 분류하면 인건비, 기본경비 등 경직성 경비[147]가 대부분을 차지한다.[148] 한편, 급증하는 치안수요를 고려할 때 경찰의 과학화와 경찰공무원들의 사기관리는 무엇보다 중요하다 할 수 있을 것이므로 이와 관련한 적절한 예산배정은 필수사항이라 할 수 있다.

하지만 육상경찰의 전체 예산 중 70% 이상을 인건비와 기본경비로 배정하고 있으며, 주요사업비는 약 20% 정도에 불과하다. 이는 육상경찰의 예산배정과 관련한 문제점으로 지적되고 있다.[149]

2. 해양경찰의 조직 및 예산

해양경찰청 조직은 치안총감인 청장을 중심으로 1차장, 6국(2관, 4국), 22과(16과, 5담당관, 1대변인)를 두고 있다. 부속기관으로는 해양경찰학교와 해양경찰연구소가 있으며, 해양경찰정비창이 책임운영기관으로 운영되고 있다. 지역적 업무분담을 위한 특별지방행정기관으로 전국에 4개의 지방해양경찰청과 1개 직할서(인천해양경찰서), 15개 해양경찰서가 있다. 그리고 해양경찰서 예하에 87개 파출소, 240개 출장소를 두고 최일선 해상치안을 담당하고 있다.[150] [그림 2-2]는 해양경찰의 조직도를 나타내고 있으며, 2011년 기준 해양경찰청의 장비와 인력현황은 다음과 같다.

---

147) '경직성 경비'란 지출규모나 방법 등이 미리 정해짐으로써 감축의 여지가 없는 경비, 즉 예산편성과정에서 사업비와 대치되는 개념으로 고정되어 지출되는 소모성 성격이 짙은 예산을 말한다(경찰청, 앞의 백서, 311면).

148) 경찰청, 앞의 백서, 311면.

149) 김상호 외, 앞의 책, 278~279면; 김형만 외, 앞의 책, 304면.

150) 해양경찰청, 조직구성도, 2013.5.13. 방문. 〈http://www.kcg.go.kr〉

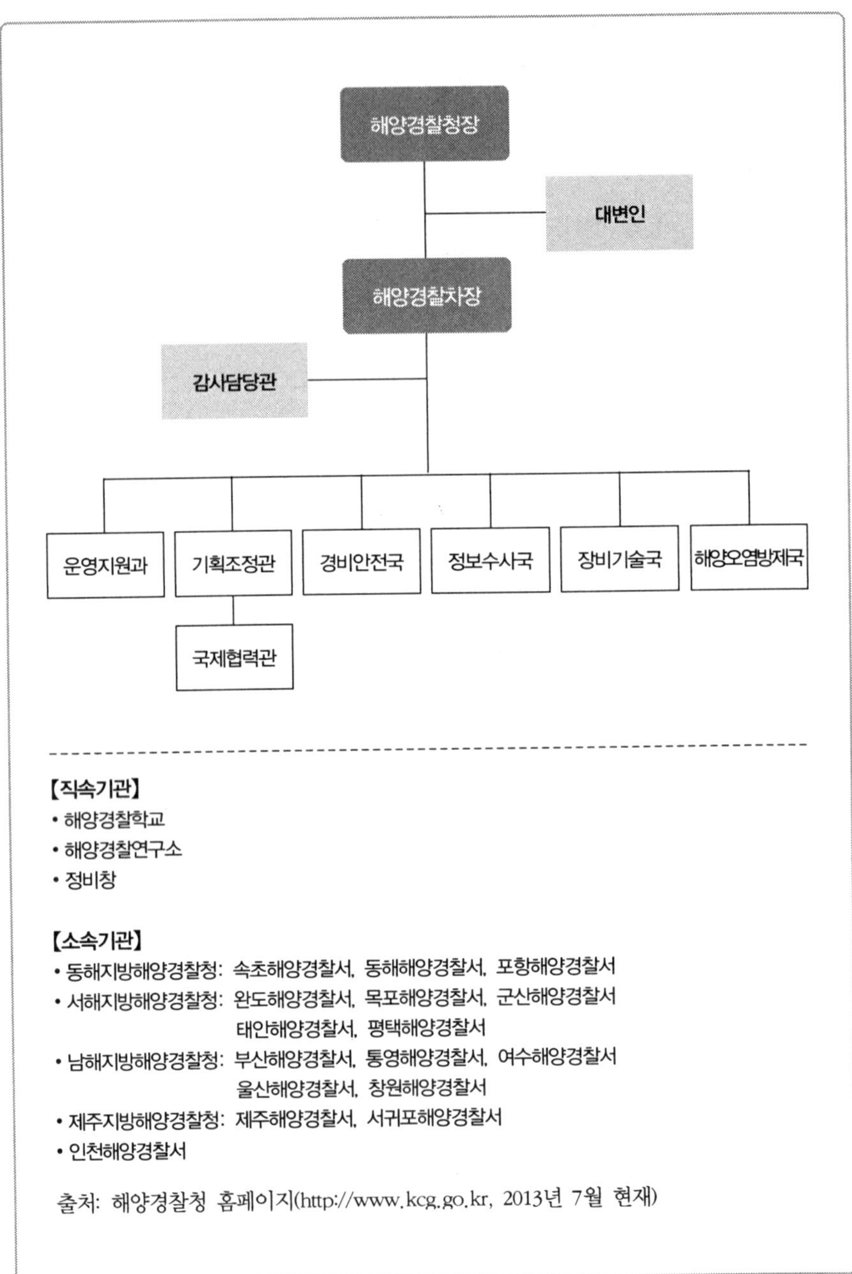

[그림 2-2] 해양경찰청 조직도

2011년 기준 경비구난함정(형사기동정 20척 포함) 199척, 특수정(방제정, 순찰정, 공기부양정, 예인정, 소방정) 93척, 그리고 23대의 항공기를 보유하고 있으며, 각 해양경찰서에 배치되어 운영되고 있다.[151]

해양경찰 인력은 2011년 12월말 기준 경찰관 7,822명(77.5%)과 전투경찰순경(전경) 1,626명(16.1%), 일반 · 기능 · 계약직 647명(6.4%) 등 총 10,095명으로 구성되어 있다. 이 중 경찰서에 전체 인력의 84.7%에 달하는 8,554명을 배치하여 운영하고 있으며, 다음으로 지방청, 본청 그리고 나머지 부속기관 및 책임운영기관 등의 순으로 배치하고 있다. 그리고 전경을 제외한 경찰관 계급 중 가장 많은 역할을 담당하고 있는 경위 이하는 전체 인력의 약 71.2%(7,187명)를 차지하고 있다.

그 다음으로 전경이 약 16.8%(1,433명)를 차지하고 있어 군복무 대체인력의 비중이 높다.[152] 전경도 육상경찰과 마찬가지로 정부의 병역제도 개선정책 추진에 따라 인력운용의 효율성과 관리업무의 전문성을 제고하기 위해 2008년부터 전경 감축 및 대체 경찰관 증원을 추진해 왔다.

2008년 219명, 2009년 215명, 2010년 215명, 2011년 215명을 전경 대체인력으로 채용하고 있다. 하지만 아직까지 전체 해양경찰인력의 상당수를 차지하고 있는 것으로 나타났다.[153]

참고로, 해양경찰은 1개의 해양경찰서가 평균 4.4개의 시 · 군 · 구를 담당하고 있으며, 수사경찰관이 처리하는 1인당 사건처리 건수는 137건으로 육상경찰 1인당 96건에 비해 1.5배에 달한다. 따라서 수사인력의 확충과 함께 전문교육의 기회를 확대해야 한다.[154]

해양경찰의 2012년 기준 연간 총 운영예산은 1조 484억 원으로 2011년 1조

151) 해양경찰청, 『해양경찰백서』, 2012, 380~381, 391면.
152) 해양경찰청, 앞의 백서(2012), 320, 322면.
153) 해양경찰청, 앞의 백서(2012), 408~411면.
154) 해양경찰청, 『해양경찰백서』, 2009, 201~202면.

534억 원 대비 0.5% 감소하였다. 예산의 주요현황을 살펴보면, 대형함정 건조사업을 비롯한 주요사업비가 5,405억 원으로 전체 예산의 52%를 차지하고 있다. 그 외 인건비 4,716억 원(45%), 기본경비 363억 원(3%) 순으로 편성되었다. 해양경찰청의 2012년 예산편성은 광역해역 치안소요에 효과적으로 대응하기 위한 함정 · 항공기 등의 경비인프라를 지속적으로 확충하고, 연안 해상교통관제시스템, 해양경비안전망 구축 및 구조장비 도입 등 해양사고 대응능력 제고에 중점을 두고 있다.[155)]

해양경찰청의 예산은 1996년 해양수산부 독립외청으로 개편되었을 당시 2,000억 원이었지만, 2012년 총예산은 1조484억 원으로 5.2배 가량 증가한 수치이다. 성질별로는 인건비 5.7배, 기본경비 3.1배, 주요사업비 5.1배로 각각 증가하였다. 해를 거듭할수록 예산이 증가한 이유는 바다 이용객의 증가와 무한한 해양자원 등 바다의 중요성이 높아지면서 바다의 치안과 환경을 보호하는 해양경찰 임무의 중요성도 커졌기 때문이다.

무엇보다도 1995년 「유엔해양법협약」 발효에 따른 배타적 경제수역 선포, 1999년 한 · 일 어업협정 및 2001년 한 · 중 어업협정 발효 등으로 '해양주권수호'와 '해양자원 보호'라는 국가전략 실현을 위한 인력 확대와 함정 · 항공기 등 장비 보강의 결과이다.

3. 육상경찰과 해양경찰의 조직 및 예산 비교

육상경찰과 해양경찰은 전체적인 인력의 세부구성은 유사한 구조를 가지고 있다. 또한 육상경찰과 해양경찰 간의 총 인력구성을 살펴보면, 해양경찰은 육상경찰과 같이 인력을 운영하는데 있어서는 전경을 상당수 차지하고 있다. 하지만 예산의 편성에 있어서는 많은 차이점을 보이고 있다. 예산의 절반 이상을 인건비로 배정하는 육상경찰과는 달리 해양경찰은 인건비보다 대형함정 등을

155) 해양경찰청의 예산현황은 앞의 해양경찰백서(2012년) 323~324면을 참고하여 작성하였다.

건조하는 주요사업비에 예산의 대부분으로 배정하고 있다. 또한 2011년 기준으로 육상경찰이 해양경찰보다 약 12배 이상 많은 수의 인력현황을 보이고 있는데 비해 총 운영예산은 약 7배 차이에 그친다는 것이다.

해양경찰이 비록 외형적으로 육상경찰보다 왜소해 보일 수 있으나, 조직운영 면에서나 보유하고 있는 함정 등의 경비세력뿐만 아니라 육상경찰의 관할구역보다 약 4.5배 이상의 광범위한 관할을 담당하고 있다는 점에서 해양경찰은 육상경찰과 확연히 다른 조직적 특성을 보이고 있다. 특히 경비구난 함정이나 특수정은 육상경찰과는 달리 해양경찰만이 보유할 수 있는 장비로 해양경찰의 특수성을 잘 보여주고 있다. 이러한 조직운영은 해양경찰도 육상경찰과 대등한 경찰기관으로서의 자격을 갖추고 있음을 나타내므로 독립된 기능을 수행할 수 있는 법체계를 마련해야 하는 필요성을 보여주는 것이다.

Ⅲ. 해양경찰제도의 변화와 시사점

해양경찰의 조직 및 작용과 관련한 제도적 변화를 현행 실정법인 「경찰법」과 「경찰관직무집행법」 및 다른 관련 법률 등을 통해 전반적으로 살펴보고자 한다. 이는 국가와 우리사회가 해양경찰에 대해 지금까지 어떠한 입장을 보이고 있는지를 파악해 보고자 한 것이다. 또한 해양경찰조직의 특성을 확인해 보기 위한 기본적이면서도 중요한 작업이다. 먼저 해양경찰의 조직법과 관련된 법률의 변화에 대해 먼저 살펴보고, 마찬가지로 작용법에 있어서도 이와 관련한 법률의 변화에 대해 다루고자 한다. 다음으로 이같은 법률의 동향이 해양경찰조직에 시사하는 바가 무엇인지에 대해 구체적으로 논하고자 한다.

육상경찰의 대표적 조직법으로는 1991년 5월 31일 제정된 경찰법이 있으나, 해양경찰은 육상경찰의 경찰법과 같이 조직과 관련된 현행 개별법은 없다. 단지 「정부조직법」 제43조제2항에서 '해양에서의 경찰 및 오염방제에 관한 사무를 관장하기 위하여 해양수산부장관 소속으로 해양경찰청을 둔다'고만 규정하고 있을 뿐이다.

하지만 해양경찰은 처음부터 조직과 관련한 개별법이 존재하지 않은 것은 아니다. 1962년 4월 3일 제정된 「해양경찰대설치법」[156]이 바로 그것인데, 제정된 지 11여 년 후 1973년 1월 15일 폐기되었다.

여기서 주목할 것은 동법이 폐기되면서 그 이유가 명확하지 않다는 것이다. 동법의 제정 당시 이유를 살펴보면 '평화선 내의 해양경비는 1953년 12월 14일 대통령령 제844호 해양경찰대편성령에 의하여 내무부장관이 장리하다가 1955년 2월 17일 정부조직법 개정에 따라 상공부장관 소속 하의 해무청에서 해양경비에 관한 업무를 관장하여 오던 중 5·16군사정변 후 정부기구 개편에 따라 내무부에 이관되어 있는 바 현재의 해양경비대는 해경직으로 편성되어 있으며 「어업자원보호법」에 의한 범죄수사에 대하여만 사법경찰권이 부여되고 있는데 한·일국교의 정상화를 앞두고 어업자원의 보호뿐만 아니라 간첩의 해상침투, 밀수, 밀항자의 단속 등을 보다 더 철저히 하여야 할 필요성이 절실하므로 해양경비대로 하여금 해상에 있어서의 일체의 경찰업무를 관장시킴으로써 경찰명령 계통의 일원화와 해양경찰업무의 효율적인 수행을 기하려는 것이다'라고 밝히고 있다.[157]

이에 반해 「해양경찰대설치법」의 폐지는 「정부조직법」이 같은 날인 1973년 1월 15일 일부개정되면서 동시에 이루어졌다. 당시 「정부조직법」의 개정 이유

---

156) 「해양경찰대설치법」은 해양경찰의 조직법적인 성격을 가지고 있는 법률로 현행 「경찰법」 제2조(국가경찰의 조직)와 유사하다 할 수 있으며, 그 내용은 다음과 같다.
「해양경찰대설치법」[시행 1963.9.19] [법률 제1402호, 1963.9.19, 일부개정]
제1조 (목적) 어업자원보호법에 의한 관할수역 내에 있어서의 범죄수사와 기타 해상에 있어서의 경찰에 관한 사무를 관장하게 하기 위하여 내무부장관 소속 하에 해양경찰대를 둔다.
제2조 (대장과 부대장) ① 해양경찰대에 대장 1인과 부대장 1인을 둔다.
② 대장은 치안부이사관으로써 보하고 부대장은 경무관으로써 보한다. 〈개정 1963.9.19〉
③ 대장은 내무부장관의 명을 받아 대업무를 관장하여 소속 공무원을 지휘·감독한다.
④ 부대장은 대장을 보좌하며 대장이 사고가 있을 때에는 그 직무를 대행한다.
제3조 (하부조직) 해양경찰대의 직제, 공무원의 직종과 정원에 관한 사항은 각령으로 정한다.

157) 법제처, 법률검색, 2013.7.4. 방문. 〈http://www.law.go.kr〉

로는 정부조직의 경직성을 완화하여 정비기구를 행정수요에 알맞도록 자율적으로 조정하기 위하여 중앙행정기관의 보조기관과 특별지방행정기관의 설치를 대통령령으로 정할 수 있다는 이유만을 제시하고 있어 「해양경찰대설치법」의 폐지와 관련한 직접적이고 명확한 이유를 제시하지 못하고 있다.[158]

「해양경찰대설치법」이 제정될 당시 해양경찰의 역할에 대한 중요성을 감안하여 국가적 요청에 의해 제정 · 시행된 법률이라면 오늘날 해양경찰의 역할은 과거와는 비교할 수 없을 만큼 다양하고 그 어느 때보다도 해양 관련 분야에서의 중요한 비중을 차지하고 있다. 그리고 수많은 전문성을 요구함과 동시에 국제적인 정부행정기관으로서의 위상이 필요한 때이다. 따라서 해양경찰조직법의 제정은 그 어느 때보다도 매우 신중하고 적극적으로 검토되어야 한다.

다음으로 육상경찰의 대표적 작용법으로는 1953년 12월 14일 제정된 「경찰관직무집행법」이 있으며, 해양경찰은 2012년 2월 22일 제정된 「해양경비법」이 있다. 하지만 「해양경비법」은 「경찰관직무집행법」과는 달리 경비수역을 포함한 해양에서의 선박 등이나 해양시설에 대해서 제한된 범위만을 적용하고 있다. 「경찰관직무집행법」보다는 다소 그 적용범위가 한정되어 있다 할 수 있지만, 「경찰관직무집행법」과 견줄 수 있는 유일한 해양경찰의 개별작용법이다. 특히 「해양경비법」은 제정되었다는 그 자체도 중요하지만, 법률제정을 위한 활동을 통해 해양경찰을 제도적 측면에서 더욱 발전시킬 수 있는 전환점을 마련했다는 것에 더 큰 의미가 있다. 따라서 해양경찰을 국가적 · 정치적 차원에서의 관심을 이끌어내기 위한 일환으로 조직과 관련한 제도의 정비 및 개선활동은 지속적으로 확대 · 시행되어야 한다.

참고로 「해양경비법」이 제정됨에 따라 「경찰관직무집행법」을 해양경찰이 지금까지 어떻게 적용해 왔는지는 큰 의미가 없다. 하지만 해양경찰은 「해양경비법」이 제정되기 이전까지는 줄곧 「경찰관직무집행법」을 해양경찰의 작용법

158) 법제처, 법률검색, 2013.7.4. 방문. 〈http://www.law.go.kr〉

으로 인식하고 있었다. 따라서 「경찰관직무집행법」의 제도적 변화 자체가 해양경찰에 시사하는 바가 무엇인지를 확인해 볼 필요성은 있다. 즉 해양경찰이 제도적으로 지금까지 어떠한 위치에서 활동하고 있었으며, 또한 그 존재가치가 어느 정도였는지를 짐작해 보는 중요한 근거자료가 될 것이다.

「경찰관직무집행법」이 1953년 제정된 이후 1996년 개정되기 전까지 동법에서는 해양경찰과 관련한 용어는 등장하고 있지 않다. 이 역시 해양경찰을 「경찰공무원법」 제3조와 같이 경찰공무원 직무의 종류에 따라 구분하고 있는 하나의 경과에 불과한 것으로 인식했기 때문인 것으로 보인다.

이후 「정부조직법」이 1996년 8월 8일 일부개정되고, 해양경찰이 당시 해양수산부의 외청으로 승격되면서 「경찰관직무집행법」에 해양경찰이라는 용어가 처음 등장하게 된다. 해양경찰을 육상경찰과는 완전히 제도적으로 독립된 별도의 개별조직임을 인정하는 것이다. 하지만 해양경찰은 형식적 · 외형적으로 단편적인 변화를 가져온 것에 불과하다. 왜냐하면, 아직까지 육상경찰과 비교해 볼 때 완전하고 실질적인 변화를 가져왔다고 하기에는 여전히 제도적으로 미흡한 부분들이 존재하기 때문이다. 따라서 이에 대한 지속적인 개선의 노력이 필요하다.

Ⅳ. 해양경찰조직의 평가 및 사회적 역할

해양경찰은 해양이라는 제한되고 특수한 지리적 환경과 사회적 이슈가 될 만한 국민적 관심을 모으기에 부족한 업무환경에서 정치적 관심 또한 배제되고 있는 경향이 있다. 또한 해양경찰은 외형적으로나 제도적으로 육상경찰과 상당한 차이를 보이고 있으며, 육상경찰과 대등한 위치에 서기 위해서는 반드시 제도적 보완이 수반되어야 한다. 그러므로 이러한 외부환경에서 해양경찰에 대한 사회적 평가정도를 알아보기 위해서는 해양경찰의 현주소, 즉 현재 사회일각에서 사실적으로 받아들여지고 있는 해양경찰의 입장을 살펴볼 필요가 있다.

이를 위한 방법의 일환으로 해양범죄에 대응하는 해양경찰의 정책을 통해 해양경찰의 업무적 특성과 사회적 역할이 무엇인지를 전반적으로 살펴보고자 한다. 결국 해양경찰의 사회적 역할을 분석하는 것은 조직을 평가하는 중요한 요소가 될 것이다.

1. 업무특성에 따른 조직평가

해양경찰은 제도적으로 육상경찰보다 미흡한 점들이 다소 존재한다. 「정부조직법」, 「경찰공무원법」 등에서는 이 두 기관을 별개의 독립되고 대등한 위치에 있는 것으로 인정하고 있다. 또한 해양경찰은 육상경찰과 많은 부분에서 유사점을 보이고 있다. 하지만 그 반면에 해양이라는 특수한 환경 속에서 고유한 업무를 수행하고 있어 해양경찰의 업무영역은 육지를 포함한 해양이라는 특수한 환경에서 발생하는 범죄가 주요대상이 된다. 해양에서 발생하는 범죄는 대부분 관련 업종에 종사하는 소수의 국민과 관련된 경우가 많다. 특히 사회적 이슈가 될 만한 사건이 그다지 많지 않아 국민적 관심을 받기에도 한계가 있는 것이 사실이다.

뿐만 아니라 정치권에서도 해양경찰에 대한 관심이 높지 않다. 이러한 이유로는 정치권과 해양경찰 간에는 특별한 이해관계가 존재하지 않을 뿐더러 정치권에서는 해양경찰을 검찰 · 육상경찰 등과 같은 사정기관(查定機關)으로 여기지 않으므로 정치적 활동을 하는데 있어서도 견제세력으로 인식하고 있지 않기 때문인 것으로 보인다.

실제 검찰 등의 정부에서 범죄근절을 위한 주요정책으로 내놓고 있는 것을 살펴보면, 대부분 일반 국민들이 공감할 수 있는 그리고 실생활에 직접적인 영향을 주는 사건을 대상으로 하는 경우가 많다. 대부분이 아동, 부녀자들의 납치 · 성폭행, 살인 등의 강력범죄나 조직폭력배 관련 범죄, 그 밖에 서민들의 주머니를 노리는 보이스 피싱(Voice Phishing), 사회 전반에 불신을 부추기는 사이버폭력 범죄 등의 척결을 위한 대응방안이 주를 이룬다.[159] 하지만 해양경찰은 해양에서 발생하고 있는 각종 범죄에 대한 대책으로 주요업무 계획을 내놓고 있다고는 하나 대부분의 국민들은 이에 대해 아주 지엽적인 정책으로 받아들일 수 있다.

해양경찰과 육상경찰이 담당하고 있는 주요범죄 유형과 그 발생건수는 두 기관의 업무적 특성을 잘 보여주고 있다. 해양경찰에서는 형법범의 유형인 살인 · 강도 · 절도 · 폭력 · 사기 · 횡령 · 배임 등의 범죄를 서민안정에 해를 끼치는 7대 민생침해사범으로 규정하고 있다.[160] 그 밖에 특별법범으로는 수산사범(무면허 · 무허가 조업, 금지어획물 불법포획 · 판매 등), 안전사범(무면허 운항, 출입항신고 미필 등), 해양환경사범(폐기물 불법처리 · 무단방출, 공장폐수 등 불법배출, 선저 빌지 · 선내 유류유출 등), 국제사범(밀수 · 마약사범 등) 등으로 구분하고 있다.[161]

육상경찰은 형법범의 유형인 살인 · 강도 · 강간 · 폭력 · 절도를 5대 민생침해사범으로 규정하고 있으며, 그 밖에 사기 · 횡령 · 배임 등이 있다.[162] 그리고 특별법범 유형으로는 부정수표단속법위반 · 도로법위반 · 근로기준법위반 · 자동차관리법위반 · 교통사고처리특례법위반 · 식품위생법위반 · 저작권법위반 등으로 구분하고 있다.[163]

2011년 발생한 전체적인 범죄현황을 간단히 살펴보면, 해양경찰과 관련한 범죄는 총 47,075건으로 이 중 형법범은 약 36%(16,893건)를 차지하고 있으며, 특별법범은 약 64%(30,182건)를 차지하고 있다.[164] 그리고 육상경찰과 관련한 범

159) 대검찰청, "서울중앙지방검찰청 업무현황", 2009년도 국정감사자료, 2009.
160) 해양경찰청, 앞의 백서(2011), 182면; 또한 해양경찰은 서민안정에 해를 끼치는 범죄를 살인, 강 · 절도, 폭력, 사기, 횡령 · 배임과 같은 5대 범죄(형법범)로 구분하기도 한다(해양경찰청, 앞의 백서(2009), 188면).
161) 해양경찰청, 앞의 백서(2012), 162~165면.
162) 경찰청, 앞의 백서, 107면.
163) 법무연수원, 『범죄백서』, 2011, 49~50면.
164) 해양경찰청, 앞의 백서(2012), 151면.

죄는 총 1,784,953건으로 이 중 형법범은 약 52%(934,839건)를 차지하고 있으며, 특별법범은 약 48%(850,114건)를 차지하고[165] 있다.

이처럼 해양경찰과 육상경찰이 담당하고 있는 총 범죄 발생건수는 약 38배 이상 차이를 보이고 있다. 특히 존엄한 인간의 생명을 빼앗아기는 살인사건과 같은 중대사건의 경우 해양경찰과 관련해서는 6건이 발생한 반면, 육상경찰과 관련해서는 1,251건이 발생해 상당한 차이를 보이고 있다.[166] 이와 같이 해양경찰은 육상경찰과 대등한 중앙행정기관임에도 특별법범과 같은 제한된 업무적 특성으로 인해 사회적 인지도가 매우 낮음을 짐작할 수 있다. 하지만 형법범의 경우 해양경찰이나 육상경찰 모두 그 범죄의 유형이 유사하다는 것을 알 수 있다.

위의 결과에서도 알 수 있듯이 해양경찰청에서 실제 담당하고 있는 범죄의 종류는 육상경찰에 비해 많지 않으며, 비교적 특정한 업무에 한정되어 있는 특성을 보이고 있다. 그리고 해양경찰과 관련한 범죄건수는 육상경찰보다 훨씬 적어 두 기관 간 많은 차이를 나타내고 있다. 여기서 주의해야 할 것은 담당하고 있는 범죄건수가 많을수록 조직의 존재가치가 더 높아져야 하고, 이에 따른 조직의 중요도 또한 높게 평가되어져야 한다는 단편적인 생각을 할 수 있을 것이다. 하지만 이보다 더 중요한 것은 육상경찰이 감당하지 못하는 각종 범죄에 대해 해양경찰 고유의 조직 특성으로 대응하고 있다는 점에서 해양경찰의 존재가치를 찾을 수 있다.

따라서 해양경찰의 직무수행은 육상경찰로부터 위임을 받은 보조적 또는 보완적 역할이 아닌 독자적 개별조직으로서의 단독 임무를 수행하는 것이다. 이는 해양경찰의 직무범위를 조직법적인 차원에서 명확히 규정할 수 있는 제도적 장치를 마련해야 하는 중요한 이유가 될 수 있다.

165) 경찰청, 『경찰백서』, 2011, 140면.
166) 해양경찰청, 앞의 백서(2012), 155면, 경찰청, 앞의 백서(2011), 146면.

2. 사회적 역할

바야흐로 21세기는 자원개발의 무한한 공간과 미래 생존의 원천이라 할 수 있는 해양 개척시대로 접어들었다. 이러한 이유 때문에 해양을 이용하는 인구는 갈수록 증가할 수밖에 없고, 인간생활은 해양에 지속적으로 의존할 수밖에 없으므로 그 중요성은 더욱 커질 것이다. 더욱이 우리나라는 삼면이 바다로 이를 터전으로 생계를 유지하고 있는 많은 사람들이 있다. 그러나 해양의 중요성이 증대되고 있다고는 하나, 우리나라에 있어 해양환경은 조업구역 축소 등 어업질서 변화에 따른 구조조정 과정에서 비롯된 사회적 갈등이 점점 증가되고 있다. 특히 살인, 폭력, 사기 등의 형법범 및 수산사범, 안전사범, 환경사범 등의 특별법범과 같은 반사회적인 행위로 인하여 더욱 심화될 것으로 예상된다.

그 밖에 배타적 경제수역으로 인한 어업체계 정착과 수자원 고갈 등은 불법조업 및 양식장 절도 등을 유발시키는 사회적 배경이 되기도 한다. 뿐만 아니라 유가인상 등에 따른 해상면세유 불법 수급 · 유통 이외 바다모래 불법취급사범, 그리고 선원인력난에 따른 선용금 사기 · 횡령사범, 조업 중 발생되는 선원 간의 폭력사범 등과 같은 국내에서 발생하는 범죄 이외에 밀수 · 밀입국 등의 국제사범이 발생하고 있는데, 이러한 범죄의 양상은 갈수록 지능화 · 흉포화 · 조직화 · 기동화 · 광역화되어가고 있는 추세이다.[167] 이는 해양질서를 혼란하게 하여 국민의 생명과 재산을 보호하는데 있어서도 큰 걸림돌이 될 수밖에 없다.

해양범죄는 범죄 가운데 범행이 실행되는 장소적 특성을 고려한 것으로 육상에서 발생하는 범죄와 대조되는 개념이다. 또한 해양이라는 특수한 환경에 광역성이 반영되어 있다.[168] 해양은 매우 넓고 광활하며 정체되어 있지 않고 부단히 유동적이다. 따라서 해양에서 범행이 발생하였다 하더라도 현장에 도

167) 해양경찰청, 앞의 백서(2009), 37, 170, 201면; 해양경찰청, 앞의 백서(2012), 41, 49, 180면.
168) 조성한 외 2인, "21세기 신해양시대를 대비한 해양경찰 역량 강화방안", KIPA연구보고, 한국행정연구원, 1998, 141~142면.

착하는 시간이 지연되거나 현장을 발견하는데 시간이 오래 걸릴 수 있으며, 현장 자체를 원래 그대로 보존하는 것도 거의 불가능하다. 뿐만 아니라 해양범죄는 범죄첩보가 사전에 입수되지 않는다면 검거(체포) · 나포하기가 용이하지 않는 특성을 보이기도 한다.

그리고 해양에서 발생하는 범죄는 자연적인 제약으로 인해 적절한 수색, 발견, 초동조치 등과 같은 대응행위가 지연될 수밖에 없는 한계가 있다. 특히 밀입국사건, 밀수사건 등과 같이 바다의 물리적 현상 등을 고려할 때 범죄행위가 종결되지 못하고 범죄행위지로 이동하거나 범죄가 진행되는 과정에 있는 경우도 있다.[169)]

뿐만 아니라 해양은 육지와 많은 면에서 다르지만 수단적 방법에서 큰 차이가 있다. 인간이 해양을 이용하려면 반드시 수단으로써 선박을 이용해야만 하며, 선박 등의 사용을 전제하지 않는 해양 이용은 거의 불가능하다.[170)] 따라서 해양에서 자행되는 범행은 선박이라는 교통수단을 사용하는 가운데 발생하고 있는 경우가 많다. 또한 해양범죄는 물리적 환경 이외에 사회적 환경 변화에도 민감하게 반응하기도 한다. 보편적으로 국제성 · 조직성 · 강력성 · 복잡성 · 다양성을 띠고 있는 해양범죄는 해상에서 일어나는 각종 불법행위에 다각도로 영향을 미치고 있다. 그리고 장소적 특성을 감안하여 해상에서 발생하거나 또는 발생가능성 있는 국제범죄나 국제조직범죄의 특성을 보이기도 한다.[171)]

특히 우리나라는 해양이라는 장소적 특수성을 감안하면 한반도의 지정학적 특성이 추가되어 북한의 우리 영해 침범 및 중국어선의 해적행위[172)] 등과 같은

169) 송병호 · 최관, "국제성 해양범죄에 대한 해양경찰의 대응실태 고찰", 「경찰학연구」, 제6권 제3호 통권 12호, 경찰대학, 2006, 37~40면.

170) 김현, 앞의 논문, 67면.

171) 송병호 외, 앞의 논문, 37~40면.

172) 중국어선들의 불법조업을 해적행위로 단정지을만한 명확한 근거는 없다. 하지만 중국 어선들은 전자봉과 도끼를 비롯한, 심지어 총기류로 중무장한 뒤 야간을 이용해 조업 중인 우리 어선을 여러 척으로 에워싸는 방법으로 강탈행위를 일삼고 있다. 이같은 중국어선들의 행위는 엄밀히 말해서 대선난(大船亂)을 이룬 집단적 폭력행위로서 해상에서의 난순 범죄행위이

특별한 해양범죄가 발생한다. 이처럼 해양범죄는 일반적으로 육상에서 발생하는 범죄와 확연한 차이를 보이고 있다. 따라서 해양경찰은 해양경찰만의 특별한 대책마련으로 해양에서의 불법행위에 대하여 탄력적이고 체계적으로 대응할 필요가 있다. 결론적으로 해양이라는 장소적 특징들을 종합해 볼 때 해양경찰은 육상경찰과 단순 비교가 불가한 중요한 사회적 역할을 담당하고 있는 것이 분명하다. 즉 해양경찰은 육상경찰이 수행할 수 없는 중요한 사회적 역할을 담당하고 있다.

제3절 해양경찰의 직무범위

오늘날 전 세계의 많은 나라들이 해양에 대한 주권을 차지하기 위해 앞다퉈 경쟁을 심화하고 있다. 그리고 해양에 대한 관심이 높아진 것 또한 사실이다. 이는 우리나라도 예외일 수는 없으며 급변하는 해양 정세에 강력한 해양세력의 확보는 무엇보다 중요하다. 해양경찰의 경찰권 행사 기능을 강화하는 것도 같은 맥락이다. 해양에서 해양경찰권의 행사는 공공의 안녕과 질서유지의 차원을 넘어서 위험방지 또는 예방활동에 목적을 두어야 한다.[173] 또한 해양에서의 위기관리는 국내법 및 국제법과 국제적 관례에 따라 합리적으로 이뤄져야 한다. 해양경찰의 기능은 해상경비 및 어로보호 목적의 기능에서 오늘날에는 안보 · 범죄수사 · 해양오염방지 · 해상교통안전 · 환경자원보호 · 수상레저안전 · 대민봉사까지 다양한 직무를 수행하고 있다. 그리고 국내에서의 범죄 및

지만, 그 정도나 폭력성을 보면 당연히 해적행위로 보아야 한다는 견해도 있다(김현기, "해상테러리즘의 본질과 실체(Ⅰ)", 「연맹회지 바다」, 11호, 대한민국해양연맹, 2005, http://seapower.or.kr/xe/index.php?document_srl=4280).

173) 해양경찰의 경찰권은 불법행위에 대한 예방활동에도 영향을 미치나, 이미 발생된 사건을 처리 하는데 행사되는 경우가 많으므로 사전예방 및 사후조치 양자를 명확히 수용할 수 있는 법체계 마련이 필요하다.

해양환경 보존뿐만 아니라 국제법의 하나인 「유엔해양법협약」에 포함되어 있는 경찰권 행사에 대한 부분도 지속적으로 높아질 수밖에 없다.[174]

해양 환경적 배경은 시대마다 달랐으며, 해양경찰은 시대의 변화에 맞추어 가장 효율적인 조직을 구성하기 위해 수차례에 걸친 조직개편을 거쳐 현재에 이르게 된 것이다.[175] 육상경찰과 해양경찰은 직무범위를 각각의 법률로 규정하고 있다. 그 밖에 경찰청과 해양경찰청의 하부조직별 관장사무의 범위를 대통령령 및 행정부처의 시행규칙에서 규정하고 있다.

육상경찰은 「경찰법」 제3조 및 「경찰관직무집행법」 제2조에서 직무의 범위를 규정하고 있으며, 해양경찰은 「해양경비법」 제7조에서 해양경비와 관련한 활동범위를 법률로 규정하고 있다. 그리고 육상경찰의 관장사무와 관련한 '경찰청과 그 소속기관 직제' 및 그 시행규칙과 해양경찰의 관장사무와 관련한 규정인 '해양경찰청과 그 소속기관 직제' 및 그 시행규칙에서는 좀더 구체적으로 각각의 기관별 하부조직에 대한 세부적인 분장업무를 규정하고 있다. 하지만 여기에서는 육상경찰과 해양경찰의 법률상(「경찰법」, 「경찰관직무집행법」 및 「해양경비법」)의 직무와 관련해서 언급하고자 하는 것이 아니며, 경찰청과 해양경찰청의 하부조직에서 실질적으로 담당하고 있는 분장업무에 대해 살펴보고자 한다.

또한 일반적으로 경찰기관의 주요업무에 대한 분석은 활동의 목적이나 세부방법론적으로 기술되는 것이 보통이다.[176] 하지만 본 저서에서는 단순히 해양경찰이 어떠한 업무를 수행하는가를 방법론적인 측면에서 논하기보다는 실제

---

174) 권영호 외, 앞의 책, 200~201면.

175) 해양경찰청, 앞의 백서(2012), 424~431면; 해양경찰청, 해양경찰청소개 조직구성도, 2013.7.4. 방문. 〈http://www.kcg.go.kr〉

176) 해양경찰의 주요업무에 대해 간략히 언급하면 다음과 같다. 해양경찰은 해양사고와 관련한 경비구난 업무, 안전한 해상활동이 보장될 수 있도록 하는 해상교통안전관리 업무, 모든 해상범죄에 대한 예방 · 단속을 수행하는 해상치안 업무, 그 밖에 해양환경보전, 해양오염방제 및 국제성 해상범죄에 대응하기 위한 국제교류협력 등의 업무를 담당하고 있다(해양경찰청, 주요업무, 2013.7.4. 방문. 〈http://www.kcg.go.kr〉).

제도적으로 규정되어 있는 해양경찰의 직무범위가 육상경찰과는 상대적으로 어떠한 특징을 보이는지를 하부조직별 분장업무를 통해 구체적으로 다루었다.

경찰청과 해양경찰청은 사회환경의 특성에 맞는 기능적 업무를 수행하기 위하여 현재 [그림 2-1]과 [그림 2-2]의 조직체계를 두고 있다. 그리고 넓은 의미에서는 경찰청과 해양경찰청에 소속되어 있는 모든 조직들이 국민과 직 · 간접적으로 연관이 되어 있다 할 것이나, 본 저서에서는 육상경찰과 해양경찰이 경찰권을 행사하는데 있어 국민에게 직접적으로 영향력을 행사하는 하부조직의 주요업무에 대해 간략히 살펴보고자 한다.

이는 경찰청과 해양경찰청의 하부조직에서 실질적으로 담당하고 있는 분장업무를 제도적으로 살펴보고, 두 조직의 특색을 파악해 보기 위한 것이다.

Ⅰ. 육상경찰의 주요업무

육상경찰의 주요업무는 경찰청 각 하부기관별 사무분장을 규정하고 있는 「경찰청과 그 소속기관 직제」(이하 "영"이라 표기한다)와 「경찰청과 그 소속기관 직제 시행규칙」(이하 "규칙"이라 표기한다)을 통해 살펴보고자 한다. 영 제4조 제1항에서는 경찰청에 생활안전국 · 수사국 · 교통국 · 경비국 · 정보국 · 보안국 및 외사국을 하부조직으로 둔다고 규정하고 있다. 또한 같은 영 제4조제2항에서는 청장 밑에 대변인 1명을, 차장 밑에 기획조정관 · 경무인사기획관 · 감사관 및 정보화장비정책관 각 1명을 둔다고 규정하고 있다. 그리고 규칙 제2조부터 제12조의2에서는 경찰청과 그 소속기관의 과 또는 이에 상당하는 담당관을 설치하고 그에 해당되는 세부적인 분장업무를 규정하고 있다.

본 저서에서는 육상경찰이 경찰권을 행사하는데 있어 직접적으로 국민에게 영향력을 행사하는 생활안전국 · 수사국 · 교통국 · 경비국 · 정보국 · 보안국 및 외사국의 분장업무에 대해 살펴보고자 한다.

1. 생활안전국

영 제11조에서는 생활안전국의 직책과 분장업무에 대해 규정하고 있으며, 국장은 치안감 또는 경무관으로 보하고 있다(제1항 및 제2항). 또한 규칙 제8조에서는 다시 생활안전국에 이에 상당하는 과를 두고 생활안전국이 담당해야 할 직무를 세분화하여 분장(分掌)하고 있다. 해당 과로는 생활안전과 · 생활질서과 및 여성청소년과를 두고 있으며(제1항), 각 과장은 총경으로 보한다고 규정하고 있다(제2항). 각 과별 세부적 분장업무를 살펴보면 다음과 같다.

i) 생활안전과장은 범죄예방에 관한 연구 및 계획의 수립, 경비업에 관한 연구 및 지도, 112제도의 기획 · 운영 및 112종합상황실 운영 총괄, 지구대 · 파출소 외근업무의 기획, 기타 국내 다른 과의 주관에 속하지 아니하는 사항을 담당하고 있다(제3항).

ii) 생활질서과장은 풍속 · 성매매 사범에 관한 지도 및 단속, 총포 · 도검 · 화약류 등의 지도 및 단속, 즉결심판청구 업무의 지도, 각종 안전사고의 예방에 관한 사항을 담당하고 있다(제4항).

iii) 여성청소년과장은 여성 관련 범죄의 연구 · 기획에 관한 업무, 여성 · 소년에 대한 범죄의 예방에 관한 업무, 가출인 및 실종아동 등(「실종아동 등의 보호 및 지원에 관한 법률」 제2조제2호에 따른 실종아동 등을 말한다. 이하 같다) 관련 업무 총괄, 가정폭력 · 아동학대의 예방 및 피해자 보호에 관한 업무, 성폭력 · 성매매의 예방 및 피해자 보호에 관한 업무, 진술녹화실 및 여성상담실운영 업무, 청소년비행방지에 관한 업무, 청소년범죄의 수사지도 및 비행소년의 보호지도에 관한 사항을 담당하고 있다(제5항).

2. 수사국

영 제12조에서는 수사국의 직책과 분장업무에 대해 규정하고 있으며, 국장은 치안감 또는 경무관으로 보하고 있다(제1항 및 제2항). 또한 규칙 제9조에서는 다시 수사국에 이에 상당하는 과를 두고 수사국이 담당해야 할 직무를 세분화하여 분장하고 있다. 해당 과로는 수사기획과 · 특수수사과 · 강력범죄수사과 · 지능범죄수사과 · 과학수사센터 및 사이버테러대응센터를 두고 있으며(제1항), 각 과장 및 센터의 장은 총경으로 보한다고 규정하고 있다(제2항). 각 과 및 센터별 세부적 분장업무를 살펴보면 다음과 같다.

i) 수사기획과장은 경찰수사 업무에 관한 기획 · 지도 · 조정 및 통제, 범죄통계의 관리 및 분석, 유치장 관리의 지도 및 감독, 범죄첩보의 수집 및 분석, 그 밖에 국내 다른 과의 주관에 속하지 아니하는 사항을 담당하고 있다(제3항).

ii) 특수수사과장은 국익에 관련되는 중대한 범죄의 수사에 관한 사무를 담당한다(제4항).

iii) 강력범죄수사과장은 민생치안 종합계획의 추진 및 관계기관과의 협조, 살인 · 강도 · 폭력 · 성폭력 · 절도 및 방화사범에 관한 정보의 처리 및 수사 · 지도, 실종사건에 관한 대책과 수사지도, 마약사범에 관한 정보의 처리 및 수사 · 지도, 국제마약류에 대한 분석과 마약류 범죄에 관한 국내외 협력업무를 담당하고 있다(제5항).

iv) 지능범죄수사과장은 경제사범에 관한 정보의 처리 및 수사 · 지도, 선거 · 공무원 · 식품 · 환경 · 총기 · 문화재 · 밀수 · 병역 · 성매매 등과 관련된 범죄에 관한 정보의 처리 및 수사 · 지도에 관한 사항을 담당하고 있다(제6항).

v) 과학수사센터의 장은 과학수사에 관한 기획 및 지도, 수사자료의 분석 및 지원, 범죄감식 및 범죄기록의 수집 · 관리, 피의자의 지문 · 사진 및 주민등록지문의 수집 · 관리 등 채증업무, 국립과학수사연구원에 대한 지원 및 감독에 관한 사항을 담당하고 있다(제8항).

vi) 사이버테러대응센터의 장은 사이버테러의 탐지 · 추적수사 및 경보 등 조치, 사이버테러 관련 수사기법의 연구 · 개발 및 국제경찰기구 등과의 협력, 사이버범죄의 수사 및 지도, 디지털매체 등 증거분석 업무를 담당하고 있다(제9항).

3. 교통국

영 제12조의2에서는 교통국의 직책과 분장업무에 대해 규정하고 있으며, 국장은 치안감 및 경무관으로 보하고 있다(제1항 및 제2항). 또한 규칙 제9조의2에서 다시 교통국에 이에 상당하는 과를 두고 교통국이 담당해야 할 직무를 세분화하여 분장하고 있다. 해당 과로는 교통기획과 · 교통안전과 및 교통운영과를 두고 있으며(제1항), 각 과장은 총경으로 보한다고 규정하고 있다(제2항). 각 과별 세부적 분장업무를 살펴보면 다음과 같다.

ⅰ) 교통기획과장은 도로교통에 관련되는 사항에 대한 종합기획 및 심사분석, 도로교통에 관련되는 법령의 정비 및 행정제도의 연구, 교통경찰공무원에 대한 교육 · 지도, 자동차운전면허 관련 기획 · 지도, 운전면허시험의 지도 · 감독, 그 밖에 국내 다른 과의 주관에 속하지 아니하는 사항을 담당하고 있다(제3항).

ⅱ) 교통안전과장은 도로교통사고의 예방을 위한 홍보 및 지도 · 단속, 도로교통사고조사의 지도, 고속도로순찰대의 운영감독과 관련한 사항을 담당하고 있다(제4항).

ⅲ) 교통운영과장은 도로교통시설의 관리, 광역 교통정보사업 관련 업무, 교통정보의 수집 · 분석 및 제공에 관한 사항을 담당하고 있다(제5항).

4. 경비국

영 제13조에서는 경비국의 직책과 분장업무에 대해 규정하고 있으며, 국장은 치안감 또는 경무관으로 보하고 있다(제1항 및 제3항). 또한 규칙 제10조에서는 다시 경비국에 이에 상당하는 과를 두고 경비국이 담당해야 할 직무를 세분화하여 분장하고 있다. 해당 과로는 경비과 · 위기관리센터 · 경호과 및 항공과를 두고 있으며(제1항), 각 과장 및 위기관리센터의 장은 총경으로 보한다고 규정하고 있다(제2항). 각 과 및 센터별 세부적 분장업무를 살펴보면 다음과 같다.

ⅰ) 경비과장은 경비에 관한 계획의 수립 및 지도, 경찰기동대 운영의 지도 및 감독, 전투경찰순경의 모집 · 선발, 전투경찰순경의 교육훈련 · 인사관리 및 정원관리, 전투경찰순경의 복무 및 기율단속, 전투경찰순경의 사기 · 복지 등의 관리에 관한 사항, 기타 국내 다른 과의 주관에 속하지 아니하는 사항을 담당하고 있다(제3항).

ⅱ) 위기관리센터의 장은 대테러 관련 법령의 연구 · 개정 및 지침 수립, 대테러 종합대책 연구 · 기획 및 지도, 테러대책기구 및 대응조직 운영업무, 대테러 종합훈련 및 교육, 경찰작전과 경찰 전시훈련에 관한 계획의 수립 및 지도, 비상계획에 관한 계획의 수립 및 지도, 중요시설의 방호 및 지도, 향토예비군 무기 · 탄약관리의 지도, 치안상황실 운영에 관한 사항, 청원경찰의 운영지도, 민방위업무의 협조에 관한 사항, 안전관리 · 재난상황 및 위기상황 관리기관과의 연계체계 구축 · 운영을 담당하고 있다(제4항).

ⅲ) 경호과장은 경호계획의 수립 및 지도, 요인의 보호에 관한 사항을 규정하고 있다(제5항).

ⅳ) 항공과장은 경찰항공기의 관리 및 운영, 경찰항공요원에 관한 교육훈련, 경찰업무 수행에 관련된 항공지원 업무를 담당하고 있다(제6항).

5. 정보국

영 제14조에서는 정보국의 직책과 분장업무에 대해 규정하고 있으며, 정보국에 국장 1인을 두고, 국장에 정보심의관을 두도록 하고 있다. 국장은 치안감 또는 경무관으로 정보심의관은 경무관으로 보하고, 정보심의관은 기획정보 업무의 조정에 관하여 국장을 보좌한다고 규정하고 있다(제1항 내지 제4항). 또한 규칙 제11조에서는 다시 정보국에 이에 상당하는 과를 두고 정보국이 담당해야 할 직무를 세분화하여 분장하고 있다. 해당 과로는 정보1과 · 정보2과 · 정보3과 및 정보4과를 두고 있으며(제1항), 각 과장은 총경으로 보한다고 규정하고 있다(제2항). 각 과별 세부적 분장업무를 살펴보면 다음과 같다.

i) 정보1과장은 정보경찰(情報警察) 업무에 관한 기획·지도 및 조정, 신원조사 및 기록관리, 기타 국내 다른 과의 주관에 속하지 아니하는 사항을 담당하고 있다(제3항).

ii) 정보2과장은 치안정보 업무에 관한 기획·지도 및 조정, 정책정보의 수집·종합·분석·작성·배포 및 조정을 담당하고 있다(제4항).

iii) 정보3과장은 정치·경제·노동분야에 관련되는 치안정보의 수집·종합·분석·작성 및 배포, 정치·경제·노동분야에 관련되는 집회·시위 등 집단사태의 관리에 관한 지도 및 조정을 담당하고 있다(제5항).

iv) 정보4과장은 학원·종교·사회·문화분야에 관련되는 치안정보의 수집·종합·분석·작성 및 배포, 학원·종교·사회·문화분야에 관련되는 집회·시위 등 집단사태의 관리에 관한 지도 및 조정을 담당하고 있다(제6항).

6. 보안국

영 제15조에서는 보안국의 직책과 분장업무에 대해 규정하고 있으며, 국장은 치안감 또는 경무관으로 보하고 있다(제1항 및 제2항). 또한 규칙 제12조에서는 다시 보안국에 이에 상당하는 과를 두고 보안국이 담당해야 할 직무를 세분화하여 분장하고 있다. 해당 과로는 보안1과·보안2과 및 보안3과를 두고 있으며(제1항), 각 과장은 총경으로 보한다고 규정하고 있다(제2항). 각 과별 세부적 분장업무를 살펴보면 다음과 같다.

i) 보안1과장은 보안경찰 업무에 관한 기획 및 교육, 북한의 실상에 대한 홍보, 보안관찰에 관한 업무지도, 북한이탈 주민관리 및 경호안전대책 업무, 기타 국내 다른 과의 주관에 속하지 아니하는 사항을 담당하고 있다(제3항).

ii) 보안2과장은 간첩 등 보안사범에 대한 수사의 지도 및 조정, 보안 관련 정보의 수집 및 분석, 북한에 대한 정보의 수집 및 분석, 남북교류와 관련되는 보안경찰 업무를 담당하고 있다(제4항).

iii) 보안3과장은 간첩 등 중요 방첩수사, 중요 좌익사범의 수사를 담당하고 있다(제5항).

7. 외사국

영 제15조의2에서는 외사국의 직책과 분장업무에 대해 규정하고 있으며, 국장은 치안감 또는 경무관으로 보하고 있다(제1항 및 제2항). 또한 규칙 제12조의2에서는 다시 외사국에 이에 상당하는 과를 두고 외사국이 담당해야 할 직무를 세분화하여 분장하고 있다. 해당 과로는 외사기획과 · 외사정보과 및 외사수사과를 두고 있으며(제1항), 각 과장은 총경으로 보한다고 규정하고 있다(제2항). 각 과별 세부적 분장업무를 살펴보면 다음과 같다.

i) 외사기획과장은 외사경찰 업무에 관한 기획 및 지도, 재외국민 및 외국인과 관련된 신원조사, 외국경찰기관과의 교류 및 협력, 기타 국내 다른 과의 주관에 속하지 아니하는 사항을 담당하고 있다(제3항).

ii) 외사정보과장은 외사치안정보 업무에 관한 기획 · 지도 및 조정, 외사 치안정보의 수집 · 종합 · 분석 및 관리, 외국인 또는 외국인과 관련된 간첩의 검거 및 수사지도, 외사보안 업무의 지도 및 조정, 국제공항 및 국제해항 보안활동에 관한 계획 및 지도를 담다하고 있다(제4항).

iii) 외사수사과장은 국제형사경찰기구에 관련되는 업무, 외국인 또는 외국인과 관련된 범죄수사에 대한 기획 및 지도, 외국인 또는 외국인과 관련된 중요범죄 수사지도를 담당하고 있다(제5항).

Ⅱ. 해양경찰의 주요업무

앞에서는 경찰청의 하부조직의 구성 및 해당 직무범위에 대해 살펴보았다. 여기에서는 육상경찰과 마찬가지로 해양경찰청 각 하부기관별 사무분장을 규정하고 있는 '해양경찰청과 그 소속기관 직제'(이하 "영"이라 표기한다)와 '해양경찰청과 그 소속기관 직제 시행규칙'(이하 "규칙"이라 표기한다)을 통해 해양경찰의 주요업무에 대해 알아보고자 한다. 이는 해양경찰이 육상경찰과 동등한 경찰기관으로서의 고유한 역할을 하고 있는지, 특히 해양경찰만의 특색을 가진 업무가 규정되어 있는지에 대해서 살펴보기 위한 것이다.

영 제6조제1항에서는 해양경찰청에 운영지원과 · 경비안전국 · 정보수사국 · 장비기술국 및 해양오염방제국을 하부조직으로 둔다고 규정하고 있다. 또한 같은 영 제6조제2항에서는 청장 밑에 대변인 1명을 두고, 차장 밑에 기획조정관 및 감사담당관 각 1명을 둔다고 규정하고 있다. 그리고 규칙 제2조부터 제7조에서는 육상경찰과 마찬가지로 해양경찰청과 그 소속기관의 과 또는 이에 상당하는 담당관을 설치하고 그에 해당되는 세부적인 분장업무를 규정하고 있다.

이상의 내용을 중심으로 해양경찰 또한 육상경찰과 마찬가지로 경찰권을 행사하는데 있어 직접적으로 국민에게 영향력을 행사하는 하부조직의 분장업무에 대해 살펴보고자 한다. 이에 해당하는 하부조직에는 경비안전국 · 정보수사국 · 해양오염방제국이 있다.

1. 경비안전국

영 제11조에서는 경비안전국의 직책과 분장업무에 대해 규정하고 있으며, 국장은 1명을 두고 치안감 또는 경무관으로 보하고 있다(제1항 내지 제3항). 또한 규칙 제4조에서는 다시 경비안전국에 이에 상당하는 과를 두고 경비안전국이 담당해야 할 직무를 세분화하여 분장하고 있다. 해당 과로는 경비과 · 해상안전과 · 수색구조과 및 수상레저과를 두되, 각 과장은 총경으로 보한다고 규정하고 있다(제1항). 각 과별 세부적 분장업무를 살펴보면 다음과 같다.

i) 경비과장은 해상경비에 관한 계획의 수립 및 지도, 경비구난함정 및 항공기의 운용 지도, 동 · 서해 특정해역에서의 어로보호를 위한 경비에 관한 사

항, 어선의 피랍(被拉) 방지를 위한 경비에 관한 사항, 해상에서의 집단행동에 관한 사항, 비상계획 및 경찰전시훈련 등에 관한 계획의 수립 및 지도, 해상에서의 경호에 관한 사항, 해상에서의 테러예방 및 진압에 관한 사항, 해상치안상황의 처리와 관련된 주요업무 계획의 수립 · 조정 및 지도, 해상치안상황의 접수 · 처리 · 전파 및 보고, 대량살상무기 확산방지구상(WMD-PSI)[177]에 따른 해상승선 및 검색에 관한 사항, 통합방위 및 비상대비 업무의 기획 및 지도 · 조정, 그 밖에 국내 다른 과의 주관에 속하지 아니하는 사항을 담당한다(제2항).

ii) 해상안전과장은 유 · 도선의 안전관리 지도, 유 · 도선 사업면허 · 신고에 관한 사항, 여객선의 여객 및 화물수송안전에 관한 사항, 한국해운조합의 안전운항관리 지도, 파출소 및 출장소의 운영지도, 선박출입항신고 업무 및 해상여가활동의 안전지도, 즉결심판 및 통고처분에 관한 사항, 「해사안전법」에 따른 특정해역의 설정 및 관리에 관한 사항, 연안 해상교통관제(VTS)[178] 업무를 담당하고 있다(제3항).

---

177) 대량살상무기 확산방지구상(Weapon of Mass Destructor Proliferation Security Initiative, WMD-PSI, 大量殺傷武器擴散防止構想)은 2003년 6월 미국 부시 대통령이 제안하여 미국 주도로 추진된 것으로 테러와의 전쟁을 위해 미국과 다른 국가들이 불법무기나 미사일 기술 등을 운반하는 의심스러운 비행기와 선박 등을 압수 · 수색할 수 있도록 허용하는 내용을 담고 있다. 여기에서 대량살상무기(WMD: Weapons of Mass Destruction)는 핵이나 미사일 · 생화학무기 등 많은 사람을 희생시킬 수 있는 전략무기를 일컫는다. 대량살상무기 확산방지구상은 2003년 6월 스페인 마드리드에서 미국, 영국, 호주, 프랑스, 독일, 이탈리아, 일본, 네덜란드, 폴란드, 포르투갈, 스페인 등 11개국이 참가한 가운데 발족했으며, 이후 대량살상무기 해상압수훈련이 가입국과 참관국의 참여 속에 실시되고 있다. 그러나 대량살상무기 확산방지구상은 국제법상의 '공해 통항의 자유'를 위협하는 초법적인 구상이기 때문에 반대의 목소리도 높다. 또한 이는 국제협정 성격이 아니라 참여국의 자발적 의사에 따른 일종의 '자발적 의지의 연합체(coalition of the willing)' 성격을 띠고 있다. 우리나라는 남북관계 악화를 우려해서 참여를 보류하다 2009년 5월에 가입하여 95번째 회원국이 되었다.

178) 해상교통관제(Vessel Traffic System; VTS)란, 해상교통관제시스템으로서 선박통항의 안전과 효율성을 증진시키고 해양환경을 보호하기 위하여 항만과 출입항로를 항해하거나 이동하는 선박의 움직임을 RADAR, CCTV, VHF, AIS 등 첨단장비로 관찰하여 선장의 권한을 침해하거나 의무를 면제하지 아니하는 범위 내에서 안전 운항을 위한 조언 또는 필요한 정보를 제공하는 서비스 업무를 말한다.

iii) 수색구조과장은 해양사고 수색구조 업무에 관한 사항, 해양재난의 대비 · 대응에 관한 사항, 수난대비 시행계획 수립에 관한 사항, 해상수색구조 관련 기술정보의 수집 · 연구, 해상수색구조 관련 국제협력에 관한 사항, 「국제해상수색구조협약」의 이행에 관한 사항, 해상수색 · 구조 · 구난작업에 동원된 세력의 지휘 · 통제 및 조정, 122제도 및 구조대의 운영 및 지도 · 조정, 위성조난통신실 · 해상교통문자방송실 · 구난무선국의 운영 기획 · 지도 및 조정, 선박위치통보제도의 운영을 담당하고 있다(제4항).

iv) 수상레저과장은 수상레저활동 안전관리에 관한 정책의 수립 · 조정 및 지도, 수상레저안전문화의 조성 및 진흥, 수상레저안전과 관련된 국내외 법령 · 제도의 연구 및 개선, 수상레저기구의 안전검사 및 형식승인 업무의 지도에 관한 사항, 수상레저사업의 등록업무 및 지도 · 조정 · 감독, 동력수상레저기구의 조종면허시험제도 운영, 조정면허시험 대행기관의 지정 및 지도 · 감독을 담당하고 있다(제5항).

2. 정보수사국

영 제12조에서는 정보수사국의 직책과 분장업무에 대해 규정하고 있으며, 국장은 1명을 두고, 치안감 또는 경무관으로 보하고 있다(제1항 내지 제3항). 또한 규칙 제5조에서는 다시 정보수사국에 이에 상당하는 과를 두고 정보수사국이 담당해야 할 직무를 세분화하여 분장하고 있다. 해당 과로는 수사과 · 형사과 · 정보과 및 외사과를 두되, 각 과장은 총경으로 보한다고 규정하고 있다(제1항). 각 과별 세부적 분장업무를 살펴보면 다음과 같다.

i) 수사과장은 수사업무에 관한 기획 · 지도 및 조정, 범죄통계의 관리 및 분석, 지능범죄 등에 관한 기획수사 및 지도, 수사과정에서의 인권보호와 유치관리에 관한 사항, 수사민원 사건(고소 · 고발 · 진정 · 탄원)의 접수 및 처리, 범죄감식 등 과학수사 기법에 관한 기획 및 지도, 그 밖에 국내 다른 과의 주관에

속하지 아니하는 사항을 담당하고 있다(제2항).

ii) 형사과장은 형사업무에 관한 기획 · 지도 및 조정, 범죄기록의 수집 · 관리 · 지도, 살인 · 강도 · 절도 · 폭력 등 강력범죄의 수사 · 지도, 광역수사 업무와 그 기획 · 지도 및 조정, 마약사범에 관한 정보의 처리 · 수사 및 지도를 담당하고 있다(제3항).

iii) 정보과장은 정보업무에 관한 기획 · 지도 및 조정, 치안정보의 수집 · 종합 · 분석 · 작성 및 배포, 정책정보의 수집 · 종합 · 분석 · 작성 및 배포, 해상집회 · 시위 등 집단사태의 관리에 관한 지도 · 조정, 보안경찰 업무에 관한 기획 · 지도 및 조정, 보안사범에 대한 수사의 기획 · 지도 및 조정, 보안과 관련된 정보의 수집 · 분석을 담당하고 있다(제4항).

iv) 외사과장은 외사수사 및 외사정보에 관한 기획 및 지도 · 조정, 밀입 · 출국, 밀수 등 외사사범의 수사, 외사방첩 업무에 관한 사항, 외사정보의 수집 · 분석 및 관리, 국제형사경찰기구에 관한 사항, 국제형사 업무공조에 관한 사항, 국제해항 보안활동에 관한 계획의 수립 및 지도, 해양경찰통역센터의 운영을 담당하고 있다(제5항).

3. 해양오염방제국

영 제14조에서는 해양오염방제국의 직책과 분장업무에 대해 규정하고 있으며, 국장은 1명을 두고, 고위공무원단에 속하는 일반직공무원으로 보하고 있다(제1항 내지 제3항). 또한 규칙 제7조에서는 다시 해양오염방제국에 이에 상당하는 과를 두고 해양오염방제국이 담당해야 할 직무를 세분화하여 분장하고 있다. 해양오염방제국장은 고위공무원단에 속하는 일반직공무원으로 보하되, 그 직위의 직무등급은 나등급으로 하고 있다(제1항). 해당 과로는 방제기획과 · 기동방제과 및 예방지도과를 두되, 방제기획과장은 부이사관 또는 기술서기관으로, 기동방제과장 및 예방지도과장은 기술서기관으로 보한다고 규정하고 있다(제2항). 각 과별 세부적 분장업무를 살펴보면 다음과 같다.

i) 방제기획과장은 해양오염방지를 위한 관계행정기관 간의 협조에 관한 사항, 국가 간 방제지원 및 협력에 관한 사항, 해양오염방제 업무 시행계획의 수립 및 제도개선, 방제기술지원협의회의 구성·운영, 방제자재·약제의 형식승인·검정·인정, 해양오염방제를 위한 조사·연구 및 기술개발에 관한 사항, 방제장비·자재 및 약제의 보급·지원에 관한 사항, 해양오염방제요원의 직무교육에 관한 사항, 방제선 등의 배치에 관한 사항, 그 밖에 국내 다른 과의 주관에 속하지 아니하는 사항을 담당하고 있다(제3항).

ii) 기동방제과장은 해양오염방제조치에 관한 사항, 오염물질 배출신고 처리에 관한 사항, 방제대책본부의 구성·운영, 해양오염 위기대응매뉴얼의 수립·운영, 해양환경관리공단의 방제사업 중 긴급방제조치에 대한 지도·감독, 방제선 등의 운용 및 방제조치 명령 등에 관한 사항, 해양오염사고로 인한 긴급방제 지휘·감독, 행정기관의 방제조치와 비용부담에 관한 사항, 해양오염방제훈련에 관한 사항, 지방자치단체의 해안방제조치 지원에 관한 사항, 방제장비·자재 및 약제의 긴급동원에 관한 사항, 오염물질 배출시 해상안전의 확보와 위험방지조치에 관한 사항, 오염물질별 사고 위험평가 및 대응전략 수립에 관한 사항, 국가긴급방제계획 및 지역긴급방제실행계획의 수립·시행에 관한 사항, 선박해양오염비상계획서의 검인 및 대행자의 지정에 관한 사항, 해양시설오염비상계획서의 검인에 관한 사항, 해양오염방제업의 등록 및 지도에 관한 사항, 위험·유해물질 사고의 대비·대응에 관한 사항을 담당한다(제4항).

iii) 예방지도과장은 해양오염예방을 위한 지도·점검, 오염물질의 해양배출행위에 대한 조사·단속, 오염물질의 감식·분석 등에 관한 사항, 해양오염방지를 위한 감시·단속 및 홍보, 선박·해양시설 등에 대한 출입검사·보고 및 전산망의 구성·운영, 해양환경감시원의 임명 및 운영, 유창청소업의 등록 및 지도에 관한 사항, 「해양환경관리법」에 따른 과태료의 부과·징수에 관한 사항, 선박해체의 신고 등에 관한 사항, 행정처분을 위한 청문실시에 관한 사항,

폐기물배출 해역의 지정에 관한 사항, 폐기물 해양배출업의 등록 및 관리에 관한 사항, 폐기물 위탁처리의 신고 및 지도에 관한 사항, 폐기물 해양배출에 관한 지도 및 감독, 해양환경개선부담금의 부과 · 징수에 관한 사항, 위탁폐기물 등의 처리명령 등에 관한 사항, 전문검사기관의 지정 · 고시에 관한 사항, 국가간의 해양오염 감시 · 협력에 관한 사항을 담당하고 있다(제5항).

Ⅲ. 육상경찰과 해양경찰의 직무특성과 시사점

지금까지 경찰청과 해양경찰청에 각각 소속되어 있는 하부조직의 분장업무에 대해서 살펴보았다. 육상경찰과 해양경찰은 업무의 대상 및 범위 등이 다르고, 특히 해양경찰은 직무를 집행하는 장소가 육상과 해양을 모두 포함하고 있다는 것 이외에 경찰기관으로서 육상경찰과 대등한 조직의 특성을 보이고 있다.

ⅰ) 먼저 해양경찰청 경비안전국의 분장업무 중 경비과에 해당하는 해양경비에 관한 계획의 수립 · 조정 및 지도, 경비함정 · 항공기 등 치안세력의 운용 및 지도 · 감독, 해양에서의 경호, 대테러 예방 · 진압에 관한 사항, 해상안전과에 해당하는 파출소 및 출장소의 운영지도, 해상교통안전 및 질서유지에 관한 사항, 연안 해상교통관제(VTS) 업무의 총괄 · 조정, 수색구조과에 해당하는 122 제도 및 구조대의 운영 및 지도 · 조정, 해양사고 재난 대비 · 대응, 수상레저과에 해당하는 수상레저 기구 및 조종면허의 관리업무 등은 경찰청 생활안전국의 생활안전과 · 생활질서과, 교통국의 교통기획과, 그리고 경비국의 경비과 · 위기관기센터 · 경호과 · 항공과에서 수행하고 있는 업무와 유사하다.

ⅱ) 해양경찰청 정보수사국의 분장업무 중 수사과에 해당하는 수사업무에 관한 기획 · 지도 및 조정, 범죄통계의 관리 및 분석, 범죄감식 등 과학수사기법에 관한 기획 및 지도 등에 관한 사항, 형사과에 해당하는 살인 · 강도 · 절도 · 폭력 등 강력범죄의 수사 · 지도, 마약사범에 관한 정보의 처리 · 수사 및 지도 등 정보과에 해당하는 정보업무에 관한 기획 · 지도 및 조정, 치안정보의 수집 · 종

합 · 분석 · 작성 및 배포, 정책정보의 수집 · 종합 · 분석 · 작성 및 배포, 해상집회 · 시위 등 집단사태의 관리에 관한 지도 · 조정 등 외사과에 해당하는 외사수사 및 외사정보에 관한 기획 및 지도 · 조정, 외사방첩 업무에 관한 사항, 외사정보의 수집 · 분석 및 관리, 국제형사경찰기구에 관한 사항, 국제해항 보안활동에 관한 계획의 수립 및 지도 등의 관리업무는 경찰청 수사국의 수사기획과 · 강력범죄수사과 · 과학수사센터, 정보국의 정보1과 · 정보2과 · 정보3과, 보안국의 보안1과 · 보안2과 · 보안3과, 그리고 외사국의 외사정보과 · 외사수사과에서 수행하고 있는 업무와 유사하다.

이처럼 육상경찰과 해양경찰은 상호간 분장업무에 있어 상당한 유사점을 보이고 있다. 뿐만 아니라 하부조직의 일부 명칭을 통해서도 경찰기관으로서의 기능적 특성을 잘 나타내고 있다. 이상의 내용과는 달리 해양경찰은 육상경찰에서는 수행이 불가능한 해양경찰만의 고유한 업무영역의 특성을 보인다. 해양수색구조 등과 관련한 국제협력 및 협약 이행업무와 해양오염방제국의 분장업무 등이 이에 해당된다.

이와 같이 해양경찰은 육상경찰과 유사한 조직구성을 보이고 있는 반면 해양경찰만의 특수한 업무적 특성을 보이고 있다. 따라서 육상경찰과 해양경찰 두 기관은 서로 대등한 입장에서 각자의 고유 업무를 수행하고 있다 할 것이다. 이상의 내용을 요약정리하면 〈표 2-1〉과 같다.

〈표 2-1〉 해양경찰청과 경찰청의 유사직무별 하부조직 비교

직무내용	해양경찰청	경찰청
경비, 대테러, 경호 및 항공기 운영	경비과	경비과, 위기관리센터, 경호과, 항공과
외근업무 관리(파출소 등 운영) 및 안전지도	해상안전과	생활안전과, 생활질서과
종합상황실 운영 및 위기사항 관리(재난 대비 등)	수색구조과	생활안전과, 위기관리센터

직무내용	해양경찰청	경찰청
면허시험 등 운영 · 관리	수상레저과	교통기획과
수사업무 전반 및 과학수사 등 관리	수사과	수사기획과, 과학수사센터
강력범죄 및 마약사범 등 관리	형사과	강력범죄수사과
정보 · 보안업무 및 보안사범 등 관리	정보과	정보1과, 정보2과, 정보3과, 보안1과, 보안2과
방첩업무 및 외사 정보 · 수사 업무 등 관리	외사과	보안3과, 외사정보과, 외사수사과

한편, 경찰청은 「경찰청과 그 소속기관 직제」 제2조제3항[179]에서 지방경찰청과 경찰서를 소속기관으로 두고 있는 근거로 「경찰법」과 같은 법률에서 규정하고 있다. 하지만 해양경찰청은 소속기관인 지방해양경찰청과 해양경찰서를 두고 있는 근거로 대통령령인 「해양경찰청과 그 소속기관 직제」 제2조제2항[180]에서 규정하고 있다. 이처럼 해양경찰청의 소속기관은 경찰청과 같은 법적 위치가 아닌 하위법령에서 규정하고 있다.

결론적으로 해양경찰청의 소속기관은 경찰청의 소속기관과 법률적 근거가 다르므로 경찰청보다 하위조직의 개념을 내포하고 있을 뿐만 아니라 조직의 중요도에 있어서도 그 가치를 낮게 평가하고 있는 것으로 볼 수밖에 없다. 이 또한 해양경찰이 육상경찰과 대등한 조직인 것을 주장하는데 있어 제도적 측면에서의 취약점으로 들어난 부분이기도 하다. 따라서 이러한 불합리한 조직 운영체계를 보완하기 위해서라도 해양경찰조직법 제정은 반드시 필요하다.

---

179) 「경찰청과 그 소속기관 직제」 제2조(소속기관) ③ 「경찰법」 제2조제2항의 규정에 의하여 지방경찰청과 경찰서를 둔다.

180) 「해양경찰청과 그 소속기관 직제」 제2조(소속기관) ② 해양경찰청장의 관장사무를 분장하기 위하여 해양경찰청장 소속으로 지방해양경찰청 및 직할해양경찰서를 두고, 지방해양경찰청장 소속으로 해양경찰서를 둔다.

Ⅳ. 유엔해양법협약과 공해상에서의 직무범위

해양경찰은 과거에 비해 다양한 기능적 역할을 수행하고 있다. 이 중 육상경찰과 비교해서 가장 특징 있는 업무 중의 하나가 국제협력 및 협약 이행업무이다. 「유엔해양법협약」은 해양을 중심으로 한 국제법 중 가장 중심적 위치를 차지하고 있으며, 국가권력 작용에 따라 관할영역별로 각각의 다른 제도와 규범을 두고 있다. 또한 해양에서의 국가 간 질서유지는 물론 국제분쟁을 해결하기 위하여 마련된 법규범이다.[181)]

「유엔해양법협약」에서는 영역관할권(경찰권)을 내수(제8조)·영해(제3조)·접속수역(제33조)·배타적 경제수역(제57조)·대륙붕(제76조)·공해(제86조)·심해저(제136조) 등으로 분류되고 있으며, 각각의 개념 및 법적 지위 등에 대해 규정을 두고 있다. 「유엔해양법협약」상의 해역을 기준으로 규정하고 있는 규율대상은 수직적 개념, 수평적 개념 그리고 기능적 개념으로 나눌 수 있다.[182)]

일반적으로 「유엔해양법협약」의 규율대상이라 하면 수평적 개념을 칭한다 할 수 있다. 이 중에서 영해와 군도수역은 연안국의 관할권이 미치는 곳이며,

---

181) Daniel P. O'Connell, *The International Law of the Sea*, vol. 1, Clarendon Press, 1982, p.29; 최종화, 『현대국제해양법』, 두남, 2005, 25면 재인용.

182) 수직적 개념은 물리적 성질에 따라 바다 위의 대기(atmosphere), 해수면(surface of the sea), 수괴(water column), 해저(sea-bed), 하층토(subsoil)로 구분된다. 그리고 수평적 개념은 해양의 영역관할권에 따른 것으로 크게 영해·접속수역·배타적 경제수역·공해 등으로 구분할 수 있다. 그 밖에 군도수역(제46조 및 제47조) 이외 대륙붕·심해저를 포함하고 있다. 마지막으로 기능적 개념은 항해·어업·해협통항·해양환경보전·해저자원개발·해양과학조사·해양분쟁 해결 등으로 구분할 수 있다. 한편, 대기는 직접적인 「유엔해양법협약」 적용대상은 아닐지라도, 상공비행, 해양기상, 해양오염 등의 측면에서 해양과 긴밀한 관계를 맺는다. 해수면은 주로 선박의 항해에 이용되는데, 이것은 어업·통상·교통·군사활동의 측면에서 필수적인 요소일 뿐만 아니라 해양의 다른 이용도 필연적으로 해수면을 통해서 만이 가능하다. 수괴에는 엄청난 양의 해양생물자원이 서식하고 있어서 인류의 식량 공급원으로서 매우 중요하며, 그 외에도 폐기물의 처리, 식수 생산, 잠수함의 항해와 같이 그 유용성은 다양하다. 해저는 정착성 생물자원의 서식지가 되며, 해저전선이나 도관을 설치하는 장소로 이용되기도 하고, 하층토에는 석유나 천연가스 등의 광물자원이 대량으로 부존되어 있어서 그것의 중요성 또한 날로 커지고 있다(최종화, 앞의 책, 26면).

접속수역, 배타적 경제수역, 대륙붕에서는 제한적 영역관할권을 행사할 수 있을 뿐이다. 하지만 공해와 심해저에서는 연안국의 관할이 미치지 않는 해역(영역)이다.[183)]

특히 공해 및 심해저와 관련해서는 「유엔해양법협약」 제87조(공해의 자유) 제1항에서는 '공해는 연안국이나 내륙국에 관계없이 모든 국가에 개방된다'고 규정하고 있다. 또한 동 협약 제89조(공해에 대한 주권주장의 무효)에서는 '어떤 국가도 공해의 어느 부분을 유효하게 그의 주권에 종속시킬 수 없다'고 규정하고 있다.

뿐만 아니라 동 협약 제136조(인류공동의 유산)에서는 '심해저지역 및 그 자원은 인류의 공동유산이다'라고 규정하고 있다. 즉 공해 및 심해저는 어느 특정 국가의 관할권에도 속하지 아니하며, 어떠한 국가도 이를 배타적으로 행사할 수 없다는 것이다.[184)]

여기서 심해저는 동 협약 제1조제1항에 따라 국제적으로 연안국의 관할권으로 지정된 외측의 바다, 즉 공해수역에서의 해저(sea-bed, 海底), 해상(ocean floor, 海床) 및 하층토(subsoil, 下層土)를 말하는 것으로 이러한 해저, 해상, 하층토를 제외한 해면과 상부수역을 공해의 수역이라 할 수 있으며, 공해와는 별도의 법체계가 적용되고 있다. 하지만 공해와 심해저를 수직적 개념으로 놓고 볼 때 심해저는 공해와 같은 영역관할권의 해양이라 할 수 있으므로 해양에서의 수

183) 권영호 외, 앞의 책, 224면; 최종화, 앞의 책, 26~27면.

184) 국제법상 공해에 대한 영유금지의 원칙과 자유이용의 원칙을 함께 지칭하여 일반적으로 '공해자유의 원칙(principle of freedom of the high sea)'이라 한다. 이 원칙은 Hugo Grotius의 자유해론을 통하여 해양 자유에 관한 법이론적 내용이 생성된 이래 관습법 형태로 존재하다가, 1958년 공해협약을 통하여 공해자유의 원칙으로 발전하여 성문화되었다. 특히 영유금지의 원칙은 국제법상 하나의 강행규범으로서 그 지위가 확고해졌다. 그리고 「유엔해양법협약」상의 공해제도에서도 이 원칙은 계승되었다(최종화, 앞의 책, 137면). 또한 공해자유의 원칙은 귀속으로부터의 자유 및 이용의 자유를 포함한 개념으로 모든 국가가 공동으로 이용할 수 있도록 개방되어 있다는 것이다(Ian Brownlie, Principles of Public International Law, 7th ed., Oxford University Press, 1999, p. 204; 박찬호 · 김한택, 『국제해양법』, 서울경제경영, 2011, 140면 재인용).

역을 구분하는데 있어 별도의 언급은 생략해도 무방할 것으로 본다.

이상의 내용으로 우리나라 해양경찰권과 관련하여 살펴보면, 내수 · 영해 · 접속수역 · 배타적 경제수역 · 대륙붕은 연안국의 주권적 권리[185], 즉 우리나라

185) 연안국은 자국 영해에 대하여 다음과 같은 주권적 권리를 가진다. 첫째, 영해 내에서의 배타적 어업권과 자원개발권을 갖는다. 둘째, 영해 상공에서의 배타적 권한 행사를 할 수 있으나, 선박과는 달리 외국 항공기는 영해상공에서의 무해통항권(무해통항(無害通航, innocent passage)이란 외국 선박이 연안국의 권리를 저해하거나 위협되게 하지 않는 한 그 영해를 자유로이 항행할 수 있는 것을 말하며, 이 권리를 무해통항권이라 한다. 여기에서 무역선이나 유조선 등의 상선은 포함되나 타국의 군함이나 어선은 포함되지 않는다)을 향유하지 못한다. 셋째, 연안국의 선박만이 영해내 한 지점에서 다른 지점으로 여객 및 화물 등을 운반할 수 있는 배타적 권리를 가진다. 넷째, 연안국이 전시중립을 선포할 때에는 교전국의 군함은 그러한 전시 중립국의 영해에서 전투행위를 하지 못하며 상선 등을 나포할 수 없다. 다섯째, 연안국은 자국 영해 내에서 외국 선박이 반드시 준수하여야 할 행위인 위생, 관세와 이민에 관련된 법률을 제정하고 집행할 수 있다(박찬호 외, 앞의 책, 48~49면). 또한 「유엔해양법협약」에서는 연안국의 권한행사와 관련한 내용이외에 연안국의 의무에 대해서도 언급하고 있는데 동 협약 제24조, 제25조, 제27조 및 제28조에서는 연안국의 의무, 연안국의 보호권, 연안국의 외국선박에 대한 형사관할권 및 민사관할권에 대해 규정하고 있다.

제24조(연안국의 의무)에서 규정하고 있는 내용은 다음과 같다. 1. 연안국은 이 협약에 의하지 아니하고는 영해에서 외국선박의 무해통항을 방해하지 아니한다. 특히 연안국은 이 협약이나 이 협약에 따라 제정된 법령을 적용함에 있어 다음 사항을 행하지 아니한다.

(a) 외국선박에 대하여 실질적으로 무해통항권을 부인하거나 침해하는 효과를 가져 오는 요건의 부과

(b) 특정국의 선박 또는 특정국으로 화물을 반입 · 반출하거나 특정국을 위하여 화물을 운반하는 선박에 대한 형식상 또는 실질상의 차별

2. 연안국은 자국이 알고 있는 영해 내의 통항에 대한 위험정보를 공시해야 한다.

제25조(연안국의 보호권)에서 규정하고 있는 내용은 다음과 같다. 1. 연안국은 무해하지 아니한 통항을 방지하기 위하여 필요한 조치를 자국 영해에서 취할 수 있다.

2. 연안국은 선박이 내수를 향하여 항행하거나 내수 밖의 항구시설에 기항하고자 하는 경우, 그 선박이 내수로 들어가기 위하여 또는 그러한 항구시설에 기항하기 위하여 따라야 할 허가조건을 위반하는 것을 방지하기 위하여 필요한 조치를 취할 권리를 가진다.

3. 연안국은 무기를 사용하는 훈련을 포함하여 자국의 안전보호 상 긴요한 경우에는 영해의 지정된 수역에서 외국선박을 형식상 또는 실질상 차별하지 아니하고 무해통항을 일시적으로 정지시킬 수 있다. 이러한 정지조치는 적절히 공표한 후에만 효력을 가진다.

제27조(외국선박 내에서의 형사관할권)에서 규정하고 있는 내용은 다음과 같다.

1. 연안국의 형사관할권은 오직 다음 각 호의 경우를 제외하고는 영해를 통항하고 있는 외국선박 내에서 통항 중에 발생한 어떠한 범죄와 관련해서도 그 선박 내의 사람을 체

해양경찰권의 행사를 자국의 법률에 따라 집행할 수 있으므로 국가 간 법적 분쟁소지는 공해보다 약하다.[186] 하지만 공해 · 심해저에서는 인류공동의 해양

포하거나 수사를 수행하기 위한 행사를 할 수 없다.
(a) 범죄의 결과가 연안국에 미치는 경우
(b) 범죄가 연안국의 평화나 영해의 공공질서를 교란하는 종류인 경우
(c) 그 선박의 선장이나 선적국의 외교관 또는 영사가 현지 당국에 지원을 요청한 경우
(d) 마약이나 향정신성물질의 불법거래를 진압하기 위하여 필요한 경우

2. 위의 규정은 내수를 떠나 영해를 통항중인 외국선박 내에서의 체포나 수사를 목적으로 자국법이 허용한 조치를 취할 수 있는 연안국의 권리에 영향을 미치지 아니한다.
3. 제1항 및 제2항에 규정된 경우, 연안국은 선장이 요청하면 어떠한 조치라도 이를 취하기 전에 선박기국의 외교관이나 영사에게 통고하고, 이들과 승무원 간의 연락이 용이하도록 한다. 긴급한 경우 이러한 통고는 조치를 취하는 동안에 이루어질 수도 있다.
4. 현지당국은 체포 여부나 체포방식을 고려함에 있어 통항의 이익을 적절히 고려한다.
5. 제12장의 규정 또는 제5장에 따라 제정된 법령위반의 경우를 제외하고는, 연안국은 외국선박이 외국의 항구로부터 내수에 들어오지 아니하고 단순히 영해를 통과하는 경우, 그 선박이 영해에 들어오기 전에 발생한 범죄와 관련하여 사람을 체포하거나 수사를 하기 위하여 영해를 통항중인 외국선박 내에서 어떠한 조치도 취할 수 없다.

제28조(외국선박과 관련한 민사관할권)에서는 규정하고 있는 내용은 다음과 같다.

1. 연안국은 영해를 통항중인 외국선박 내에 있는 사람에 대한 민사관할권을 행사하기 위하여 그 선박을 정지시키거나 항로를 변경시킬 수 없다.
2. 연안국은 외국선박이 연안국 수역을 항행하는 동안이나 그 수역을 항행하기 위하여 선박 스스로 부담하거나 초래한 의무 또는 책임에 관한 경우를 제외하고는 민사소송절차를 위하여 그 선박에 대한 강제집행이나 나포를 할 수 없다.
3. 제2항의 규정은 영해에 정박하고 있거나 내수를 떠나 영해를 통항중인 외국선박에 대하여 자국법에 따라 민사소송절차를 목적으로 강제집행이나 나포를 할 수 있는 연안국의 권리를 침해하지 아니한다.

186) 「해양경비법」 제2조제2호에서는 해양경찰이 담당하는 경비수역으로 대한민국의 법령과 국제법에 따라 대한민국의 권리가 미치는 수역으로서 연안수역, 근해수역 및 원해수역으로 규정하고 있다. 그 중 같은 법 제2조제3호에서는 "연안수역"의 범위를 다음과 같이 규정하고 있다. "연안수역"이란 「영해 및 접속수역법」 제1조 및 제3조에 따른 영해 및 내수로 정의하고 있다. 하지만 여기에서의 내수는 「내수면어업법」 제2조제1호에 따른 내수면[하천, 댐, 호수, 늪, 저수지와 그 밖에 인공적으로 조성된 담수(淡水)나 기수(汽水: 바닷물과 민물이 섞인 물)의 물 흐름 또는 수면]은 제외하는 것으로 규정하고 있다. 따라서 우리나라의 경우 해수면은 해양경찰이 내수면은 육상경찰 혹은 지방자체단체에서 경찰권을 행사하도록 하고 있다. 이는 결국 경찰권을 집행하는 기관에 관계없이 국가 차원에서 보면 「유엔해양법협약」과 동일한 법적 지위의 경찰권을 행사한다고 할 수 있다. 하지만 해양경찰의 경찰권 행사에 대한 관할수역만을 놓고 본다면 「유엔해양법협약」에서 규정하고 있는 영역관할권 중 내수

영역인 만큼 해양경찰권 행사에 한계가 따를 수밖에 없다. 따라서 본 저서에서는 공해상에서 우리나라 해양경찰이 수행하는 경찰권 행사의 법적 근거 및 그 한계 등에 대해 자세히 살펴보기로 한다.

1. 공해의 개념 및 법적 지위[187)]

해양이라는 공간은 자유의 제한을 두고 있지 않으나, 연안국의 주권영역에 대한 주장과 함께 영해(내수 포함)와 공해의 2원적 구조가 정착되었다. 하지만 제3차 유엔해양법회의 결과 군도국가의 군도수역과 배타적 경제수역이 해양법상에서 신설되면서 연안국 관할영역의 확대와 공해의 범위 축소라는 결과를 가져왔다.[188)]

「유엔해양법협약」 제86조에서는 공해의 적용과 관련하여 '어느 한 국가의 배타적 경제수역 · 영해 · 내수 또는 군도국가의 군도수역에 속하지 아니하는 해양(바다)의 모든 부분에 적용된다고 규정하고 있다. 또한 동조는 제58조(배타적 경제수역에서의 다른 국가의 권리와 의무)에 따라 배타적 경제수역에서 모든 국가가 향유하는 자유에 제약을 가져오지 아니한다'고 규정하고 있다.

뿐만 아니라 공해에 대해 동 협약 제87조제1항에서는 연안국이나 내륙국에 관계없이 모든 국가의 선박이 자유롭게 운항할 수 있도록 개방되어 있으며, 공

면을 제외시키고 있다. 따라서 내수면을 가장 효율적으로 관할할 수 있는 개선책이 신중하게 검토되어야 할 것이다. 참고로 「유엔해양법협약」 제2조제1호에서는 연안국의 주권은 영토와 내수 밖의 영해라고 하는 인접해역, 군도국가의 경우에는 군도수역 밖의 영해라고 하는 인접해역에까지 미치는 것으로 규정하고 있다. 또한 동 협약 제8조에서는 내수와 관련된 세부사항을 언급하고 있다.

187) 공해의 법적 성격에 대하여는 역사적으로 몇 가지 이론이 논의되어 왔는데, 이 중에서 무주물설, 공유물설, 국제공역설이 대표적이다. 그러나 19세기에 들어서 해양은 모든 사람의 자유로운 이용에 개방되어야 하는 원칙이 확립된 것으로 널리 인정되었으며, 「유엔해양법협약」에서도 공해의 법적 성격이 공유물임을 일부 수용한 것으로 해석된다(최종화, 앞의 책, 134~135면). 이와 관련해서 동 협약 제87조제1항에서는 '공해는 연안국이나 내륙국에 관계없이 모든 국가에 개방된다'고 명확히 규정하고 있다.

188) 최종화, 앞의 책, 133면.

해의 자유는 동 협약과 그 밖의 국제법 규칙이 정하는 조건에 따라 행사된다고 규정하고 있다.

여기에서 연안국과 내륙국[189]이 향유하는 공해의 자유에는 항행의 자유, 상공비행의 자유, 제6장에 따른 해저전선과 관선 부설의 자유, 제6장에 따라 국제법상 허용되는 인공섬과 그 밖의 시설 건설의 자유, 제2절에 정하여진 조건에 따른 어업의 자유, 제6장 및 제13장에 따른 과학조사의 자유를 포함한다고 명시하고 있다. 그리고 동 협약 제87조제2항에서는 '모든 국가는 공해자유를 행사하는데 있어 공해자유의 행사에 관한 다른 국가의 이익 및 심해저활동과 관련된 이 협약상의 다른 국가의 권리를 적절히 고려해야 한다'고 함으로써 주의의무에 대한 사항도 강조하고 있다. 물론 공해상에서의 자유는 연안국이 배타적 경제수역 또는 접속수역으로 선포한 해역에서는 제한된다.

2. 선박에 대한 관할권

「유엔해양법협약」 제90조에서는 연안국이나 내륙국에 관계없이 모든 국가는 공해에서 자국국기를 게양한 선박을 항행시킬 권리를 가지다고 규정하고 있다. 이는 공해상에서의 모든 선박은 그 선적국(flag state, 船籍國)의 배타적 관할권 하에 있다 할 것이다. 즉 선박에 대한 국가관할권[190]의 행사는 그 선박의 국적에 근거를 둔다 할 수 있다. 따라서 공해상에서 우리나라 선적국의 선박과 관련하여 발생한 사건 · 사고에 대해 우리 해양경찰권을 행사하는데 있어

189) 공해상의 자유는 해안이 없는 '내륙국가'도 향유할 수 있는데, 내륙국가는 공해의 자유 및 인류공동 유산에 관한 권리를 포함한 해양출입권을 갖는다. 하지만 통과의 자유를 행사하기 위한 조건과 형태는 내륙국과 통과국 상호간의 양자적, 소지역적 또는 지역적 협정을 통하여 합의되어야 한다(박찬호 외, 앞의 책, 141면).

190) 국가관할권은 그 성질에 따라 기속권, 재량권으로 구분되는데, 선박에 대한 국가관할권은 재량권(선박의 선적국에 대한 권한은 법률에서 규정하고 있으나, 권한의 행사는 선박 소유자에게 일임하고 있어 선박 소유자의 국적과 선적국이 동일할 것을 요구하고 있지 않음)에 속하며, 이와 같은 재량적 관할권은 상대적인 것으로서 국제법의 발전에 따라 그 범위와 내용은 변천해 왔다(최종화, 앞의 책, 141면).

서는 논란의 여기가 없다할 것이다.

하지만 실제 선박의 소유자들은 자국의 국기를 게양하는 것보다 세금절감이나 선원비용 절감 등의 경제적 이익이 높거나 정치적 · 군사적인 분쟁을 피하기 위해 오래 전부터 자신의 소유선박에 다른 나라 국기를 게양한 편의치적선(flag of convenience(vessel), 便宜置籍船)[191]을 이용한 사례가 많아지고 있다. 동시에 이러한 편의치적선은 법률적인 측면, 경제적인 측면 및 선원의 근로조건의 측면에서 많은 분쟁의 소지를 내포하고 있으며,[192] 선박소유자와 선박의 국적이 일치하는 경우와는 많은 차이를 보이고 있다.

따라서 선박의 소유자와 선적국이 서로 다른 편의치적선에 대해 해양경찰권을 행사하는데 있어서는 여러 가지 제도적 복합성을 가지고 있다 할 것이므로 이에 대한 부분은 '제2장 제3절 Ⅳ. 4. 경찰권 행사의 근거 및 범위'에서 편의치적선의 국제법 및 국내법상의 관할권 행사에 있어서의 제도적 측면에 대해 자세히 다루고자 한다.

여기에서는 선박에 있어 배타적 관할권의 근거가 되며 선박의 국적을 결정하는 유일한 기준인 선박의 등록과 관련된 부분에 대해 국제법과 국내법에서 어떻게 규정짓고 있는지에 대해 자세히 살펴보고자 한다. 선박의 국적제도와 관련한 내용 분석에 있어서는 국제법인 「유엔해양법협약」을 중심으로 국내법인 「선박법」, 「선박등기법」 및 「어선법」을 통해 우리나라 선박으로서의 지위를 가질 수 있는 제도적 측면에 대해 살펴보고자 한다.

---

191) 편의치적선에 대한 개념은 이 용어자체가 국제적으로 공식화된 용어가 아니며, 편의치적선에 대한 명확한 정의가 내려진 것도 없다. 이에 대한 정의를 내린다는 것이 어려운 이유는 각 국가마다 정치적 · 경제적 사정이 다르고, 또한 편의치적선에 대한 이해당사자들의 관심사의 차이에 기인한다. 이와 같이 이해당사자들의 관심사에 따라, 시대적 상황에 따라 그 정의가 다를 수 있지만, 일반적으로 편의치적선이라 함은 우리나라의 해운회사가 경비를 절감하기 위하여 등록세 등의 세금이 낮고 선원법의 규제가 약한 파나마, 라이베리아 등의 다른 국가에 선적을 편의적으로 두는 선박이라고 이해할 수 있다(김인유, "편의치적선의 법적 지위", 「해사법연구」, 제20권 제3호, 2008, 118면).

192) 김인유, 앞의 논문, 122~123면.

가. 유엔해양법협약상의 선박국적제도

공해상의 선박에 대한 배타적 관할권은 선적국이 행사하며, 이는 해당 선박의 국적이 된다.[193] 즉 공해상 선박에는 선적국주의 원칙이 기본적으로 적용된다 할 것이다.[194] 이와 관련해서 「유엔해양법협약」 제91조제1항[195]에서는 국가와 선박 간에는 '진정한 관계(genuine link)'가 존재하여야 한다고 규정하고 있으며, 이 또한 제도적으로 선적국주의의 원칙을 뒷받침한다 할 수 있다.

하지만 「유엔해양법협약」은 진정한 관계에 대한 구체적인 개념을 제시하지 못하고 있다. 일반적으로 합의된 개념정립뿐만 아니라 진정한 관계를 이행하지 못했을 경우, 이에 대한 법적 제재수단 또한 명확하게 마련하고 있지 못하는 한계를 보이고 있다.

따라서 진정한 관계에 대한 결정은 순전히 선적국의 해석에 위임하고 있는 실정으로 당사자 간의 이해관계에 대해 합의점을 찾지 못할 경우에는 분쟁의 소지가 있다.[196]

나. 국내법상의 선박국적제도

선박국적 제도와 관련해서 우리나라는 「선박법」과 「어선법」 등에서 그 법적 근거를 두고 있다. 먼저 「선박법」 제2조[197]에서는 "한국선박"에 대한 범위를 명

193) 최종화, 앞의 책, 143면.

194) 최종화, 앞의 책, 146면.

195) 「유엔해양법협약」 제91조제1항에서는 '모든 국가는 선박에 대한 자국국적의 부여, 자국영토에서의 선박의 등록 및 자국기를 게양할 권리에 관한 조건을 정한다. 어느 국기를 게양할 자격이 있는 선박은 그 국가의 국적을 가진다. 그 국가와 선박 간에는 진정한 관련이 있어야 한다'고 규정하고 있다.

196) 김인유, 앞의 논문, 124면; 최종화, 앞의 책, 146면.

197) 「선박법」 제2조에서는 대한민국 선박(한국선박)에 대하여 다음과 같이 규정하고 있다.

1. 국유 또는 공유의 선박
2. 대한민국 국민이 소유하는 선박
3. 대한민국의 법률에 따라 설립된 상사법인(商事法人)이 소유하는 선박
4. 대한민국에 주된 사무소를 둔 제3호 외의 법인으로서 그 대표자(공동대표인 경우에는 그 전원)가 대한민국 국민인 경우에 그 법인이 소유하는 선박

시하고 있으며, 같은 법 제8조에서는 한국선박의 소유자는 선적항을 관할하는 지방해양항만청장에게 해양수산부령으로 정하는 바에 따라 그 선박의 등록을 신청하여야 한다고 규정하고 있다. 이 경우 「선박등기법」 제2조[198]에 해당하는 선박은 선박의 등기를 한 후에 선박의 등록을 신청하여야 한다는 등기와 등록의 법적 절차를 이행하도록 하고 있다.

그리고 「어선법」 제2조제1호[199]에서는 「선박법」에서 규정하고 있는 한국선박의 범위 이외에 어선에 대한 정의를 별도로 규정하고 있으며, 「어선법」 제13조에서는 어선의 소유자나 해양수산부령으로 정하는 선박의 소유자는 그 어선이나 선박이 주로 입항 · 출항하는 항구 및 포구(이하 "선적항"이라 한다)를 관할하는 시장 · 군수 · 구청장에게 해양수산부령으로 정하는 바에 따라 어선원부에 어선의 등록을 하여야 한다고 규정하고 있다. 이 또한 「선박법」과 마찬가지로 「선박등기법」 제2조에 해당하는 어선은 선박 등기를 한 후에 어선의 등록을 하여야 한다는 등기와 등록의 법적 절차를 어선에도 적용하고 있다.

이와 같이 우리나라에서는 선박 및 어선의 공시제도(公示制度)로 사법적 절차인 등기와 공법적 절차인 등록으로 이원화로 운영하고 있다는 것을 알 수 있다.[200]

3. 경찰권의 일반개념

「유엔해양법협약」상 공해에서는 영유금지의 원칙을 수반한 공해자유 이용의 원칙이 적용되고 있다. 하지만 다른 나라의 이익을 침해하지 않는 등의 합

198) 「선박등기법」 제2조(적용범위) 이 법은 총톤수 20톤 이상의 기선(機船)과 범선(帆船) 및 총톤수 100톤 이상의 부선(艀船)에 대하여 적용한다. 다만, 「선박법」 제26조제4호 본문에 따른 부선에 대하여는 적용하지 아니한다.

199) 「어선법」 제2조제1호에서는 어선에 대한 정의를 다음과 같이 규정하고 있다.
1 어업, 어획물운반업 또는 수산물가공업(이하 "수산업"이라 한다)에 종사하는 선박
2. 수산업에 관한 시험 · 조사 · 지도 · 단속 또는 교습에 종사하는 선박
3. 제8조제1항에 따른 건조허가를 받아 건조 중이거나 건조한 선박
4. 제13조제1항에 따라 어선의 등록을 한 선박

200) 최종화, 앞의 책, 145면.

리적 사항을 신중히 고려해야 하므로 공해상에서의 자유는 무제한적으로 허용되는 것은 아니다. 따라서 공해상에서의 범죄예방과 질서유지를 위해 행사되는 경찰권은 동 협약에서 명문규정으로 명확히 제시한 경우에 한해 적용되고 있으며, 그에 따른 절차도 적법해야 한다. 다만 국가 간 분쟁을 최소화하고, 관련 규정을 적용하는데 있어 일관성을 유지하기 위해 규범 적용의 정도 및 절차 등을 국제기구의 주관 하에서 따르도록 하는 경향을 보이고 있다.[201)]

한편, 공해는 어는 특정국가의 배타적 관할권에 종속되어 있지 않기 때문에 동 협약에서는 모든 국가에게 경찰권 행사를 허용하고 있으나, 국제사회 전체를 위한 이익에 중대한 침해가 있는 경우를 제외하고는 선적국주의를 기본원칙으로 채택하고 있다. 다시 말해서 모든 선적국은 자국선박에 대해 관할권을 행사할 의무가 있는 것이다. 결국 공해에서의 법질서 유지는 선적국이 자국선박에 대하여 관할권, 즉 경찰권을 행사함으로써 이루어지는 것으로 선적국의 법률 및 재판권을 따르도록 하고 있다.[202)]

각 선적국이 공해에서 자국선박에 행사하는 경찰권은 광의의 개념인 포괄적 경찰권이 적용되고 있다. 여기서 광의의 경찰권이란 단속권, 협의의 경찰권(공공의 안녕과 질서유지, 일반통치권, 명령강제) 및 범죄수사권을 말하며, 일반적으로 「유엔해양법협약」에 있어서 공해상의 경찰권으로 칭하기도 한다.[203)]

경찰권 행사의 형태는 일반 국제법 원칙에 따라 속지적 관할권, 속인적 관할권, 보호적 관할관, 보편적 관할권 그리고 조약에 기초한 관할권으로 분류된다.[204)] 이 중에서도 특히 보편적 관할권은 해적행위 등과 같은 반인륜적 범죄

---

201) 권영호 외, 앞의 책, 242면.

202) 국가관할권은 구체적인 내용에 따라 입법적 관할권, 행정적 관할권, 사법적 관할권으로도 구분되는데, 일반적으로 국제법상 좁은 의미의 관할권은 재판관할권만을 지칭한다(최종화, 앞의 책, 141~142면).

203) 정경식, "공해에서의 경찰권과 그 한계", 「검찰」, 17, 대검찰청, 1969, 143~144면; 신용관, "공해에 있어서의 경찰권", 경찰고시사, 1970, 20~21면.

204) 최종화, 앞의 책, 141면; 한편, 우리나라 「형법」의 장소적 적용범위(효력)와 관련한 일반원칙으로는 속지주의(제2조, 제4조), 속인주의(제3조), 보호주의(제5조, 제6조)를 채택하고 있다.

로 인류공동의 법익에 침해가 있는 경우, 그 행위자에 대하여 모든 국가에게 정도에 따라 약간의 차이는 있을 것이나 경찰권을 인정하는 경우이다.

4. 경찰권 행시의 근거 및 범위

공해에서는 공해자유의 원칙이 적용되고 있으며, 동시에 선박에 대한 선적국 이외의 국가에서는 경찰권 행사가 근본적으로는 부인되는 해양영역이다. 다시 말해, 공해에서 다른 국적을 가진 선박에 대해 경찰권을 행사하는 것은 원칙적으로 인정되지 않는다. 하지만 「유엔해양법협약」에서는 노예수송, 해적행위, 마약이나 향정신성물질의 불법거래 및 공해로부터의 무허가방송 등 공해상에서의 금지된 반인류적 국제범죄를 자행할 경우에는 위반행위에 따라 다소 처분의 차이는 있을 수 있으나, 대체로 선적국과 다른 연안국의 경찰권을 병존시키는 제도를 수용하고 있다.

즉 행위의 장소, 행위자의 국적에 관계없이 국제사회의 공통이익을 저해하는 행위에 대해서는 국제사회의 구성원인 모든 국가가 경찰권을 가지며, 이러한 보편적인 범죄에 대해 국내법정에서 재판을 받을 수 있도록 국제법을 허용하는 보편적 경찰권제도가 확립되어 있다 할 것이다.[205] 이는 국가 상호간에 조약을 체결한 것으로 공해상에서의 법질서를 유지하고, 인류 전체의 평화적이고 안정적 이익을 확보하기 위해서는 선적국의 자국선박에 대해 다른 국가에게도 일정한 범위 내에서 경찰권을 행사할 수 있도록 인정하고 있는 경우를 말한다.

한편, 공해상에서는 반인륜적 국제범죄행위 이외에 자국과 타국의 일방 당사자 간이나 또는 여러 나라가 중첩되어 발생한 사건 · 사고 등에 대한 경찰권 행사문제 또한 어떻게 해결할 것인가도 중요한 과제로 남게 된다. 그러므로 이

이 중 제4조는 속지주의의 한 원칙으로 기국주의로 칭하기도 한다.

205) 최종화, 앞의 책, 156면.

에 대한 명확한 규정을 두고 국제적으로 통일된 경찰권을 구체적으로 행사할 수 있는 방안이 필요하다.

따라서 여기에서는 공해상에서 금지시하고 있는 반인륜적인 각종 범죄의 유형에 대해 언급하고, 이에 대한 해양경찰권 행사의 법적 근거를 「유엔해양법협약」을 통해 자세히 살펴보고자 한다. 또한 이에 추가하여 편의치적선에 대한 경찰권 행사 및 해양사고에 대한 경찰권 문제와 관련해서 국내·외적으로 규정되어 있는 기본원칙에 대해서도 다루어 보고자 한다.

가. 국제범죄행위에 대한 경찰권 행사

앞서 살펴본 바와 같이 「유엔해양법협약」상 금지시하고 있는 공해에서의 반인륜적 국제범죄의 유형에는 노예수송(제99조)[206], 해적행위(제100조~제107조)[207], 마약이나 향정신성 물질의 불법거래(제108조)[208], 무허가 방송(제109

---

206) 「유엔해양법협약」 제99조(노예수송금지) 모든 국가는 자국기 게양이 허가된 선박에 의한 노예수송을 방지·처벌하고, 자국기가 그러한 목적으로 불법사용 되는 것을 방지하기 위하여 실효적인 조치를 취한다. 선박에 피난한 노예는 그 선박의 선적국이 어느 나라이건 피난사실 자체로써 자유이다.

207) 「유엔해양법협약」 제100조(해적행위 진압을 위한 협력의무) 모든 국가는 공해나 국가관할권 밖의 어떠한 곳에서라도 해적행위를 진압하는데 최대한 협력한다.
제101조(해적행위의 정의) 해적행위라 함은 다음 행위를 말한다.
(a) 민간선박 또는 민간항공기의 승무원이나 승객이 사적 목적으로 다음에 대하여 범하는 불법적 폭력행위, 억류 또는 약탈 행위
(i) 공해상의 다른 선박이나 항공기 또는 그 선박이나 항공기 내의 사람이나 재산
(ii) 국가관할권에 속하지 아니하는 곳에 있는 선박·항공기·사람이나 재산
(b) 당해 선박 또는 항공기가 해적선 또는 해적항공기가 되는 활동을 하고 있다는 사실을 알고서도 자발적으로 그러한 활동에 참여하는 모든 행위
(c) 위의 (a)와 (b)에 규정된 행위를 교사하거나 고의적으로 방조하는 모든 행위
제102조(승무원이 반란을 일으킨 군함·정부선박·정부항공기에 의한 해적행위) 승무원이 반란을 일으켜 그 지배하에 있는 군함·정부선박·정부항공기가 제101조에 정의된 해적행위를 하는 경우, 그러한 행위는 민간선박 또는 민간항공기에 의한 행위로 본다.
제103조(해적선·해적항공기의 정의) 선박 또는 항공기를 실효적으로 통제하고 있는 자가 제101조에 언급된 어느 한 행위를 목적으로 그 선박이나 항공기를 사용하려는 경우, 그 선박 또는 항공기는 해적선이나 해적항공기로 본다. 선박이나 항공기가 이러한 행위를

조)[209], 무국적선(제110조)이 해당된다 할 것이며, 이에 대해서는 모든 국가에

위하여 사용된 경우로서 그 선박이나 항공기가 그러한 행위에 대해 책임 있는 자의 지배하에 있는 한 또한 같다.

제104조(해적선 · 해적항공기의 국적 보유 또는 상실) 선박 또는 항공기가 해적선 또는 해적항공기가 된 경우에도 그 국적을 보유할 수 있다. 국적의 보유나 상실은 그 국적을 부여한 국가의 법률에 의하여 결정된다.

제105조(해적선 · 해적항공기의 나포) 모든 국가는 공해 또는 국가관할권 밖의 어떠한 곳에서라도, 해적선 · 해적항공기 또는 해적행위에 의하여 탈취되어 해적의 지배 하에 있는 선박 · 항공기를 나포하고, 그 선박과 항공기 내에 있는 사람을 체포하고, 재산을 압수할 수 있다. 나포를 행한 국가의 법원은 부과될 형벌을 결정하며, 선의의 제3자의 권리를 존중할 것을 조건으로 그 선박 · 항공기 또는 재산에 대하여 취할 조치를 결정할 수 있다.

제106조(충분한 근거 없는 나포에 따르는 책임) 해적행위의 혐의가 있는 선박이나 항공기의 나포가 충분한 근거가 없이 행하여진 경우, 나포를 행한 국가는 그 선박이나 항공기의 선적국에 대하여 나포로 인하여 발생한 손실 또는 손해에 대한 책임을 진다.

제107조(해적행위를 이유로 나포할 권한이 있는 선박과 항공기) 해적행위를 이유로 한 나포는 군함 · 군용항공기 또는 정부업무를 수행중인 것으로 명백히 표시되고 식별이 가능하며 그러한 권한이 부여된 그 밖의 선박이나 항공기만이 행할 수 있다.

208) 「유엔해양법협약」 제108조(마약이나 향정신성물질의 불법거래) 1. 모든 국가는 공해에서 선박에 의하여 국제협약을 위반하여 행하여지는 마약과 향정신성물질의 불법거래를 진압하기 위하여 협력한다.

2. 자국기를 게양한 선박이 마약이나 향정신성물질의 불법거래에 종사하고 있다고 믿을 만한 합리적인 근거를 가지고 있는 국가는 다른 국가에 대하여 이러한 거래의 진압을 위한 협력을 요청할 수 있다.

209) 「유엔해양법협약」 제109조(공해로부터의 무허가방송) 1. 모든 국가는 공해로부터의 무허가방송을 진압하는데 협력한다.

2. 이 협약에서 "무허가방송"이라 함은 국제규정을 위배하여 일반대중의 수신을 목적으로 공해상의 선박이나 시설로부터 음성무선방송이나 텔레비전방송을 송신함을 말한다. 다만, 조난신호의 송신은 제외한다.

3. 무허가방송에 종사하는 자는 다음 국가의 법원에 기소될 수 있다.

(a) 선적국(선박의 기국)

(b) 시설의 등록국

(c) 종사자의 국적국

(d) 방송이 수신될 수 있는 모든 국가

(e) 허가된 무선통신이 방해받게 되는 국가

4. 공해에서 제3항에 따라 관할권을 가지는 국가는 제110조에 따라 무허가방송에 종사하는 사람을 체포하거나 선박을 나포할 수 있고, 방송기기를 압수할 수 있다.

한편, 공해로부터의 무허가방송은 그 방송 청취권 내의 국민에 대하여 문화적 · 정신적

게 보편적 관할권을 일정부분 허용하는 등 국가 간 상호협력 하도록 하고 있다.

여기서 「유엔해양법협약」은 해적의 정의와 관련하여 범죄행위의 동기와 해적행위의 발생장소 등에 따라 적용대상 여부가 불분명해진다는 것이다. 다시 말해, 외형적인 범죄형태로는 해적행위임에도 법률적 해석상의 미비한 점이 발생하고 있다는 것이다. 따라서 이러한 몇 가지 문제점을 내포하고 있다는 점도 간과해서는 안 될 것이다.[210] 또한 무국적선은 동 협약에서 공해에서의 금지행위로 개별조항을 두어 명문화하고 있는 노예수송, 해적행위, 마약 및 향정신성 물질의 불법거래, 무허가방송과는 다르게 별도의 개별조항을 근거로 규제 등과 관련한 내용을 구체적으로 언급하고 있지는 않다.

침해가 될 수 있을 뿐만 아니라 국익에 직접적인 위해가 될 수도 있다. 더욱이 무선통신과 주파수 할당 등에 관한 국제질서는 각국의 국내법적 통제에 일차적으로 위임되어 있지만, 국가 관할영역 이원지역에서의 불법방송은 국제무선통신 질서를 교란하는 행위이기 때문에 국제적인 협력을 통하여 저지할 필요가 있다.

210) 「유엔해양법협약」에서 규정하고 있는 해적의 정의에 대하여 몇 가지 문제점이 발생하고 있다. 예를 들어, 1985년 아킬레 라우로(Achille Lauro)호 피랍 사건과 관련하여, 이 사건의 범죄자는 피랍 선박의 승객이었으며 피랍의 동기가 사적인 경제적 이득을 취하려는 의도가 아닌, 정치적 의도를 가진 범죄였다. 이것은 위의 동 협약 정의에 따르면 해적행위로 간주되지 않는다. 즉 비정치적 동기 행위는 해적으로 정의되지만 정치적 동기의 테러는 해적으로 간주되지 아니하며, 동 협약의 범위에 포함되지 않는다. 이것은 해적행위와 달리 해상테러는 모든 국가가 당연히 기소할 수 있는 보편적 관할권이 행사되는 범죄에 해당되지 않음을 의미한다. 그 밖에 동 협약에서 규정하고 있는 해적의 행위에 대한 또 다른 문제점은 공해상에서 또는 연안국의 주권 밖에서 저질러지는 행위만을 해적으로 규정한다는 조항이다. 1982년 동 협약에 의해 공해가 축소되면서, 현재 공해는 대부분의 연안국에서 기선으로부터 200해리 밖에 존재하고 있으나, 실제 해적행위는 주로 연안국의 주권이 미치는 수역에서 일어나고 있어 현재 해적행위가 발생하고 있는 상황에 대하여 관련 법규의 적용이 미치지 못하는 결과를 초래하고 있다. 이는 동 협약에 의해 새롭게 해양구역을 지정하면서 해적행위에 대한 실질적이고 효과적인 대응을 고려를 하지 않는 등 현실을 간과하고 있다는 점이다. 그리고 공적 소유가 아닌 사적 소유 선박에 대한 규정과 타 선박, 사람, 재산에 대한 불법적인 폭력 등이 수반되었을 경우 해적으로 간주하는 점이다. 예를 들어 여객으로 가장한 해적이 승선한 여객선의 피랍이나 그 승객에 대한 공격 등은 타 선박 등에 대한 불법행위가 아니므로 동 협약에 의한 해적의 범주에 들어가지 않는다(손영태, "해양경찰의 국내 · 외 해양범죄 대응실태 및 개선방안에 관한 연구", 목포해양대학교 일반대학원 석사학위논문, 2009, 26~27면).

하지만 무국적선의 경우 동 협약 제110조제1항에서 규정하고 있는 바와 같이 무국적선으로 혐의가 있는 선박에 대해 모든 국가가 관할권(임검권)을 행사할 수 있도록 하고 있다. 이는 모든 국가에게 선박에 대한 자국국적의 부여, 자국영토에서의 선박의 등록 및 자국기를 게양할 권리에 관한 조건을 정한다(제91조제1항)는 동 협약상 공해에서의 선박국적과 관련한 제도를 통해서도 쉽게 이해할 수 있을 것이다.

다시 말해서, 선박의 등록은 선박의 국적을 정하는 기준임과 동시에 그 선박에 대한 자국의 배타적 관할권의 근거가 되는 것으로 이를 위반한 무국적선의 경우 공해상에서 자국으로부터의 보호를 받을 수 없다는 것이다.[211]

한편, 위에서 언급한 국제범죄는 전 세계 어느 국가에도 자유로울 수 없는 반인륜적 행위이며, 모든 국가의 해양질서 평화에 위협을 줄 수 있는 범죄행위이다. 따라서 이와 같은 국제범죄행위에 대해 보편적 경찰권 제도를 인정하는 것은 공해의 해양질서를 유지하기 위한 실효성을 증대시킬 뿐만 아니라 동 협약을 적용하는데 있어서의 일반적 원칙인 보편적 관할권(세계주의)을 적극 수용하기 위한 것이다.

나. 편의치적선에 대한 경찰권 행사

편의치적선은 형식적 · 법적인 측면이 물리적 형태로는 존재하지 않고 서류상으로만 존재하는 일명 종이회사(paper company)가 당해 편의치적선의 소유자이고, 실질적 측면에서는 자본을 투자한 배후에 있는 자가 실질적인 소유자

---

211) 이와 관련해서는 다음의 사건에서도 잘 나타나고 있는데 선박의 국적을 증명할 수 있는 관련 서류가 없는 상태에서 존재하지도 않는 국가의 국기를 게양한 Asya호는 어떠한 국가의 외교적 보호권도 주장할 수 없으며, 이와 동시에 모든 국가에게는 Asya호를 나포할 수 있는 권한이 주어지는 것은 국제법 위반이 아님을 판시하였다(Molgan v. Attorney General for Palestine, Appeal Cases, 1948, p. 370, cited as in Angelos M. Syrigos, "Developments on the Interdiction of Vessels on the High Seas", David Freestone, et al., ed, The Law of the Sea, New York: Oxford University Press, 2006, p. 158; 임채현, "국제법상 연안국 해양안보관할권에 관한 연구", 한국해양대학교 일반대학원 박사학위논문, 2008, 148면 재인용).

이다.[212] 즉 선박의 국적과 실제 소유자와의 국적이 서로 다른 선박을 말하는 것인데, 오늘날에는 어느 나라의 국기를 게양하든 이는 선주의 재량이기도 하다. 하지만 편의치적선에 대한 국제법상의 지위나 국내법상의 지위와 관련해서는 아직까지 많은 논란이 있는 것 또한 사실이다.

앞서 언급한 바와 같이 국제법인 「유엔해양법협약」 제91조제1항에서는 선박이 국적을 획득하기 위해서는 국가와 선박 간에 '진정한 관계'가 존재할 것을 요구하고 있다. 하지만 이와 관련하여 일부에서는 진정한 관계의 개념을 선적국과 실제 선박소유자 간의 일치 유무에 따라 그 진정성의 성립 여부를 판단함에 따라 편의치적선의 경우 「유엔해양법협약」상 불법선박이라는 견해가 있다.[213]

또한 동 협약에서의 '진정한 관계'는 그 법적 개념이 아주 추상적이며, 객관적인 기준을 마련하지 못했다는 이유로 동 협약 제92조제2항[214]을 근거로 해서 무국적선으로 간주될 수 있다고 유추해석하는 견해도 있다.[215] 이뿐만 아니라 국제적으로도 「유엔국제법협의회」, 「유엔해양법협약」, 「선박 등록요건에 관한 국제연합조약」[216](이하 "유엔선박 등록조건협약(United Nations Convention

---

212) 김인유, 앞의 논문, 112면.

213) 예컨대, 파나마선적의 편의치적선에 있어서 진정한 선박소유자는 일본이면서 종이회사만 파나마에 존재한다. 그러므로 편의치적선은 진정한 관계를 가지지 못하므로 「유엔해양법협약」상 편의치적선은 불법이라는 견해이다(김인현, 『해상법』, 법문사, 2003, 62~63면).

214) 「유엔해양법협약」 제92조제2항에서는 편의에 따라 2개국 이상의 국기를 게양하고 항해하는 선박은 타국에 대해 어느 국가도 주장할 수 없으며, 무국적선과 동일시될 수 있다고 규정하고 있다.

215) 최종화, 앞의 책, 146면.

216) 「유엔선박 등록조건협약」은 1986년 국제연합무역개발회의(United Nations Conference on Trade and Development, UNCTAD)의 주도에 의한 국제연합 외교회의에서 채택된 조약으로 「유엔해양법협약」 등에서 제시하고 있는 선박과 선적국 상호간의 '진정한 관계(genuine link)'의 내용을 보다 구체화하여 편의치적선에 대한 국제적 합의를 실현했다는 점에서 의의가 있다. 이 조약으로 인해 편의치적선은 합법적인 선적국을 가진 선박으로 수용되는 결과를 가져왔는데 이는 선진국의 선박운용에 있어서 국제적 경쟁력 저하를 해결하고, 개발도상국의 선박확충 강화를 도모하고자 하는 강력한 활동에서 기인한 것이라 볼 수 있다(네이버 검색사이트, 지식검색, 2013.06.01. 방문. 〈http://www.naver.com〉).

on Conditions for Registration of Ships)"이라 표기한다)과 같은 국제협약상의 규제와 국제해사기구와 경제협력개발기구와 같은 국제기구뿐만 아니라 국제운수노동자연맹과 같은 단체로부터의 많은 규제와 함께 편의치적선의 적법성에 대한 논란은 계속되고 있다 할 것이다.[217]

그렇다면 여기에서 논란이 되는 것은 「유엔해양법협약」상 공해에서의 편의치적선은 무국적인 불법한 선박으로 간주된다는 것으로 동 협약 제110조제1항에서 규정하고 있는 임검권의 무조건적인 대상이 된다는 것이다. 즉 편의치적선은 공해상에서의 합법적인 운항에도 불구하고, 모든 국가의 관할권으로부터 자유로울 수 없게 된다는 것이다. 하지만 편의치적선의 억제를 위한 국제기구에서의 단속에도 불구하고 편의치적선의 점유율은 꾸준히 증가하고 있는 실정이다. 전 세계적으로 선박보유 상위 10개국의 해외치적선에 대한 비율은 약 60% 정도에 달하고 있다.[218]

217) 국내에서는 편의치적선의 유효성과 관련한 분쟁발생시 사후처리 문제해결을 위해 법인격부인론이 논해지고 있다. 또한 국제사법상 준거법(어떠한 외국간의 섭외적 사법관계를 규율하기 위해 국제사법에 의해 선정된 어떤 국가의 실질법(민법, 상법 등)을 말한다) 결정과 관련하여 법률회피론이 언급되기도 하나, 법률회피론의 경우 유효설과 무효설로 나뉘어 대립하는 경향을 보이고 있다. 한편, 국내에서는 편의치적선을 합법적으로 선박의 국적을 취득한 것으로 인정하는 경향을 보이고 있다. 여기서 '법인격부인'이라 함은 법인제도의 목적에 비추어 어떤 회사에 관하여 그 형식적 독립성을 관철하는 것이 정의 · 형평의 이념에 반하는 결과로 되는 경우 회사의 존재를 전면적으로 부정하는 것이 아니고 그 법인으로서의 존재를 인정하면서 그 특정한 사안에 관하여 회사의 독립된 법인격을 부인하고 회사는 사원의 결합으로 보아 구체적으로 타당한 해결을 꾀하려고 하는 이론이다. 즉 회사의 법인격이 남용된 경우 회사의 법인격을 부인하고 법인의 배후실체를 찾아서 책임을 부과시키기 위한 이론이라 할 수 있다. 또한 '법률의 회피'라 함은 당사자가 국제사법규정에 의하여 원래 적용되는 나라의 법률에 의하면 불이익을 받게 될 경우에 원래 적용될 법률의 적용을 면탈하기 위하여 연결점을 고의로 변경함으로써 자기에게 유리한 준거법의 적용을 받으려 하는 것을 말한다(정찬형, 『상법강의요론』, 박영사, 2006, 204면; 남장우, "회사법인격무시의 법리", 고려대학교 일반대학원 박사학위논문, 1996. 2면; 임재연, "법인격부인론", 「법조」, 43권 8호(455호), 1984, 8면; 김인유, 앞의 논문, 123~139면 재인용).

218) 김인현, 앞의 책, 63면; 김인유, 앞의 논문, 114면; 국제연합무역개발회의에서 발표한 내용에 따르면 2000년 1월 기준으로 우리나라의 편의치적 선박은 총 440여척에 달하고 있는 것으로 조사되고 있다(김인유, 앞의 논문, 115면).

이처럼 편의치적선에 대한 동 협약상의 입장은 부정적인 측면이 강하다. 그렇다면 여타 다른 국제협약 및 국제기구에서는 편의치적선에 대해 어떠한 입장인지를 살펴보고, 공해에서의 편의치적선에 대한 국제적 입장을 명확히 확인해 볼 필요가 있을 것이다.

왜냐하면, 공해상을 운항하는 편의치적선에 대해 일방적으로 동 협약을 적용할 경우 편의치적선은 무국적선으로 간주되어 모든 연안국으로부터의 임검권 대상이 될 가능성이 높기 때문이다. 또한 이에 따른 경찰권 행사는 자칫 국가 간 분쟁으로 발생될 소지가 있기 때문에 편의치적선에 대한 법적 지위를 명확히 하는 것은 무엇보다 중요하다.

따라서 본 저서에서는 편의치적선에 대한 법적 지위와 관련하여 여러 대립되는 학설들에 대한 논의는 미뤄두고, 현재 통용되고 있는 국제사회의 입장을 중심으로 살펴보았다. 이는 해양경찰권을 행사하는데 있어 직접적인 영향력을 미치기 때문이다.

선진국의 편의치적선 확대로 인한 경쟁력 강화와 개발도상국의 편의치적선에 대한 자국의 관할권 및 지배를 효과적으로 행사하기 위해 성립된 「유엔선박 등록조건협약」에서는 「유엔해양법협약」에서 불명확하게 규정하고 있는 국가와 선박 간의 '진정한 관계'에 대해 어느 정도 명확한 기준을 제시하고 있다. 선박과 선적국 간의 '진정한 관계'에 해당하는 요소로는 선박의 소유권, 선박의 선원승선, 선주회사와 선박의 경영에 있어서 선적국의 역할 등이 있다.

그러나 「유엔선박 등록조건협약」 제7조에서는 이들 요소를 선택적으로 적용할 수 있도록 하는 한편 그 내용도 국내법으로 규정하도록 함으로써 그 실효성은 저하되었고, 편의치적선을 국제적으로 공인하는 결과를 가져왔다.[219)]

---

219) 주동금, "국제법상 편의치적에 관한 연구", 연세대학교 일반대학원 박사학위논문, 1988, 173면; 「유엔선박 등록조건협약」에서, 선적국은 그 국가의 국기를 게양한 선박 간의 진정한 관계를 확보하고 선박소유자 · 운항자의 식별책임 등에 관한 관할권 · 감독권을 유효하게 행사하는 등 본 협약의 규정을 적용하여 실시하기 위해서는 권한을 갖는 해사행정기관을 설치하도록 하고 있다. 그리고 선적국은 선박소유자 · 운항자를 식별할 수 있는 정보의 입수를 가

또한 국제해사기구와 같은 국제기구 등에서는 편의치적선에 대한 직접적인 제재가 아닌 국제해사기구에서 정한 안전기준 준수 여부를 확인하여 기준미달선박에 대한 제재조치를 취하는 방식을 채택하였고, 그 결과 국제해사기구에서 제시한 기준과 국제적으로 채택된 해상인명안전협약(International Convention for the Safety of Life at Sea; SOLAS) 및 해양오염방지협약(International Convention for the Prevention of Maritime Pollution from Ship; MARPOL) 등에 부합하는 안전기준만 충족하면 아무런 제재를 받지 않게 되었다.

이 또한 결과적으로는 편의치적선을 적법한 것으로 보게 되는 계기가 되었다.[220] 뿐만 아니라 편의치적선에 승선하고 있는 우리나라 선원들은 그 선박에 해당하는 선적국의 선원법을 원칙적으로 적용 받음과 동시에 해기사면허도 해당 선적국의 것을 소지하도록 하고 있다.[221] 지금까지의 내용을 통해 확인해 본 바와 같이 국제적으로 편의치적선의 유효성에 대한 직접적인 견해를 보이고 있지는 않으나, 편의치적제도 그 자체는 유효하다고 하는 태도임을 알 수

능하게 하는 선박등록부 제도를 마련하도록 하고 있다. 뿐만 아니라 선박의 소유에 대한 자국민의 참가 · 자국민의 선원 배승(配乘)에 대해서는 개발도상국 · 선진국의 쌍방에서 접수 가능한 내용으로 되어 있다. 한편, 동 협약은 선박 등록부 제도와 관련해서 선적국 자국의 법령을 가지고 자국의 국기를 게양한 선박의 소유와 관련한 규정을 설치해야 하고, 또한 소유로서의 자국민에 대한 관할권 · 감독권을 유효하게 행사할 수 있도록 규정하고 있다. 그러나 여기에서의 자국민에는 자연인뿐만 아니라 법인도 포함된다. 또한 선적국은 선박을 그 등록부에 등록하기 전에 그 국가의 법령에 따라 자국의 영토 내에 선박소유회사 · 선박소유회사의 자회사가 설립되거나, 해당 회사가 그 주요영업소를 갖거나, 자국민 또는 자국에 정주(定住)하는 자를 대리인 · 관리담당자(선적국의 법령에 의해 설립된 법인을 포함)로 해야 한다. 선원의 배승에 대해서는 선적국은 자국의 국기를 게양한 선박의 선원 정원 중 충분한 부분은 자국민 · 자국의 정주자 · 자국의 합법적인 영주자로 한다는 취지의 원칙을 존중해야 한다는 것에 그치고 있다. 이상의 내용을 통해 살펴보면 결국 본 협약은 현재의 국제해운실무에 기본적 변경을 강요하지는 않았다는 것이다. 이것은 동시에 본 협약이 개발도상국과 선진국의 타협 하에 겨우 성립한 것의 귀결이라 할 수 있다(네이버 검색사이트, 지식검색, 2013.7.1. 방문. 〈http://www.naver.com〉).

220) 김인현, "선박국적부여조건으로서의 진정한 연계와 국제사회의 대응", 「해사법연구」, 제18권 제1호, 2006, 86면.

221) 김인현, 앞의 책, 66면.

있다. 이는 편의치적선이 등록되어 있는 국가도 선적국으로서의 자격을 가진다는 긍정적인 해석이 가능할 것으로 보인다.

따라서 비록 「유엔해양법협약」에서는 편의치적선의 합법성을 인정하고 있는 명문규정이 없다고는 하나, 국제사회에서 통념되고 있는 여러 조치들을 통해 편의치적선에 대한 선박의 지위 또한 국가와 선박 간에 '진정한 관계'가 완전하지는 않지만 어느 정도는 성립되어 있다 할 수 있을 것이다. 이러한 이유에서 편의치적선에 대한 공해상에서의 경찰권 행사는 동 협약에서 규정하고 있는 위법한 행위를 저지른 경우에 한해 적용되어진다 할 것이다.

다만, 동 협약상 공해에서의 임검권 대상이 되는 범죄행위 이외에 추적권의 대상이 되는 범죄행위를 편의치적선이 저지른 경우에는 편의치적선의 선적국에 그 책임을 묻지 않고, 실제 선박소유자에게 그 책임을 묻는 경우도 있어 이와 같은 연안국의 개별법에 따른 법률문제는 위에서 다루고 있는 편의치적선의 등록과 관련한 실체를 확인한 것과는 별개로 취급해야 할 것이다.

실제 우리나라 대법원 판례의 경우 편의치적선의 위법행위에 대하여 법인의 배후 실체를 찾아 실제 소유자에게 책임을 부과시키는 '법인격부인론'을 채택하고 있다.[222)]

---

222) 국내에서의 편의치적선에 대한 법적 지위와 관련한 우리나라 판례는 앞서 언급한 '법인격부인론' 및 '법률회피론(유효설)'을 채택하고 있으나, 원칙적으로 편의치적제도 자체는 위법이 아니라고 하면서도 법인격부인설에 대한 사안이 발생할 경우 이에 대해서는 직접적으로 언급하고 있지 않다. 다만, 법인격남용이라든가 신의칙(서로 믿고 정의롭게 행동하며 성실한 관계를 유지하는 전제 하에서만 자유가 인정된다는 원칙) 위반이라는 표현으로 사안을 해결하고 있다(대법원 2006.7.13. 선고 2004다36130 판결; 대법원 2004.11.12. 선고 2002다66892 판결, 대법원 1995.5.12. 선고 93다44531 판결; 대법원 1989.9.12. 선고 89다카678 판결; 대법원 1988.11.22. 선고 87다카1671 판결). 또한 '법률회피론'은 우리나라와 일본의 경우 유효설이 통설이다(김명기, 『국제사법원론』, 법지사, 2003, 119면; 신창선, 『국제사법』, 피데스, 2006, 157면). 다만, 국내법의 회피는 「국제사법」상 한 국가의 법질서 유지를 위해 양도할 수 없는 가치 등과 같은 공서(public policy, 公序)를 해치는 결과를 초래하는 경우가 적지 않을 것이다. 결국 법률의 회피 그 자체는 유효하지만 그 결과가 공서에 위반되면 「국제사법」 제10조(사회질서에 반하는 외국법의 규정)에 의해서 그 외국법의 적용이 배제될 수는 있다는 것이다(대법원 1994.12.13. 선고 94다31617 판결).

다. 해양사고에 대한 경찰권 행사

해양사고(marine casualty)[223]란, 선박과 관련하여 발생하는 사고를 총칭하는 것으로 그 범위는 다양하다. 가령 과실(고의)에 의한 선박충돌 등의 해양사고나 선상 난동사건과 같은 형사사건 등이 그 대표적 사례가 될 수 있을 것이다. 여기에서는 이러한 해양사고가 공해상에서 발생하였을 경우, 경찰권은 어떠한 제도적 근거를 가지고 행사되는지에 대해 다음과 같은 사례를 통해 살펴보기로 한다.

먼저 공해상에서 선박충돌 등의 해양사고가 발생하고, 가해선박의 선장 또는 선원이 형사책임이나 징계의 대상이 된 경우에는 「유엔해양법협약」 제94조(선적국의 의무)제7항[224] 및 제97조(충돌 또는 그 밖의 항행사고에 관한 형사관할권)를 적용하고 있다.[225] 특히 동 협약 제97조를 통해서 알 수 있듯이 공

223) 우리나라 「해양사고의 조사 및 심판에 관한 법률」 제2조제1호에서는 해양사고에 대한 정의를 해양 및 내수면(內水面)에서 발생한 사고로 명시하고 있는데, 구체적으로 살펴보면 ⅰ) 선박의 구조 · 설비 또는 운용과 관련하여 사람이 사망 또는 실종되거나 부상을 입은 사고, ⅱ) 선박의 운용과 관련하여 선박이나 육상시설 · 해상시설이 손상된 사고, ⅲ) 선박이 멸실 · 유기되거나 행방불명된 사고, ⅳ) 선박이 충돌 · 좌초 · 전복 · 침몰되거나 선박을 조종할 수 없게 된 사고, ⅴ) 선박의 운용과 관련하여 해양오염 피해가 발생한 사고로 구분하고 있다. 또한 같은 법 제2조제1의2호에서는 "준해양사고"에 대해서도 언급을 하고 있는데 이에는 '선박의 구조 · 설비 또는 운용과 관련하여 시정 또는 개선되지 아니하면 선박과 사람의 안전 및 해양환경 등에 위해를 끼칠 수 있는 사태로서 해양수산부령으로 정하는 사고를 말한다'고 규정하고 있다. 동 법률은 해양사고에 대한 조사 및 심판을 통하여 해양사고의 원인을 밝혀 해양안전의 확보를 목적(제1조)으로 하고 있으며, 해양사고가 해기사나 도선사의 직무상 고의 또는 과실로 발생한 것으로 인정할 때에는 재결(裁決)로써 해당자를 징계하여야 한다고만 규정하고 있다(제5조제2항). 참고로 징계의 종류(제6조)로는 면허의 취소, 업무정지(1개월 이상 1년 이하), 견책(譴責)이 있으나, 여기에서의 징계는 민사상 피해보상이나 형사상 형사처벌과는 별개의 문제로 이러한 재결처분은 법률적으로 행정지도로써 징계, 권고 등에 대해서만 효과가 발생한다. 그리고 이 법률의 소관은 해양수산부 소속의 준사법적 기관인 해양안전심판원이 담당하고 있다.

224) 「유엔해양법협약」 제94조제7항에서는 각국은 다른 국가의 국민에 대한 인명손실이나 중대한 상해, 다른 국가의 선박이나 시설, 또는 해양환경에 대한 중대한 손해를 일으킨 공해상의 해난이나 항행사고에 관하여 자국기를 게양한 선박이 관계되는 모든 경우, 적절한 자격을 갖춘 사람에 의하여 또는 그 입회 아래 조사가 실시되도록 한다. 선적국 및 다른 관련국은 이러한 해난이나 항행사고에 관한 그 다른 관련국의 조사실시에 서로 협력해야 한다고 규정하고 있다.

225) 「유엔해양법협약」 제97조(충돌 또는 그 밖의 항행사고에 관한 형사관할권)

해상에서의 해양사고에 대해 행사되는 관할권 문제는 가해선박의 선적국주의를 채택하고 있다고 볼 수 있다.[226)]

한편, 우리나라 실정법인 「국제사법」 제60조(해상)[227)] 및 제61조(선박충돌)[228)] 그리고 헌법재판소의 2009년 「국제사법」 제60조제4호에 대한 결정에서는 공해상이 아닌 우리나라 영해에서 발생한 해상충돌사고에 대해서도 「유엔해양법협약」과 동일한 가해선박의 선적국주의를 채택하고 있다.[229)]

---

1. 공해에서 발생한 선박의 충돌 또는 선박에 관련된 그 밖의 항행사고로 인하여 선장 또는 그 선박에서 근무하는 그 밖의 사람의 형사책임이나 징계책임이 발생하는 경우, 관련자에 대한 형사 또는 징계 절차는 그 선박의 선적국이나 그 관련자의 국적국의 사법 또는 행정당국 외에서는 제기될 수 없다.
2. 징계문제와 관련, 선장증명서, 자격증 또는 면허증을 발급한 국가만이 적법절차를 거친 후, 이러한 증명서의 소지자가 자국국민이 아니더라도 이러한 증명서를 무효화할 권한이 있다.
3. 선박의 나포나 억류는 비록 조사를 위한 조치이더라도 선적국이 아닌 국가의 당국은 이를 명령할 수 없다.

226) 최종화, 앞의 책, 152~154면.

227) 「국제사법」 제60조(해상) 해상에 관한 다음 각 호의 사항은 선적국법에 의한다.
1. 선박의 소유권 및 저당권, 선박우선특권 그 밖의 선박에 관한 물권
2. 선박에 관한 담보물권의 우선순위
3. 선장과 해원의 행위에 대한 선박소유자의 책임범위
4. 선박소유자 · 용선자 · 선박관리인 · 선박운항자 그 밖의 선박사용인이 책임제한을 주장할 수 있는지 여부 및 그 책임제한의 범위
5. 공동해손
6. 선장의 대리권

228) 「국제사법」 제61조(선박충돌) ① 개항 · 하천 또는 영해에서의 선박충돌에 관한 책임은 그 충돌지법에 의한다.
② 공해에서의 선박충돌에 관한 책임은 각 선박이 동일한 선적국에 속하는 때에는 그 선적국법에 의하고, 각 선박이 선적국을 달리하는 때에는 가해선박의 선적국법에 의한다.

229) 말레이시아 선적의 컨테이너선 붕가 마스 라판(BUNGA MAS LAPAN)호가 2005년 12월 전남 신안군 흑산면 만재도 해상에서 대한민국 선적의 ○○호와 충돌하여 ○○호가 침몰한 사건과 관련하여 이 사건 컨테이너선의 소유자인 말레이시아 법인 엠아이에스씨 버하드는 2006년 8월 부산지방법원에 이 사건 사고로 인한 물적 손해의 배상에 관하여 책임제한 절차 개시신청을 하였고(부산지방법원 2006책4), 법원은 「국제사법」 제60조제4호에 따라 선박소유자의 책임제한의 가부 및 그 범위에 관한 준거법으로 이 사건 선박의 선적국법인 말레이시아 상선법을 적용하여 2007년 1월 책임제한 절차 개시결정을 하였다. 하지만 ○○호의 소유자인 청구인 김○문 및 손해배상채권을 대위할 권리를 취득한 청구인 수산업협동조합중앙

회는 위 결정에 불복하여 부산고등법원에 항고를 제기하고(2007라43), 그 소송 계속 중 「국제사법」 제60조제4호가 헌법에 위반된다며 위헌법률심판 제청신청을 하였으나(2007카기28), 2007년 8월 기각되자, 이 사건 헌법소원심판을 청구하였다. 이와 관련하여 헌법재판소에서는 이 사건에서 청구인들의 손해배상청구권이 제한되는 것은 이 사건 법률조항 그 자체 때문이 아니라 청구인들의 손해배상청구권에 관하여 준거법으로 선적국법이 적용된 결과에 불과하다. 즉 이 사건 선박에 말레이시아 상선법을 적용하여 선박소유자 등의 책임한도액이 우리 상법을 적용한 경우보다 현저히 낮다고 하더라도 이는 이 사건 사고의 발생지, 해당 선박의 선적국, 채권자의 국적 등이 상이하여 이 사건 법률조항에 따른 준거법을 적용한 결과에 불과하므로, 이 사건 법률조항 자체로 인하여 청구인들의 재산권이 제한된다고 보기 어렵다. 또한 이 사건 법률조항은 내 · 외국 선박을 불문하고 모두에게 적용되는 법률이므로 차별적 취급이 존재한다고 할 수 없고, 이를 들어 합리적인 근거가 없는 자의적인 차별이 아니다 라고 결정함으로써 선박국주의를 채택하고 있음을 알 수 있다. 이와 같은 결정에 대해 반대의 의견으로 선박충돌에 관한 책임에 관해서는 책임의 존부와 범위뿐만 아니라 책임제한을 주장할 수 있는지 여부 및 책임제한의 범위에 관해서도 「국제사법」 제60조제4호가 아니라 동법 제61조를 적용해야 한다. 따라서 선박충돌에 관하여 책임의 존부와 범위에 대해서는 동법 제61조를 적용해야 하는 것이 합당하다. 또한 이와 관련해서 각 선박당사자의 책임제한의 여부와 제한범위에 대해서는 제60조제4호를 적용하여 각 선박의 선적국법에 의하여 결정한다고 해석하는 것은 동법 제60조제4호와 제61조의 취지를 잘못 해석 · 적용하는 것이라고 할 것이고, 이처럼 법률의 취지를 잘못 해석하여 적용하는 것은 '법률에 의한 재판'을 하지 아니함으로써 헌법의 기본원리인 법치주의에 어긋난다고 할 것이므로, 동법 제60조제4호를 선박충돌 사건에 적용하는 것은 헌법이 요구하는 법률에 의한 재판의 원칙(법치주의의 원칙)에 위반된다고 선언하여야 한다. 더욱이 당해 사건은 대한민국 영해에서 대한민국 선적의 선박과 말레이시아 선적의 선박이 충돌한 것이므로, 그 선박충돌에 관한 책임에 관해서는 동법 제61조제1항에 의하여 각 선박소유자에 대한 책임의 존부와 범위뿐만 아니라 그 책임제한의 가부 및 범위에 대해서도 모두 대한민국의 법률을 적용하여야 함에도 불구하고, 말레이시아 선적의 선박소유자의 책임제한에 관하여 말레이시아의 법률을 적용하였으므로 다시 심판하게 하여야 한다는 의견도 있었으나, 선박소유자의 책임제한에 관한 준거법의 결정은 각국의 특수한 사정과 역사적인 배경에 따라 입장을 달리하는 것인데, 국제사법 전부개정 당시 이와 관련하여 행위지법주의, 법정지법주의, 선적국법주의 등이 거론되었으나, 행위지법주의는 불법행위가 공해에서 이루어진 경우 준거법이 없게 되고, 법정지법주의는 소가 제기된 국가의 법이 준거법이 되므로 선박소유자 등 이해관계인이 자신에게 유리한 곳을 선택하여 소를 제기하게 되고, 소제기의 우연성에 따라 준거법이 좌우되는 등 문제가 있어 이를 배제하고 선적국법주의를 채택하게 된 것이다. 또한 우리의 법제는 국제적 생활관계 중 해상과 관련하여 발생하는 법률관계에 대한 준거법의 지정에 있어서 일반적으로 선적국법주의를 채택하고 있는데, 이는 선박의 특질을 고려할 때 선박에 관한 외국적 요소가 있는 사법관계를 규율함에 있어 선적국법이 그와 가장 밀접한 관련이 있다고 보기 때문이기도 하다. 따라서 선박에 대한 책임한도액이 법정지에 따라 수시로 변동되어

하지만 이와는 전혀 다른 사건도 있다. 1926년 8월 터키 부근의 지중해 공해상에서 프랑스 선적의 로터스(Lotus)호와 터키 선적의 석탄 운반선 보스쿠르트(Boz-Kourt)호가 충돌하여 터키 선박이 침몰한 사건과 관련해서는 공해에서 발생한 선박 충돌사고에 대한 형사재판 관할권이 가해선박의 선적국에만 있다는 선적국주의와 피해자 국적에도 관할권이 인정된다는 경합관할주의가 쟁점이 된 사건이었다. 이는 결국 경합관할주의를 수용함으로써 국제법질서의 확립에 반한다는 비판을 받기도 하였다. 그 후 1982년 「유엔해양법협약」 등에서는 로터스호 사건 판례를 부정하는 입법태도를 동 협약 제97조제1항[230]에서 밝히기도 하였다.[231]

그 밖에 공해상에서는 해상충돌사고 이외에 선상에서 강력사건 등이 발생할 수 있는데, 그 대표적인 사건으로는 1996년 8월 남태평양 공해에서 조업 중이던 온두라스 국적의 원양 참치연승어선 페스카마(Pescamar) 15호 선상 살인사건이 이에 해당한다. 당시 페스카마 15호에서는 다국적 선원(한국 · 중국 · 인도네시아) 간의 갈등으로 인하여 조업이 불가능해지자, 선내 징계위원회는 중국 선원들의 하선 징계를 결정하고 사모아로 회항 중 징계조치에 불만을 품은 중국인 6명이 선장을 비롯한 한국인 선원 7명, 인도네시아 선원 3명, 중국인 선원

법적 안정성을 해치고 당사자 사이에 법정지 선택을 둘러싸고 치열한 분쟁이 생길 우려가 많은 법정지법주의를 배제하고, 선박소유자 등의 책임은 그 선박이 소속된 국가의 법에 따라 미리 부동적으로 일정 한도로 제한되게 되어 해상기업에게 반드시 필요한 법적 안정성이 보장될 수 있도록 선적국법주의를 채택하여 입법한 것은 이를 정당화할 만한 객관적이고 합리적인 이유가 있고 자의적인 것으로 볼 수 없어 평등원칙에 반하지 않는다고 주장하여 우리의 법제에 있어서의 전반적인 입장은 선박국적주의를 채택하고 있음을 알 수 있다(헌법재판소, 2009.5.28. 선고 2007헌바98 결정).

230) 「유엔해양법협약」 제97조제1항에서는 공해에서 발생한 선박의 충돌 또는 선박에 관련된 그 밖의 항행사고로 인하여 선장 또는 그 선박에서 근무하는 그 밖의 사람의 형사책임이나 징계책임이 발생하는 경우, 관련자에 대한 형사 또는 징계절차는 그 선박의 선적국이나 그 관련자의 국적국의 사법 또는 행정당국 이외에는 제기될 수 없다고 규정하고 있다.

231) Kurt Herndl, The Lotus, Encyclopedia of Public International Law, Vol. Ⅲ, North-Holland Publishing Company, Installment 2, 1997, p. 263.

1명 등 총 11명의 선원을 집단살해한 사건이 발생하였다. 이 사건의 경우 발생 장소는 공해이며, 선적국은 온두라스(회사의 주된 사무소 위치는 오만)였다. 그리고 가해자 국적국은 중국이었으며, 피해자들의 국적은 한국, 중국 및 인도네시아였고, 선장의 국적은 한국이었다. 또한 발견 당시에는 사건을 최초로 인지한 일본 당국의 보호 하에 놓여 있는 상태였다.

이 사건은 한국, 중국, 인도네시아, 온두라스, 오만, 일본 등 관련 이해당사국들이 형사재판 관할권을 주장할 경우 외교적 마찰의 소지가 있는 국제적 사건이었기 때문에 초기부터 재판관할권 문제가 주요쟁점으로 부각될 수 있었다. 국제법상 이 사건의 형사재판 관할권은 1차적으로 속지주의 원칙에 따라 선적국인 온두라스가 가지며, 그 외에도 속인주의 및 보호주의에 입각하여 한국, 중국, 인도네시아에게도 있다 할 것이다. 그런데 선적국인 온두라스가 재판관할권을 포기함으로써 당해 어선에 대한 실질적 관리권을 갖고 있으면서, 동시에 최대 피해국인 한국이 가해자들에 대한 형사재판권을 행사하였다.[232] 이상의 내용에서도 알 수 있듯이 형사재판 관할권과 관련하여 1차적으로 속지주의 원칙을 채택했다는 것은 공해에서 선박충돌 등의 해양사고와 관련하여 선적국주의의 입장을 보이고 있는 「유엔해양법협약」의 원칙과도 그 법적 취지가 같다 할 수 있다.

5. 경찰권 행사의 방법과 한계

「유엔해양법협약」 제110조[233] 및 제111조[234]에서는 공해상에서의 외국선박

---

232) 김진환, "해양범죄백서", 부산지방검찰청, 1997, 342~355면; 최종화, 앞의 책, 155면 재인용.

233) 「유엔해양법협약」 제110조(임검권) 1. 제95조와 제96조에 따라 완전한 면제를 가지는 선박을 제외한 외국선박을 공해에서 만난 군함은 다음과 같은 혐의를 가지고 있다는 합리적 근거가 없는 한 그 선박을 임검하는 것은 정당화되지 아니한다. 다만, 간섭행위가 조약에 따라 부여된 권한에 의한 경우는 제외한다.

(a) 그 선박의 해적행위에의 종사

(b) 그 선박의 노예거래에의 종사

(c) 그 선박의 무허가방송에의 종사 및 군함 선적국이 제109조에 따른 관할권 보유
(d) 무국적선
(e) 선박이 외국기를 게양하고 있거나 국기제시를 거절하였음에도 불구하고 실질적으로 군함과 같은 국적 보유
2. 제1항에 규정된 경우에 있어서 군함은 그 선박이 그 국기를 게양할 권리를 가지는 가를 확인할 수 있다. 이러한 목적을 위하여 군함은 혐의선박에 대하여 장교의 지휘 아래 보조선[자선(子船) 및 boat와 같은 의미로 표기되기도 함]을 파견할 수 있다. 서류를 검열한 후에도 혐의가 남아있는 경우, 가능한 한 신중하게 그 선박 내에서 계속하여 검사를 진행할 수 있다.
3. 혐의가 근거 없는 것으로 밝혀지고 또한 임검을 받은 선박이 그 혐의를 입증할 어떠한 행위도 행하지 아니한 경우에는 그 선박이 입은 모든 손실이나 피해에 대하여 보상을 받는다.
4. 이러한 규정은 군용항공기에도 준용한다.
5. 이러한 규정은 또한 정부업무에 사용 중인 것으로 명백히 표시되어 식별이 가능하며 정당하게 권한이 부여된 그 밖의 모든 선박이나 항공기에도 적용한다.

234) 「유엔해양법협약」 제111조(추적권) 1. 외국선박에 대한 추적은 연안국의 권한 있는 당국이 그 선박이 자국의 법령을 위반한 것으로 믿을 만한 충분한 이유가 있을 때 행사할 수 있다. 이러한 추적은 외국선박이나 그 선박의 보조선(자선)이 추적국의 내수 · 군도수역 · 영해 또는 접속수역에 있을 때 시작되고 또한 추적이 중단되지 아니한 경우에 한하여 영해나 접속수역 밖으로 계속될 수 있다. 영해나 접속수역에 있는 외국선박이 정선명령을 받았을 때 정선명령을 한 선박은 반드시 영해나 접속수역에 있어야 할 필요는 없다. 외국선박이 제33조에 정의된 접속수역에 있을 경우 추적은 그 수역을 설정함으로써 보호하려는 권리가 침해되는 경우에 한하여 행할 수 있다.
2. 추적권은 배타적 경제수역이나 대륙붕(대륙붕시설 주변의 안전수역 포함)에서 이 협약에 따라 배타적 경제수역이나 대륙붕(이러한 안전수역 포함)에 적용될 수 있는 연안국의 법령을 위반한 경우에 준용한다.
3. 추적권은 추적당하는 선박이 그 선적국 또는 제3국의 영해에 들어감과 동시에 소멸한다.
4. 추적당하는 선박이나 그 선박의 보조선(자선) 또는 추적당하는 선박을 모선으로 사용하면서 한 선단을 형성하여 활동하는 그 밖의 보조선(자선)이 영해의 한계 내에 있거나, 경우에 따라서는 접속수역 · 배타적 경제수역 한계 내에 또는 대륙붕 상부에 있다는 사실을 추적선박이 이용 가능한 실제적인 방법으로 확인하지 아니하는 한, 추적은 시작된 것으로 인정되지 아니한다. 추적은 시각이나 음향 정선신호가 외국선박이 보거나 들을 수 있는 거리에서 발신된 후 비로소 이를 시작할 수 있다.
5. 추적권은 군함 · 군용항공기 또는 정부업무에 사용 중인 것으로 명백히 표시 되어 식별이 가능하며 그러한 권한이 부여된 그 밖의 선박이나 항공기에 의하여서만 행사될 수 있다.
6. 추적이 항공기에 의하여 행하여지는 경우
(a) 제1항부터 제4항까지의 규정을 준용한다.

에 대한 임검권(臨檢權)과 추적권(追跡權)을 각각 허용하고 있다. 하지만 이러한 경찰권 행사는 공해자유의 원칙을 제한함과 동시에 다른 나라 선적국 선박의 배타적 관할권에 대한 연안국의 예외적 권리라 할 수 있다. 하지만 동 협약에서는 외국선박에 대한 임검권 및 추적권과 같은 경찰권 행사를 무제한적으로 인정하는 것은 아니며, 그 수단과 절차 등에 대해 엄격한 제한을 두고 있다. 따라서 여기에서는 우리나라 해양경찰이 공해상에서 외국선박에 대하여 행사하는 경찰권에 있어서의 적법 절차행위가 무엇인지 그리고 이에 수반되는 제도적 한계점에는 어떠한 것이 있는지에 대해 살펴보고자 한다.

가. 임검권의 의의 및 대상범죄 유형

공해상에서 임권과 관련한 경찰권에 대한 절차행위에는 접근권(right of approach), 방문수색권(right of visit and search), 나포권(right of capture) 등이 있다.[235] 하지만 동 협약에서는 임검권과 관련해서 제110조에서 국기심사권(verification of flag)과 방문수색권만을 규정하고 있으며, 나포권과 관련해서는 개별 수권조항에서 특정한 범죄행위에 한정하여 적용하고 있다. 따라서 임검권의 범위에 나

(b) 정선명령을 한 항공기는 선박을 직접 나포할 수 있는 경우를 제외하고는 그 항공기가 요청한 연안국의 선박이나 다른 항공기가 도착하여 추적을 인수할 때까지 그 선박을 스스로 적극적으로 추적한다. 선박의 범법사실 또는 범법 혐의가 항공기에 의하여 발견되었더라도, 그 항공기에 의하여 또는 중단 없이 계속하여 그 추적을 행한 다른 항공기나 선박에 의하여 정선명령을 받고 추적당하지 아니하는 한, 영해 밖에서의 나포를 정당화시킬 수 없다.

7. 어느 국가의 관할권 내에서 나포되어 권한 있는 당국의 심리를 받기 위하여 그 국가의 항구에 호송된 선박은 부득이한 사정에 의하여 그 항행도 중에 배타적 경제수역의 어느 한 부분이나 공해의 어느 한 부분을 통하여 호송되었다는 이유만으로 그 석방을 주장할 수 없다.

8. 추적권의 행사가 정당화되지 아니하는 상황에서 선박이 영해 밖에서 정지되거나 나포된 경우, 그 선박은 이로 인하여 받은 모든 손실이나 피해를 보상받는다.

235) 공해상에서 임권과 관련한 경찰권에 대한 절차행위에는 접근권(right of approach), 방문수색권(right of visit and search), 나포권(right of capture) 등이 있으며, 이와 같은 절차행위를 통틀이 넓은 의미의 임검권(right of visit)으로 정의할 수 있다(최종화, 앞의 책, 160면).

포권을 포괄적으로 포함시키는 것은 합당하지 않다.

또한 '임검'이라는 행위는 혐의가 있는 선박에 대해 직접 현장에서 검사(검색)를 한다는 의미로 국한하고 있으므로 '나포(拿捕)'와는 그 의미에 있어 확연한 차이를 보인다. 따라서 임검권과 나포권은 명확히 구분되어야 한다. 즉 나포권은 임검권 이후 사후조치에 해당하는 것으로 임검권을 규정하고 있는 동 협약 제110조에서도 나포권과 관련한 개별적 수권조항을 포함하고 있지 않다.

앞서 언급한 바와 같이 공해에서의 선박에 대한 관할권 행사는 선적국주의 원칙을 따르고 있으나, 「유엔해양법협약」 제110조에서는 선적국주의의 대표적 예외로서 보편적 경찰권의 하나인 임검권을 모든 국가의 군함 등에 부여하고 있다. 즉 임검권은 일반 관습국제법에 의하여 인정되고 발전된 제도로서 일종의 공해간섭행위(act of interference)이다.[236] 그렇다고 해서 군함은 공해에서

---

236) 공해상에서의 임검권에 대한 절차행위는 다음과 같다(Angelos M. Syrigos, *op. cit.*, p. 155; 김영구, 『한국과 바다와 국제법』, 21세기북스, 2004, 651~652면, 임채현, 앞의 논문, 145면 재인용; 권영호 외, 앞의 책, 242~244면; 최종화, 앞의 책, 159~160면).

i) 접근권을 일명 검문권이라 하기도 하며, 군함 · 군용항공기 또는 기타 정부업무(government service)를 수행중인 사실을 명백히 표시하고 권한을 부여받은 선박이나 항공기가 공해상에서 혐의가 있는 선박에 접근하여 국기를 게양할 것을 요구할 수 있으며, 이러한 단계의 권한을 접근권이라 한다. 이를 위해 군함은 장교의 지휘 하에 보조선(자선)을 파견하여 해당 선박의 서류를 검열한다(제110조제2항). 실제로 군함의 경우 혐의선박에게 국기를 제시하라는 표시로 국제신호서(international code of signal, 國際信號書)에 의한 기호와 자신의 국기를 올리고, 공포(空砲) 1발을 발사하는 절차를 거친다.

ii) 서류를 검열하고도 혐의의 의문이 남아있는 경우는 가능한 신중하게 그 선박 내부 및 산적 화물 등을 재조사를 행할 수 있다(제110조제2항). 이 때 군함은 추가적인 임검의 뜻을 알리기 위해 공포 2발을 발사하고, 공포 2발의 발사가 있음에도 선박이 항진을 계속하는 경우 선박의 선수방향에 포 1발을 발사하여 정선시킨다. 선수방향에 사격이 있었음에도 정선하지 않고 도주할 경우 군함은 적절한 실력 행사를 하여 정선시킬 수 있다. 다만, 이러한 임검행위는 선박의 본질을 해칠 수 있기 때문에 화물 등에 대해 최대한 주의하여 검열이 진행되어야 한다.

iii) 임검결과 혐의가 있는 것으로 명백히 판명된 경우, 해당 선박을 나포하여 인접항구나 적절한 항구로 끌어다가 화물을 압수하는 등의 적절한 처벌 내지 제재를 취하게 된다. 다만, 나중이라도 혐의가 없는 것으로 밝혀질 경우 군함은 그 선박에 대해 손실(loss) · 피해(손해, damage)에 대하여 보상해야 한다(sustained).

만난 외국선박에 대해 무조건적인 임검권을 행사하는 것이 아니라 선적국 이외의 어떤 국가의 관할권으로부터 완전히 면제를 받는 군함이나 비사업용 정부선박(제95조 및 제96조) 이외의 외국선박으로 제한하고 있다.

또한 외국선박이 해적행위, 노예수송, 무허가방송, 무국적 선박, 국기위장 또는 국기게양명령에 불응한 것과 관련하여 합리적인 혐의가 있는 경우에만 임검권을 행사할 수 있도록 규정하고 있다(제110조제1항). 이와 같이 외국선박에 대해 임검권을 행사하는데 있어 엄격한 제한 규정을 두고 있는 것은 임검권 행사가 자칫 공해자유의 원칙을 저해할 위험을 내포하고 있기 때문인 것이다.

나. 임검권의 수단 및 행사의 한계

공해에서의 경찰권 수단과 관련해서는 「유엔해양법협약」 제110조제1항 · 제3항 및 제4항에서 그 주체를 명확히 규정하고 있는데 군함 · 군용항공기 또는 기타 정부업무(government service)를 수행 중인 사실을 명백히 표시하고 권한을 부여받은 선박이나 항공기만으로 한정하고 있다. 이는 우리나라 해양경찰 또한 군함과 동일하게 공해에서의 임검권을 행사할 수 있는 법적 근거가 마련되어 있다 할 것이다.

동 협약은 또한 한 나라에 국적을 등록한 선박이 그 국가의 국기를 게양할 수 있는 권한을 적법하게 행사하고 있는지에 대한 여부를 확인하기 위하여 군함 등에게 국기심사권(verification of flag)을 행사할 수 있도록 규정하고 있다. 이것은 임검권 행사의 첫 단계라 할 수 있으며, 서류검열 후에도 혐의가 남아 있는 경우는 가능한 신중하게 그 선박 내에서 재조사를 행할 수 있도록 하고 있다(제110조제2항).

이와 같이 국기심사권이 중요한 이유는 국제법상 국기의 게양은 그 선박이 그 나라의 국적을 가지고 있음을 추정하는 효과가 있고, 모든 선박은 국적이 없거나 국적이 불분명한 경우에 법적으로 항행권이 발생하지 않기 때문이다.[237] 그리고 동 협약에서는 혐의가 근거 없는 것으로 판명되고, 또한 임검

받은 선박의 혐의가 정당화될 어떤 행동도 하지 않은 경우, 그 선박은 지속될 수 있는 손실 및 피해(손해)에 대하여 보상을 받는다(제110조제3항).

여기에서 주의해야 할 점은 공해상에서 해적행위 및 무허가방송에 종사한 선박에 대해서는 임검권 이외 나포권을 행사할 수 있는 명문규정을 명확히 제시(제107조 및 제109조)하고 있으나, 그 밖의 임검권 대상이 되는 불법행위에 대해서는 명시적으로 나포권을 인정하고 있는 규정은 없다.

이는 국제사회의 공통이익을 저해하는 행위에 대해서는 보편적 관할권제도가 확립되어 있다고는 하나, 일부 범죄행위는 선적국주의를 완전히 벗어나지 못한 경우에 해당한다 할 수 있다.

공해에서 동 협약 제99조의 노예수송 혐의를 인지한 경우, 그 선박에 대한 나포권은 선적국으로 제한한다. 그리고 군함이 외국선박을 공해에서 임검 후 노예수송 혐의를 인지했을 때는 당해 선박의 선적국에 그러한 정보를 통보할 수만 있으며, 직접적인 나포권 행사를 하지 못한다. 즉 노예수송 혐의와 관련한 나포권은 전적으로 선적국에 한해서만 집행된다.[238)]

다음으로 동 협약 제108조에서 규정하고 있는 마약이나 향정신성물질의 불법거래와 관련해서 모든 국가는 이러한 불법행위를 진압하는데 있어 다른 국가에 대하여 협력하거나 협력을 요청할 수 있다고만 규정하고 있을 뿐이다. 또한 이는 동 협약 제110조의 임검권 행사의 대상이 아니기 때문에 위법행위에 대한 실질적인 효과를 나타내는데 있어서도 제도적으로 미흡한 점을 가지고 있다. 즉 마약이나 향정신성물질의 불법거래 행위는 공해상에서의 국제범죄행위에 해당되나, 이에 대한 임검권 행사는 선적국의 자국선박으로 제한하고 있어 보편적 관할권을 적용할 수 없는 경우이다. 〈표 2-2〉는 임검권이 허용되는 대상범죄, 임검권의 수단 및 그 행위의 제한되는 사항 등에 대해 간략히 정리한 것이다.

---

237) 최종화, 앞의 책, 160면.

238) 최종화, 앞의 책, 156면.

〈표 2-2〉 해양경찰의 임검권 행사에 대한 주요내용

구 분	주 요 내 용
임검권 대상범죄 (제110조제1항)	• 해적행위, 노예수송 종사, 무허가방송 종사 • 무국적 선박 • 국기위장, 국기게양명령 불응
임검권의 수단 (제110조제1항, 제4항 및 제5항)	• 군함, 군용항공기 • 정부업무를 수행하는 선박과 항공기 – 공해상에서 해양경찰의 임검권(경찰권) 행사 근거
임검권의 범위 및 보상 (제110조제2항 및 제3항)	• 국기심사권 – 임검권의 첫 단계로 무국적 선박 여부 확인 – 서류검열 후 혐의가 있을 경우 재조사 가능 • 방문수색권 • 무혐의, 혐의입증 불가한 경우 손실 및 피해(손해) 보상
임검권의 제한사항	• 임검권 후 나포권을 허용한 범죄유형 – 해적행위(제107조), 무허가 방송(제109조) • 선적국에게만 임검권이 허용되는 범죄행위 – 마약이나 향정신성물질의 불법거래(제108조)

이처럼 동 협약은 선적국에 대한 배타적 관할권에 있어서의 예외적 사항을 두고 있다. 또한 특정한 일부 범죄행위에 대해서는 공해간섭행위를 인정하고는 있지만, 임검권을 적용하는 범위 및 방법 등에 대해서는 제도적 차이점을 보이고 있다.

다. 추적권의 의의 및 성립요건

추적권은 연안국의 주권적 권리가 미치는 수역인 내수 · 군도수역 · 영해 · 접속수역 · 배타적 경제수역 · 대륙붕에서 외국선박이 연안국의 자국법령을 위반한 것으로 믿을만한 '충분한 이유(good reason)'[239]가 있을 때 연안국은 불법한

239) 추적권이 행사되기 위해서는 외국선박이 자국법령을 위반한 것으로 믿을 만한 '충분한 이유'가 있어야 한다. 하지만 동 협약에서는 '충분한 이유'가 명확히 어떠한 것인지에 대해 구체적인 언급을 하고 있지 못하고 있다(최종화, 앞의 책, 162면); 따라서 '충분한 이유'가 무엇인지에 대해 제한적으로 해석해야 할 근거가 없기 때문에 법령위반의 현행범이나 법령위반의

외국선박을 공해까지 추적하여 나포할 수 있는 경찰권을 말한다(제111조제1항). 즉 추적권은 추적당하는 선박이 그 선적국 또는 제3국의 영해에 들어감과 동시에 소멸되므로(제111조제3항) 공해상에서는 다른 선적국 선박에 대해 추적권이 적용된다. 따라서 추적권 또한 임검권과 마찬가지로 선적국주의의 대표적 예외로서 보편적 경찰권에 속한다 할 것이다.

예컨대, 추적권의 적용범위를 영해, 접속수역 및 배타적 경제수역 등에서 정하고 있는 해역별로 구분지어 일률단편으로 각각의 해역에 해당하는 경계까지를 한계로 설정하여 보편적 경찰권을 인정하지 않을 경우, 자유이용의 권한이 허용되는 공해로 범법 선박이 도주하게 되면, 추적 또는 나포가 불가능해지는 결과를 가져온다. 이는 공해에서의 법질서를 저해하는 원인이 될 수 있을 뿐만 아니라 궁극적으로는 연안국의 해양질서 보호와 국제사회 전체의 이익을 훼손시키게 된다.[240)]

연안국에 의한 추적권은 외국선박이나 그 선박의 보조선(자선)이 추적국의 내수 · 군도수역 · 영해 또는 접속수역에 있을 때 시작되고 또한 추적이 중단되지 아니한 경우에 한하여 영해나 접속수역 밖으로 계속될 수 있다. 영해나 접속수역에 있는 외국선박이 정선명령을 받았을 때 정선명령을 한 선박은 반드시 영해나 접속수역에 있어야 할 필요는 없다. 외국선박이 동 협약 제33조[241)]

혐의만으로도 충분한 이유는 성립된다 할 것이다(임채현, 앞의 논문, 149면); 다만, 공해상에서의 추적권 행사로 인한 나포행위 등은 외국선박의 선적국 입장에서는 자국선박에 대한 배타적 권리가 침해되었다는 논란의 소지가 있는 심각한 문제인 만큼 비록 연안국의 법령을 위반하였다 하더라도 사소하고 경미한 위반의 경우(통항규칙 위반, 보고의무의 위반, 선박서류의 불비 또는 출입항 절차의 위반 등)에는 추적권 행사의 대상이 되지 않는다. 하지만 연안국의 주권 및 관할권을 행사하는데 있어 직접적인 영향을 미치는 경우(연안국의 국가안보, 관세법, 출입국관리법, 어업 관계 법령, 환경범죄와 같은 범법행위 등)에는 추적권 행사의 대상으로 본다(김영구, 앞의 책, 653~654면).

240) 최종화, 앞의 책, 161면.

241) 「유엔해양법협약」 제33조(접속수역) 1. 연안국은 영해에 접속해 있는 수역으로서 접속수역이라고 불리는 수역에서 다음을 위하여 필요한 통제를 할 수 있다.

(a) 연안국의 영토나 영해에서의 관세 · 재정 · 출입국관리 또는 위생에 관한 법령의 위반방지

에 정의된 접속수역에 있을 경우, 추적은 그 수역을 설정함으로써 보호하려는 권리가 침해되는 경우에 한하여 행할 수 있다(제111조제1항). 즉 외국의 피추적선인 모선(母船)이 보조선(자선)의 선단을 이루어 연안국 내에서 불법행위를 할 때, 이 모선이 연안국의 관할수역 밖인 공해에 있을 지라도 범법행위를 저지르는 보조선(자선)이 추적국인 연안국의 관할수역 내에 있기만 하면 이들을 일체로 보는 구조적 존재원칙(doctrine of constructive presence)[242]에 근거하여 모선 또한 관할수역 내에 있는 것으로 간주하여 추적권을 행사할 수 있다. 이와 같은 사례로는 「그레이스 · 루비호사건」[243]을 들 수 있다.

이에 더해 추적권이 개시되기 위한 또 하나의 조건으로는 피추적선이나 그 선박의 보조선이 또는 피추적선을 모선으로 사용하면서 한 선단을 형성하여 활동하는 그 밖의 보조선이 영해의 한계 내에 있거나, 경우에 따라서는 접속수역 · 배타적 경제수역 한계 내에 또는 대륙붕 상부에 있다는 사실을 추적선박이 '이용 가능한 실질적인 방법(practicable means as may be available)'으로 확인하지 아니하는 한 추적은 시작된 것으로 인정되지 아니한다. 추적은 시각이나 음향 정선신호가 외국선박이 보거나 들을 수 있는 거리에서 발신된 후 비로소 이를 시작할 수 있다(제111조제4항). 이 때 추적선이나 추적 항공기의 위치는 문제되지 않는다.[244]

(b) 연안국의 영토나 영해에서 발생한 위의 법령위반에 대한 처벌

2. 접속수역은 영해기선으로부터 24해리 밖으로 확장할 수 없다.

242) 구조적 존재원칙(doctrine of constructive presence)을 다른 말로 현장성 원칙이라 하기도 한다(김종구, "유엔해양법협약상 추적권 행사의 요건에 관한 고찰", 「2008년도 해양환경안전학회 춘계학술발표회 논문집」, 해양환경안전학회, 2008, 199면).

243) The Grace and Ruby(US Massachusetts District Court, 1992): 이 사건은 영국 선적의 그레이스호와 루비호가 부속선인 보조선(자선)을 이용하여 미국에서 유통이 금지된 주류를 미국으로 반입하다가 미국 당국에 의하여 보조선(자선)이 나포되고 모선도 미국 영해 바깥의 공해에서 나포된 사건이다. 이에 대하여 매시추세트 지방법원은 비록 모선이 공해상에 있었지만, 자선이 미국 수역 내에서 미국 법령에 위반하여 추적 대상이 되었으므로 모선과 자선을 일체로 보고 추적권의 대상이 된다고 판결하였다(최종화, 앞의 책, 162면).

244) 여기서의 '이용 가능한 실질적인 방법'이라 함은 추적개시의 요건으로 피추적선의 위치나

라. 추적권의 수단 및 추적의 계속 · 소멸조건

「유엔해양법협약」에 의하면, 공해상에서의 추적권은 임검권과 마찬가지로 그 수단이 되는 주체는 군함 · 군용항공기 또는 정부업무에 사용 중인 것으로 명백히 표시되어 식별이 가능하며 그러한 권한이 부여된 그 밖의 선박이나 항공기에 의하여서만 행사될 수 있다(제111조제5항). 이러한 수단을 주체로 행사되는 추적권은 영해나 접속수역에 있는 외국선박이 정선명령을 받았을 때 정선명령을 한 선박은 반드시 영해나 접속수역에 있어야 할 필요는 없으나, 추적이 중단되지 아니한 경우에 한하여 영해나 접속수역 밖으로 계속될 수 있다. 즉 동 협약 제111조제1항에서와 같이 외국선박에 대해 추적 개시요건이 성립된 경우, 이와 관련한 추적선의 정선명령에 불응하면 추적은 즉각 개시되어야 한다. 더욱이 그 추적행위는 중단되지 않은 경우에만 법적으로 유효하다는 것이다.[245)]

이와 관련해서 동 협약 제111조제6항은 추적이 항공기에 의하여 행하여지는 경우에 대하여 규정하고 있으며, 정선명령을 발한 항공기가 외국선박을 직접 나포할 수 없는 경우에 그 항공기가 요청한 연안국의 선박 또는 다른 항공기가 도착하여 추적을 인수할 때까지 그 선박을 스스로 적극적으로 추적해야 한다고 명시하고 있다. 결론적으로 외국선박이 당해 항공기 또는 중단 없이 추적을 계속한 다른 선박이나 항공기에 의하여 정선명령을 받고 추적당하지 아니하는

정선신호에 관한 사항을 말한다. 그리고 피추적선의 위치를 확인하는 수단으로서 재래식 선위 측정장치뿐만 아니라 레이더(Radar)나 위성항법장치(Global Positioning System; GPS, GPS는 전 세계적 위치결정시스템으로서 인공위성을 이용하는 항법장치이며, 24개 정도의 인공위성을 이용하여 선박의 위치를 결정하는 시스템이다)와 같은 현대식 항법장치를 총칭한다. 추적 개시 요건으로서의 유효한 시각적 정선신호의 방법에는 발광신호(發光信號), 수기신호(手旗信號), 국제신호서의 기류신호(旗類信號) 등이 있고, 청각적 정선신호의 방법에는 기적, 사이렌, 확성기 등에 의한 음향신호가 있으며, 이들 신호는 반드시 피추적선이 인지할 수 있는 근거리에서 행해져야 한다. 이와 같이 정선신호의 수단으로서 시각적 · 청각적인 사항만을 명시적으로 규정한 것은 무선통신에 의한 정선명령을 배제함으로써 추적권의 남용을 방지하고자 하는 것이다(최종화, 앞의 책, 163면).

245) 최종화, 앞의 책, 164면.

한, 그 위법한 선박에 대해 인수를 받지 않은 항공기에 의하여 단순히 범법사실 또는 범법혐의가 있는 것으로 목격된 사실만으로는 영해 밖에서의 나포행위를 충분히 정당화할 수 없는 것이다.

추적의 시간적·공간적인 제한 규정은 존재하지 않으며, 피추적선이 그 선적국 또는 제3국의 영해에 진입함으로써 추적은 소멸된다. 따라서 피추적선의 선적국이나 제3국의 접속수역·배타적 경제수역·대륙붕 상부수역에 진입한 경우에는 추적권이 소멸되지 않는 것으로 해석된다.[246] 그리고 추적권의 행사가 정당화되지 아니하는 상황에서 선박이 영해 밖에서 정지되거나 나포된 경우, 임검권과 동일하게 그 선박은 이로 인하여 받은 모든 손실이나 피해(손해)를 보상받는다(제111조제8항). 〈표 2-3〉은 추적권이 허용되는 조건, 추적권의 수단 및 그 행위의 계속조건 및 소멸조건 등 추적권 행사와 관련한 주요내용을 요약 정리한 것이다.

〈표 2-3〉 해양경찰의 추적권 행사에 대한 주요내용

구 분	주 요 내 용
추적권의 조건 및 예외사항 (제111조제1항)	• '충분한 이유(good reason)'의 존재 및 성립 - 법령위반의 현행범이나 혐의만으로도 충분 • 연안국의 주권 및 경찰권에 영향을 미치는 경우 - 국가안보, 관세, 출입국관리, 어업 관련 행위, 환경범죄 등 • 사소하고 경미한 위반일 경우는 예외 - 통항규칙 위반, 보고의무 위반, 선박서류 미비치 등
추적권의 수단 (제111조제5항)	• 군함, 군용항공기 • 정부업무를 수행하는 선박과 항공기 - 공해상에서 해양경찰의 추적권(경찰권) 행사 근거

246) Burdick H. Brittin, International Law for Seagoing Officers, 5th ed., US Naval Institute, 1986, p. 105; 최종화, 앞의 책, 180면 재인용.

구 분	주요내용
추적권의 계속조건[247] 및 예외사항 (제111조제1항 및 제6항)	• 추적이 중단되지 아니한 경우에 한하여 영해나 접속수역 밖으로 계속 진행 • 항공기가 외국선박을 직접 나포할 수 없는 경우에는 다른 선박이나 항공기가 추적을 인수하기 전까지 계속해서 추적을 요구함 – 추적요청을 받지 않은 항공기나 선박은 단순 범법사실 및 범법혐의에 대한 목격만으로 영해 밖에서 나포행위를 할 수 없음
추적권의 소멸 및 보상조건 (제111조제3항 및 제8항)	• 피추적선이 자국이나 제3국의 영해에 진입 – 제3국의 접속수역, EEZ, 대륙붕상부수역 등은 제외 • 추적권행사가 부당한 경우 손실 및 피해(손해)에 대한 보상

한편, 어느 국가의 관할권 내에서 나포되어 권한 있는 당국의 심리를 받기 위하여 그 국가의 항구에 호송된 선박은 부득이한 사정에 의하여 그 항행도중에 배타적 경제수역의 어느 한 부분이나 공해의 어느 한 부분을 통하여 호송되었다는 이유만으로 그 석방을 주장할 수 없다(제111조제7항).

247) 추적의 계속성에 관한 사례는 「아임얼론(I'm Alone)호 사건」이 있으며, 사건개요는 다음과 같다. 미국은 금주법을 실효적으로 집행하기 위하여 1922년 관세법 적용수역을 3해리 영해로부터 12해리까지 확장하였으나, 영국의 항의를 받고 교섭한 결과 1924년에 영-미주류밀수방지조약(The U.S.-Great Britain Liquor Anti-Smuggling Convention)이 체결되었다. 이 협약은 미국으로 향하는 모든 외국선박에 대하여 주류 밀수단속을 위하여 피의선박(被疑船舶)의 속력을 연안으로부터 1시간 항해거리 내에서 미국의 임검권을 인정하는 규정을 두었다. 1929년 3월 20일 캐나다 선적 I'm Alone호는 미국 연안 6.5해리 해상에서 미국 해안경비정 Wolcott호의 정선명령을 받고 도주를 시작하였기 때문에 즉시 추적이 개시되었다. 그리고 그 후 다른 경비정 Dexter호에 의하여 연안으로부터 200해리 떨어진 공해에서 격침되었다. 이 사건에 대하여 미국-캐나다 합동위원회(Joint Commission)는 1935년 1월 최종보고서에서 미국에 의한 추적권 행사의 정당성을 인정하되, 선박을 나포하지 않고 격침시킨 것은 조약 및 일반 국제법상 위법하므로 미국은 이를 인정하고 사죄할 것과 2만5천 달러의 배상금을 지불할 것을 결정하였다(김정건 외 3인, 『국제법 주요판례집』, 연세대학교출판부, 2006, 157~158면; 최종화, 앞의 책, 164면).

제3편

주요국가의 해양경찰제도는?

국민의 권리를 제한하거나 의무를 과하는 등 국가가 국민에게 경찰권을 행사할 경우에는 반드시 국회의 의결을 거친 법률로써 규정하여야 한다. 미국의 해안경비대와 일본의 해상보안청은 설립의 근거 및 직무범위를 각각 미국연방법과 「해상보안청법」에서 개별적으로 규정하고 있는 반면, 우리나라 해양경찰청은 「정부조직법」에서 극히 개괄적으로 규정되어 있을 뿐이다.

해양경찰청이 주관하여 독립적으로 추진 가능한 업무의 범위는 해안경비대나 해상보안청에 비해 매우 한정적이다. 그런데 이러한 조직의 운영을 보이는 이유는 해양경찰작용법의 근거가 되는 각종 개별법의 대부분이 여타 다른 중앙행정기관에서 주관하고 있기 때문으로 보인다.

소관법률의 부재로 인한 문제점에 대해 해양경찰청의 의견을 인용하면 다음과 같다. "「영해 및 접속수역법」 제6조 및 「배타적 경제수역법」 제5조제3항 등에 따르면 위법선박 등에 대한 경찰권 행사의 주체를 '관계당국' 또는 '관계기관'이나 '사법경찰기관'으로 표현하거나 법률상 근거 없이 지침 등에서 업무협조의 대상으로 해양경찰이 포함되는 등 해양경찰이 해상경비에 대한 권한과 책임의 주체라는 것을 명시적으로 나타나지 않고 타 기관의 업무협조 대상으로 간주되고 있다. 이는 국방부나 경찰청 및 소방방재청 등 유관업무를 수행하는 중앙행정기관이 독자적인 작용법적 근거를 가지고 대국민 (경찰)활동을 직접 수행하는 것과 대비된다."

우리나라와 문화적 측면에서 가장 유사한 일본의 해상보안청은 우리나라 해양경찰청 정보수사국의 분장업무 중 정보 및 외사와 관련한 업무에 대해서는 명확히 언급하고 있지 않다. 즉 해양경찰청과 해상보안청의 주요 업무를 제도적 측면에서 살펴보면, 해양에서의 경찰권을 행사하는 경찰기관으로서는 서로 간에 다를 바가 없다. 하지만 조직의 성격(특성)에서 다소 차이를 보이고 있다. 우리나라 해양경찰은 상당부분 경찰기관으로서의 업무적 특징을 보이고 있는 반면, 해상보안청은 경찰권을 행사한다고는 하나 경찰기관으로서의 업무적 특성보다는 해상에서의 안전과 관련된 업무를 중심으로 수행하고 있다. 따라서 해양에서의 경찰권 행사뿐만 아니라 서비스 행정업무 등 다양한 직무를 수행하고 있는 해양경찰과 관련한 전반적인 법체계의 정비는 필요하다고 본다.

제3장
Legal System in Korea
Coast Guard Relevant Laws

주요국가의 해양경찰제도 비교

과거 해양경찰이 육상경찰의 일부 소속으로 편제되어 운영 · 관리되었으나, 중앙행정부처의 외청으로 독립되면서 그 위치는 상당부분 개선되었다. 하지만 사회적 · 제도적 입장에서는 육상경찰과 여전히 많은 차이점을 보이고 있으며, 개선되어야 할 부분들이 있다. 일부 제한적이지만 학계 등 여러 분야에서 해양경찰의 제도적 문제점 등에 대해 계속해서 언급하고 있으나, 구체적이지 못하며 또한 지속적인 관심을 가지고 계속적으로 추진되고 있지도 못한 실정이다.

그 밖에 해양경찰 자체 내에서도 여러 연구사업을 통해 많은 노력을 기울이고 있다고는 하나, 대부분 조직을 운영하는데 있어 효율성을 높이기 위한 기능적 개선방안에 그치고 있으므로 근본적인 대책이라 할 수 없다. 따라서 해양경찰의 근본적인 성장을 위해서는 외형적인 변화 · 발전도 중요하지만 무엇보다도 안정적이고, 명확한 제도적 장치를 바탕으로 한 성장이 수반되어야 한다.

이런 관점에서 우리나라의 해양경찰청과 유사한 업무를 수행하고 있는 다른 나라의 해양경찰 관련 기관들은 어떠한 조직적 특성을 가지며, 또한 제도적으로는 어떠한 장치를 마련하고 있는지에 대해 살펴보고자 한다. 이는 우리나라 해양경찰조직의 법적 안정성이라는 측면에서 제도적으로 어떠한 방향성을 가지고 나아가야 할지에 대한 참고자료가 될 수 있을 것이다. 더욱이 다른 나라와의 제도적 비교를 통해 우리나라 해양경찰의 제도적 운영체제를 좀더 객관적이고, 종합적인 시각에서 평가할 수 있을 것이라 본다.

이는 선진국의 제도를 외형적 측면만을 보고 무조건적으로 도입할 수 있는 오류를 최대한 줄이기 위한 것이다. 즉 다른 나라와의 제도적 비교를 통해 우리의 실정에 맞게 체계적이고 더욱 개선된 방법으로 관련 제도를 재정립하는데 필요한 교훈 및 정보를 얻을 수 있는 것이다.

이와 같은 취지로 본 저서에서는 일본의 해상보안청 설립 배경이 된 미국해안경비대의 조직적 특성 및 조직의 수반에 따른 제도적 특성에 대해 알아보고자 한다. 또한 우리나라와 지리적으로 근접한 위치에 있으며, 문화적 정서와 제도적 측면에서나 가장 유사한 특징을 보이고 있는 일본의 해상보안청을 중심으로 다뤄보았다.

제1절 미국의 해안경비대

미국해안경비대(United States Coast Guard; USCG)의 임무는 국민과 환경, 항구 및 해양에서 자국의 경제적 이익을 보호하고 미국령에 속하는 모든 해역에서 국가방위 임무를 수행하는 것이다. 해안경비대는 우선적으로 자국민의 생명과 해상운송, 레크리에이션, 어업 등 해상과 관련된 재산손실 방지는 물론, 자연자원의 보호를 주요전략적 목표로 두고 있다. 또한 해상을 통한 무역활동이나 여가활동을 극대화시키기 위하여 시설물을 설치하고 불필요한 요소들을 제거하는 역할을 하고 있다. 특히 마약 · 밀입국자 · 불법 수출입품 등이 해상항로를 통하여 유입되는 것을 차단하고, 국토안보부(Department of Homeland Security)의 주역으로서 자국의 연안방어서비스를 제공한다. 이러한 활동들이 궁극적으로 국민의 생활안전에 기여하고 있다는 점에서 우리나라의 해양경찰청과 매우 유사하다.[1] 따라서 여기에서는 미국의 해안경비대와 관련한 전반적인 내용에 대해 살펴보고 우리나라 해양경찰청의 현 주소에 대한 이해도를 높이고자 한다.

1) 김상기, "미국해안경비대의 조직, 활동, 법집행에 대한 연구", 해양경찰청, 2004, 5면.

Ⅰ. 사회적 배경 및 성격

미국해안경비대는 다른 국가조직과 마찬가지로 국가목표 추구를 위해 설립된 역사의 한 부분이라 할 수 있다. 그러나 몇몇 연방조직과는 달리 해안경비대는 단일목표를 달성하기 위하여 한 번에 설립되지 않았다. 현재의 해안경비대는 오늘날 존재하지 않는 몇 개의 다른 연방조직들을 하나로 통합한 집합체이다. 역사적인 관점에서 해안경비대는 안전하고 효율적인 해상운송, 국가세금의 징수, 효과적인 해안방어와 각종 해양사고에 수반되는 생명과 재산피해를 최소화하기 위하여 만들어진 정부조직이다.

해안경비대는 과거 등대서비스(Lighthouse Service), 함정에 의한 세금징수서비스(Revenue Cutter Service), 증기선 검사서비스(Steamboat Inspection Service), 항행 담당국(Bureau of Navigation) 및 인명구조서비스(Life-Saving Service)를 모두 통합한 연방기구의 복합체이기 때문에 매우 복잡하다. 이들 연방서비스기관들은 각각 독립된 조직이었으나, 서로 비슷한 기능들을 중복해서 제공하고 있었으며 체계적이지 못하였다. 각각 독립된 연방기관들은 1789년부터 1884년까지 증가하는 국민의 요구에 부응하기 위하여 다양한 책임을 가진 기관으로 발전하였으며, 1915년 함정에 의한 국세징수기관과 인명구조기관이 해안경비대 구성을 위하여 합병되었다.

계속해서 해안경비대는 1939년에 등대서비스기관을 통합하였고, 1946년에는 증기선 점검서비스기관과 항행 담당기관을 흡수하여 기관 간 중복된 기능으로 인해 발생된 비효율성과 경제적인 문제를 해결하여 업무의 효율성을 극대화하기 위한 조치를 취하였다.[2]

그 이후 1967년에 재무부(Treasury Department)에서 새롭게 형성된 교통부(Transportation Department) 소속으로 옮긴 후 마침내 2002년 국토안보부 소속으로 옮겨져 미국 해양과 해안방어의 핵심세력으로 부각되었다.[3] 한편, 미국해

2) 김성기, 앞의 보고서, 10면.

안경비대는 1790년 이후 전쟁과 재난을 통하여 설립, 발전되었다. 전쟁은 국가방어 임무를 강화시켰으며, 재난은 구조와 각종 대민서비스 기능을 강화시켰다. 해안경비대는 1798년 해군이 창설되기 전까지는 미국을 안전하게 보호하는 기능을 수행하고 있었으며, 국가방어 임무는 오늘날 가장 중요한 임무 중 하나가 되었다. 그 밖에 재난은 해안경비대에 선박안전검사 및 각종 설비(인명구조 장비, 오염방지 장치 등)에 대한 검사업무 이외 다양한 임무를 부과시키는 결정적인 계기가 되었다.

해양경비대는 다양한 해양서비스를 제공하는 정부기관으로 다른 한편에서는 육군 · 해군 · 공군 · 해병대 등과 함께 무장조직으로서 제5군으로 알려져 있다. 평시에는 연방경찰기관의 하나로서 국토안보부 소속으로 해상법집행, 해상안전관리, 해양오염방제, 쇄빙 등의 업무를 수행하면서도 전시에는 해군으로 편입되어 전쟁임무를 수행하는 군대로서의 성격이 짙으며, 작전권도 해군으로 이양된다.[4] 해안경비대가 이처럼 군인(해군)과 관련한 기능을 수행하게 된 것은 1799년 미국과 프랑스가 상호간 준전쟁(Quasi-War of 1798~1801) 상태에 돌입하자 세관 감시선을 미국 해군과 협력하도록 입법화하였는데, 이것이 오늘날 미국의 해안경비대가 해군 기능을 가지게 된 최초의 입법조치이다. 이후 제2차 세계대전, 한국전쟁 및 베트남전쟁에 이르기까지 미국해안경비대는 비약적으로 발전하였고, 전시뿐만 아니라 평화시 · 국가비상시에도 대통령의 명령으로 해군의 작전관할권에 소속하도록 하고 있다. 이러한 해안경비대의 고유한 업무는 평화시와 전시를 막론하고 해상안전, 선박검사, 해상교통관리 및 미국의 관련 법률 집행 등의 업무를 전담하게 하였고, 전시에는 해군의 기능을 부여한 것이다.[5]

3) 김성기, 앞의 보고서, 6~7면.

4) 고명석, "미국 Coast Guard 연구", 해양경찰청, 2005, 22면.

5) 박경귀 외 3인, "해양경찰청 혁신 아젠다 수립 및 해양집행기능 효율화 방안", 한국정책평가연구원, 2004, 189면.

Ⅱ. 설립근거 및 조직구성

미국의 해안경비대는 미국연방법(United States Code; U.S.C.)에 설립의 근거를 마련하고 있다.[6] U.S.C. Title 14 §1에서는 "해안경비대는 1915년 1월 28일 설립되어 항상 병역에 종사하고 있으며, 미국 국군의 한 부분으로 자리잡고 있다. 해안경비대는 미국 해군 소속으로서 운용되는 경우를 제외하고는 미국 국토안보부 소속이 된다"고 규정하고 있다. 그리고 미국의 해안경비대는 정규대원과 보조대원으로 구성되어 있으며, 평시에는 국토안보부에 소속되어 해안경비대 사령관이 장관의 명을 받아 조직을 지휘하고, 전시에는 해군에 소속되어 해군과 함께 국가방위 임무를 수행한다.

해안경비대의 조직구조는 [그림 3-1]과 같으며, 정규조직은 워싱턴에 위치한 본부에 사령관(대장), 부사령관(중장), 참모장(소장) 아래에 소장급을 지휘관으로 하는 9개의 구역(1관구, 5관구, 7관구, 8관구, 9관구, 11관구, 13관구, 14관구, 17관구)을 두고 있는 군사형 조직이다. 이는 태평양과 대서양의 2개의 지역(Area)으로 구분하고, 태평양 지역에는 4개의 구역(11관구, 13관구, 14관구, 17관구), 대서양 지역에는 5개의 구역(1관구, 5관구, 7관구, 8관구, 9관구)을 두고 있으며, 각각 1개소의 정비 및 병참기지를 운영하고 있다.

사령관(Commandant)은 대장이며, 각 지역 및 구역 지휘관과 해안경비대 소속의 모든 훈련기관, 항공기 수리센터, 함정 수리센터, 정보 조정센터, 해안경비대 사관학교, 항해센터, 인사담당기관 등 본부에 소속된 기관들을 지휘·감독한다. 지역사령관(Area Commandant)은 중장이며, 대서양 해역과 태평양 해역으로 구분하여 2명의 지역사령관이 중·대형 함정과 쇄빙선, 통신국 등을 직접 지휘함은 물론 관할 구역사령관(District Commander)과 정비 및 병참사령관(Maintenance and Logistic Commander)의 임무수행을 지휘·감독한다.

---

6) 본 저서에서 참고한 전체 미국연방법(U.S.C.) 및 미국연방규정(Code of Federal Regulation, CFR)은 미국연방인쇄국 홈페이지(http://www.gpo.gov)에서 발췌하였다.

구역사령관은 준장 또는 소장이며, 관할구역 내 항공기지(Air Station), 항구안전부대(Port Security Unit), 길이 약 60미터 이하의 소형 경비함정(Cutter), 선박교통서비스(Vessel Traffic Service), 해상검사국(Marine Safety Offices), 그룹(Group-본부, 함정, 항행팀을 위한 보조기구) 등을 지휘 · 감독한다. 군수 및 병참 사령관은 준장이며, 지역과 구역 내 소속기관들에서 필요한 기술, 장비 등을 효과적으로 지원하는 임무를 수행하고 있다.[7] 그 밖에 미국해안경비대는 정규조직 이외에 해안경비대 산하에 보조대(Coast Guard Auxiliary)를 설치하여 해상구조 업무 등에 종사토록 하고 있으며, 필요한 경우 해안경비대의 명령에 따라 임무를 수행하고 그에 따른 경비(經費)를 지원받도록 하고 있다.

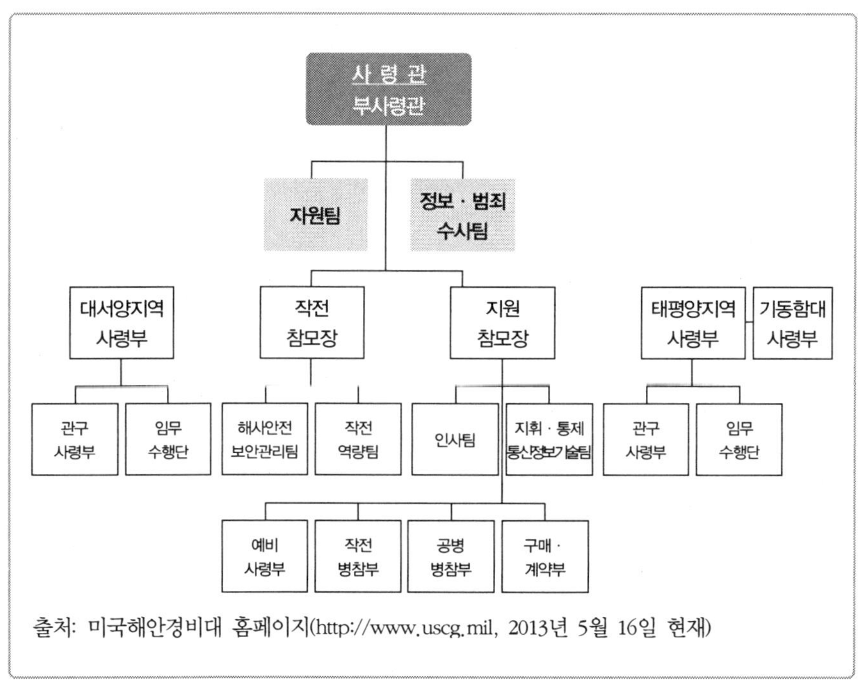

출처: 미국해안경비대 홈페이지(http://www.uscg.mil, 2013년 5월 16일 현재)

[그림 3-1] 미국해안경비대 조직도

7) 김성기, 앞의 보고서, 14 - 17면.

이처럼 정규조직 이외에 별도의 보조대를 운영하는 이유는 미국의 광활한 수역을 해안경비대에 의해서만 관리, 통제할 수 없기 때문에 민간의 전문인력과 자원의 지원 및 협력 하에 해상안전 도모, 해양환경 보전 및 해상보안 확립 등 해안경비대의 제반 업무를 보조 또는 지원해 줌으로써 해양관리의 효율성을 제고하는데 있다.[8)]

해안경비대 보조대는 1939년 해상 레크리에이션 보트의 사고예방 및 구조를 위하여 설립되었으며, 전국적인 조직을 형성하고 있다. 보조대의 조직은 정규 해안경비대의 조직과 비슷한 체계를 가진 일반 시민봉사집단으로서 자체 내 선거를 통하여 사령관, 지역사령관, 구역사령관 등 주요임원을 선출하며, 중간 간부 및 일반 보조대원들은 경력과 정기적인 교육훈련을 통하여 그 능력에 따라 임무와 계급이 부여되고 있다. 해안경비대에서는 보조대를 직접 지휘·감독하고 있지는 않지만 정규대원을 배치하여 이들의 활동을 적극적으로 지원하고 있다. 또한 보조대의 공식·비공식 활동에 직접 참여함은 물론 보조대원들에게 활동 실적에 따라 훈장이나 감사장, 표창장 등을 정기적으로 수여하기도 한다.

보조대의 임무는 항구나 호수, 강 등 내수면 순찰뿐만 아니라 선박검사, 선박안전교육, 해양오염 방제, 수색 및 구조업무 등 해안경비대의 업무 전반을 지원하거나 독립적으로 수행하고 있으며, 2001년 9·11 테러 이후 증가한 해안경비대의 업무 공백을 적절히 매우고 있는 무급봉사 단체이다. 만 17세 이상부터 80세 이하의 미국 시민이면 누구나 간단한 절차를 통하여 보조대원이 될 수 있다. 또한 개인이 소유한 선박, 항공기, 차량과 다양한 직업 또는 취미 등을 통하여 습득한 전문기술·지식 등을 보조대의 활동에 제공하고 있다. 보조대원들은 자발적으로 구성된 봉사단체이며, 정부에서는 이들이 봉사활동에 사용되는 선박, 항공기의 연료비와 수리비, 차량의 연료비를 제공하고 있지만, 출장

8) 윤종휘 외 5인, "한국민간해양구조단(KCG Aux) 설립에 관한 연구", 「2010년도 해양환경안전학회 추계학술발표회 자료」, 2010, 179~180면.

비나 급여를 지급하고 있지 않기 때문에 많은 예산을 절약할 수 있어서 더욱 많은 보조대원들을 확보하도록 조직원들에게 장려하고 있는 실정이기도 하다.[9)]

또한 보조대는 민간인 신분이기 때문에 해안경비대의 현역 및 예비역에게 부여된 군사업무와 법 집행업무에 대해서는 지원 또는 보조하지 않지만 항만 순찰 등의 임무수행 중 법위반 현장을 목격한 경우, 위반자에게 시정요구, 권고, 해당 부처에 통지 및 신고활동 등을 통해 간접적으로 지원하고 있다. 해안경비대 사령관은 보조대의 임무수행 방식에 대한 결정, 보조대의 임무에 대한 규정 제정 및 지원활동에 필요한 보조대의 자격 및 교육훈련에 대해 규정한다.

보조대는 지휘 · 통제 및 행정적 목적으로 한 내부조직의 구성과 해안경비대의 기능, 권한, 직무, 역할 및 업무수행에 필요한 지원활동에 대해서는 해안경비대 사령관의 승인 및 임무를 부여받아야 된다. 그 밖에 해안경비대 본부 보조대 담당관의 허락 없이 타 기관의 간부와 보조대 신분으로는 상호 교신할 수 없으며, 산업체와의 어떠한 수탁업무도 행할 수 없다. 그리고 보조대는 직접적인 법집행과 군사활동을 제외하고는 전 분야에 걸쳐 해안경비대 업무를 지원 또는 보조하고 있으며, 유자격 회원이 되기 위해 일정한 교육 및 훈련을 받고 있다.

회원으로서 부여받은 임무를 수행하기 위한 경비는 해안경비대에서 보상하고 현저한 공적이 있는 회원에게는 포상을 하는 등 적절한 관리와 보조를 통하여 상호 효율적으로 업무를 진행하고 있다. 한편, 해안경비대는 공무수행 중 필요한 경우 보조대의 모터보트, 요트, 항공기 또는 무선통신기를 이용할 수 있다.[10)]

Ⅲ. 경찰권 행사의 근거 및 주요업무

미국연방법 제14편 제89조(Title 14 §89)에서는 해안경비대에 있어 선박에 대

9) 김성기, 앞의 보고서, 18~19면.
10) 윤종휘 외, 앞의 논문, 181면.

한 정선 · 승선 · 검색 · 나포 · 추적권 등을 행사할 수 있는 광범위한 권한을 가질 수 있도록 규정하고 있다. 실제 U.S.C. Title 14 §89(a)에서는 해안경비대에게 미국이 관할권을 가진 공해(high seas)와 수역(waters)에서 미국 법령위반 범죄의 예방, 적발 및 퇴치를 위하여 질의(inquiries), 심사(examination), 검사(inspections), 수색(searches), 압류(seizures) 그리고 체포(arrests)를 행사할 수 있도록 실정법상의 권한을 부여하고 있다.

이러한 목적을 위하여 장교(commissioned officer), 준사관(warrant officer), 부사관(petty officer)은 언제든지 관할권 내의 모든 선박에 승선할 수 있다. 또한 미국 법령의 작용에 따라 선내 승선자들에게 질의(inquiries)를 하고, 선박(법정) 구비문서와 서류를 심사(examine)하며, 선박을 심사, 검사 및 수색하는 등의 모든 권한을 사용하여 법령준수를 강제할 수 있다고 규정하고 있다. 질의, 심사, 검사 또는 수색으로부터 체포에 해당하는 미국의 법령위반 행위가 이루어지고 있거나 이루어진 경우에는 그 위반자에 대해 체포하여야 하고, 만약 해안(shore)으로 도주한 경우에는 즉시 해안에서 추격하여 체포하여야 한다. 그리고 그 이후의 절차는 기타 법률에서 정하는 대로 적합한 조치가 취해져야 한다. 그 밖에 미국 법령을 위반한 선박이나 물품(merchandise) 또는 그 일부(선상에 있든 또는 선박에 의해 미국에 들어오든)가 몰수(forfeit)될 수 있는 정도이거나 또는 벌금(fine)이나 벌칙(penalty)을 받게 되는 정도인 경우에는 그러한 선박이나 물품의 일부 또는 모두가 압수되게 된다(seized).[11]

여기에서 가장 주목할 만한 것은 미국의 해안경비대는 자국의 관할구역 내에 있는 모든 선박을 정선시키고 수색할 수 있는 사실상 제한이 없는 권한을 부여받고 있다. 이에 더해 U.S.C. Title 14 §89(b)에서는 해안경비대의 사관들은 U.S.C. Title 14 §89(a)에 명시된 권한에 따라 미국의 모든 법령을 집행하는 일과 관련하여, 특정 행정부서 또는 특정 법령집행 권한이 있는 개별기관의 대리

11) 14 United States Code §89(a).

인(agents)으로서의 업무를 수행한 것으로 간주된다. 그리고 해당 법령의 집행에 관하여 그 행정부서 또는 개별기관에 의해 제정된 모든 시행령 및 시행규칙에 귀속된다고 규정하고 있다.[12)]

사실상 이들 조항은 미국 의회와 법원에서 해안경비대에 거의 제한 없는 권한을 부여하여 임무를 적극적으로 수행할 수 있도록 해왔다고 할 수 있다.[13)] 또한 미국 실정법상의 가장 광범위한 경찰권 행사를 규정한 것으로 그 의미를 설명할 수 있다.[14)]

미국 법원은 해안경비대에 부여된 이러한 광범위한 권한에 대해 별도의 제한을 하기보다는 오히려 명문으로 규정된 법률 및 이러한 법률에 의해 집행한 업무수행을 존중하고 해안경비대의 권한을 뒷받침해 왔다.[15)] 미국 법원들은 환경과 국가안보 이익에 대응하여 제4차 수정헌법상의 권리를 침해하는 가능성에도 불구하고 지속적으로 이러한 조항들을 지지해 왔다.[16)] 최근 미국에서는 9·11 테러 이후, 특히 국토방위 및 해상테러로부터의 위험을 방지하는 차원에서 해안경비대의 권한은 더욱 강화되고 있는 상황이다.[17)]

이와 같이 광범위한 경찰권을 배경으로 하고 있는 미국해안경비대의 주요업무에 대한 세부사항은 앞서 우리나라 해양경찰청의 주요업무를 구분한 방법과 동일하게 실제 법제상에서 규정하고 있는 임무 및 적용범위 등을 중심으로 살펴보고자 한다. 이 또한 우리나라 해양경찰 법체계를 재정립하는데 있어 참고

12) 14 United States Code §89(b).

13) Megan Jaye Kight, Constitutional Barriers to Smooth Sailing: 14 U.S.C. §89(a) and the Fourth Amendment, Indiana Law Journal Vol. 72, 1997, pp. 571~572; 김종구, "해상에서 선박에 대한 영장 없는 수색과 압수", 「2009년도 해양환경안전학회 추계학술발표회 자료」, 2009, 205면 재인용.

14) Stephen H. Evans, The United States Coast Guard 1790-1915, Reviewed by Henry L. Roberts, 1950, p. 218.

15) Greg Shelton, The United States Coast Guard's Law Enforcement Authority Under 14 U.S.C. 89: Smuggler's Blues or Boaters' Nightmare?, William and Mary Law Review Vol. 34, 1993, p. 936.

16) Jeremy Firestone & James Corbett, Maritime Transportation: A Third Way for Port and Environmental Security, Widener Law Symposium Journal Vol. 9, 2003, pp. 434~435.

17) 김종구, 앞의 논문, 205면.

자료가 될 수 있을 것이다.

미국해안경비대는 국민과 영토를 보호하고 공해상이나 영해·연안지역·항구·내수를 포함한 어떤 곳에서라도 자국의 안전에 위해가 예상되는 경우, 이를 방어하여 공공의 안녕과 질서 유지를 위한 활동을 가장 우선시 한다.[18] 또한 미국해안경비대는 직무를 수행하는데 있어 권력적 행사를 수반한 업무 이외에 비권력적 서비스 업무도 동시에 수행한다.[19]

---

18) Juliana Gonzalez-Pinto, Interdiction of Narcotics in International Waters, University of Miami International and Comparative Law Review Vol. 15, 2008, p. 450; 김종구, 앞의 논문, 204면 재인용.

19) 해안경비대의 신분은 군인에 가까운 특성을 가지고 있으며, 국가의 안보와 번영을 위해 기본적으로 해상안전, 해상보안, 해상기동성향상, 국가방어, 천연자원의 보호와 같은 5가지 영역에서의 주요임무를 수행한다. ⅰ) 해상안전과 관련해서는 해상운송, 어로, 여가 보트 놀이 등에서 발생된 사망사고, 부상사고 및 재화의 손실을 제거하는 임무를 수행한다. 해안경비대는 바다에서의 조난에 항상 대기한다는 뜻의 'Always Ready'라는 구호를 사용하고 있다. 그리고 해상안전과 관련한 업무인 수색 및 구조는 해안경비대의 오래된 임무로 재난에 처한 경우 도움을 제공함으로써 사상자와 재산의 피해를 최소화하는 것이 주된 임무이다. ii) 해상보안과 관련해서는 해상항로를 통한 마약, 밀입국자, 밀수품 등의 반입을 저지하며, 불법어로 방지, 해상에서의 미국연방법 위반 등을 저지르는 자들로부터 미국 해양 국경을 보호한다. 해안경비대는 또한 공해상에서 이민법 집행자로서의 중요한 역할을 하고 있으며, 합법적인 서류를 소지하지 아니한 밀입국자의 입국 방지를 위해 연방정부기관, 외국 정부들과 긴밀히 협조하여 순찰활동을 강화하고 있다. 그리고 배타적 경제수역과 공해상의 중요 지역을 보호하는 것 또한 해안경비대의 주요한 임무이다. 해안경비대는 해양에서 여러 가지 법을 집행할 권한을 가지고 있다. 즉 미국의 관할권에 속하는 해저, 해상, 영해의 상공 등에서 자국 선적이던 외국 선적이던 무국적 선박이던 모든 선박에 대해 적용 가능한 법 집행권을 가지고 있다. iii) 해상기동성향상과 관련해서는 해상에서의 여가선용을 위한 즐거움을 최대화 하면서 해상무역을 편리하게 하며, 물류의 효과적이고 경제적인 이동에 대해서 방해와 장애가 되는 것을 제거하는 활동을 말한다. 또한 미국의 영해는 항해를 도와주는 항해 도움장치들이 많이 있다. 항해 보조도구는 도로에서 운전자가 운전 시 갖는 정보인 거리 사인, 도로장벽, 우회도로 및 교통신호와 같은 정보를 보트를 탄 사람에게도 똑같이 제공한다. 이러한 보조도구는 해상에서의 안전한 항해를 추구하고, 해상에 존재하는 물건 중 방해를 받을 만한 물건의 위치를 알리는 역할을 하고 있다. 이러한 항해 시스템의 보조도구 중 주요한 구성요소로서 등표(light-beacon, 燈標)와 부표(buoy, 浮標) 가 있다. iv) 국가방어와 관련해서는 미국의 제5군으로 국방을 담당하며 해안경비대의 독특한 특성과 능력을 이용하여 국방전략상 필요한 지역 안전에 기여한다. 2세기 동안 해안경비대는 제5군으로서 국토방위 임무를 수행해 왔다. 특히 역사적으로 볼 때 해군과는 아주 긴밀히 협조되어 왔으며 법률로써 해안경비대는 전시나 대통령으로부터 명령을 받는 경우 해군과 더불어 연합작전 지역에서 특별한 의무를 수행

이는 우리나라 해양경찰이 담당하고 있는 직무수행과 유사하다. 하지만 우리나라 내수면은 원칙적으로 육상경찰이 담당하고 있어 관할구역에서는 일부 상이한 부분이 있다. 이와 관련해서는 이미 앞서 언급하였다.

해안경비대가 수행해야 하는 임무는 U.S.C. Title 6 §468에서 자세히 언급하고 있다. 또한 U.S.C. Title 14에서는 해안경비대의 임무, 직무, 적용범위 및 권한에 대해 구체적으로 명시하고 있다. 뿐만 아니라 업무의 내용과 관련해서는 미국연방규정 제33편(Title 33, 항해 및 항해수역)에서 상세하게 규정하고 있다. 그 밖에 해상안전지침서(Maritime Safety Manual)에서도 해양안전 업무에 대한 지침 및 절차 등을 제시하고 있다. 미국해안경비대는 크게 해상안전(Maritime Safety), 해상보안(Maritime Security) 및 해상관리(Maritime Stewardship)의 직무(임무)를 수행하고 있다.[20]

이와 관련하여 U.S.C. Title 6 §468에서는 해안경비대의 11개 임무에 대해 세부적으로 구분하여 법률로써 정해놓고 있다.

특히 U.S.C. Title 6 §468는 해안경비대의 임무를 비권력적 작용에 해당하는 임무(Non-homeland security missions)와 국가안보와 관련된 권력적 작용에 해

하도록 되어 있다. 수많은 항구보호, 항만방어, 연안방어 작전이나 훈련을 통해 해안, 항구, 내륙수로 등이 위협을 받는 경우 방어책임이 있다. 밀수, 밀입국, 폭발물이나 대량살상무기 등의 해상으로부터의 유입을 방지하고 최고의 경계태세를 유지하며 군수물사의 선날과 보급을 원활히 하며 다른 아군부대의 인원 및 장비가 즉시 활용될 수 있도록 해양 수송로를 확보한다. 고의적이거나 또는 사고로 인한 불법어로와 해양 생물자원의 무차별 파괴, 기름 및 유해 화학물질의 유출을 방지한다. 연방정부, 주정부나 지방정부와의 정보 교류활동에서 긴밀히 협조한다. 또한 해안경비대의 특유하고 적절한 해양역량을 활용하면서 국가안보전략의 지원 하에 지역의 안정성을 증진시킨다. ⅴ) 천연자원의 보호와 관련해서는 환경을 보호하며 해양수송, 어로, 여가 활동과 관련하여 천연자원에 위해를 가하는 행위를 방지하고, 질적 악화를 제거한다. 미국의 해양자원은 세계 어업자원의 1/5 정도를 차지할 만큼 풍부하고 다양하며, 이를 보호하기 위해 해양 및 환경과학, 해양 생물자원의 보호와 해양오염방지를 위한 교육과 예방활동을 하고 있다(이종열 외 6인, "해양경찰의 효율적 조직체계에 관한 연구", (사)서울행정학회 · 인천대 위기관리연구센터, 2006, 26~28면; 김형근, 해운, "해양경비에 관한 법률 제정 공청회 자료", 해양경찰청, 2010, 6~7면).

20) 미국해안경비대, 직무(임무), 2013.07.17. 방문. 〈http://www.uscg.mil/top/missions〉

당하는 임무(Homeland security missions)로 구분하여 규정하고 있다.

먼저 비권력적 서비스 업무영역에 해당하는 것으로는 해상안전(Marine safety), 수색과 구조(Search and rescue), 항해지원(Aid to navigation), 내국어업과 관련된 해양생물자원(Living marine resources(fisheries law enforcement)), 해상환경보호(Marine environmental protection), 쇄빙작업(Ice operations)과 같은 6개의 임무로 규정하고 있다. 그리고 권력적 작용에 해당하는 임무로는 항만, 수로 및 연안경비(Ports, waterways and coastal security), 마약 차단(Drug interdiction), 밀입국 차단(Migrant interdiction), 국가방어 준비(Defense readiness), 외국인의 어업에 대한 기타 법집행(Other law enforcement(foreign fisheries))과 같은 5개의 임무로 규정하고 있다.

U.S.C. Title 14 §2에서는 좀더 세부적으로 미국해안경비대의 주요임무에 대해 규정하고 있다. 해안경비대는 미국 관할권에 속하는 공해(high seas)와 수역(waters)의 해상, 해저, 공중에 적용되는 모든 연방법령을 집행 또는 집행지원을 하여야 하며, 미국 법령을 집행하거나 집행지원을 위하여 해상항공감시활동(maritime air surveillance) 또는 금지활동(interdiction)을 수행하여야 한다고 규정하고 있다. 그리고 생명과 재산의 안전증진을 위하여 여타 다른 행정부처의 소관법률을 근거로 해서 해안경비대에 구체적으로 위임되지 않은 모든 사항까지 포함하여 법률을 시행하고 행정규칙을 제정 및 집행한다. 뿐만 아니라 해상안전증진을 위하여 국방(national defense) 필수사항을 고려하고, 더불어 해상운항(maritime navigation)지원활동, 쇄빙설비 및 구조설비를 개발, 구축, 유지 및 운용하도록 하고 있다.

또한 국제협약에 따라 미국의 관할권에 속하는 공해와 수역 이외의 기타 해상, 해저, 공중에 쇄빙설비를 개발, 설립, 유지 및 운용은 물론 해양학 연구 활동도 수행하여야 한다고 명시하고 있다. 끝으로 해상방어구역(Maritime Defense Zone) 지휘책무 이행을 포함하여 전쟁시 미국 해군특수부문(specialized service in the Navy)으로서 기능수행을 위한 준비상태를 유지하여야 하는 임무를 규정하고 있다.

이외에도 U.S.C. Title 46 §70102(a)에서는 항구보안과 관련하여 국토안보부 장관은 운송사건과 관련된 고위험을 지닌 선박류와 미국 시설을 확인하기 위하여 미국 관할권에 기속되는 수역의 상부 또는 수역에 인접한 선박류와 미국 시설에 대한 평가를 실시하여야 한다고 규정하고 있다. 그리고 U.S.C. Title 46 §70503에서는 미국의 선박 또는 미국의 관할권에 기속되는 선박이거나 그 밖에 개인이 미국의 시민으로 소유하고 있는 선박, 합법적 거주 외국인의 선박할 것 없이 모든 경우의 선박에서는 고의적이거나 의도적으로 마약류 등과 같은 금지된 물질을 제조, 분배 또는 제조목적으로 소유 또는 분배를 할 수 없도록 규정하고 있으며, 동시에 이와 관련된 임무도 수행하고 있다. 이러한 행위는 미국의 국토영역적 관할권 외부지역에서 이루어진 경우에도 적용된다.

미국해안경비대는 또한 U.S.C. Title 14, Title 48에 추가하여 U.S.C. Title 18 §793~794 및 U.S.C. Title 50 12Chapter(War and National Defense)에서는 해상경호, 대테러 및 대간첩작전 수행과 관련한 임무를 규정하고 있으며, U.S.C. Title 33 25Chapter(Ports and Waterways Safety Program)에서는 해양환경 및 자원보호, 해상질서와 관련한 임무를 규정하고 있다. 그리고 안전예방조치, 불법행위, 임해중요시설 보호 및 기타 공공안녕과 해상질서와 관련한 해상경비 등은 CFR 33Title Parts 101~107에서 관련 업무의 내용을 상세히 규정하고 있다.

이에 추가하여 CFR Title 33 Part 6에서는 선박, 항만 및 부두의 보호와 경비에 관한 업무를 규정하고 있다. 여기에서 특이한 것은 이와 관련한 직접적인 담당자로 해안경비대 소속 직원이 아닌 항만책임자(Captain of the Port; COTP)[21]에 의해 강제되어야 하는 기본원칙을 정하고 있다는 것이다. 물론 해안경비대 소속 직원인 모든 사관(officer) 또는 부사관(petty officer)에게도 항만책임

21) 항만책임자(COTP)는 33 CFR Part 3에 규정된 항만책임자 구역(zone)에서 권한을 행사하는 지역공무원을 의미한다. 항만책임자는 U.S.C. Title 46 §70103(a)(2)(G)에 규정된 연방해상보안조정관(Federal Maritime Security Coordinator)이며, 동시에 「국제선박 및 항만시설 보안규칙」(ISPS Code Part A)에 규정된 항구시설보안담당자(Port Facility Security Officer)이다(CFR Title 33, §101.105).

자과 동일한 권한을 행사하도록 하고 있으나, 이는 경우에 따라서 임의적으로 집행할 수 있다는 점에서 상당한 차이를 보이고 있다.

다시 말해서 사실상 선박, 항만 및 부두의 보호와 경비에 관한 업무는 항만책임자가 주로 담당하고 있다. 그런데 이러한 항만책임자에게 주어지는 모든 권한은 항만책임자가 속한 조직으로부터 부여된 것이 아니라 해안경비대의 지역사령관(District Commander), 지구사령관(Area Commander) 그리고 사령관(Commandant)으로부터 부여되고 있다는 것이다.

이에 해당하는 구체적인 업무로는 CFR Title 33 §6.04-5(선박, 부두 시설의 인원, 물품, 사물에 대한 접근방지)에서 항만책임자는 미국의 권리와 의무를 지키기 위하여 또는 해당 선박을 피해로부터 보호하거나 부두시설이나 미국 수역에 대한 손해나 손상을 예방하기 위하여 필요한 경우, 어떤 사람, 물품, 물건을 선박에 싣거나 선박으로부터 내리는 것, 부두시설 안으로 들어가게 하거나 내리는 것을 금지할 수 있다고 규정하고 있다. 그리고 CFR Title 33 §6.04-6(보안구역의 설정; 그에 대한 금지)에서는 항만책임자에게 CFR Title 33 §6.01-5에 규정된 조건에 따라 보안구역(security zone)[22]을 설정할 수 있도록 하고 있으며, 어떤 사람이나 선박도 항만책임자의 허가 없이 보안구역에 들어갈 수 없도록 하고 있다. 또한 누구도 보안구역 내의 선박위에 물품이나 물건을 실을 수 없다고 규정하고 있다.

CFR Title 33 §6.04-7(방문, 수색 및 제거)에서는 언제든지 모든 선박, 부두시설 이외 보안구역 또는 그 위와 안의 사람, 상품, 물건 등 미국의 관할권 내에 있는 것들에 대해 검사 및 수색을 할 수 있고, 이들에 대하여 경비인원을 배치할 수 있다. 특별히 해당 장소에 있어야 할 대상(선박 등)이 허가되지 않은 장

22) 보안구역이란 육지, 해상 또는 육지와 해상의 지역으로서, 선박이나 부두시설의 손해나 손상을 예방하고, 미국의 항구, 항만, 영토나 수역을 보호하며, 미국의 권리사항과 의무사항 준수를 확보하기 위하여 필요하다고 인정되는 기간 동안 항만책임자(COTP)에 의하여 지정된 모든 지역(all areas)을 의미한다(CFR Title 33, §6.01-5).

소에 있을 경우 해당 장소로부터 이동시킬 수 있다고 규정하고 있는데, 이는 해상 검문검색의 근거가 될 수 있다.

CFR Title 33 §6.04-8(선박의 점유 및 통제)에서는 항만책임자에게 선박 피해나 손실을 막기 위해서 또는 미국의 선박, 부두설비, 수역에 대한 피해 예방을 위해서, 그리고 미국의 권리와 의무 준수를 확보하기 위하여 필요하다고 판단되는 경우, 항만책임자의 권한지역 중에서 미국의 영해(territorial waters) 내에 있는 선박의 이동을 감독 및 통제할 수 있고, 선박의 전부 · 일부에 대해 전적인 또는 부분적인 점유 또는 통제를 할 수 있다고 규정하고 있다. 이는 사전 안전예방 조치의 역할을 수행하는 것이다.

CFR Title 33 §6.12-1(폭발물이나 기타 위험한 화물의 감독 및 통제)에서는 CFR Title 46 Parts 146~148, CFR Title 46 Parts 150~156, CFR Title 49 Parts 170~189 및 탱커선 관리규칙(CFR Title 46 Parts 30~39)상의 적용을 받는 선내 위해물질의 수송, 선적, 하역, 저장을 감독하고 통제할 수 있다고 규정하고 있다.

CFR Title 33 §6.14-1(안전조치)와 관련해서 해안경비대 사령관은 Title 33 Subpart 6.14(Security of Waterfront Facilities and Vessels in Port)의 목적을 달성하기 위하여 현 상황에서 필요하다고 발견되는 경우 항구선박, 부두시설의 안전과 관련된 조건과 제한사항을 만들 수 있다. 그리고 그러한 조건과 제한사항은 선박이나 부두시설에 대한 검시, 운용, 유지, 경비, 인력공급, 및 화재예방 조치 등을 포함할 수 있도록 하고 있다.

그 밖에 미국해안경비대는 우리나라 해양경찰청과는 다르게 선박검사 업무를 수행하고 있다. 이와 관련해서는 CFR Title 46 Part 2에서 규정하고 있으며, 그 외 U.S.C. Title 33, Title 46 및 Title 50 §198에서도 일부 규정하고 있다. 또한 해기사 면허관리 업무도 담당하고 있다.[23] 참고로 이러한 임무를 수행하는데 있어서의 관할권과 관련해서는 CFR Title 33 §2.36 및 §2.38에서 상세히 규정하고 있다.

---

23) 미국해안경비대, 항해 및 선박검사 안내, 2013.07.11. 방문. 〈http://www.uscg.mil/hq/cg5/nvic〉

Ⅳ. 해안경비 관련 법령

지금까지 해안경비대의 설립 배경이 된 사회적 환경과 해안경비대의 신분적 특성 그리고 경찰권을 행사하는데 있어서의 법적 근거 및 이에 수반되어 행한 주요임무에는 어떠한 것들이 있는지에 대해 구체적으로 살펴보았다. 미국해안경비대는 조직의 설립에 대한 근거 및 직무범위 등과 관련해서 별도의 개별법을 마련하고 있는 것이 아니라 전체 U.S.C.에서 별도의 편(Title, 篇)에서 관련 내용을 규정하고 있다.

미국연방법(U.S.C.)은 총 51편(Title 51)으로 구성되어 있으며, 이 중 주로 해안경비대와 관련한 규정은 제14편(Title 14)이며, 여기에는 조직의 설립근거 및 주요임무 등을 포함하고 있다. 하지만 미국은 해안경비대의 업무와 관련한 내용을 해안경비대의 설립근거를 포함하고 있는 U.S.C. Title 14뿐만 아니라 U.S.C. Title 33, Title 46 및 Title 50 등에서도 규정하고 있다. 또한 CFR Title 33에서도 해안경비대의 업무 중 해양경비와 관련한 내용을 좀더 구체적으로 상세히 규정하고 있다. 즉 미국의 해안경비와 관련한 법령은 하나의 독립된 개별법으로 정형화된 것이 아니라 미국연방법(U.S.C.) 및 미국연방규정(CFR)에 관련 조항들이 각각의 형편에 맞게 편성되어 있다는 것을 알 수 있다.

따라서 U.S.C. 및 CFR의 여러 조항에서 규정하고 있는 미국의 해양경비와 관련한 임무들에는 어떠한 것들이 있는지에 대해 각각의 주요활동을 기준으로 세분화하여 전반적으로 살펴보고자 한다.

이는 해안경비대의 전반적인 업무형태를 파악하여 우리나라 해양경찰청의 주요업무와는 어떠한 점들이 특징적으로 구분되는지를 다루고자 한 것이다. 또한 우리나라 해양경찰청이 조직을 운영하는데 있어 참고할 수 있는 기초자료로서의 가치가 있을 것으로 보인다.

참고로, 미국은 해양경비와 관련한 업무를 해안경비대뿐만 아니라 항만경찰이라 불리는 항만책임자(COTP)도 수행하고 있다. 하지만 본 저서에서는 우리나라 해양경찰청과 미국의 해안경비대를 비교・분석하고자 하였으므로 항만책임자의 조직적 특성이나 그 구체적인 역할 등에 대해서는 앞서 간략히 언급한 것으로 갈음하고 별도로 논하지 않기로 한다.

해안경비대의 적용범위 중 주요임무와 관련해서는 앞서 언급한 바와 같이 U.S.C. Title 14 §2에서 규정하고 있으며, 미국의 항행수역, 항행가능 수역 및 영해 그리고 미국의 관할권에 속하는 수역에 대해서는 CFR Title 33 §2.36 및 §2.38에서 규정하고 있다. 또한 CFR Title 33 §6.01-5에서는 보안구역에 대한 정의를 명확히 규정짓고 있는데, 이는 선박, 항만 및 부두의 보호와 경비에 있어서의 업무 활동범위를 명확히 한 것으로 볼 수 있다.

계속해서 해상에서의 보안 및 마약법 집행과 관련해서는 U.S.C. Title 46 §70503에서 규정하고 있으며, CFR Title 33 §101.100와 CFR Title 33 §101.105에서는 해상경비와 관련한 각종 시스템(계획) 및 이와 관련한 용어에 대한 정의를 규정하고 있다.[24)]

---

24) i) 지구별 해상보안계획(Area Maritime Security(AMS) Plan)은 U.S.C. Title 46 §70103(b)에 따라 개발된 계획으로 항행선박검사회보(NVIC)에 따른 항구보안계획(Port Security plan)이 될 수 있다.

* 항행선박검사회보(Navigation and Vessel Inspection Circular; NVIC): 일정한 연방해양안전규칙 및 해안경비대 해양안전프로그램을 시행하거나 규정을 준수함에 있어서의 자세한 지침을 제공하고 있으나, 항행선박검사회보는 법적 강제성은 없으며 법령을 준수하는데 있어서의 중요한 도구(tool)로서의 기능을 한다고 할 수 있다. 그리고 본 회보에는 선박건조방식, 선원훈련 및 면허조건, 검사방법 및 테스트기법, 안전 및 보안 절차, 특정 해안경비대 규정절차상의 조건, 선원공급조건 또는 최소승무정원(manning requirement), 장비승인절차, 특별위험사항 등을 다루고 있다(미국해안경비대, 부사령관의 활동, 2013.06.20. 방문. 〈http://www.uscg.mil/hq/g-m/nvic〉).

ii) 시설보안평가(Facility Security Assessment; FSA)는 발생 가능한 위협, 취약성 및 현재 보호조치, 절차 및 운용상황 등을 고려하여 시설설비 인프라와 운용을 검사하고 평가한 분석이다.

iii) 시설보안계획(Facility Security Plan; FSP)이란 각각의 해상보안등급(the respective MARSEC Levels)상 시설 및 그 이용선박, 관계선박, 화물, 선내 인원을 보호하기 위하여 만들어진 보안조치의 적용을 확보하기 위하여 개발된 계획이다.

iv) 해상보안등급(Maritime Security(MARSEC) Level)이란 국가수송시스템 요소, 즉 항만・선

여기에 더해 U.S.C. Title 14 §633에서는 U.S.C. Title 14에 의해 부여된 권한 이외에 국토안보부장관은 해안경비대에 적용되는 법률을 실시하기 위하여 필요하다고 판단되는 시행령 및 시행규칙을 제정할 수 있다고 규정하고 있어 다른 법률과의 관계를 명확히 제시하고 있다. 해안경비대는 해양경비활동을 수행하기 위해서 먼저 기본계획을 수립[25]토록 하고 있는데, 이와 관련해서는 우선 해안경비대 사령관은 국토안보부장관으로부터 해안경비대의 행정에 관한 모든 권리, 특권, 권한 또는 의무 등을 위임받도록 하고 있다(U.S.C. Title 14

박 · 시설 및 핵심 자산 및 인프라 설비로서 미국 관할권에 속하는 수역 위 또는 인접한 지역에 있는 것에 대한 우선적 보안위협환경을 반영하여 설정한 등급이다.

- 해상보안 등급1(MARSEC Level 1)은 최소한도의 적절한 경비조치가 상시 유지되어야 하는 수준이다.
- 해상보안 등급2(MARSEC Level 2)는 수송보안사고의 위험증가에 따라 적절한 추가적 보호경비조치가 일정기간동안 유지되어야 하는 수준이다.
- 해상보안 등급3(MARSEC Level 3)은 구체적인 위협목표가 확인될 수 없더라도 수송보안사고 발생가능성이 높거나 임박하여, 훨씬 구체적인 보호경비조치가 한정된 기간 동안 유지되어야 하는 수준이다.

v) 수송보안사고(Transportation Security Incident; TSI)는 특정지역에서 중대한 인명손실, 환경피해, 운송시스템 붕괴 또는 경제적 장애를 초래하는 보안사고를 의미한다.

vi) 선박보안평가(Vessel Security Assessment; VSA)는 발생 가능한 위협, 취약성, 결과 및 현재 보호조치, 절차 및 운용상황 등을 고려하여, 선박 및 그 운용을 검사하고 평가한 분석이다.

vii) 선박보안계획(Vessel Security Plan; VSP)이란, 각각의 해상보안등급에 따라 선박, 선박이 서비스를 제공하거나 상호작용하는 시설, 선박화물, 선상 인명을 보호하기 위하여 만들어진 보안조치 적용을 확보하기 위하여 개발된 계획이다.

viii) 그 밖에 항만책임자에 대한 정의도 규정하고 있다.

25) 해안경비대가 해양경비활동을 위한 기본계획을 수립하는데 있어서는 i) 해상경비의 해상보안 등급을 3단계로 설정하게 하고 있다(CFR Title 33 §101.200). ii) CFR Title 33 CHAPTER I—해안경비대, 국토안보부(SUBCHAPTER A—일반)에 포함된 part 103(해상경비: 지구별 해상보안), part 104(해상경비: 선박), part 105(해상경비: 시설) 또는 part 106(해상경비: 대륙붕외부 연안해역)에서 언급하고 있는 각각의 항구, 선박 및 시설 등에 대해 보안평가를 수행하도록 하고 있는데, 이 보안평가에 사용될 툴(tool)의 기준에 대해 규정하고 있다(CFR Title 33 §101.510). iii) 그리고 항구보안을 위한 미국 시설 및 선박의 취약성을 평가(U.S.C. Title 46 §70102)할 뿐만 아니라 해상수송 보안계획(국가해상수송 보안계획, 지구별 해상수송 보안계획, 선박 및 시설 보안계획)을 준비하게 하고 있다(U.S.C. Title 46 §70103).

§631).[26] 이에 따라 해안경비대 사령관은 임무를 수행할 인원을 워싱턴 DC, 미국의 각 지역, 미국의 각 영토 및 외국(단, 외국의 배치는 해당 외국정부의 동의를 받아야 한다) 등에 배치하고, 그 인원에게 필요한 의무와 권한을 부여하고 있다. 또한 해안경비대는 이를 근거로 해서 조직, 내부 행정, 구성원과 관련하여 법률과 모순되지 않는 한 규칙, 명령 및 지시를 만들 수 있다고 규정하고 있다(U.S.C. Title 14 §632).

다음으로 해안경비대의 해양경비활동과 관련해서는 앞서 언급한 바와 같이 해상경호, 대테러 및 대간첩작전 수행, 해양환경 및 자원보호, 해상질서와 관련한 임무, 그리고 안전예방조치, 불법행위 예방 및 단속, 임해중요시설 보호 이외 기타 공공의 안녕과 해상질서와 관련한 것 등이 있다. CFR Title 33 Part 6에서는 선박, 항만 및 부두의 보호와 경비에 대해 규정하고 있으며, 항만책임자의 담당업무를 명시하고 있다.

그 밖에 해양경비활동과 관련해서는 선박검사(CFR Title 46 §2.01-1) 및 국제운송에 사용되는 화물 컨테이너의 안전승인과 정기검사를 위한 요건과 절차(국제안전 컨테이너법(International Safe Container Act)에 대한 명문규정(CFR Title 49 §450.1)을 두고 있다. 또한 기름, 유해용액물질, 쓰레기, 도시나 상업 폐기물 및 밸러스트 수(ballast water) 등을 운반하는 선박에 대한 철저한 관리 등과 관련한 내용을 두고 있다(CFR Title 33 §151.2035). 미국해안경비대는 경비세력과 관련해서 다양한 장비(쇄빙시설물, 선박, 항공기, 자동차, 경비정(patrol boats), 소형보트(small craft) 등) 등을 운영 · 관리하고 있다.

뿐만 아니라 해안경비대의 권한, 임무 또는 기능수행에 있어서 지원이 될 수 있는 심사 또는 연구를 실시하고 있다. 그리고 해안경비대 운영에 관한 정보를 수집, 출판 및 분배하는 업무를 담당한다. 그 밖에 임무수행을 위하여 필요한

---

26) 「해양경비법」 제6조(해양경비기본계획의 수립) ① 해양경찰청장은 해양경비활동을 효율적으로 수행하기 위하여 해양경비기본계획(이하 "기본계획"이라 한다)을 5년마다 수립하고 추진하여야 한다.

특수훈련, 교육훈련, 통신교육 등 해양경비 교육훈련을 소속 인원에게 실시하거나 이용 가능하도록 하고 있는데, 이는 해안경비대 사령관의 일반적 권한으로 규정하고 있다.

한편, 해안경비대 활동은 타 연방정부기관 및 사조직(private agencies)과 함께 협력 및 협조할 수 있다고 규정하고 있다(U.S.C. Title 14 §93). 그리고 항구보안을 위해 행정기관 간 공동협의센터와 같은 협의체를 설치하여 운영하고 있다(U.S.C. Title 46 §70107A). 특히 구역별 중점 경비사항과 관련해서는 일반적으로 해안경비대의 경비수준을 감안하여 구역별로 나누어 설정하기보다는 앞서 언급한 CFR Title 33 §101.200에서 규정하고 있는 것과 같이 해상보안등급(MARSEC LEVEL) 3등급에 따라 차별적으로 시행하는 성향이 강하다.

해안경비대는 대부분이 지구단위(sector)별로 해안경비대 지구단위 사령관(Sector Commander)이 지역 내 총책임자로 임명된다. 그는 해상검사책임자 또는 항만책임자로서 지구단위 내 검사구역(Inspection Zone)과 항만책임자구역(COTP Zone)을 책임지게 된다. 이러한 검사구역과 항만책임자구역은 영해, 접속수역, 배타적 경제수역까지 포함한다(CFR Title §301-1 (d) and (g)). 또한 대륙붕 외부지역의 해저대지에 대한 안전 및 환경에 관해서는 해안경비대 사령관과 더불어 국토안보부장관도 관련 법령을 집행할 수 있도록 규정하고 있다(U.S.C. Title 43 §1348).

미국은 자국의 항구를 보안하기 위한 일환으로 국내 해상보안능력을 향상시키는데 노력하고 있다. 이 중 하나로 국토안보부장관은 해상안전 및 보안팀과 같은 특공대 조직을 설립하여 일반 국민의 안녕을 보장하고, 미국 관할권 내에 속하는 선박 · 항만 · 항구 · 시설 및 화물 등의 파괴행위, 손실 또는 상해를 유발시키는 범죄행위, 테러리스트 행위로 인한 사보타지(sabotage)[27]로부터 보호하기 위한 활동을 하고 있다.

---

27) 적(敵)이 사용하는 것을 막기 위해 또는 무엇에 대한 항의의 표시로 장비, 운송시설, 기계 등을 고의로 파괴하는 것을 말한다.

이러한 활동들은 U.S.C. Title 46 §70103(Maritime transportation security plans)를 근거로 해서 개발된 수송보안계획을 따르도록 규정하고 있다(U.S.C. Title 46 §70106(a)). 뿐만 아니라 해상안전 및 보안팀의 임무(U.S.C. Title 46 §70106(b))[28] 및 타 기관과의 협조사항에 대해 규정하고 있다(U.S.C. Title 46 §70106(c)).

해안경비대는 또한 위법한 선박에 대해 정선, 승선, 검색, 나포, 추적권 등의 경찰권을 행사할 수 있는데, 이와 관련해서는 앞서 언급한 부분이므로 여기에서는 생략하기로 한다. 이뿐만 아니라 해안경비대의 해상검문검색과 관련해서는 CFR Title 33 §6.04-7에서 규정하고 있다.

또한 안전예방조치와 관련해서는 CFR Title 33 §6.04-8 이외에 해안경비대 사령관은 CFR Title 33 Part 6의 목적을 달성하기 위하여 현 상황에서 필요하다고 판단되는 경우 항구에 정박된 선박뿐만 아니라 부두시설의 안전과 관련된 조건과 제한사항을 만들 수 있다. 이같은 조건과 제한사항은 그러한 선박이나 부두시설에 대한 검사, 운용, 유지, 경비, 인력공급, 화재예방 조치 등을 포함할 수 있다고 규정하고 있는 CFR Title 33 §6.14-1에서도 찾아볼 수 있다.

해안경비대도 임무를 수행하면서 무기 등을 사용할 경우가 발생할 것인데 이와 관련한 규정은 다음과 같다. U.S.C. Title 14 §637(a)에서는 압류 또는 심사(examination)처분을 받아야 하는 선박이 경찰선박 또는 항공기(authorized vessel or aircraft)에 의해 추격되거나 정지명령을 받고도 이에 복종하지 않은 경우, 경찰선박 또는 항공기의 책임자는 정지불응 선박을 향해 발포할 수 있다. 하지만 권한에 따라 선박을 향해 발포하기 이전에, 경고용 사전발포가 정지대상 선박

---

28) 해상안전 및 보안팀은 이하의 임무수행에 필요한 능력을 갖추기 위해 훈련이 되어 있어야 하며, 이에 맞는 장치를 갖추어야 한다. (1) 해상 테러리즘의 위협을 저지, 위협으로부터 보호, 위협에 신속하게 대응, (2) 법에 따라 설립되어 이동하거나 고정된 안전 또는 보안구역을 집행, (3) 고속 차단, (4) 선박, 설비, 항구에 위험을 줄 수 있는 선박이나 시설, 또는 그 위의 물품이나 물건을 압류, 승선, 수색, (5) 신속하게 국내 또는 해외 미국군을 지원하기 위한 배치, (6) 항구 내 범죄 또는 테러 행위에 대응하여 가능한 발생 소요를 최소화, (7) U.S.C. Title 46 Chapter701에서 요구되는 시설취약성 평가를 지원, (8) 국토안보부장관에 의하여 부여된 모든 해안경비대의 임무 수행.

주변의 사람이나 재산을 위험에 빠뜨릴 수 있는 경우를 제외하고는 경찰선박 또는 항공기의 책임자는 경고성 발포를 하도록 규정하고 있다.

그리고 U.S.C. Title 14 §637(b)에서는 경찰선박이나 경찰항공기의 책임자 및 권한 대행자는 선박을 향한 경고성 발포로 인한 모든 벌칙이나 손해배상소송으로부터 면책되어야 한다고 규정하고 있다. 또한 만약 사람이 발포에 의하여 사망하거나 상해를 입고, 경찰선박이나 항공기의 책임자 및 그 명령에 따라 실행한 자가 기소되거나 체포된 경우에는 보석 · 석방허가가 이루어져야 한다고 규정하고 있다. 즉 업무 중 발생하는 문제에 대해 미국연방법에서는 행위 당사자를 구제할 수 있는 근거조항을 명문으로 명확히 규정하고 있어 일종의 경찰구제법적 성격이 내포되어 있는 것이다.

다음으로 U.S.C. Title 14 §637(c)에서는 경찰선박이나 경찰항공기의 요건에 대해 규정하고 있는데, 먼저 해안경비대에서 보유하고 있는 선박이나 항공기는 경찰선박이나 경찰항공기의 요건을 만족한다. 다만, 해군선박이나 군사용 항공기를 경찰선박이나 경찰항공기의 요건을 충족시키기 위해서는 그 안에 1명 이상의 해안경비대 소속원이 U.S.C. Title 10 §379(Assignment of Coast Guard personnel to naval vessels for law enforcement purposes)에 따라 배정된 경우로 제한을 두고 있다. 또한 U.S.C Title 46 §70117에 따르면 해안경비대는 국토안보부장관이 승인한 가이드라인에 따라 공식적인 임무를 수행하면서 무기 소유 및 지참, 영장 없는 체포(현행범으로 미국법을 위반한 경우), 재산 압수(예외적인 법규정 이외) 등의 경찰권을 행사할 수 있다.

하지만 U.S.C.에서는 무기의 사용과 관련하여 포괄적인 규정만 언급하고 있을 뿐 장비 및 장구의 사용과 관련해서 구체적으로 언급된 바가 없다. 그 이유 중의 하나는 해안경비대의 경우 조직의 성격상 군인신분에 가깝기 때문에 항상 무기를 휴대해야 하는 업무적 특성으로 인해 무기사용과 관련하여 구체적인 기준을 마련하고 있지 않은 것으로 사료된다.

해안경비대는 타 기관, 관할구역 및 지방행정구역 기관과의 상호 협조체계를 구축하고 있는데 해당 권한기관으로부터 자료요청과 같은 업무 협조요청이 있을 경우 해안경비대 자체의 인원 및 시설(예비 해안경비대의 구성인력과 U.S.C. Title 14 Part II chapter 23-COAST GUARD AUXILIARY에 의해 통제되는 시설을 포함)을 이용하여 다른 연방행정기관(Federal agency), 주정부(State), 부속영토(Territory), 소유지(possession) 또는 그 지방행정기관(subdivision thereof) 또는 워싱턴 DC를 지원하게 하고 있다. 이 때의 해안경비대 인원과 설비는 특별히 자격을 갖춘 모든 활동을 수행할 수 있다. 그리고 사령관은 소속 인원 및 기관의 설비(facilities)에 대한 보상조건을 명시할 수 있다(U.S.C. Title 14 §141(a)).

또한 해당 행정기관의 동의 하에 자신의 임무수행에 도움이 될 수 있는 타 연방행정기관, 주정부, 부속영토, 소유지 기타 그 지방행정기관 또는 워싱턴 DC 등의 공무원, 피고용인, 자문(advise), 정보(information), 기타 시설 등을 사용할 수 있으며 관련 규정에 따라 이에 따른 비용을 지불하고 있다(U.S.C. Title 14 §141(b)).

해안경비대는 국토안보부장관을 통하여 국무부장관(secretary of state)을 경유하는 과정을 거친 후 외국정부와의 정보를 교환할 수 있다. 뿐만 아니라 해상에서 생명과 재산의 안전을 다루는 모든 사안에 대하여 국무부장관에게 국제협력 및 회의를 제의할 수 있다고 규정하고 있다(U.S.C. Title 14 §142). 그 밖에 미국이 항해수역을 가로지르는 다리 건축이나 수리행위에 대한 면허(permit) 신청 등과 관련해서는 해안경비대에 의해 해당 신청이 처리될 수 있도록 하는 절차를 규정하고 있다(CFR Title 33 §115.01).

그리고 항해가능 해상수로(waterway) 위의 다리건설과 같은 경계구역 내의 건축 등을 시행하는데 있어서는 해안경비대와 사전 협의하도록 하고 있고, 해안경비대가 승인하기까지는 불법행위로 간주하는 규정을 두고 있다(CFR Title 33 §115.50).

해안경비대는 항만개발, 건축 등 기타 모든 해양환경에 영향을 줄 수 있는 상황에 대하여 적용 가능한 별도의 권고사항을 두고 있다. 기본적으로 행정기관 간 협력 정보 이용에 대한 권고나 국제 및 국내에서의 해당 사항과 관련한 상호기관 간의 협력을 하도록 규정하고 있다(U.S.C. Title 42 §4332). 추가적으로 선박의 입·출항에 관한 업무도 해안경비대에서 주관하고 있는데 미국 관할권 내에 있는 모든 선박 내의 사람 또는 관할권 내의 특정 선박이나 부두시설에 접근을 시도하는 사람은 해안경비대 사령관이 발급하거나 그에 상응하는 신분증명서[29]를 지참하도록 요구될 수 있다. 사령관은 이러한 증명서가 요구되는 선박의 유형이나 부두 영역을 한정하고 지정할 수 있도록 규정하고 있다(CFR Title 33 §6.10-5).

미국의 관할권 하에 있는 모든 항구 또는 장소, 미국의 항해가능 수역 및 국제협정이 적용되는 모든 지역에서 선박교통을 통제·감독 또는 항해·해양 환경을 보호하는 조치들로 이루어진 선박교통서비스(vessel traffic services)를 확립·운용·유지·향상 또는 확대를 하는데 있어 운용 요건, 감시 및 통신체제, 교통시스템(routing system) 및 안전항로(fairway) 중 한 가지 이상이 포함될 수 있도록 하고 있다(CFR Title 33 §1223). 또한 항행, 선박안전, 해양 환경의 보호, 미국의 항만과 항로의 안전과 보안에 관한 모든 관련 요소들을 언급하는 등의 선박운항 요건과 관련하여 규정하고 있다(CFR Title 33 §1224).

한편, CFR Title 33 §1223~1224는 선박교통서비스의 명목으로 선박이동을 통제할 수 있는 내용을 포함하고 있는데, 이 또한 해안경비대의 경찰권 행사에 포함된다. 특히 선박교통서비스의 근거상황은 생명의 안전, 환경적 요소, 보안(경비), 경제적 영향 등 대단히 포괄적이므로 사실상 CFR Title 33 §1223~1224는 해안경비대가 국토안보부 산하에서 행하는 선박운항(vessel operation)과 관련한 행정권한을 대표적으로 보여주는 포괄조항으로 볼 수 있다. 왜냐하면, 선박의 안전운항과 관련하여 제도적으로 갖추어야 할 사항들을 명시하고 있으나,

29) CFR Title 33 §6.10-7에서 규정하고 있는 신분증명서는 해안경비대 항구보안카드로 알려지고 있으며, 그 형식, 조건 및 발급방법은 노동부장관과의 협의 후 해안경비대 사령관이 규정한 바에 의하여야 한다.

원칙적으로 선박운항의 안전과 관련한 사항은 주변상황에 맞게 어느 정도의 자율적인 측면이 필요하다고 판단되기 때문이다.

미국의 배타적 경제수역 또는 배타적 경제수역외부에서 외국어선은 1977년 2월 28일 이후 해당 선박에 대하여 유효한 면허를 보유하고 있는 경우에 한하여 소하성(溯河性) 어류(anadromous species)[30] 또는 대륙붕에서의 어장자원에 해당하는 고기잡이 행위를 할 수 있다. 이 때 해당 면허를 소지하지 않고 불법어로 행위를 할 경우에는 해안경비대가 단속을 할 수 있는 규정이 마련되어 있다(U.S.C. Title 16 §1824).

제2절 일본의 해상보안청

일본의 해상보안청은 해양의 질서 및 안전을 확보하기 위하여 영해에 있어서의 무해통항을 준수하지 않는 행위나 불법행위의 감시 · 단속을 중요한 업무로 수행하는 해상경찰기관으로[31] 그 역할은 우리나라 해양경찰청과 다를 바가 없다. 그렇다면 일본의 해상보안청은 자국의 국가행정조직에 있어서 어느 정도의 지위에 있으며, 또한 일본의 육상경찰과 비교해서 어떠한 업무적 특징들을 보이고 있는지에 대해 살펴볼 필요가 있다. 뿐만 아니라 해상보안청 설립의 입법구성에 대해서도 전반적으로 논하고자 한다.

Ⅰ. 사회적 배경 및 성격

1945년 제2차 세계대전 패전 후 한때 일본 본토 육지면적의 86.9배에 달하는 주변해상에서는 잦은 해난사고, 밀수 · 밀항, 불법어로 등의 불법행위가 극도에

30) 연어 등과 같이 산란을 위해 강으로 거슬러 오르는 성질을 가진 어류로 일명 '회유성 어류'라고도 한다.

31) 山本草二, 『海上保安法制』, 三省堂, 2009, 144면.

달했으며, 더군다나 해적마저 자주 출몰하는 등 혼란의 시기가 초래되었다. 하지만 해상안전과 치안유지에 있어 구심점 역할을 담당하던 해군은 제2차 세계대전 시에 설치되어 주로 기뢰를 제거하던 부대인 소해부대(掃海[32]部隊)를 제외하고는 해체되었으며, 이로 인해 해상 관련 분야에 대한 행정력도 많이 약화된 상태였다. 일본은 이러한 해상혼란 시대의 극복과 주변해상의 치안질서 확립 및 해상행정의 효율적 이용을 위해 각 기관별로 분산되어 있던 인적·물적자원을 통합하여 행정체제의 일원화를 도모할 필요성이 제기되었으며, 이를 계기로 미국의 해안경비대(USCG)와 같은 제도 확립의 필요성을 논하게 되었다.

하지만 패전 직후, 일본에 군대조직은 아니라 하더라도 해상방위력 증강을 결집하는 제도를 확립하는데 있어서는 여러모로 국내·외적인 문제점을 내포하고 있었다.[33] 결국 일본은 이러한 사회적 우려 속에서도 해상안전의 확보라는 큰 계획을 가지고 1947년 5월 22일 차관회의에서 운수성[현, 국토교통성(国土交通省)]에 해상보안기관을 설치하는 결정을 내리게 되었다. 그 후 일본 내각회의의 이해를 얻고, 연합군 최고사령부와의 교섭을 거쳐 법안을 국회에 상정했다. 그리고 국회의 심의 후 1948년 4월 27일 「해상보안청법」(법률 제28호)이 제정되었으며, 같은 해 5월 1일에 동법을 근거로 해상에서의 인명 및 재산의 보호, 치안의 유지, 그리고 해상교통을 담당할 목적으로 당시 운수성 외국(外局)에 해상보안청(현, Japan Coast Guard, JCG)[34]을 발족하였다.[35]

---

32) 항행의 안전을 확보하기 위하여 바다 속에 부설한 기뢰 등의 위험물을 제거하는 것을 말한다.

33) 해양경찰학교, 『일본해상보안청법 해설서』, 해양경찰청, 2007, 9면; 손영태, 앞의 논문(2011), 261면 재인용; 이종열 외, 앞의 보고서, 31면; 박경귀 외, 앞의 보고서, 195면; 김경석, "일본의 해상보안청", 한국법제연구원, 2010, 45면.

34) 일본해상보안청의 영문 명칭은 1948년 개청 당시에는 Maritime Safety Agency of Japan(약칭 JMSA)을 사용했는데 외국선원 등에서 "해상경비기관인지 해사(海事)서비스기관인지가 분명하지 않다"는 지적에 따라서 2000년부터 Japan Coast Guard(JCG)로 하고 있다(김경석, 앞의 논문, 46면). 이는 우리나라 해양경찰도 마찬가지인데 해양경찰의 경우 처음에는 Korea National Maritime Police Agency(KNMPA)를 사용하다가 KNMPA라는 명칭은 미국, 영국, 일본, 캐나다 등 해양 선진 외국인들에게 해상치안기관 명칭에 대한 이해도가 낮아 세계적 추세를 고려하고, 또한 다양한 국제업무를 수행하는 해양경찰의 이러한 명칭은 외국인 등이 쉽게 이해하지

또한 해상보안청은 1948년 맥아더 군정에 의하여 군사력 보유를 금지한 헌법 정신 및 일본 제국주의의 폐해를 교훈 삼아서 평화체계를 지향하는 국가목표에 부합하도록 군사전력을 제외한 순수 해상안보(범죄 단속 등), 수색 · 구조, 해양오염방제 등 해양에서의 안전업무 기능을 수행하는 중심기관으로 창설되어 오늘날에 이르고 있다.[36] 한편, 일본 「헌법」 제9조[37] 및 「해상보안청법」 제25조[38]에서는 이와 관련해서 명확히 규정하고 있다.

우리나라 해양경찰 소속 공무원이 「국가공무원법」 및 「경찰공무원법」에 의해 경찰직을 유지하고 있는 반면, 일본 「해상보안청법」 제14조[39]에서는 해상보안청에 해상보안관 및 해상보안관보(補)를 두도록 하고 있으며, 같은 법 시행

못하여 효과적인 업무수행에 있어서의 저해요인으로 작용되는 것으로 판단되어 중앙행정기관으로서의 위상 정립을 위해 영문 명칭을 Korea Coast Guard(KCG)로 2004년 11월 변경하여 각종 공문서와 홈페이지 주소에 새 영문 명칭으로 사용해오고 있다(해양경찰청, 보도자료(작성일: 2005.5.13). 〈http://www.kcg.go.kr〉).

35) 山本草二, 앞의 책, 27면; 손영태, 앞의 논문(2011), 261면 재인용.

36) 이종열 외, 앞의 보고서, 31면.

37) 일본 「헌법」 제2장 전쟁의 포기에 대한 세부 내용으로 다음과 같은 명문규정을 제시하고 있다. 제9조 ① 일본 국민은, 정의와 질서를 기조로 하는 국제 평화를 성실하게 희구(希求: 바라고, 요구함)하고, 국권의 발동 내지는 전쟁과 무력에 의한 위협 또는 무력의 행사는, 국제 분쟁을 해결하는 수단으로서는, 영구하게 이를 포기한다. ② 전항의 목적을 달성하기 위해 육, 해, 공군 기타의 전력은 보유하지 않는다. 국가의 교전권은 인정되지 않는다.

38) 일본 「해상보안청법」 제25조 이 법률의 어떤 규정도 해상 보안청 또는 그 직원이 군대로 조직되어 훈련되거나 군대의 기능을 영위함을 인정하는 것으로 이를 해석해서는 안 된다.

39) 일본 「해상보안청법」 제14조에서는 ① 해상보안청에 해상보안관 및 해상보안관보(補)를 둔다. ② 해상보안관 및 해상보안관보의 직급은, 정령(政令, 우리나라 시행령에 해당)으로 이를 정한다. ③ 해상보안관은 상관의 명령을 받아, 제2조제1항에서 규정하는 사무를 담당한다. ④ 해상보안관보는 해상보안관의 직무를 보조한다고 규정하고 있다. 이는 해상보안관(보)의 설치근거뿐만 아니라 계급 및 직무에 대한 내용이다. 또한 같은 법 시행령 제9조에서는 이에 대한 계급을 세부적으로 규정하고 있는데 해상보안관의 계급은 해상보안감(1등, 2등, 3등), 해상보안정(1등, 2등, 3등), 해상보안사(1등, 2등, 3등)으로 구분하고 있으며, 이 외 해상보안관보의 계급을 두고 있는데 이 또한 해상보안관과 마찬가지로 해상보안사보(1등, 2등, 3등)로 구분하고 있다. 여기서 1등 해상보안사 이상은 우리나라의 사법경찰관에 해당하면 그 이하는 사법경찰리에 해당한다. 한편, 본 저서에서 참고한 전체 「해상보안청법」은 해상보안청 홈페이지에서 발췌하였다(일본해상보안청, 소관법률, 2013.7.11. 방문. 〈http://www.kaiho.mlit.go.jp〉).

령 제9조에서는 이에 대한 계급의 종류를 규정하고 있다. 즉 해상보안청 소속 직원의 경우 공안직 신분을 유지하고 있다. 이처럼 신분상의 차이로 인해 형식적으로는 우리나라 해양경찰과는 다른 법적 권한이나 또는 업무적 내용이 상이하다 할 수 있겠으나, 해상보안청도 「해상보안청법」의 제1조[40] 및 제2조[41] 등에서 규정하고 있는 바와 같이 우리나라 해양경찰청과 거의 유사한 직무를 수행한다 할 수 있으므로 실질적으로는 해양에서의 경찰권을 행사하는 것이다. 이를 바탕으로 해상보안청이 경찰로서의 기능적 업무와 관련해서 어떠한 역할을 담당하는지에 대하여 살펴보기로 한다. 해상보안청은 기능적으로 사법경찰로서의 기능과 행정경찰로서의 기능을 동시에 수행하고 있다. 먼저 사법적 경찰활동으로는 「해상보안청법」 제2조제1항에서 해상에서의 범죄예방 및 진압, 해상에서의 범인수사 및 체포를 해상보안청의 임무범위의 하나로 규정하고 있다. 또한 같은 법 제31조(해상보안관의 사법경찰직원으로서의 지위)에서는 '해상보안관 및 해상보안관보는 해상에서의 범죄에 대하여, 해상보안청장관이 정하는 바에 따라, 「형사소송법」의 규정에 의한 사법경찰직원으로서 직무를 행한다'고 규정하고 있어 사법경찰로서의 활동과 관련한 명확한 명문 규정을 제시하고 있다.

다음으로 행정적 경찰활동의 근거는 「해상보안청법」 제1조 및 제2조에서 규

40) 일본 「해상보안청법」 제1조에서는 해상보안청의 설치 및 그 목적에 대해서 규정하고 있으며 다음과 같다. ① 해상에서 인명 및 재산을 보호하고, 또한 법률위반의 예방·수사와 진압을 위해 「국가행정조직법」(1948년 법률 제120호) 제3조제2항의 규정에 따라 국토교통대신이 관리하는 외국(外局)으로써의 해상보안청을 둔다. ② 하천어구에 있는 항구와 하천과의 경계는, 「항칙법」(1948년 법률 제174호) 제2조의 규정에 근거한 정령에서 정하는 바에 따른다. 여기서 「항칙법」은 우리나라 「개항질서법」에 해당한다.

41) 일본 「해상보안청법」 제2조에서는 해상보안청의 임무에 대해 규정하고 있으며 다음과 같다. ① 해상보안청은, 법령의 해상에서의 시행(励行), 해난구조, 해양오염방지, 해상에 있어서의 선박의 항행의 질서의 유지、해상에서의 범죄예방 및 진압, 해상에서의 범인수사 및 체포, 해상에서의 선박교통에 관한 규제, 수로, 항로 표지에 관한 사무 그 외 해상안전 확보에 관한 사무 및 이것들에 부대하는 사항에 관한 사무를 실시하는 것으로, 해상안전 및 치안 확보의 도모를 임무로 한다. ② 종래 운수대신관방, 운수성 해운총국의 장관관방, 해운국, 선박국 및 선원국, 해난심판소의 이사관, 등대국, 수로부 및 그 밖의 행정기관의 소장에 속하는 사무로 전항의 사무에 해당하는 것은, 해상보안청의 소장으로 이관하는 것으로 한다.

정하고 있다. 동법 제1조제1항에서는 해상보안청의 설치 및 그 목적을 포함하고 있으며, 해상에서 인명 및 재산을 보호하고, 또 법률위반의 예방 · 수사와 진압을 위해 해상보안청을 두는 것으로 명문화하고 있다. 또한 동법 제2조제1항에서는 사법적 경찰활동 이외 해상보안청의 임무로서 해상에서의 해난구조, 해양오염방지, 선박의 항행의 질서의 유지, 선박교통에 관한 규제, 수로 · 항로표지에 관한 사무나 기타 해상안전 확보에 관한 사무 및 이와 관련된 사항에 대한 업무를 수행한다고 규정하고 있다.

한편, 우리나라와 마찬가지로 일본의 육상경찰도 임무 중에는 범죄의 수사 및 범인의 체포와 같은 사법경찰활동 이외의 행정경찰활동을 수행한다. 이는 해양이라는 공간적인 차이 이외 실정법상 해상보안청이 경찰기관으로서의 임무를 수행한다는 점에서는 크게 다를 것이 없다. 단, 제도적 의미에서 큰 차이가 없다 하더라도 해상보안청은 해상에서의 인명 · 재산을 보호하는 직무를 수행하고 있다. 오히려 육상경찰보다는 그 관할범위가 더 광범위하며, 해상에서 발생되는 모든 현상에 대한 활동의 관할주체는 해상보안청이 전적으로 담당하는 것이다.

특히 육상경찰에서는 찾아볼 수 없는 수로측량, 해도작성, 등대 등의 항로표식 건설 등과 같은 방대한 시설물의 관리 · 운영을 동반한 여러 가지 비권력적인 업무도 수행하는 행정기관이다.[42] 이러한 조직운영 체계는 우리나라의 육상경찰과 해양경찰에서도 유사하게 나타나고 있다. 반면, 해상보안청은 외국과의 무력분쟁 사태가 생긴다고 해도 해당 법에 의한 임무와 기능의 변경은 생기지 않으며, 해상경찰로서의 임무만을 수행할 뿐 군대로서의 임무수행은 하지 않는다.[43] 이는 미국해안경비대와는 다른 조직 운영체계이다.

그 밖에 「해상보안청법」 제10조[44]는 우리나라 해양경찰청과는 다른 법체계

42) 해양경찰학교, 앞의 책, 17~18면.

43) 김경석, 앞의 논문 46면.

44) 일본 「해상보안청법」 제10조 [장관] ① 해상보안청에 장관 1인을 둔다.

를 보여주고 있다. 해상보안청은 국토교통성 소속 여러 외국(外局)의 장과는 다르게 소속대신(大臣)인 국토교통대신 이외 다른 대신(大臣)의 지휘 · 감독을 받게 되는 특징을 보이고 있다. 즉 소관업무에 따라 국토교통성대신 이외의 다른 대신의 지휘 · 감독을 받게 된다. 이는 다른 외국(外局)의 장에게서는 찾아 볼 수 없는 점이다. 참고로 국토교통성에는 해상보안청 외에 기상청, 관광청 및 운수안전위원회가 외국(外局)으로 설치되어 있다.[45]

그리고 국가행정은 국가자신의 직접소관이 될 뿐만 아니라 경우에 따라서는 지방공공단체나 민간단체에 위임할 수도 있으나, 일본에서는 해상보안행정에 관한한 해당 법에 근거하여 원칙적으로 국가가 직접 관장하고 있다. 다만, 타 법령에 의해 예외적으로 지방공공단체나 민간단체에 위임하는데 그친다는 특징을 보인다.[46]

Ⅱ. 설립근거 및 조직구성[47]

「해상보안청법」 제1조제1항에서는 동법의 입법목적 및 해상보안청의 설립근거를 보여주고 있다. 인명 및 재산보호는 해상안전을 가리키고, 법률위반의 예방 · 수사 및 진압은 주로 해상치안의 유지를 가리킨다. 또한 동법의 '법률위반 예방'이라는 것은 좁은 의미의 해상보안을 유지하기 위한 「형법」, 행정적 단속법령인 「어업법」, 「수산업법」, 「관세법」 등과 단지 항해안전 그 자체를 목적으로 한 「선박안전법」과 「선박직원법」 등 다양한 직무범위를 포함하고 있다. 따라서 「해상보안청법」은 해상안전과 해상치안유지의 목적이 다 포함되어 있

---

② 해상보안청장관은 국토교통대신 지휘 · 감독을 받아 청무(廳務)를 통리(統理)하고, 소속부(部) 직원을 지휘 · 감독한다. 단, 국토교통대신 이외의 대신의 소관에 속하는 사무에 대해서는 각각 그 대신의 지휘 · 감독을 받는다.

45) 국토교통성, 국토교통성의 안내, 2013.5.17. 방문. 〈http://www.mlit.go.jp〉

46) 해양경찰학교, 앞의 책, 20면.

47) 일본해상보안청의 설립근거 및 조직구성과 관련해서는 해양경찰학교, 일본해상보안청법 해설서(2007), 해상보안청 홈페이지, 海上保安白書(2011, 2012)를 참조하여 작성하였다.

다. 또한 해상치안유지도 종국적으로 해상안전과 연결되고 이에 포함되는 것이다. 해상안전을 위한 것이 인명 · 재산을 보호하는 것이라 할 수 있고, 해상치안유지를 위한 활동으로 법률위반 예방 · 수사 및 진압이 될 수 있는 것이다. 즉 해상보안청의 설치목적은 넓은 의미의 해상안전 실현인 것이다.[48]

해상보안청의 조직 구조는 [그림 3-2]에서 보는 바와 같이 중앙기구와 지방기구로 나누어 운영하고 있다.

중앙기구에는 차관급인 해상보안청장관 아래로 차장, 경비구난감, 수석감찰관 및 5개부(총무부, 장비기술부, 경비구난부, 해양정보부, 교통부)로 이루어져 있으며, 총무부 소속의 해상보안시험연구센터를 두고 있다.

총무부에서는 법규 · 비서 · 홍보 · 인사 · 회계 · 복지 등의 일반 관리적인 업무 및 해상보안청 전체의 행정에 관한 업무를 종합적으로 조정하여 운영하고 있다. 또한 해상보안청이 사회의 변화에 적절히 대응하면서 원활한 행정 운영을 도모해 가기 위해서는 법령 · 인사 · 예산 등 여러 면에서 총무부의 적절한 조정역할이 필요하므로 중요한 역할을 담당하고 있다.

장비기술부는 관리과 · 시설보급과 · 선박과 · 항공기과로 세분화하여 운영하고 있는데 주로 사회정세의 변화에 대응하고, 해상보안 업무를 지원하기 위해 해상보안청 소속 시설에 대한 신축 등의 계획, 선박 · 항공기의 건조 및 관리 · 유지 등의 업무에 종사한다. 또한 선박 · 항공기의 해외 파견에 수반하는 지원업무나 국외 해상보안기관과의 기술협력 업무 등을 담당하고 있다. 경비구난부에서는 우리나라 해양경찰청의 경비안전국, 정보수사국 및 해양오염방제국의 업무를 일부 포괄적으로 수행하고 있다.

48) 해양경찰학교, 앞의 책, 14면.

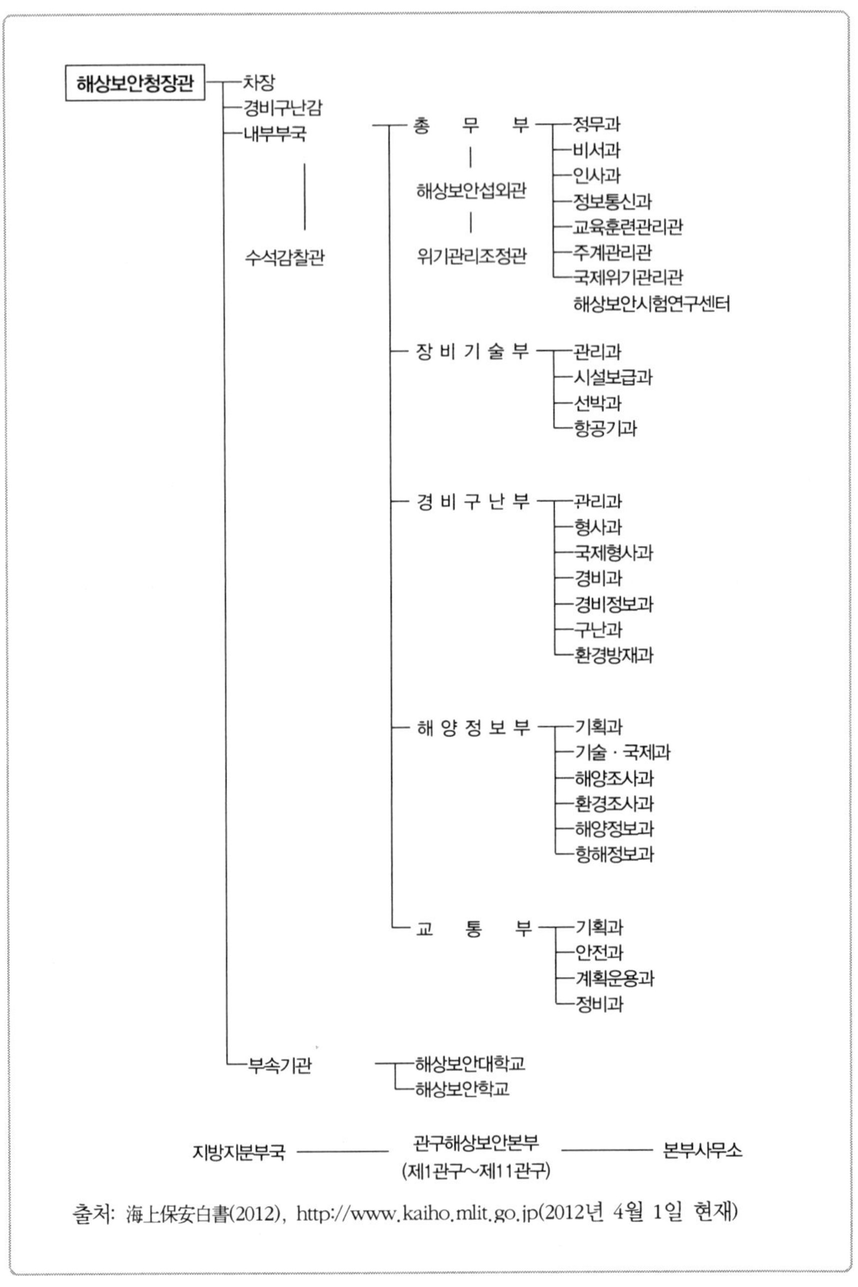

출처: 海上保安白書(2012), http://www.kaiho.mlit.go.jp(2012년 4월 1일 현재)

[그림 3-2] 일본해상보안청 조직도

해양정보부에서는 항해의 안전을 도모하고자 항해의 안전에 필요한 최신정보를 국제조약 기준에 근거하여 정확하게 작성된 해도 · 전자해도나 수로잡지 등을 제공하기 위한 업무를 수행하고 있다. 또한 해저 화산의 분화, 표류물의 존재 등 긴급을 필요로 하는 정보는 수로통보나 항행경보에 의해서 실시간으로 알리는 업무를 담당하고 있다. 그리고 항만의 측량, 국제조약에서 근거하고 있는 영해를 결정하기 위한 조사, 해류 · 조류 등의 관측을 실시해 해양 정보의 수집업무를 수행하고 있다.

교통부는 항로표식 업무 이외에 연안해역을 항행하는 선박이나 조업어선 또는 플레저보트 활동이나 해변낚시 등의 해양 레저의 안전을 도모하기 위해 전국 각지에 등대를 126개소를 두고 있다. 국지적인 풍향 · 풍속 · 파고 등의 기상 · 해상의 관측을 실시해 그 현황을 무선 전화 · 텔레폰서비스 또는 인터넷에 의해 제공하는 선박기상통보 업무를 담당하고 있다. 또한 교통부에서 운영하고 있는 해상교통센터에서는 선박의 안전 운행에 필요한 정보의 제공과 항행의 관제를 일원적으로 실시하고 있으며, 현재 7개소를 설치하여 항로의 항행제한 상황, 해난 등의 상황, 대형선의 항로 입항 예정, 선박의 동향, 기상 · 해상 등의 정보를 제공한다. 그 밖에 암초나 침몰선 등의 위험물 발견 등과 같이 직접 항해 및 정박에 영향을 주는 사항들을 항해자에게 통보하여 주의를 환기시키기 위한 항해통보의 처리 및 시아 불량시의 항로 항행제한을 지시하는 등 관제업무를 실시하고 있다.

부속기관으로는 해상보안대학교와 해사보안학교를 두고 있다. 그리고 지방기구로는 전국을 지역 특성 및 설립지의 특수 환경 등을 고려하여 11개 해상보안관구로 나누고 이곳에 관구해상보안본부를 설치하여 연안수역을 관리한다. 뿐만 아니라 해상보안 업무를 실시하는 등 해상보안청의 소장사무를 분장하고 있다.

제1～제10관구 해상보안본부의 사무는 총무부, 경리보급부, 선박기술부, 경비구난부, 해양정보부, 교통부에서 관장하고 있으며, 본부의 사무소는 다음과 같이 구성되어 있다. 해상보안(감)부 67개소, 해상보안항공기지 2개소, 해상보안서 58개소, 해상교통센터 7개소, 항공기지 12개소, 국제조직범죄대책기지 1개소, 특수경비기지 1개소, 특수구난기지 1개소, 기동방제기지 1개소, 수로관측소 1개소, 로란(Long Range Navigation)[49] 센터 1개소, 항로표식사무소 1개소이다. 그리고 11관구해상보안본부에는 정보관리관, 회계관리관, 경비구난기획조정관, 기술관리관, 해양정보기획조정관, 교통기획조정관을 두고 있으며, 그 외 총무과, 인사과, 후생과, 경리과, 보급과, 선박기술과, 경비과, 형사과, 경비정보과, 구난과, 환경방재과, 해양정보감리과, 해양정보조사과, 교통기획과, 교통안전과, 교통계획운용과, 교통정비과, 항행원조과를 두고 있다. 사무소는 해상보안서 2개소, 해상보안부 2개소 항공기지 2개소 등을 가지고 있다.[50]

2011년 말 현재 해상보안청의 정원은 12,671명(여성 직원 555명)이며, 이 중 관할구역 해상보안본부 등의 지방부서는 11,083명에 이른다. 또한 순시선정 · 항공기 등에는 6,031명의 해상보안관이 탑승해 현장 제일선에서 업무에 종사하고 있다. 2012년도에는 방재체제의 강화(38명), 해상경찰권의 강화(200명), 정보관리체제의 강화(15명), 항공기 안전대책 추진(16명)에 필요한 체제를 구축하기 위해 총 275명(기타 6명 포함)의 직원을 증원했다. 이러한 인력운영은 시시각각으로 변화하는 해양환경에 적극적인 대응이라 할 수 있다.

또한 2011년도에는 순시선정 · 항공기의 가동률 향상을 통한 치안 유지 체제의 강화를 위해 본청 장비기술부 항공기과에 '항공기 정비 관리실' 및 '항공기 기술 조정관'을 설치한 것 이외에 공무원제도 개혁 등의 추진 및 조직력 유지에 따른 체제를 강화하기 위해 본청 총무부 인사과에 '인사기획 조정관'을 설치했

49) 항해 및 항공을 위해 개발된 장거리 무선항법시스템으로 1959년 미국이 개발한 이래 전 세계 16개 체인을 56개국에서 운영하고 있으며, 현재는 근래에 개발된 로란-C가 운영되고 있다. 1개 체인은 1개의 주국(主局, master station)과 2~4개의 종국(從局, slave station) 및 통제국, 감시국으로 구성되며, 종국은 w, x, y, z의 이름으로 구별된다(네이버 검색사이트, 지식검색, 2013.5.17. 방문. 〈http://www.naver.com〉).

50) 日本 海上保安庁 海上保安白書(2012) 資料編 중 地方支分部局機構図를 참고하여 작성하였다.

다. 뿐만 아니라 테러 대책, 영해 경비, 해양 권익의 보전 등 해상에 있어서의 치안·안전의 확보에 만전을 기하기 위해 제6관할구역 및 제10관할의 관구해상보안본부의 경비구난부 및 제11관구해상보안본부에 '경비정보과'를 신설했다.

해상보안청의 2012년 기준 연간 총 운영예산은 1,780억 엔으로 이 중 인건비가 940억 엔으로 전체 예산의 53%를 차지하고 있으며, 그 다음으로 특별비 등 일반경비가 532억 엔(30%), 주요사업비[항공기 구입비(89억 엔), 선박건조비(175억 엔) 및 항로표식 정비비(44억 엔)]가 308억 엔(17%) 순으로 편성되었다.[51] 편성비율은 해마다 유사한 점을 보이고 있다.[52] 이는 우리나라 해양경찰의 전체 예산 중 주요사업비에 가장 많은 비중을 두고 있는 것과는 다소 차이가 있다.

Ⅲ. 경찰권 행사의 범위 및 근거

「해상보안청법」 제1조제1항에서는 해상보안청을 두는 목적이 해상에서의 인명 및 재산을 보호하고, 또한 법률위반에 대한 예방·수사 및 진압을 하기 위한 것이라고 명시하고 있다. 뿐만 아니라 같은 법 제1조제2항에서는 "하천입구에 있는 항과 하천과의 경계는 「항칙법」(1948년 7월 15일 법률 제174호) 제2조의 규정에 근거한 정령에서 정하는 바에 따른다"고 규정하고 있어 해상보안청의 관할권 행사는 해상에서만 국한되어 있다고 볼 수 있다.[53] 또한 이러한

51) 日本 海上保安庁 海上保安白書(2012) 海上保安廳の 任務 · 體制부분을 참고하여 작성하였다.

52) 해상보안청의 2011년 기준 연간 총 운영예산은 1,754억 엔으로 이 중 인건비가 946억 엔으로 전체 예산의 54%를 차지하고 있으며, 그 다음으로 특별비 등 일반경비가 463억 엔(26%), 주요사업비[항공기 구입비(83억 엔), 선박건조비(218억 엔) 및 항로표식 정비비(45억 엔)]가 346억 엔(20%) 순으로 편성되었다(日本 海上保安庁 海上保安白書(2011) 海上保安廳の 任務 · 體制부분을 참고하여 작성하였다).

53) 이와 관련하여, 「해상보안청법」 제2조에서 법령의 집행을 규정하는 경우, '법령의 해상집행'이라 하고, '범죄예방, 진압, 범인수사, 체포'에 대해, '범죄의 해상에서의 …(이하생략)', '범인의 해상에서의 …(이하생략)'이라 하지 않고, '해상에서의 범죄 …(이하생략)', '해상에서의 범인 …(이하생략)'이라 하여, 구분하고 있다. 이것은 이른바 사법경찰권의 행사에 대해 해상보안청

명문규정은 해상보안청의 지역관할을 정한 것이라 할 수 있다. 따라서 해상보안청의 권한 또한 일반적인 관점에서 볼 때 해상에서만 미치며 육상에서는 그 영향력 행사가 미치지 않는 것으로 볼 수 있다.

하지만 「해상보안청법」 제2조는 사물관할(事物管轄)에 해당하는 것으로 이른바 사법경찰권 행사시의 관련 사건 등에 관해서는 육상에서도 그 권한을 행사할 수 있다고 규정하고 있어 해상보안청의 관할권이 해상에만 국한된 것은 아니라 할 수 있다.[54)]

한편, 일본 「해상보안청법」에서는 '해상'이라는 용어를 사용하여 명문규정으로 언급하고 있으므로 경우에 따라서는 육상과 해상의 경계문제가 모호하여 육상경찰과의 관할권에 대한 시비가 존재할 수 있다. 따라서 육상과 해상의 경계문제를 어떻게 설정할 것이냐 하는 것과 해상보안청이 국제법적 측면에서 어디까지를 경찰권 행사가 미치는 관할로 두고 있는지에 대해 살펴보기로 한다.

우선 육지와 해상의 경계문제에서는 육지와 해상의 한계(限界)가 되는 해안선의 기준을 어떻게 설정하느냐의 문제이다. 해안선은 항상 고정되어 있지 않고 지역에 따라 하루에 여러 차례 되풀이되는 밀물과 썰물 때문에 시시각각 달라진다. 그렇다면 썰물일 때 해안선과, 밀물일 때 해안선, 평균 해수면일 때의 해안선 가운데 바다와 육지를 나누는 기준을 어디로 할 것이냐를 따져봐야 한다.

보통의 경우 물가(즉 waterline, 水際線)에서 선을 그어 물가까지가 육상이고,

의 권한은 해상에 한정되고 있지 않다는 것을 보여준다. 즉 동조는 지역관할을 범죄나 해상에서의 범인이라는 것도 이는 범죄 그 자체, 범인 그 자체를 규정한 것이다. 적어도 해상에 관계되는 범죄자는 기타 행정기관의 소장에 속하는 사무라 하더라도 해상보안청의 소장으로 이관하는 것으로 한다. 행해진 범죄, 해상에서 시작되어 해상에 미친 범죄 및 이에 관련된 각각의 범죄에 대해서는 육상의 어떠한 지점에도 해상보안청의 권한이 미치는 것임을 선언하고 있는 것이다. 이러한 의미에서 해상보안청의 직무권한은 단지 해상에만 한정되지 않는다 할 수 있다. 그 반면, 단순한 법령의 집행에 관한 업무는 분명히 해상으로 제한되어 있으며, 육상에서는 경찰권을 행사할 수 없다고 보는 견해도 있다(해양경찰학교, 앞의 책, 23~24면).

54) 해양경찰학교, 앞의 책, 18면.

그로부터 끝이 해상이다. 여기서의 물가란 원칙적으로는 만조 때의 선이라 해석하는 것[55]과 관련해서 그 주장이 타당할 것으로 본다. 왜냐하면, 비록 연안국의 주권이 미치는 영해는 영토가 끝나는 지점에서부터 일정한 거리까지를 인정한 것인데 여기에서의 육지와 해상의 기준선, 즉 기선(baseline, 基線)을 썰물 때의 해안선을 기준으로 하고 있으나, 만조 시 선박 등에서 발생한 범죄나 여타 다른 관련 범죄 또한 해상보안청의 업무영역에 속하므로 여기에서의 물가(해상)의 기준은 영해의 기준점과는 반대개념의 만조 시 때를 경계선으로 보는 것이 합당하다. 이는 우리나라 해양경찰청에도 적용된다 할 것이다.

그 밖에 일본 「해상보안청법」 제2조제2항에서는 "종래 운수대신관방, 운수성 해운총국 장관관방, 해운국, 선박국 및 선원국, 해난심판소의 이사관(理事官), 등대국, 수로부 및 기타 행정기관의 소관에 속하는 사무이나 전항의 사무에 해당하는 것은 해상보안청 소관으로 옮기는 것으로 한다"고 규정되어 있고, 이 경우 이른바 다른 행정기관의 소관에 속하는 사무 중에는 종래 경찰행정청의 소관에 속해 있던 사무도 당연히 포함되는 것으로 해석되므로 이 점에서 해상경찰권 행사에 대한 권한은 원칙적으로 해상보안청에서 수행한다고 할 수 있다.[56]

해상보안청도 국내법이나 국제법에 따라 그 관할권이 행사되고 있다. 먼저 해상에서 해상보안청이 권한행사를 하는데 있어서 그 관할권 행사의 범위가 어떻게 되는지를 살펴보기 전에 대상선박이 위치한 해역과 그 선적항을 먼저 고려해야 한다. 또한 선박 소유자의 신분(자국선 · 타국선 · 군함 · 公船 · 私船)도 함께 따져봐야 할 것이다. 그리고 업무의 성질 및 종류(수로측량 업무, 구난업무, 경찰업무, 등대업무 등)에 있어 불법이 없는지에 대해서도 살펴보아야 한다.

일본해상보안청도 우리나라 해양경찰청과 마찬가지로 자국영해에서의 해상

55) 해양경찰학교, 앞의 책, 18면.

56) 해양경찰학교, 앞의 책, 25면.

보안업무에 있어서 영해는 영토에 준하고, 일본의 주권 또는 관할권이 당연히 미치는 곳이므로 일본의 국내법에서 불법으로 명시하고 있는 행위에 대해서는 원칙적으로 모든 선박에 대해 그 경찰권을 행사할 수 있다는 것에는 이견이 없다. 하지만 다음과 같은 경우에서는 경찰권 행사에 있어 제한적으로 허용하고 있다.

ⅰ) 외국 군함에 대해서는 통상 치외법권과 불가침권이 인정되므로 직접 그 권한은 행사할 수는 없으나, 승무원이 군함을 본래의 목적에 맞지 않게 사용(私用)함에 따라 군함으로써의 신분을 상실한 경우에는 예외로 한다. ⅱ) 외국 공선에 대한 불가침권은 원칙적으로는 인정되지 않지만, 통상 치외법권이 인정되므로 공용(公用)으로서의 선박 신분을 벗어난 경우에는 치외법권은 인정되지 않는다. ⅲ) 외국 상선에 대해서는 기본적으로 무해통항권이 인정되나, 연안국의 법률을 위반한 불법행위에 대해서는 일본의 선박과 같은 권한을 행사할 수 있다. 단, 상선 내부에서 발생한 범죄로 그것이 전혀 외부에 영향을 미치지 않는 것에 대해서는 일본이 1968년 추진한 「영해 및 접속수역에 관한 조약」 제19조에 의해 범죄가 전혀 외부에 영향이 없고, 선장 또는 선적국의 영사에 의해 요청이 없을 경우 연안국은 이에 대해 관할권이 없으므로 해상보안 업무 또한 이에 따라 운영하는 것이 합당하다.

다음으로 공해에서의 경찰권 행사를 살펴보면, 이는 국제법인 「유엔해양법협약」을 따르도록 하고 있기 때문에 우리나라 해양경찰의 경찰권 행사와 그 집행방법 등이 동일하다 할 것이나, 간단히 살펴보기로 한다.[57)]

---

57) 일본 「헌법」 제98조제2항에 의한 국제법의 효력과 관련해서는 일본국이 체결한 조약 및 확립된 국제법규는 이를 성실히 준수할 것을 필요로 한다고 규정되어 있다. 또한 국제법은 헌법 전문(前文) 제3항의 국제협조주의와의 관련에서 헌법 이상의 효력이 있다는 학설(국제법상위설)과, 국제법이라도 「헌법」에 앞설 수 없다(국내법상위설)는 두 가지 학설이 있다. 하지만 그것은 「헌법」에 따라 적어도 법률 이상의 효력이 보증되고 있는 것이 확실하다는 견해도 있다(해양경찰학교, 앞의 책, 22면). 일본 「헌법」 제98조 ① 이 헌법은 국가의 최고 법규로서 그 조규에 반하는 법률, 명령, 조칙 및 국무에 관한 기타의 행위의 전부 또는 일부는, 그 효력을 가지지 못한다. ② 일본국이 체결한 조약 및 확립된 국제 법규는 이것을 성실하게 준수하

공해에 있어서의 항행 · 상공비행 · 해저전선부설 · 인공섬 건설 · 어업 · 과학조사 등과 같은 합법적인 업무에 대해서는 공해자유의 원칙에 따라 모든 국가에게 허용되고 있다. 또한 불법을 행한 자국의 선박에 대해서도 공해상에서의 경찰권 행사에 있어서는 아무런 문제가 되지 않는다. 다만, 「유엔해양법협약」에서 규정짓고 있는 해적행위 등에 대해서는 국적을 불문하고 단속의 대상으로 할 수 있다. 하지만 무조건적으로 경찰권 행사를 집행하는 것이 아니라 동 협약에서 규정하고 있는 불법선박을 대상으로 적법한 절차에 의해 경찰권을 이행해야 하는 것으로 평시에는 원칙적으로 외국선박에 대한 단속은 할 수 없다.

일본의 경우 우리나라와는 달리 군도수역을 포함하고 있는 영수(領水)[58] 내의 해상보안 업무에도 그대로 적용된다 할 것이나, 외국선박에 대해서는 일본에게 주어진 복잡한 지위를 근거로 해서 여러 가지 고찰을 해야 할 사항이 있다. 그것은 특수한 조약에 근거하여 일본의 형사재판권이 제한되어 있는 경우로, 일 · 미 간의 지위협정에 근거하여 형사특별법의 적용을 받는 경우이다.

어느 경우를 막론하고 국제법은 국내법과 그 성질이 근본적으로 다르고, 확실한 조약이 없는 경우에는 설령 확립된 국제법에 준거하여 행동한 경우라도 실제결과는 다양한 분쟁을 야기시킬 수 있으므로 신중하게 처리해야 한다.[59]

이상의 내용과 같이 일본해상보안청의 담당수역은 전 세계에 미친다고 할 수 있다. 이는 「해상보안청법」이 제정 당시 해상보안청의 활동범위가 "항, 만, 해협 그 외 일본의 연안수역(제정 당시의 「해상보안청법」 제1조제1항)"으로 한정되어 있었던 것이 "해상에서"라고 개정되면서 그 활동범위에 대한 한정이 해제되었다고 할 수 있다. 실제로 전용선인 '시마시마'에 의한 유럽-일본 간의 플루토늄수송 호위임무, 말라카(Malacca) 해협에서의 해적수색 임무 등이 있었

는 것을 필요로 한다.

58) 영해(領海), 내수(內水) 및 군도수역(群島水域)의 총칭으로 연안국의 주권이 미치는 해역을 가리킨다. 즉 영토(領土)에 딸려 나라의 주권(主權)이 미치는 바다를 일컫는다(김철환, 『엣센스 국어사전』, 민중서림, 2012, 1,689면).

59) 해양경찰학교, 앞의 책, 19~20면.

다.[60] 또한 동법 제17조제1항 및 제18조에서는 해상보안관이 행사할 수 있는 직권뿐만 아니라 경찰 강제권에 대해 별도의 규정을 마련하고 있는데, 이는 무조건적인 경찰권 행사가 아니라 경찰권 행사의 범위 및 그 조건에 대해서도 엄격한 제한을 두고 있음을 알 수 있다.

해상보안관이 행사할 수 있는 직권에 대해 살펴보면 다음과 같다. i) 해상보안관은 그 직무를 수행하는데 있어 필요하다고 판단될 때에는 선장 또는 선장에 대신하여 선박을 지휘하는 자에 대해 법령에 따라 선박에 비치해야 할 서류제출을 명할 수 있다(서류제출명령권). ii) 선박의 동일성 · 선적항 · 선장의 성명 · 직전의 출발항 또는 출발지 · 목적항 또는 목적지 · 적하의 성질 또는 적하의 유무 그 외 선박의 적하 및 항해에 관계되어 중요하다고 인정하는 사항을 확인하기 위해 선박의 진행을 정지시켜 선박에 들어가 입회(현장)검사를 할 수 있는 권한을 가지고 있다(입회검사권).

iii) 승무원 및 여객 · 선박의 소유자 혹은 임차인 또는 용선자 그 외 해상의 안전 및 치안의 확보를 도모하기 위해 중요하다고 인정되는 사항에 대해 지장을 초래할 수 있다고 인정되는 사람에 대해서는 직무를 수행하기 위해서 필요한 질문을 할 수 있는 권한을 가지고 있다(질문권).

뿐만 아니라 해상보안관은 선박 진행을 개시 · 정지시키거나 출발을 제지할 수 있으며, 항로를 변경시키거나 선박을 지정하는 장소로 이동시킬 수 있다. 또한 승무원, 여객 기타 선내에 있는 자를 하선시키거나 그 하선을 제한 혹은 금지시킬 수 있으며, 적하를 양륙시키거나 그 양륙을 제한 또는 금지시킬 수 있다.

그 밖에 타 선박 또는 육지와의 교통을 제한하거나 금지시킬 수도 있으며, 이러한 조치들 외에 해상에 있어서 인명 혹은 신체에 대한 위험 또는 재산에 대한 중대한 손해를 끼칠 우려가 있는 행위를 제지할 수도 있다. 하지만 이러한 조치의 경찰권 행사는 해상에 있어서 범죄가 막 행해지려고 하는 것을 인정

60) 김경석, 앞의 논문, 48면.

하거나 천재지변, 해난, 공작물의 손괴, 위험물의 폭발 등 위험한 사태로 인해 사람의 생명 혹은 신체에 위험이 미치는 경우로 한정한다. 그리고 재산상에 중대한 손해를 미칠 염려가 있어 급속을 요하고, 동시에 다른 법령에서 규정하고 있는 것을 제외한 경우에 한하여 경찰권을 강구할 수 있도록 제한하고 있다.

Ⅳ. 주요업무

해상보안청의 중앙기구인 총무부, 장비기술부, 경비구난부, 해양정보부, 교통부에서 분장하고 있는 업무에 대해 앞서 전반적으로 살펴보았다. 여기에서는 이에 추가하여 해상보안청의 주요업무에 있어서의 세부사항에 대해 우리나라 해양경찰청의 주요업무를 구분한 방법과 동일하게 실제 제도적으로 규정되어 있는 소장사무(所掌事務)에 대해 살펴보고자 한다. 이 또한 우리나라 해양경찰 법체계와는 어떠한 특징적 차이를 보이고 있는지를 확인해 보는 참고자료가 될 수 있다.

일본해상보안청은 해상에서 발생하는 업무 중 치안과 관련한 권력적 행사 이외에 각종 해상안전과 관련한 비권력적 서비스 업무를 동시에 수행하고 있다는 것을 알 수 있었다.[61] 이와 관련한 업무의 범위에 대해서는 「해상보안청

61) 해상보안청의 임무는 치안유지, 해양 교통안전 확보, 해난구조, 해양방제 및 해양환경 보존의 4개 분야에 걸친 바다의 위험관리에 관한 임무와 이를 실현하기 위한 국내·외 관계기관과의 연대·협력으로 집약된다. 이 중 치안유지를 위한 구체적인 업무로는 해양항로에 의한 약물·총기·불법 입국자 유입방지, 불법조업방지, 해양에서의 주권확보 및 공공의 안전 확보 등이 있다. 해상보안청이 관여하여 적발한 대량의 약물, 총기의 밀수사범에 대해서는 그 대부분이 내·외의 관계 감독기관이 입수한 정보를 조사 단서로 하고 있기 때문에 계속하여 이들 기관과의 긴밀한 연대를 유지하고 있다. 또한 이에 그치지 않고, 해상보안청 독자 정보의 수집·분석체제도 강화하고 있다. 그리고 출·입국 검사에서 은닉 약물 등의 발견 능력이나 사건의 조사 능력을 향상시키는 등 적발수준을 높이고 있다. 「유엔해양법협약」의 취지에 기초하여 한국 및 중국 간에 새로운 어업 질서를 내용으로 하는 협정이 발효됨에 따라 일본의 배타적 경제수역에서는 다수의 외국 어선이 일본 관리 하에 조업하기 때문에 외국 어선의 불법 조업에 대한 감독을 증가시키고 있다. 또한 외국 선박의 불법 행위, 불심 행위에 대한 경고, 퇴서조치, 외국선박에 의한 불법 상륙저지, 영해에 긴급하게 들어온 선박에 대해 질서 있는

법」 제2조에서 자세히 언급하고 있으며, 또한 동법 제5조에서는 제2조제1항의 임무를 달성하기 위한 해상보안청의 소장사무(제1호~제31호)를 규정하고 있다. 각각의 개별 소장사무는 해상보안청 중앙기구별로 분장하여 담당하고 있으며, 경비구난부, 해양정보부, 교통부가 이에 해당한다.[62] 부서별 주요업무를 살펴보면 다음과 같다.

ⅰ) 경비구난부에서는 법령의 해상에서의 집행에 관한 사항(제1호), 해난시 인명, 적하 및 선박의 구조 또는 천재사변(天災事變) 기타 구제(救濟)를 필요로 하는 경우에 있어서 원조에 관한 사항(제2호), 조난선박의 구호 또는 표류물 및 침몰품의 처리에 관한 제도(制度)사항(제3호), 해난의 조사(운수안전위원회 및 해난심판소가 실시하는 것을 제외한다)에 관한 사항(제4호), 선박교통의 장애제거에 관한 사항(제5호), 해상보안청 이외의 자로서 해상에서 인명, 적하 및 선박의 구조를 행하는 자 또는 선박교통에 대한 장해를 제거하는 자의 감독에 관한 사항(제6호), 여객 또는 화물의 해상운송에 종사하는 자에 대한 해상에서의 보안을 위해 필요한 감독에 관한 사항(제7호), 항법 및 선박교통에 대한 신호에 관한 사항(제8호), 항칙(우리나라의 개항 질서에 해당함)에 관한 사항(제9호), 선박 교통이 복잡한 해역에 있어서의 선박 교통의 안전의 확보에 관한 사항(제10호), 해양오염 등(「해양오염 및 해상재해의 방지에 관한 법률」(1970년 법률 제136호) 제3조제15호의2[63]에 규정하는 해양오염 등을 말한다) 및 해상

입역 지도 · 감시, 대륙붕 및 배타적 경제수역에서의 외국 해양 조사선에 의한 해양 조사 활동에 대한 중지 요구, 외국 불심 선박 대치 등 영해에서 발생할 수 있는 경비 사안 등에 적절히 대응하고 있다. 핵물질의 해상 운송 혹은 원자력 발전소 등의 건설에 대한 시민단체 등의 항의 행동이 활발하게 전개되고 있어 해양보안청은 해양에서의 공공안전 확보와 질서 유지를 위한 경비에도 힘쓰고 있다. 그리고 외국기관과의 연대 · 협력을 통해 치안유지, 해양환경 보전 및 방재, 국제긴급 원조체제 유지 등을 강화하고 있다. 그 밖에 해상레저활동 안전확보, 해양조사와 해양정보 제공 등의 업무를 담당하고 있다(이종열 외, 앞의 보고서, 40~43면).

62) 해양경찰학교, 앞의 책, 32면.

63) 해양오염 및 선박에서 방출되는 배출가스에 의한 대기오염, 지구 온난화 및 오존층 파괴 등의 규제와 관련한 내용을 말한다.

재해의 방지에 관한 사항(제11호), 해상에 있어서의 선박의 항행질서의 유지에 관한 사항(제12호), 연안수역에 있어서 순시경계(巡視警戒)에 관한 사항(제13호), 해상에서의 폭동 및 소란 진압에 관한 사항(제14호), 해상에 있어서의 범죄의 예방 및 진압에 관한 사항(제15호), 해상에서의 범인수사 및 체포에 관한 사항(제16조), 유치(留置) 업무에 관한 사항(제17조), 국제수사 공조에 관한 사항(제18조), 경찰청 및 도도부현 경찰, 세관, 검역소 그 외의 관계 행정청과의 사이에 있어서의 협력, 공조 및 연락에 관한 사항(제19조), 「국제긴급원조대의 파견에 관한 법률」(1987년 법률 제93호)에 근거하는 국제 긴급원조 활동에 관한 사항(제20조)을 담당하고 있다.

ii) 해양정보부에서는 수로측량 및 해상관측에 관한 사항(제21호), 수로도 및 항공지도 조제(調製) 및 공급에 관한 사항(제22호), 선박교통 안전을 위해 필요한 사항의 통보에 관한 사항(제23호)을 담당하고 있다.

iii) 교통부에서는 등대 기타 항로표지의 건설, 보수, 운용 및 용품에 관한 사항(제24호), 등대 기타 항로표지의 부속의 설비에 의한 기상관측 및 그 통보에 관한 사항(제25호), 해상보안청 이외의 자로 등대 기타 항로표지의 건설, 보수 또는 운용을 행하는 자의 감독에 관한 사항(제26호), 소장사무와 관련되는 국제 협력에 관한 사항(제27호), 소장사무를 수행하기 위해 사용하는 선박 및 항공기의 건조, 유지 및 운용에 관한 사항(제29호)을 담당하고 있다. 그 밖에 동법 제5조에서는 정령(政令)에서 정하는 문교연수시설(文教研修施設)에서 소장사무에 관한 연수를 행하는 사항(제28호), 소장사무를 수행하기 위해 사용하는 통신시설의 건설, 보수 및 운용에 관한 사항(제30호), 전 각호에 열거하는 것 외에 제2조제1항에 규정하는 사무(제31호)를 담당한다.

하지만 지금까지의 내용들은 우리나라 해양경찰청의 하부조직인 정보수사국의 분장업무 중 정보 · 보안 및 외사와 관련한 업무는 명확히 언급하고 있지 않다. 다시 말해서 우리나라 해양경찰청과 일본해상보안청의 주요업무를 제도적 측면에서 살펴보면, 해양에서의 경찰권을 행사하는 경찰기관으로서는 서로 간 다를 바가 없다. 하지만 조직의 성격(특성)에서 다소 차이를 보이고 있다. 우리나라 해양경찰청은 상당부분 경찰기관으로서의 업무적 특징을 보이고 있는 반면, 해상보안청의 경우 경찰권을 행사한다고는 하나 경찰기관으로서의 업무적 특성보다는 해상에서의 안전과 관련된 업무를 중심으로 수행하고 있다는 것으로 보인다.

Ⅴ. 해상보안청법의 주요내용

우리나라 해양경찰이 조직과 관련한 별도의 개별법을 두고 있지 않은 것과는 다르게 일본의 해상보안청은 「해상보안청법」이라는 법률적 근거에 의해 운영되고 있다. 동법에서 규정하고 있는 내용을 간단히 살펴보면 다음과 같다. 동법은 총 4개의 장과 부칙으로 이루어져 있으며, 제1장(조직), 제2장(삭제), 제3장(공조 등), 제4장(보칙) 및 기타 부칙으로 구성되어 있는데 여기에서 부칙을 제외하면 제4장까지 총 제33조로 구성되어 있다. 또한 세부적인 구성들로는 해상보안청의 설치목적 이외에도 임무의 범위, 각종 장비, 소장사무, 조직체계, 계급, 권한 및 무기휴대(사용) 등과 관련한 내용들을 포함하고 있다.

특히 주목할 만한 것은 동법은 조직법적인 측면뿐만 아니라 이에 추가하여 작용법적인 특성을 동시에 포함하고 있다.[64] 이는 일반적으로 우리나라와 일본의 육상경찰이 조직 및 작용에 관한 대표적인 일반법으로 「경찰법」과 「경찰관직무집행법」을 별개의 개별법으로 운영하는 것과는 대조적이라 할 수 있을 것이다.[65] 그리고 「해상보안청법」은 해상보안청을 제도적 틀 안에서 국가기관

---

64) 「해상보안청법」 제1조에서는 해상보안청의 설치 및 그 목적에 대해 규정하고 있어 조직법적인 성격을 보이는 반면, 같은 법 제19조 및 제20조는 무기의 휴대 및 사용과 관련한 내용을 규정하고 있어 작용법적인 성격을 동시에 반영하고 있다.

65) 다른 한편에서는 「경찰법」과 「경찰관직무집행법」을 통합하여 하나의 법률로 운영하는 방안을 제시하기도 한다(김태진, "한국 경찰법제의 개선방안에 관한 연구", 동아대학교 일반대학원 박사학위논문, 2001, 113면; 고영완, 앞의 논문, 163면).

으로서의 안정성을 확보할 수 있음은 물론 경찰권 행사로 인해 발생할 수 있는 침해행정으로부터 국민에 대한 법적 안정성을 보장하는데 있어서도 충분하다.

그런데 우리나라 해양경찰청은 여러 다른 나라의 해양경찰과 관련한 제도적 특성들에 대해 다수의 문헌들을 소개하고 있으나, 자료분석적 차원 이외에 더 이상의 진전은 없는 것으로 보인다.[66] 특히 「해상보안청법」에 대해서는 세부적인 분석자료를 내놓고 있었음에도 우리의 실정에 맞게 받아들이려고 하는 노력은 여러 사회적 환경으로 인해 적극적인 자세를 보이지 않고 있다.

물론 제도를 입법화하여 수용하기까지는 다소의 시간과 세밀한 추진과정 등이 필요할 것이나, 우리나라 해양경찰이 조직법적 체계를 갖추어야 하는지에 대한 판단을 하는데 있어서는 그리 어렵지 않을 것으로 보인다. 그렇다면 우리나라 해양경찰청에서 분석한 「해상보안청법」의 주요내용에 대해 살펴보고, 그 밖에 다른 문헌을 통해 동법의 특징 등에 대한 관련 내용을 다루어 보고자 한다.[67]

이 또한 향후 우리나라 해양경찰의 조직법을 입법화하는데 필요한 기초자료가 되는 것은 물론이고 다른 나라 제도의 무조건적인 수용이 아닌, 더욱 객관적이고 보편타당한 측면에서 우리의 것으로 재구성하여 입법화 할 수 있는 종합적 사고를 배양하는데 의의가 있다. 뿐만 아니라 수년 간 잠자고 있는 각종 자료들의 가치를 깨워 우리의 실정에 맞게 지속적으로 연구하고, 이에 머무는 것이 아니라 제도적으로 입법화하여 수용할 만한 가치가 있는 경우에는 적극적으로 추진할 수 있는 계기를 마련하기 위한 것이다.

1. 해상보안청법의 제정 경위

앞서 일본해상보안청의 설립배경에 대해 언급해 보았다. 일본해상보안청은

66) 해양경찰청은 '외국의 해양경찰기관'(2000년), '외국의 해상치안기관'(2005년) 이외 다수의 관련 자료를 발간하고 있으나, 이를 우리 실정에 맞게 재구성하여 입법화를 위한 노력은 부족한 것으로 보인다.

67) 「해상보안청법」의 입법적 특성 등 주요내용과 관련해서는 해양경찰학교, 앞의 책, 9~13면; 山本草二, 앞의 책, 28~33면을 참고하여 재작성하였다.

「해상보안청법」을 근거로 설립된 기관이므로 해상보안청의 설립배경과 동법의 제정경위는 동일하다 할 것이나, 여기에서 간단히 살펴보고자 한다.

1945년 패전 후 한때 일본 주변해상은 잦은 해난사고, 밀수 · 밀항의 빈발과 해적마저 자주 출몰하는 등 혼란의 시기가 도래하였다. 이는 패전에 따른 정치, 경제적 혼란과 일본정부의 자주권 상실로 인한 해상치안 부재에서 유래하는 한편, 전쟁 당시 미 · 일 양국이 일본 주변해역에 부설한 기뢰(機雷)에 의한 위협, 전쟁기간 중 성능이 우수한 선박 및 선원의 대량상실에 따른 선박상태 등의 일반적 저하, 그리고 등대나 기타 항행 안전시설이 전쟁으로 인해 훼손되면서 해상안전의 확보가 어려워진데서 그 원인을 찾을 수 있다. 그 밖에 해상 관련분야에 대한 행정력 부족도 해양환경 혼란의 원인으로 작용하였다.

종래 일본의 해상안전과 치안유지는 해군에 의존하는 바가 컸었고, 해군 이외에도 관련 해양분야 업무를 담당하는 행정관청으로서 수상경찰, 세관, 해군국, 등대국 등이 있었다. 그러나 이들 기관은 각각의 입장에서 인적, 물적 시설을 보유 · 운용하고 있었던 관계로 패전에 따른 해군해체 이후 일본의 해상행정력은 그 구심점이 없는 상태였다.

한편, 이러한 해상혼란 시대의 극복과 일본 주변해상의 치안질서 확립 및 해상행정의 효율적 이용을 위해 각 기관별로 분산되어 있던 인적 · 물적 자원의 통합으로 행정체제 일원화를 도모할 필요성이 제기되었다. 이를 위해 미국의 해안경비대(USCG) 제도와 같은 제도적 확립의 필요성이 논의되어, 우선 1946년 6월 운수성(현재는 국토교통성)에 불법입국 감시본부를 규슈(九州) 및 혼슈의 북서부 지역과 접하는 지역에 불법입국 감시부를 설치하고, 당시 연합군 관리 하에 있던 구 일본군 해군함정 28척을 인수받아 외국인 불법입국방지에 대처하는 한편 관련 제도의 확립을 위한 준비가 추진되었다.

하지만 패전직후, 일본에 군대는 아니라 하더라도 해상방위력 증강을 결집하는 제도를 확립하는 것은 여러 모로 국내 · 외적인 문제를 내포하고 있었다. 우선 국내적으로는 특정정파 정치세력의 당연한 반대 등으로 곤란이 예상되었으며, 또한 국제적으로도 일부 연합국에서 일본의 재(再) 군비를 염려하는 반대가 있었으나, 「해상보안청법」(안)은 1948년 4월 27일 법률 제28호로 국회를 통과, 1948년 5월 1일자로 시행되어 행정력 결집에 근거한 해상치안력 강화가 실현되었다. 또한 1950년 7월 인원, 순시선정, 통신시설 등의 비약적 증강계획을 거쳐서 해상보안청은 일본의 해양경찰기관으로서의 그 행보를 개시하게 되었다.

2. 해상보안청법의 특징[68]

「해상보안청법」은 미국해안경비대의 임무, 권한 등을 정한 U.S.C. Title 14를 모델로 해서 제정된 법률이며 이를 통해 전쟁 직후 무질서한 일본 주변해역에 법적 질서를 가져오기 위한 수단으로 활용하였다. 그러나 「해상보안청법」은 미국해안경비대의 제도를 그대로 도입하지 않고, 기존 일본 국내법들과의 논리적 모순을 배제한 정합성, 즉 무모순성을 추구하고 있다. 또한 경우에 따라서는 일부 수정 및 보완의 과정을 거쳐 제정된 법률로써 일본의 해상보안청 직원 대다수의 신분은 우리나라 해양경찰청과 같은 경찰직이나 미국의 해안경비대와 같은 준군인신분이 아닌 공안직 신분으로 해상보안관을 두고 있다.[69] 이상의 내용들은 우리나라 해양경찰조직의 근거법을 제정하는데 있어 신중히 검토되어야 할 부분으로 시사하는 바가 크다 할 것이다. 즉 무조건적인 수용이 아닌 우리 실정에 가장 부합되는 정책수립이 필요하다.

한편, 직무범위에 대해서는 U.S.C. Title 14 §2, §89 등에서 규정하고 있는 미국해안경비대의 임무, 권한 등을 참고해서 각종 세부규정을 정비했다.

게다가 '법집행'제도를 도입해 해상보안관이 해상 및 선박에 적용되는 법령을 근거로 해서 해상에서의 경찰권을 집행할 수 있는 기반을 마련하고 있다. 이처럼 해상보안청은 「해상보안청법」에 근거하여 항해의 안전 및 해상 치안의

68) 山本草二, 앞의 책, 28~33면.

69) 앞서 언급한 바와 같이 일본해상보안청 직원의 신분은 일본 「헌법」 제9조 및 「해상보안청법」 제25조에 따라 일부 제한되고 있다.

유지에 관한 행정사무를 관장하고 있다. 즉 해상보안관이 동법에 근거한 여러 가지 권한을 행사하는 일원적 구조를 가지고, 행정사무 전반을 담당하는 행정조직으로 구성되어 있다.

지금까지의 내용으로 「해상보안청법」 제정 당시의 관계 조문을 인용하여 전체적인 특징을 살펴보면 다음과 같다.

i) 미국해안경비대의 설립과 임무를 미국연방법에 근거를 두고 있는 것과 같이 일본의 해상보안청은 「해상보안청법」에서 설립의 근거와 임무의 범위를 규정함으로써 '횡단적 행정조직'의 성격[70]을 보이고 있다.

ii) 같은 법 제14 및 제31조에서와 같이 집행기관으로서의 해상보안관을 규정하고 있다.

iii) 같은 법 제16조, 제17조 및 제20조와 같이 법집행 기관으로서의 개념을 도입했다.

iv) 같은 법 제15조에서와 같이 해상보안관이 법령집행에 관한 사무를 행하는 경우 그 권한에 대해서는 당해 해상보안관은 각자의 법령시행에 관한 사무를 소장하는 행정관청의 관리로 간주되어 그 행정관청이 제정하는 규칙의 적용을 받는다는 일명 대위권(代位權)[71]에 대해 규정하고 있다.

v) 같은 법 제4조제2항에서는 해상보안청의 선박은 번호 및 다른 선박과 분명하게 식별할 수 있는 표지를 첨부해 국기 및 해상보안청의 기를 게양하게 하고 있다.

vi) 같은 법 제25조에서는 해상보안청 또는 그 직원이 군대조직으로 훈련하거나 군대기능을 금지하는 특수규정을 두고 있다.

---

70) 횡단적(수평적) 행정조직: 경직화된 종단적(수직적) 조직이 아니라 환경변화에 신축성 있게 적응하고, 끊임없이 새로운 행정수요를 충족시킬 수 있도록 대응력을 지닌 조직체계를 의미한다.

71) 해상보안청 직원이 소속 직무 이외 다른 행정관청의 업무를 수행할 경우, 이 때는 해당 법령을 소관(所管)하는 행정관청의 관리로 간주되며, 이와 동시에 해당 관청이 제정한 규칙 등의 적용을 받는다.

3. 해상보안청법과 해상보안행정과의 관계

「해상보안청법」과 해상보안행정과의 관계에 대한 고찰을 위해서는 우선 일반적으로 정치와 법률 그리고 행정의 세 가지 관계에 대해 생각해 볼 필요가 있다. 원래 행정은 정치의 집행작용 또는 기술이라고 말할 수 있다. 국가의 통치정책을 책정하는 것은 정치이며, 책정된 정책을 집행하는 것이 행정의 임무이다. 결국 행정은 일종의 기술이라고 말할 수 있다. 근대 입헌정치에서의 정책책정은 입법형식으로 오로지 국회에 의해서만 행해진다. 따라서 국회는 정치의 중심이며 행정은 이러한 법률의 집행으로서 행해진다. 즉 행정은 법률에 따라 적합하게 행해지지 않으면 안 되는 것으로 이른바 법치주의의 원칙이 수반되어야 한다. 결국 이러한 행정과 법률과의 관계에서 행정기술 또한 법에 의한 것으로 진보하게 만들었다.

그렇지만 여기서 주의해야 하는 것은 근대 행정기술이 법에 의한 행정기술로 진보되었다 하더라도 법과 행정은 여전히 별개의 것으로 법률이 곧 행정은 아니라는 것이다. 법은 어디까지나 행정의 준칙이 된다하더라도 행정 그 자체는 아닌 것이다.

이는 「해상보안청법」과 해상보안행정에 대해서도 역시 마찬가지일 것이다. 수로, 등대 및 경비구난 업무는 해상안전을 유지하기 위한 행정으로 동법에 의해 만들어진 것이 아니라, 이미 동법이 제정되기 이전부터 일본에 존재하고 있었던 것이다. 즉 당시 수로업무는 해운성에, 등대업무는 체신성에, 그리고 경비구난 업무는 내무성과 해운성 등 제각기의 관청에서 소관하고 있었던 것이다.

이들 행정은 그 목적에서 말하자면 해상에서의 인적, 물적 양 방면의 안전을 도모하는 커다란 목적을 갖고 있었지만, 그것을 담당하는 기관이 제각기 각성(省)에 분속(分屬)되어 있었던 것이다. 이처럼 동일한 목적을 가지면서 분산되어 있던 행정력을 하나로 결집하고, 그 총합을 통해 행정의 경제화 · 능률화를 도모하려 제정된 것이 「해상보안청법」이고, 이에 따라 생겨난 것이 해상보안청이다. 따라서 해상보안행정 그 자체는 「해상보안청법」이 제정되고, 해상보안청이 설치되기 이전부터 일본에 존재하고 있었던 것이다.[72)]

한편, 해상보안행정으로 판단되는 것이라 하더라도, 현행 행정제도 하에서는 전부 해상보안청이 소관하고 있지는 않다. 예를 들면, 「선박직원법」이나 「해난심판법」 업무 등은 그 성질상 해상보안행정으로 판단되지만 현재 일본의 경우 국토교통성과 해난심판소의 소관업무로 되어 있다. 이는 어떠한 깊은 이론적 근거를 배경으로 두고 있는 것이 아니며, 주로 행정편의에 따라 각국의 실정에 맞게 수용되고 있다는 견해가 지배적이다.

실제 「선박안전법」이나 「선박직원법」 및 해난심판소 관련 업무는 당초 1952년에 이뤄진 행정기구개혁 이전까지는 그 소관부서가 해상보안청이었다. 하지만 일국의 행정제도는 반드시 이상적 또는 이론적 근거로 하여 제정될 수 있는 것은 아니다. 다른 면에서 보면, 국가의 전통이나 정치적 배려, 혹은 행정편의 등도 또한 무시할 수 없는 요소이다. 즉 이론적으로 행정제도를 어떻게 결정할 것인가 하는 것은 순전히 정치적 영역인 것이다. 또한 행정에 관계하는 자는 제도의 결함이나 그 개선에 대한 의견표명은 자유이지만, 우선 주어진 제도 하에서 최대한도로 행정목적이 달성되도록 최선을 다하는 것이 필요하다는 것이다.

특히 행정법은 모두 국가가 어떤 행정목적을 달성하기 위해 제정된 것이므로 이러한 점에서 「해상보안청법」은 행정법령의 일종으로 수로, 등대 및 경비구난 등 각 행정기관에서 수행하는 업무의 종합적 운용을 통해 해상안전이라는 중대한 목적을 달성하기 위한 총체적 필수 수단으로 해석되어야 한다.

---

72) 우리나라 해양경찰청 또한 현재 해양경찰조직법이 부재인 상황에서 그리고 「해양경비법」이 제정되기 이전(해양경찰이 1953년 창설된 이래 60여 년이 지난 2012년 2월 22일 제정) 수십 년간 해양에서의 안전 및 치안 등을 담당해오고 있는 정부기관인 점을 감안할 때 해양경찰청은 일본해상보안청의 근거법인 「해상보안청법」이 제정되기 이전의 단계에 머물러 있다고 할 수 있다.

4. 해상보안청법과 타 법령과의 관계

어떤 종류의 법령을 이해하기 위해서는, 이와 관련된 타 법령지식을 필요로 하는 것은 당연하다. 특히 「해상보안청법」은 해상의 안전과 치안유지라는 지극히 광범위한 임무를 갖는 해상보안에 있어서의 행정조직 및 그 작용에 대해 규정한 법률이므로 완전한 이해를 위해서는 이와 직·간접적으로 관련된 타 법령지식을 필요로 한다. 따라서 동법과 다른 법률과의 관련성에 대해 간단히 언급하면 다음과 같다.

i) 「해상보안청법」과 타 일반행정법과의 관계에서, 동법은 해상안전과 치안유지를 목적으로 국가행정조직상, 국토교통성 외국(外局)으로써 설치된 해상보안청의 조직 및 그 작용에 대해 규정하고 있는 행정법의 일종이다. 따라서 그 해석과 운용을 바르게 이해하기 위해서는 이와 관련된 타 행정법령에 대한 대강의 이해가 필요하다.

조직법적인 면에서는 「헌법」, 「내각법」(우리의 대통령비서실 직제에 해당), 「국가행정조직법」(우리나라 「정부조직법」에 해당), 「국토교통성설치법」 또는 「국가공무원법」 등과 관련되며, 작용법적인 면에서는 「경찰법」[73], 「경찰관직무집행법」, 「소방법」 또는 「자위대법」 등 경찰행정부문 또는 방위행정부문의 법령과 관련된다. 특히 해상보안청의 임무로써 해상에서의 법령집행이라는 사항이 주어져 있는 관계로 「관세법」, 「선박안전법」 또는 「어업법」 등 대개 해상에서 시행되는 모든 행정법령과 관련을 갖게 되는 것이고, 이런 의미에서 「해상보안청법」의 운용을 위해서는 매우 폭넓은 행정법령 지식이 요구된다.

ii) 형사사법과 관계에서의 해상보안청은 이른바 해상범죄에 관한 사법경찰권을 부여받고 있으며, 해상보안청 직원은 「해상보안청법」 제31조에 근거하여 대부분이 사법경찰 직원으로 임명되어 있다. 이런 의미에서 동법의 이해를 위해서는 「형법」, 「형사소송법」 등 형사부문의 실체, 절차 양면에 걸친 충분한 연

73) 우리나라에서는 「경찰법」을 조직법으로 구분하고 있나(해양경찰학교, 앞의 책, 12면).

구가 필요하다. 이는 단지 해상에서의 범죄수사 및 범인의 체포와 같은 이른바 사법경찰 직원으로서의 직무수행상 필요할 뿐 아니라, 해상보안관이 「해상보안청법」에 따라 주어진 행정활동을 하는 경우에도 필요하다. 예를 들면, 「해상보안청법」 제17조에 따르면 해상보안관은 해상에서 일반선박에 대해 영장에 의하지 않는 출입검사권을 갖지만, 그것은 「헌법」 제35조[74]와의 관계에서 사법경찰권 행사를 위해서는 허용되지 않고 오로지 행정경찰권의 행사를 위해서만 허용되는 것이다. 이 경우 구체적 사례에 있어서 행정경찰과 사법경찰의 경계를 판단하여 결정하는 것은 형사사법에 관한 충분한 이해 없이는 곤란하기 때문이다.

iii) 국제법과의 관계에서 볼 때 해상보안청 업무의 대부분은 해상에서 이루어지고 있다. 해상보안청에 소속된 순시선이나 기타 함정 등은 경우에 따라 공해상의 활동, 외국 영해 내로의 항행, 또는 직접 외국선박이나 외국인을 상대로 임무를 수행할 경우가 발생하는데, 이 때 국제법의 규제를 받게 된다.

더욱이 지구상에서의 해상은 어떠한 형태로든 국제법과의 관계와 구분해서 별도로 생각할 수 없는 경향이 강하다. 따라서 순시선을 통한 해상에서의 직무수행은 항상 국제법의 규제 하에 있다고 할 수 있다. 게다가 한 번 그 운용을 그르친 경우, 사안은 단지 해상보안청의 당해 순시선 문제로 그치는 것이 아니라 일본과 외국과의 국제문제로 발전될 우려가 있다.

이런 의미에서 「해상보안청법」의 근본적 이해와 합법적이고 적정한 운용을 위해서는 국제법적 마인드와 함께 이와 관련한 법규정의 깊은 이해와 정확한 지식이 요구된다. 지금까지 일본해상보안청의 사회적 배경 및 성격, 조직의 설립근거 및 구성, 경찰권행사의 범위와 근거, 주요임부, 「해상보안청법」의 특성

74) 일본 「헌법」 제35조제1항에서는 누구든지 그 주거, 서류 및 소지품에 대해 침입, 수색 및 압수를 받지 아니할 권리가 있다. 또한 같은 법 제33조의 경우를 제외하고는 정당한 이유에 근거하여 발부되고 또한 수색할 장소 및 압수할 물건이 명시된 영장이 없다면 침해받지 아니한다고 규정하고 있다. 뿐만 아니라 동법 제35조제2항에서는 수색 또는 압수는 권한을 가진 사법기관이 발부한 각기 다른 영장에 의해 이를 행한다고 규정하고 있다.

등에 대해 전반적으로 살펴보았다. 다음에는 우리나라 해양경찰청과 미국의 해안경비대, 일본의 해상보안청 간의 상호 제도적 특성들에 대해 비교 · 검토해 보고자 한다.

제3절 우리나라 해양경찰제도와의 비교

외국 해양경찰제도와의 비교가 왜 필요한가라는 물음에 대한 해답은 선진 각국의 문화적 성격 자체가 고유한 구조를 가지고, 다양한 사회환경을 반영하고 있기 때문이다. 또한 자국의 업무와 관련한 여러 상황과의 상호 비교 · 검토를 통해 실무적 효용성을 높이는 것은 물론 제도운영상 합리적 개선방안을 제시하고자 하는데서 그 이유를 찾을 수 있을 것이다. 그 밖에 외국의 제도는 수많은 시도와 시행착오를 통한 경험들을 통해 지속적으로 발전해 왔을 가능성을 상당수 포함하고 있다는 점도 외국의 사례를 살펴보는 이유라 할 것이다.

뿐만 아니라 국가 간 차등적 사회 및 문화 구조를 수반한 (경찰)제도를 교차 비교해야 하는 이유는 어느 특정분야에서 앞서 나가는 다른 국가의 풍부한 경험으로부터 교훈을 얻을 수 있기 때문이다. 그러나 아무리 우리나라보다 앞선 선진국이라 할지라도 제도의 외형만을 도입 · 적용할 경우 막상 우리의 정서나 사회적 감정에 맞지 않는 기형적 변질을 초래할 가능성이 있다. 따라서 이러한 비교연구의 결과는 궁극적으로 우리 현실에 적합한 새로운 패러다임 형성에 그 단서를 제공하기 위한 것이라 할 수 있다.

결국 외국 해양경찰제도의 분석을 통해 이질적 문화에 대한 이해와 문제점에 대한 관심의 폭을 확대, 심화시킬 수 있음을 물론 우리나라 해양경찰 법체계의 현주소를 좀더 객관적이고, 보편성과 특수성을 융화한 통합적 사고로 바라볼 수 있도록 하기 위한 것이다.[75]

---

75) 양문승 외, 앞의 책, 26~28면.

Ⅰ. 사회적 배경 및 성격

보편적으로 해양에서의 평화유지는 물론 안정적 질서유지를 저해하는 다양한 위협으로부터 해양을 보호하기 위해서는 경찰권이 필요하다는 것은 누구나 공감할 것이다. 이는 또한 해양경찰기관의 존재적 의미를 나타내는 대목이라고도 할 수 있다. 여기에서는 미국의 해안경비대, 일본의 해상보안청 그리고 우리나라 해양경찰청의 설립배경이 된 당시의 시대적 해양환경에 대해 살펴본다.

미국의 해안경비대는 위급한 해양환경으로부터 필요에 의해 설립된 것이 아니라 각각의 개별업무를 수행하는 연방조직들을 하나로 통합하여 업무의 효율성을 높이고, 또한 해안방어와 각종 해양사고에 효과적으로 대응하기 위해 설립되었다. 그러나 일본의 해상보안청은 해안경비대와는 다르게 제2차 세계대전 패전 후 주변해상에서는 잦은 해난사고, 밀수 · 밀항, 불법어로 등의 불법행위가 극도에 달했을 뿐만 아니라 해적마저 출몰하는 등 혼란의 시기에서 이를 해결하기 위해서 설립된 정부조직이다.

우리나라 해양경찰청도 일본의 해상보안청과 유사하게 국가 차원에서의 혼란한 해양환경으로부터 국가안보를 방어하기 위해서 설립된 국가기관이다. 한국전쟁이 종결된 이후 해군의 전투력을 보완하는 단순역할을 담당하였으나, 일본 어선들의 끊임없는 평화선 침범, 일본어부로 위장한 북한 간첩 등에 대한 축출과 나포, 적색불순자 침입 및 경제교란 방지 등 해양주권의 위협요소 증가에 따라 해양안전의 필요성이 절실히 요구되는 사항에서 설립되었다. 이와 같이 각국의 해양경찰기관이 설립된 사회적 배경은 조금씩 다른 면을 보이고 있으나, 해양 등 이와 관련해서의 경찰업무를 좀더 효율적이고 체계적으로 수행하기 위한 국가전문기관의 필요성에 대해 직면한 것은 동일하다 할 것이다.

또한 각국 해양경찰의 조직적 성격을 살펴보면, 미국의 해안경비대는 미국 연방법 U.S.C. Title 14 §1에서는 "해안경비대는 1915년 1월 28일 설립되어 항상 병역에 종사하고 있으며, 미국 국군의 한 부분으로 자리잡고 있다. 즉 해안경비대는 미국 해군 소속으로서 운용되는 경우를 제외하고는 미국 국토안보부 소속이 된다"라고 명시하고 있다. 또한 육군 · 해군 · 공군 · 해병대 등과 함께 무장 조직으로서 제5군으로 알려져 있다. 전시에는 해군으로 편입되어 전쟁임무를 수행하는 군대로서의 성격이 짙으며, 작전권도 해군으로 이양되어 군인의 신분에 가깝다.

반면, 일본해상보안청은 「해상보안청법」 제14조 및 같은 법 시행령 제9조에 따라 대부분의 소속 직원은 공안직 신분을 유지하고 있다. 이에 반해 우리나라 해양경찰은 국내법인 「국가공무원법」 및 「경찰공무원법」에 의해 경찰직 신분을 유지하고 있다. 정리하면 미국해안경비대(United States Coast Guard; USCG) 소속 직원은 준군인, 일본해상보안청(Japan Coast Guard; JCG)은 공안직, 그리고 한국해양경찰청(Korea Coast Guard; KCG)은 경찰직 신분으로 각각의 해양경찰권을 행사하고 있다. 하지만 영문 표기는 모두 다 'Coast Guard'로 통일되게 사용하고 있다.

Ⅱ. 설립근거 및 조직구성

국민의 권리를 제한하거나 의무를 과하는 등 국가가 국민에게 경찰권을 행사 할 경우에는 반드시 국회의 의결을 거친 법률로써 규정하여야 한다. 미국의 해안경비대와 일본의 해상보안청은 설립의 근거 및 직무범위를 각각 미국연방법과 「해상보안청법」에서 개별적으로 규정하고 있는 반면, 우리나라 해양경찰청은 「정부조직법」에서 극히 개괄적으로 규정되어 있을 뿐이다.

미국해안경비대의 설치와 관련한 근거는 미국연방법 U.S.C. Title 14 §1[76]에

76) 미국연방법 U.S.C. Title 14 §1에서는 "The Coast Guard as established January 28, 1915, shall be a military service and a branch of the armed forces of the United States at all times. The Coast Guard shall be a service in the Department of Homeland Security, except when operating as a service in the Navy(미국의 해안경비대는 1915년 1월 28일 설립되어 항시 병역에 종사하는 미국 국군의 한 부분이다. 미국해안경비대는 해군 소속으로서 운용되는 경우를

서 규정하고 있다. 그리고 일본해상보안청은 「해상보안청법」 제1조제1항[77]에서는 동법의 입법목적 및 해상보안청의 설치근거를 보여주고 있으며, 해상안전과 해상치안을 위한 경찰권의 근거를 명확히 규정하고 있다. 이는 우리나라 해양경찰청의 조직법이라 할 수 있는 「정부조직법」을 보완하기에 충분하다고 본다. 왜냐하면, 「정부조직법」 제43조제2항은 해양경찰 기능과 해양오염방제 기능을 명문규정으로 언급하고 있으나, 개괄적 개념에 그치고 있어 해양경찰청의 해상안전과 관련한 모든 기능의 범위와 종류를 규정짓는데 있어 한계를 보이고 있기 때문이다.[78]

한편, 조직의 구성에 있어 미국해안경비대는 워싱턴에 위치한 본부에 사령관(대장), 부사령관(중장), 참모장(소장) 아래에 소장급을 지휘관으로 하는 9개의 구역을 두고 있는 군사형 조직으로 이루어져 있다. 구체적으로 태평양과 대서양의 2개의 지역(Area)으로 구분하고, 대서양 지역에는 5개의 구역, 태평양 지역에는 4개의 구역을 두고 있으며, 각각 1개소의 정비 및 병참기지를 운영하고 있다. 또한 각 지역 및 구역 지휘관과 해안경비대 소속의 모든 훈련기관, 항공기 수리센터, 함정 수리센터, 정보 조정센터, 해안경비대 사관학교, 항해센터, 인사담당기관 등 본부에 소속된 기관들을 지휘 · 감독한다.

그리고 일본해상보안청의 조직구성은 중앙기구와 지방기구로 나누어 운영하고 있는데 중앙기구에는 차관급인 해상보안청 장관 아래로 차장, 경비구난감, 수석감찰관 및 5개부(총무부, 장비기술부, 경비구난부, 해양정보부, 교통부)로 이루어져 있으며, 총무부 소속의 해상보안시험연구센터를 두고 있다. 부속기관으로는 해상보안대학교와 해사보안학교를 두고 있다. 지방기구로는 11개 해상보안관구로 나누고 각 관구별 조직은 별도의 사무소를 운영하고 있다.

제외하고는 미국국토안보부(Department of Homeland Security) 소속이 된다).

77) 「해상보안청법」 제1조 ① 해상에서 인명 및 재산을 보호하고, 또 법률위반의 예방 · 수사와 진압을 위해, 국토교통대신이 관리하는 외국(外局)으로써의 해상보안청을 둔다.

78) 손영태, 앞의 논문(2011), 263~264면.

끝으로, 우리나라 해양경찰청은 치안총감인 청장을 중심으로 1차장, 6국(2관, 4국), 22과(16과, 5담당관, 1대변인)를 두고 있다. 부속기관으로는 해양경찰학교와 해양경찰연구소가 있으며, 해양경찰정비창이 책임운영기관으로 운영되고 있다. 지역적 업무분담을 위한 특별지방행정기관으로 전국에 4개의 지방해양경찰청과 1개 직할서(인천해양경찰서), 15개 해양경찰서가 있고, 해양경찰서 예하에 87개 파출소, 240개 출장소를 두고 있다. 각 국가별 조직을 정리하면 중앙조직과 지방조직으로 구분하고 있으며, 전체적인 운영 실태는 유사한 면을 보이고 있다. 〈표 3-1〉은 각국의 조직구성 중 주요내용을 개략적으로 정리한 것이다.

〈표 3-1〉 한 · 미 · 일 해양경찰기관의 조직 비교

구 분	한 국	미 국	일 본
본부	청장 차장 6국	사령관, 부사령관 참모장(2), 자원팀 정보 · 범죄수사팀 외	장관(차관급), 차장 경비구난감 수석감찰관, 5부
소속기관(지방기관)	지방청 4개 외	지역사령부 2개 외	지방기구 11개 외 (해상보안관구)
교육기관	해양경찰학교	해안경비대 사관학교 모든 훈련기관	해상보안대학교 해상보안학교

참고로, 일본해상보안청의 경비구난부에서는 우리나라 해양경찰청의 경비안전국, 정보수사국 및 해양오염방제국에서 분장하고 있는 업무의 일부를 포괄적으로 수행한다. 그리고 2012년 기준으로 총예산의 주요현황에서 해상보안청은 전체 예산 중 인건비(53%)가 가장 많은 부분을 차지하는 반면, 우리나라 해양경찰은 대형함정 건조와 관련한 주요사업비(52%)가 가장 많은 부분을 차지하고 있는 것으로 나타났다.

Ⅲ. 주요업무

우리나라의 해양경찰청, 미국의 해안경비대 및 일본의 해상보안청이 집행하는 주요업무에 대해 정리하면 〈표 3-2〉와 같다. 해안경비대와 해상보안청은 해양과 관련된 주요업무의 대부분을 수행하고 있는 반면, 해양경찰청은 치안, 안보 등 전형적인 경찰기관의 업무를 제외하고는 다른 기관과 이원적 구조를 가지거나 제도적으로 업무의 범위에서 배제되어 있다.

하지만 실제 해양경찰청은 해양에서의 범죄단속 등과 같은 권력적 업무 이외에 국민서비스 제공(경비구난, 해상교통 안전관리, 해양환경보전 및 해양오염방제 등)에도 힘쓰고 있다. 즉 비권력적 경찰작용도 수행하고 있다. 그럼에도 불구하고 해양경찰청의 비권력적 경찰작용은 단순히 해양경찰직제에 따른 업무분장에 불가하다 할 것이고 법률상에 명확히 명시된 세부규정은 없으며, 현행 「정부조직법」에서 "오염방제에 관한 사무를 관장한다"라고만 규정하고 있다.

이는 해안경비대와 해상보안청이 각각의 법률적 근거에 의해 권련적 또는 비권력적 성격의 업무에 대한 명확한 범위를 두고 소관사무를 관장하고 있는 것과는 많은 차이점을 보이고 있다 할 것이다.

〈표 3-2〉 한 · 미 · 일 해양경찰기관의 주요업무 비교

주요업무	한 국	미 국	일 본
해상안보	해양경찰청	해안경비대	해상보안청
해양자원보호	해수부/해경청	해안경비대	해상보안청
불법어로단속	해수부/해경청/ 지방자치단체	해안경비대	해상보안청
해상치안업무	해양경찰청	해안경비대	해상보안청
해상수색구조	해양경찰청	해안경비대	해상보안청
해양오염단속 · 방제	해양경찰청	해안경비대	해상보안청

주요업무	한 국	미 국	일 본
해상교통질서단속	해수부/해경청	해안경비대	해상보안청
선박위치통보	해수부/해경청	해안경비대	해상보안청
해상안전정책	해수부/해경청	해안경비대	해상보안청
해양오염관리	해수부/해경청	해안경비대	해상보안청
해사교통안전설비	해수부/해경청	해안경비대	해상보안청
해도 및 수로	해양수산부	해안경비대	해상보안청
항만교통관제(VTS)	해양수산부	해안경비대	해상보안청
항만국통제(PSC)[79]	해양수산부	해안경비대	국토교통성
선박검사	해양수산부	해안경비대	국토교통성
선원자격 · 교육	해양수산부	해안경비대	국토교통성
해양기상정보통보	기상청	해안경비대	기상청
해양사고조사	해수부/해경청/ 해양안전심판원	해안경비대	국토성/해상보안청/ 해난심판소

* 약어표시: 해수부(해양수산부), 해경청(해양경찰청), 국토성(국토교통성)
출처: 박경귀 외, 앞의 보고서, 201면 재구성.

Ⅳ. 제도의 비교

미국해안경비대와 일본해상보안청은 〈표 3-2〉의 직무를 수행하는 경찰기관으로서 조직상의 신분이나 세부적인 조직구성 및 직무의 범위는 다르나, 그 역할은 우리나라 해양경찰과 다를 바가 없다. 하지만 조직을 설치한 근거법에서는 많은 차이를 보이고 있다. 해안경비대는 미국연방법에서 해상보안청은 「해상보안청법」에서 각각 조직의 설치목적을 명확히 규정하고 있으나, 해양경찰청은 아직까지 명확한 근거법이 마련되어 있지 않다.

79) 항만국통제(Port State Control; PSC): 자국 항만에 입항하는 외국 선박에 대하여 선박 안전에 관한 각종 국제기준의 준수 여부 등을 점검하는 것으로 선박에 대한 기국주의의 예외사항이며, 연안국의 자위책(自慰策)이 제도화된 것이다. 우리나라는 「선박안전법」 제68조 및 「선박법」 제132조에서 관련 내용을 규정하고 있다.

또한 〈표 3-2〉에서도 알 수 있듯이 해양경찰청이 주관하여 독립적으로 추진할 수 있는 업무의 범위가 해안경비대나 해상보안청에 비해 매우 한정적이다. 이러한 조직의 운영을 보이는 이유는 해양경찰작용법의 근거가 되는 각종 개별법의 대부분을 다른 중앙행정기관에서 주관하고 있기 때문인 것으로 보인다.

이에 해당하는 개별법을 살펴보면 다음과 같다.

외교부 소관 법령인 「배타적 경제수역법」·「영해 및 접속수역법」, 해양수산부 소관 법령인 「배타적 경제수역에서의 외국인어업 등에 대한 주권적 권리의 행사에 관한 법률」·「수산업법」·「수산자원관리법」·「어업자원보호법」·「개항질서법」·「선박 및 해상구조물에 대한 위해행위의 처벌 등에 관한 법률」(이하 "선박위해법"이라 표기한다, 법무부 공동운영)·「국제항해선박 및 항만시설의 보안에 관한 법률」·「측량·수로조사 및 지적에 관한 법률」·「항로표지법」·「해사안전법」·「해양환경관리법」, 소방방재청 소관 법령인 「유선 및 도선사업법」 정도가 될 수 있다.

이와 관련하여 소관법률의 부재로 인한 문제점에 대해 해양경찰청의 의견을 인용하면 다음과 같다. "「영해 및 접속수역법」제6조 및 「배타적 경제수역법」 제5조제3항 등에 따르면 위법선박 등에 대한 경찰권 행사의 주체를 '관계당국', 또는 '관계기관'이나 '사법경찰기관'으로 표현하거나 법률상 근거 없이 지침 등에서 업무협조의 대상으로 해양경찰이 포함되는 등 해양경찰이 해상경비에 대한 권한과 책임의 주체라는 것을 명시적으로 나타나지 않고 타 기관의 업무협조 대상으로 간주되고 있다. 이는 국방부나 경찰청 및 소방방재청 등 유관업무를 수행하는 중앙행정기관이 독자적인 작용법적 근거를 가지고 대국민 (경찰) 활동을 직접 수행하는 것과 대비된다"고 주장하고 있다.[80)]

즉 이러한 주장은 해양경찰청의 법체계를 전반적으로 다시 정비해야 하는 것을 단적으로 보여주고 있는 것이다. 따라서 해양경찰청은 조직의 근본이 되

80) 안병준, 앞의 보고서, 103면.

는 조직법 제정은 물론 소관 법령체계를 재정비할 수 있는 구체적 방안마련이 필요할 것으로 보인다.

이와 함께 경찰의 직무와 관련해서 제도적으로 가장 중요한 내용으로는 국민의 권리를 가장 많이 침해할 수 있는 무기사용과 관련한 것이 될 수 있다. 제도적 차이점을 비교해 보면 다음과 같다.

미국의 해안경비대는 U.S.C. Title 14 §637(a)에서는 압류 또는 심사처분을 받아야 하는 선박이 경찰선박 또는 항공기에 의해 추격되거나 정지명령을 받고도 이에 복종하지 않은 선박에 대해 무기사용 방법과 관련해서 엄격한 규정을 적용하고 있다. 경우에 따라 선박을 향해 발포하기 이전에 경고용 사전발포를 하여야 한다고 명시하고 있다. 반면, 미국연방법에서는 장비 및 장구의 사용과 관련해서 구체적으로 언급하고 있지 않으며, 무기의 사용과 관련하여 포괄적인 규정만 제시하고 있다.

일본의 해상보안청은 「해상보안청법」 제19조에서 직무를 수행하기 위해 무기를 휴대할 수 있다고 규정하고 있으며, 같은 법 제20조제1항에서는 무기의 사용과 관련해서는 일본 「경찰관직무집행법」 제7조를 준용하도록 규정하고 있다. 그리고 「해상보안청법」 제20조제2항에서는 같은 법 제20조제1항 이외에 같은 법 제17조에서 규정하고 있는 해상보안관의 서류제출 명령, 출입검사, 질문의 권한 등 우리나라 「해양경비법」 제12조에서 규정하고 있는 해상검문검색과 유사한 업무를 수행하면서도 필요한 경우 무기를 사용할 수 있도록 규정하고 있다.

우리나라 해양경찰은 「해양경비법」이 제정되기 이전 무기사용과 관련해서는 「경찰관직무집행법」을 준용하였으나, 이를 해양경찰에 무조건적으로 적용하기에는 많은 문제점을 내포하고 있었다. 이러한 불합리한 점을 보완하기 위해 「해양경비법」이 제정되면서 같은 법 제17조 및 제18조에서는 무기, 장비 및 장구 사용에 대해 세부규정을 마련하였다.[81] 하지만 「해양경비법」에서의 무기

81) 이는 「경찰관직무집행법」상 무기 등의 사용과 관련하여 여러 학계 등에서 지속적으로 거론되고 있는 문제점을 그대로 수용한 결과이므로 이에 대한 충분한 검토가 필요하다 본다.

사용에 대한 범위는 「해상보안청법」 제17조와 유사한 목적을 가지고 있는 「해양경비법」 제12조의 해양검문검색을 포함하고 있지 않으며, 해양검문검색과 관련한 상황에서는 무기 대신 장비 및 장구를 사용하도록 하고 있다.

한편, 일본해상보안청의 순시선에는 40mm 기관포가 탑재되어 있으나, 「해양경비법」과 마찬가지로 「해상보안청법」에서도 기관포의 사용과 관련해서는 명확한 법률상의 근거를 두고 있지 않다. 그렇더라도 일본의 해상보안청은 총기 사용시 무기의 종류, 사용방법 등을 경찰비례의 원칙을 준수하면서 상황에 맞게 사용하고 있다.[82]

참고로 우리나라 해양경찰청의 무기, 장비 및 장구사용과 관련한 규정에 대해서는 뒤에서 구체적으로 다루고자 한다.

지금까지의 내용을 종합적으로 살펴보면, 미국의 해안경비대와 일본의 해상보안청의 근거법인 미국연방법과 「해상보안청법」은 조직법과 작용법을 동시에 포함하고 있는 통합법으로써의 기능을 가지고 있다는 것이다. 이는 우리나라 해양경찰과 관련한 법체계를 재정립하는데 있어 매우 시사하는 바가 크다 할 것이다.

82) 柿谷哲也, 『海上保安庁 装備』のすべて, ソフトバンク クリエイティブ株式會社, 2012, 78면.

제4편

해양경찰조직법은 마련되어야 하는가?

조직법은 「경찰관직무집행법」과 「해양경비법」 같이 경찰권 행사에 필요한 작용법으로서의 기능은 포함하고 있지 않으며, 직무를 수행하는데 있어 경찰권 행사의 원칙과 한계를 규정하여 국민에게 법적 안정성을 제공함은 물론 국가기관으로서의 신뢰를 확보하기 위한 근거법적 역할을 한다.

육상경찰은 창설된 지 40여 년이 지난 후에 비로소 「경찰법」을 제정하여 시행하였는데, 이는 국민에 대한 침해의 소지가 있는 행정을 집행할 경우 명확한 법적 근거를 제공해야 하는 것을 보여주는 전형적인 사례라 할 수 있다. 이 또한 업무수행에 따른 법적 한계에 직면하는 결과를 보여주는 대표적인 경우라 하겠다.

단순히 조직을 효율적으로 운영하기 위한 수단만은 아니라는 것이다. 헌법을 포괄적으로 수용한 법적 이념을 바탕으로 국민에게 경찰권 행사와 관련한 직무의 범위를 명확히 제공하여 국가기관의 신뢰성 및 정체성을 확보하기 위한 것이다.

현행 「정부조직법」은 "국가행정사무의 체계적이고 능률적인 수행을 위하여 국가행정기관의 설치 · 조직과 직무범위의 대강을 정하는 것"을 목적으로 한다. 즉 각각의 중앙행정기관을 세밀하지 않게 나열하는 식에 불과하다는 것을 알 수 있다. 또한 개별 중앙행정기관에 대한 조직 차원의 구체적이고 명확한 직무범위 등에 대한 언급이 미흡하기 때문에 해당 기관의 조직과 관련한 일반적 법률로서의 큰 의미는 없다. 따라서 「정부조직법」은 해양경찰조직의 근거가 되는 법률로서는 제도적으로 많이 미흡하다.

해양경찰은 현재 우리나라의 「정부조직법」 이외 다른 개별 법률에서 조직에 대한 명확한 근거를 규정하고 있지 않다. 이렇듯 해양경찰은 조직과 관련한 법률이 부재인 상태에서 여러 다양한 업무를 수행하거나 조직을 운영하면서도 지금까지 아무런 어려움이 없었다. 하지만 국가기관과 관련한 조직법은 해당 조직에서 그 필요성의 여부를 결정할 것이 아니라 국민의 신체에 대한 자유와 재산을 박탈하는 이른바 침해 행정업무를 담당하는 국가기관은 명확한 법률적 근거를 제시해야 하는 것은 마땅하다 할 것이다.

따라서 해양경찰과 같이 경찰기관으로서의 형식적 의미의 경찰권을 행사하는 국가기관의 조직법은 필요성 여부의 검토 이전에 헌법정신에 입각하여 반드시 수용되어야 하는 것이다.

해양경찰은 육상경찰과 비교해 볼 때 조직운영과 관련한 법체계에 있어서는 상당한 차이를 보이고 있으나, 이러한 차이를 두고 있는 것에 대해 국가 차원에서의 명확한 이유 또한 제시하지 못하고 있다. 따라서 해양경찰과 같이 형식적 의미의 경찰권을 행사하는 국가기관의 조직법은 필요성 여부의 검토 이전에 헌법정신에 입각하여 반드시 수용되어야 한다.

최근 2012년 2월에 제정된 「해양경비법」에서는 적용 대상과 그 활동의 범위를 규정하고 있으나, 동법은 작용법적 성격의 법률이다. 이와 관련하여 다른 한편에서는 해양경찰청의 모법 또는 상위법이 없는 상황에서 추진되는 이 법률이 "해양경찰청의 모법인지 또는 해당 업무에 대한 하위법인지가 모호하다"는 의견과 함께 이는 또한 해당 업무에 대한 구체적인 모법이 부재한 상태에서 하위법의 입법추진은 문제가 있다는 의견을 동시에 제시하고 있다. 그리고 다른 한편에서 이를 뒷받침해 주는 주장으로 경찰권을 행사함에 있어서는 법률적 수권을 필요로 하는데, 이러한 법률적 수권은 작용법적 수권 이전에 조직법적 수권이 먼저 수반되어야 한다고 주장하고 있다.

국가가 국민을 위해 존재한다는 전제조건이라면 국민의 자유를 제한하고, 침해하는 행정업무에 있어서의 법률적 근거 마련은 당연한 것이다. 절차적인 번거로움이나 현재의 필요성에 대한 정도가 중요한 것은 아니다. 더욱이 해양경찰과 같은 전형적인 수사기관은 아니나 특별사법경찰권을 행사하면서 일부 침해행정을 수반하는 여타 다른 행정기관(식품의약품안전처, 관세청, 병무청, 소방방재청, 문화재청, 농촌진흥청, 산림청, 특허청 등)도 해양경찰과 마찬가지로 조직법적 근거를 두고 있지 않다는 조직 간의 형평성 또한 논할 가치가 없다는 것이다. 실제 특별사법경찰권을 가지고 있는 행정기관과는 사법경찰관리에 있어서의 직무와 관련한 법적 근거뿐만 아니라 수사영역 및 관할구역의 범위 등에서 상당한 차이를 보이고 있다.

제17대 대통령직인수위원회는 해양수산부가 폐지되는 등의 「정부조직법」 개정과 함께 기존 해양수산부 소속의 해양경찰청을 당시 농림수산식품부 소속으로 편입시켰다가 뒤늦게 국토해양부 소속으로 다시 변경하였다. 이는 해양경찰의 정체성에 대한 사회적 인식의 문제로 보여진다.

해양경찰조직법의 역할을 담당할 법체제를 마련해야 하는 것은 해양경찰측의 필요에 의해 착수되어야 할 수행사업이 아니라, 사회적 요청과 시대가 요구하는 사항에 대해 추진되어야 할 필수요건이다.

제4장

Legal System in Korea Coast Guard Relevant Laws

해양경찰조직법 제정의 필요성과 방향

해양경찰의 법제와 관련하여 체계적으로 정립된 이론서 등은 아직까지 없는 것 같다. 대부분 육상경찰의 법제에 해양경찰의 업무적 특징 등을 추가한 것이 전부다. 이처럼 선행연구 결과가 거의 없는 상황에서 해양경찰조직법 제정을 위한 논거가 객관적 타당성을 결여할 가능성이 있다. 따라서 본 장에서는 해양경찰의 조직법 제정과 관련한 당위성 및 필요성을 제안하는데 있어 논거의 명확성과 적절성을 나타내기 위해 육상경찰 관련 법제를 중심으로 체계적으로 살펴보고자 한다.

우선 육상경찰의 대표적 조직법인 「경찰법」의 법적 특성과 운영에 있어 제도적 문제점에는 어떠한 것들이 있는지 검토해 보고자 한다. 이는 「경찰법」의 입법목적 및 세부사항은 참고하되 동법에서 거론되고 있는 문제점을 통해 향후 해양경찰조직법이 제정된 이후 발생할 수 있는 법률상의 문제점 등을 최소화하기 위한 것이다. 또한 이를 바탕으로 해양경찰조직법 마련에 있어서의 방향성을 제시하고자 한다.

현행 「경찰법」(제1조)에서는 "이 법은 국가경찰의 민주적인 관리 · 운영과 효율적인 임무수행을 위하여 국가경찰의 기본조직 및 직무범위와 그 밖에 필요한 사항을 규정함을 목적으로 한다"라고 규정하고 있다. 즉 조직법으로서의 역할만을 수행할 뿐이지 「경찰관직무집행법」과 같은 경찰권 행사에 필요한 작용법으로서의 기능은 포함하고 있지 않다.[1)]

---

1) 조직법의 일종인 「경찰법」으로 인해 일반국민의 기본권이 침해되는지에 대한 여부와 관련하여 헌법재판소에서는 「경찰법」은 경찰의 기본조직 및 직무범위 등을 규정한 전형적인 조직법으로서 원칙적으로는 그 조직의 구성원이나 구성원이 되려는 자 등 외에 일반국민을 수범자

조직법은 직무를 수행하는데 있어서 경찰권 행사의 원칙과 한계를 규정하여 국민에게 법적 안정성을 제공하는 것은 물론 국가기관으로서의 신뢰를 확보하기 위한 근거법의 역할을 한다. 즉 「경찰법」은 공공의 안녕이나 질서를 위협하는 위험으로부터 일반 국민이나 개개인을 보호하는 역할을 수행한다 할 것이다.[2] 결국 이러한 위험방지의 임무가 경찰의 권한일지라도 법적 근거 없이는 국민에게 법적 부담을 가져오는 수단을 사용할 수 없다는 법치국가의 기본원칙 중의 하나를 내용으로 한다.[3]

제1절 해양경찰 관련 조직법제의 현황과 문제점

일반적으로 경찰조직법은 경찰의 존립근거를 부여할 뿐만 아니라 경찰이 설치할 기관의 명칭, 권한, 관청 상호간의 관계, 나아가 경찰관청의 임면, 신분, 직무 등에 대해 규정하고 있는 법을 말한다. 하지만 현행 「경찰법」의 설치목적이나 그 세부 규정들이 얼마나 제도적으로 완벽하게 현장에 부합되고 있는지에 대한 의문점은 끊이질 않고 있다. 이는 해양경찰조직법 제정의 기본방향을 설정하는데 있어 육상경찰의 조직과 관련된 제도를 사전 검토해야 하는 필요

(受範者)로 하지 아니한다. 그러므로 일반국민인 청구인들은 위 「경찰법」의 공포로써 자기의 「대한민국헌법」에 보장된 기본권이 현재 직접적으로 침해되었다고 할 수 없다. 청구인들은 위 법률에 의하여 설치된 경찰기관의 경찰권 행사로 인하여 언제든지 기본권을 침해받을 가능성이 있다고 주장하나, 그러한 기본권침해는 「경찰관직무집행법」이나 「형사소송법」 등에 따라 행해지는 경찰권 행사라는 별도의 공권력의 행사에 의한 것이지 조직법인 위 법률에 의하여 직접 이루어지는 것이라고 할 수 없고, 또 청구인들이 주장하는 기본권침해의 가능성은 잠재적인 우려에 불과한 것이다. 따라서 위 법의 수범자가 아닌 청구인들이 일반국민의 자격에서 위 법률을 대상으로 한 이 사건 헌법소원심판청구는 자기관련성과 직접성 및 현재성을 모두 갖추지 못한 것으로서 부적법하다'고 결정하면서 「경찰법」을 전형적인 조직법으로 파악하고 있다(헌법재판소, 1994.6.30. 선고 91헌마162 결정).

2) 손재영, 앞의 책, 32면.

3) 구형근, "한국 경찰법상 일반적 수권조항", 「법학연구」, 제23집, 2006, 44면.

성을 제기하는 것이라 볼 수 있다.[4] 따라서 본 절에서는 「경찰법」의 전반적인 내용에 대해 살펴보고, 동시에 현행 해양경찰조직의 법적 근거에 대한 적정성, 해양경찰의 조직법 부재로 인해 발생할 수 있는 여러 가지 문제점들, 그리고 해양경찰조직법 제정과 관련한 현재까지의 입법실태 등 해양경찰조직의 법제도 전반에 대해서 검토해 보고자 한다.

Ⅰ. 육상경찰의 법제도

경찰 관련법은 일반적으로 경찰에 관한 사항을 규율하고 있는 법 이외에 각 행정관청이 담당하고 있는 특별한 경찰작용에 관한 법을 포함하면 이루 헤아릴 수 없을 만큼 그 수가 많으나, 크게는 경찰조직법과 경찰작용법으로 구분할 수 있다. 이 중 경찰조직법은 경찰업무를 집행하는 행정기관의 구성 및 관할, 경찰관청 상호간의 관계, 경찰행정의 감독 등을 규율하는 법규를 말한다. 또한 경찰조직과 관련하여 경찰행정청 상하 간의 관계, 경찰행정청과 일반 행정청과의 업무분장, 국가경찰 이외에 지방경찰의 설치 문제(「제주특별자치도특별법」에서의 '자치경찰단'은 제외) 등 많은 사안을 포함한다.[5]

하지만 이러한 내용들은 육상경찰만을 대상으로 검토된 내용으로 보여지며, 해양경찰과의 연관성을 찾아보기 힘들다. 즉 경찰조직법의 일반적 특성에 대한 내용이기는 하나, 해양경찰을 배제하고 있는 경향을 보인다는 것이다. 이는 경찰청이 관장하고 있는 소관법률에서 이유를 찾아볼 수 있다. 현재 경찰과 관련한 소관법률은 경찰청에서 주관하는 경우가 대부분이며, 특히 경찰 관련 조직법으로 구분짓고 있는 경우에 있어서도 마찬가지다. 경찰 관련 조직법은 대부분 경찰청에서 단독으로 관장하고는 있지만, 일부 개별법의 경우 그 주요내용을 살펴보면 해양경찰을 완전히 배제시킬 수 없는 내용을 포함하고 있다. 즉 각각의

4) 손영태, 앞의 논문(2011), 254~255면.

5) 박상희 외, 앞의 보고서, 97~98면.

개별법에서 해양경찰도 상당한 역할을 차지하고 있다는 것을 확인할 수 있다.

물론 법령을 여러 국가기관에서 관장하는 것보다 하나의 기관에서 관리·운영하는 것이 보다 효율적일 수도 있다. 하지만 이는 단순히 효율성만을 따질 수 있는 사안은 아니다. 효율성 이전에 최적화가 우선시되어야 한다. 그리고 나아가 관련 법률을 운영함에 있어 해양경찰 조직구성원들이 직접적으로 참여할 수 있는 중요한 권리와도 관계가 있다. 따라서 해양경찰청과 공동으로 관장하는 것이 법령의 운영면에 있어서도 더욱더 조직적이고 체계적으로 관리될 수 있을 것이라 본다.

비록 소관 법령을 관장하는 개수의 정도로 조직의 중요도나 그 가치를 따질 수는 없겠으나, 분명한 것은 업무와 관련하여 관장하는 법률이 많은 국가조직일수록 사회에 영향력을 미칠 가능성은 높아질 수 있다 할 것이다. 뿐만 아니라 사회에 대한 영향력이 높아지는 만큼 국가나 정치권으로부터의 관심에 대한 비중이 커질 가능성이 많아지므로 그만큼 발전의 폭도 넓어진다 할 수 있을 것이다.

이는 결국 조직을 운영하는데 있어 국민에게 더 직접적이고, 세부적인 영향력을 행사할 수밖에 없음을 의미하므로 국민에 대한 법적 안정성을 확보하기 위한 노력도 아울러 병행되어야 하는 것을 시사한다. 또한 다수의 법령을 소관한다는 것은 빠른 속도로 급속히 변화하는 사회환경에 적극적으로 대응하기 위한 하나의 수단이 될 수 있다.

따라서 다음에서는 경찰청의 소관법률 중 조직법과 관련하여 해양경찰도 육상경찰과 마찬가지로 법률을 구성하는데 있어 중요한 역할을 포함하고 있는 개별법에 대해 개략적으로 검토해 보고, 그 후 본 저서에서 중심으로 논하고자 한 「경찰법」의 제정이유 및 문제점 등에 대해 자세히 살펴보고자 한다.

1. 경찰청 소관법률 중 조직법의 종류

현재 경찰청에서 관장하고 있는 소관법령은 총 68개(법률 22개, 시행령 25개,

시행규칙 21개)[6]로 이 중 경찰조직법과 관련한 법률은 앞서 살펴본 바와 같이 「경찰법」을 중심으로 「경찰대학설치법」, 「전투경찰대설치법」, 「경찰공무원법」, 「경찰공제회법」, 「대한민국재향경우회법」 등을 들 수 있다.

이 중 <표 4-1>에서 나타내고 있는 「전투경찰대설치법」, 「경찰공무원법」, 「경찰공제회법」, 「대한민국재향경우회법」은 경찰청이 단독으로 소관법률로 관정하고 있으나, 주요내용을 살펴보면 육상경찰뿐만 아니라 해양경찰도 상당부분 대등한 입장에서 법률의 구성을 이루고 있다. 따라서 경찰청 소관법률 중 해양경찰과 관련된 조직법은 양 기관이 서로 공동으로 운영할 수 있는 방안 마련이 필요하다. 참고로 경찰조직법에 해당되지는 않지만 해양경찰청(운영지원과)과 경찰청(복지정책과)이 공동으로 운영하고 있는 법률로는 「경찰공무원 보건안전 및 복지기본법」[7]이 있다.

---

6) 경찰청, 소관법률, 2013.7.13. 방문. 〈http://www.police.go.kr/infodata/if_concerned_list.jsp〉

7) 「경찰공무원 보건안전 및 복지 기본법」의 제정이유를 살펴보면, 각종 범죄로부터 국민의 생명과 재산을 보호하는 경찰업무의 특성상 경찰공무원들은 일반직 공무원과 달리 항상 위험한 근무환경에 노출되어 있고 그 근무강도도 높은 편이어서 경찰의 위험하고 열악한 근무환경과 과도한 업무 및 스트레스에 대해 어려움을 호소하는 경우가 많은 바, 이를 개선하기 위하여 경찰공무원 보건안전 및 복지증진 계획수립, 경찰공무원의 보건안전 및 복지 현장조사, 경찰공무원에 대한 의료지원, 주거안정 지원, 복지시설의 설치 · 운영, 퇴직경찰공무원에 대한 취업지원 등 경찰공무원의 보건안전 및 복지증진에 관한 법적 · 제도적 장치를 마련함으로써 경찰공무원이 긍지와 자부심을 갖고 안정적으로 경찰(치안)업무에 전념할 수 있도록 하려는 것이다(법제처, 법률검색, 2013.5.27. 방문.〈http://www.law.go.kr〉). 그 밖에 「경찰공무원 급여품 및 대여품 규칙」과 「경범죄처벌법 시행규칙」은 해양경찰의 소관 법령이기도 하다. 그러나 그 상위 법률은 경찰청에서 관장하므로 해양경찰청의 참여 정도는 미약하다 할 것으로 보인다(해양경찰청, 소관법령, 2013.5.17. 방문. 〈http://www.kcg.go.kr〉).

〈표 4-1〉 경찰청 소관 조직법의 종류 및 주요내용

법령명	제정일자 (최근 개정일)	주 요 내 용
전투경찰대 설치법	1970.12.31 (2013.6.4)	• 제정이유: 앞으로 격렬해질 것으로 예상되는 대간첩작전에 대비하여 이를 전담할 전투경찰대를 설치하고 그 대원은 현역병으로 입영한 후 소정을 군사교육을 마치고 귀휴된 자 중에 임용·충당할 수 있게 하려는 것임 • 설치 및 임무: 간첩(무장공비를 포함한다)의 침투거부, 포착, 섬멸, 그 밖의 대간첩작전을 수행하고 치안업무를 보조하기 위하여 지방경찰청장 및 대통령령으로 정하는 국가경찰기관의 장 또는 해양경찰기관의 장 소속으로 전투경찰대를 둠(제1조)
경찰공무원법	1969.1.7 (2013.3.23)	• 제정이유: 경찰직무의 특수성에 비추어 경찰질서의 확립과 경찰인사의 합리화를 위하여 현행 「국가공무원법」에 포함되어 있는 경찰인사에 관한 규정을 분리하여 별도로 독립된 경찰공무원법을 제정하려는 것임 • 경찰공무원인사위원회의 설치: 경찰공무원의 인사(人事)에 관한 중요사항에 대하여 경찰청장 또는 해양경찰청장의 자문에 응하게 하기 위하여 경찰청과 해양경찰청에 경찰공무원인사위원회를 둠(제4조제1항)
경찰공제회법	1991.11.30 (2010.7.23)	• 제정이유: 경찰공제회는 경찰청, 지방경찰청, 경찰서, 지서파출소 등에 근무하는 경찰공무원들의 복지증진을 목적으로 그들이 자진 납부한 회비를 기금으로 공제사업을 시행하는 민법상의 재단법인이었으나, 기금운영상의 제약, 회계처리의 불합리 등 문제점이 발생하여 공제사업을 통한 하위직 경찰공무원들의 복지증진에 애로가 많으므로 다른 공무원 공제회와 같이 특별법인으로 발전시켜 보다 건전하게 성장할 수 있도록 하려는 것임 • 목적: 경찰공제회를 설립하여 경찰공무원에 대한 효율적인 공제제도를 확립·운영함으로써 이들의 생활안정과 복지증진에 이바지함을 목적으로 함(제1조)
대한민국 재향경우회법	1973.12.31 (2011.5.30)	• 제정이유: 전국에 산재하는 전직경찰관을 하나의 친목단체로 규합함으로써 조국의 치안유지를 위하여 신면을 바쳤던 경찰관으로서의 긍지를 보전토록 하여 조국의 독립과 자유수호의 역군으로서의 결의와 각오를 유지하기 위하여 대한민국재향경우회(경우회)를 설립하려는 것임 • 회원의 자격: 회원은 정회원과 명예회원으로 구성하고, 경우회의 정회원은 퇴직 경찰공무원으로 하고, 명예회원은 현직 경찰공무원으로 함(제4조) * 경우회의 재정은 회원의 회비, 사업 수입과 그 밖의 수입으로 충당하고, 경우에 따라서는 정부로부터 보조금을 지원받을 수 있는데, 이 때 정부는 경찰청에 해당함(제15조 및 제16조)

출처: 법제처 홈페이지. 〈http://www.law.go.kr〉

2. 경찰법의 개정연혁 및 구성

「경찰법」은 1991년 5월 31일(법률 제4369호) 제정된 이후 2013년 3월 23일(법률 제11690호)까지 총 16차에 걸쳐 개정되었다. 주요 개정사유로는 사회적 요구사항 반영, 효율적 조직운영 및 단순 타 법률개정 등으로 인한 것이다.

먼저 제2차, 제8차, 제10차, 제12차 개정은 사회적 요구사항을 반영한 것이다. 그리고 제6차, 제9차, 제14차, 제15차 개정은 좀더 효율적으로 조직을 운영하기 위한 것이었다. 그 밖에 「정부조직법」이나 「국회법」 등과 같은 다른 법률의 개정에 의한 개정사항을 포함하고 있다.

이 중 본 저서에서는 다른 법률의 개정에 따른 경우는 제외하고, 「경찰법」 운영상 필요에 의해 개정된 내용을 중심으로 살펴보고자 한다. 이는 동법을 운영하는데 있어 당시의 사회적 분위기를 짐작해 볼 수 있을 것이다. 뿐만 아니라 해양경찰조직법을 구성하는데 있어서도 중요한 참고자료가 될 것이라 본다.

가. 개정연혁 및 주요내용[8)]

「경찰법」이 변천해 온 과정을 통해 개정된 주요내용에는 어떠한 것들이 있는지에 대해 살펴보고자 한다. 이에 대해서는 다음의 〈표 4-2〉와 같다. 주요내용으로는 사회적 요구사항을 반영한 제2차, 제8차, 제10차, 제12차 때의 주요 개정사항과 조직을 좀더 효율적으로 운영하기 위한 사항을 포함하고 있는 제6차, 제9차, 제14차, 제15차 때의 개정 내용을 중심으로 분석하였다.

8) 법제처, 법률검색, 2013.6.27. 방문. 〈http://www.law.go.kr〉

〈표 4-2〉 경찰법의 개정연혁 및 주요내용

개정일자 (차수)	법조항 (개정 또는 신설)	주 요 내 용
1997.1.13 (제2차)	제11조제4항 (신설)	경찰청장이 재직 중 정치적 영향으로부터 독립하여 그 직무를 공정하게 수행할 수 있도록 하기 위하여 경찰청장은 퇴직일부터 2년 이내에는 정당의 발기인이나 당원이 될 수 없도록 함
2000.12.20 (제6차)	제17조제1항 (개정)	총경으로 보하던 경찰서장을 총경 또는 경정으로 보하도록 함으로써 경찰인력의 탄력적 운영을 도모하려는 것임
2003.12.31 (제8차)	제11조 제5항 및 제6항 (신설)	경찰청장은 퇴직일부터 2년 이내에는 정당의 발기인이 되거나 당원이 될 수 없도록 한 규정이 위헌결정됨에 따라 동 조항을 삭제하고, 경찰청장이 책임 있는 치안행정 업무를 수행하고 정치적 중립성을 보장할 수 있도록 그 임기를 2년간 보장하는 한편, 경찰청장이 헌법 또는 법률에 위배한 때에는 탄핵소추할 수 있도록 하려는 것임
2004.12.23 (제9차)	제5조제3항 (신설) 제17조제3항 (개정)	광역화·기동화되는 현대범죄에 효과적으로 대응하기 위하여 경찰서장 소속 하에 두는 지서(支署)를 없애고 기존 여러 개의 파출소 관할구역을 통합하여 하나의 관할구역으로 하는 지구대를 설치할 수 있도록 하는 한편, 「정부조직법」이 개정(법률 제7186호, 2004.3.11. 공포·시행)되어 각 행정기관에 배치하는 정무직공무원은 법률에 근거를 두도록 함에 따라 경찰위원회규정에 의하여 정무직공무원으로 되어 있던 경찰위원회의 상임위원에 대한 법적 근거를 마련하려는 것임
2006.7.19 (제10차)	제25조 (신설)	「제주특별자치도 설치 및 국제자유도시 조성을 위한 특별법」이 제정(법률 제7849호, 2006.2.21. 공포, 2006.7.1. 시행)되어 제주특별자치도에 자치경찰단이 설치됨에 따라 경찰위원회의 심의사항으로 자치경찰에 대한 국가경찰의 지원·협조 등에 관한 주요 정책사항을 추가하고, 국가비상사태시 경찰청장 또는 제주특별자치도지방경찰청장이 제주특별자치도의 자치경찰공무원을 직접 지휘·명령할 수 있도록 하는 등 자치경찰제의 시행과 관련된 현행 규정의 일부 미비점을 정비·보완하려는 것임
2008.6.13 (제12차)	제24조제2항 (신설)	구체적 사건수사와 관련된 소속 장관의 지휘·감독에 대한 경찰공무원의 이의제기를 명문화하여 경찰공무원의 직무상 독립성 및 공정성을 높이려는 것임

개정일자 (차수)	법조항 (개정 또는 신설)	주 요 내 용
2011.8.4 (제14차)	제3조 (전문개정)	「경찰법」 제3조에 따른 국가경찰의 임무에는 「경찰관직무집행법」 제2조에서 규정하고 있는 경찰의 직무 중 "경비 · 요인경호 및 대간첩작전 수행"이 빠져 있고, 반대로 「경찰관직무집행법」 제2조에 따른 경찰의 직무에는 「경찰법」 제3조에서 규정하고 있는 국가경찰의 임무 중 "국민의 생명 · 신체 및 재산의 보호"가 빠져 있어, 경찰의 임무에 관한 두 법의 규정을 상호 일치시키려는 것임
2012.2.22 (제15차)	제2조제2항 (후단신설)	하나의 시 · 도 관할구역 내에 인구, 행정구역, 면적, 지리적 특성, 교통 등을 고려하여 둘 이상의 지방경찰청을 둘 수 있도록 하여 늘어나는 치안수요에 탄력적으로 대응할 수 있도록 하는 한편, 치안수요가 과중한 경찰서와 1개 자치구역 내에 다수의 경찰서가 있는 지역의 '중심경찰서'는 경찰서장 직급을 경무관으로 보임할 수 있는 근거를 마련하려는 것임

출처: 법제처 홈페이지. 〈http://www.law.go.kr〉

나. 경찰법의 구성

위에서 살펴본 바와 같이 「경찰법」은 제정된 지 약 20여 년을 지나오면서 16차례나 개정되는 과정을 거쳐 현재에 이르고 있다. 현행 「경찰법」[시행 2013.3.23] [법률 제11690호, 2013.3.23, 타법개정]은 삭제된 내용을 포함하면 전문 제7장까지 총 25개의 조문과 부칙으로 구성되어 있다. 전문 7개의 장은 각각 총칙, 경찰위원회, 경찰청, 지방경찰, 국가경찰공무원, 비상사태 시의 특별조치 및 부칙으로 나누어져 있다.

제1장 총칙 제1조에서는 국가경찰의 민주적인 관리 · 운영과 효율적인 임무수행을 위하여 국가경찰의 기본조직 및 직무범위와 그 밖에 필요한 사항을 규정함을 목적으로 한다고 밝히고 있다. 제2조는 치안에 관한 사무를 관장하기 위하여 안전행정부장관 소속 하에 경찰청을 두고, 특별시장 · 광역시장 및 도지사 소속 하에 지방경찰청을 두고, 지방경찰청 소속 하에 경찰서를 둔다고 규정하고 있으며, 이 경우 인구, 행정구역, 면적, 지리적 특성, 교통 및 그 밖의 조건

을 고려하여 시 · 도지사 소속으로 2개의 지방경찰청을 둘 수 있다고 명시하고 있다. 제3조는 국가경찰의 임무로 국민의 생명 · 신체 및 재산의 보호, 범죄의 예방 · 진압 및 수사, 경비 · 요인경호 및 대간첩작전 수행, 치안정보의 수집 · 작성 및 배포, 교통의 단속과 위해의 방지, 그 밖의 공공의 안녕과 질서유지를 규정하고 있다. 제4조는 직무를 수행할 때 헌법과 법률에 따라 국민의 자유와 권리를 존중하고, 국민 전체에 대한 봉사자로서 공정 · 중립을 지켜야 하며, 부여된 권한을 남용하여서는 아니된다고 규정하고 있다.

제2장은 경찰위원회와 관련된 내용으로 제5조에서는 경찰위원회의 설치, 제6조에서는 위원의 임명 및 결격사유, 제7조에서는 위원의 임기 및 신분보장, 제8조에서는 「국가공무원법」의 준용 여부, 제9조에서는 위원회의 심의 · 의결 사항에 관한 내용을, 제10조에서는 위원회의 운영 등에 대한 내용을 규정하고 있다.

제3장은 경찰청과 관련한 내용으로 제11조부터 제13조까지는 경찰청장, 차장, 하부조직 등을 규정하고 있다. 경찰청장은 치안총감으로 보하고 경찰위원회 동의를 얻어 안전행정부장관의 제청으로 국무총리를 거쳐 대통령이 임명토록 하고 있다. 이 경우 국회의 인사청문을 거쳐야 한다.[9] 그리고 국가경찰 사무를 통할하고 경찰청 업무를 관장하며 소속 공무원 및 각급 국가경찰기관의 장을 지휘 · 감독한다. 임기는 2년으로 하고, 국회에서 탄핵소추 의결할 수 있도록 규정하고 있다. 차장은 치안정감으로 보하고, 경찰청장 유고시 그 직무를 대행한다. 하부조직은 대통령령으로 정하도록 규정하고 있다.

제4장은 지방경찰과 관련한 내용으로 제14조에서 제18조까지 지방경찰청장, 차장, 치안행정협의회, 경찰서장, 직제 등을 규정하고 있다. 지방경찰청장은 치

9) 대통령이 임명한 경찰청장은 「국회법」 제65조의2에 따라 인사청문회를 거치도록 하고 있다. 반면, 해양경찰청장은 경찰청장과 동일한 계급(치안총감)이나, 국회 인사청문회 없이 「경찰공무원법」 제6조제1항에서 해양수산부장관의 제청으로 국무총리를 거쳐 대통령이 임용한다고 규정하고 있다. 해양경찰 또한 육상경찰과 경찰조직으로서 대등한 중앙행정기관이나, 이와 같이 조직운영에 있어서의 관련 법률은 서로 상이하여 조직의 위상이 저하되는 경향이 있으므로 해양경찰 법체계의 개선이 필요하다.

안정감, 치안감 또는 경무관으로 보하고, 경찰청장의 지휘 · 감독을 받아 관할구역의 국가경찰사무를 관장하고 소속 공무원 및 소속 국가경찰기관을 지휘 · 감독한다. 직제는 지방경찰청 및 경찰서의 명칭, 위치, 관할구역, 하부조직, 공무원의 정원 기타 필요한 사항을 「정부조직법」 제2조제4항 및 제5항의 규정을 준용하여 대통령령 또는 안전행정부령으로 정하도록 하였다. 제5장은 1996년 8월 8일 동법이 개정되면서 경찰청 소속이던 해양경찰청이 해양수산부 외청으로 이관됨에 따라 관련 조항을 모두 삭제하였다.

제6장에서는 국가경찰공무원에 관한 내용으로 제23조 및 제24조에서는 국가경찰공무원의 계급과 직무수행에 대해 규정하고 있다. 국가경찰공무원의 계급은 치안총감, 치안정감, 치안감, 경무관, 총경, 경정, 경감, 경위, 경사, 경장, 순경으로 하고 있다. 또한 상관의 지휘 · 감독을 받아 직무를 수행하고 있으며, 그 밖에 직무수행 협력의무를 규정하고 있다. 또한 사건수사와 관련하여서는 지휘 · 감독의 적법성 또는 정당성 여부에 대하여 이의를 제기할 수 있도록 규정하고 있다.

제7장은 비상사태 시의 특별조치를 내용으로 하고 있는데, 제25조에서는 경찰청장은 전시, 사변, 천재지변 그 밖에 이에 준하는 국가비상사태, 대규모의 테러 소요사태가 발생하였거나 발생할 우려가 있어 전국적인 치안유지를 위하여 긴급한 조치가 필요하다고 인정할 만한 충분한 사유가 있는 경우에는 동조 제2항의 규정에 따라 제주특별자치도의 자치경찰공무원을 직접 지휘, 명령할 수 있도록 하여 특별한 경우 국가경찰공무원으로 간주할 수 있는 조항을 두고 있다. 또한 경찰청장 또는 제주특별자치도지방경찰청장은 자치경찰공무원을 지휘 · 명령할 수 있는 사유가 해소된 때에는 자치경찰공무원에 대한 지휘 · 명령권을 즉시 제주특별자치도지사에게 반환하도록 하고 있다.

3. 경찰법의 제도적 문제점

경찰 관련 조직법 중 가장 기본이 되는 것은 「경찰법」이다. 동법은 경찰이 내무부 치안본부 소속에서 내무부의 외청으로 승격되면 그 조직과 작용의 기본적인 사항을 규정하기 위해 제정된 법률이기도 하다. 하지만 동법은 제정된 이래로 지금까지 여러 가지 문제점을 내포하고 있다는 지적에 대해 자유로울 수 없었으며, 이와 관련해서는 여러 학계 등을 통해 지속적으로 거론되고 있다.[10] 그렇다면 해양경찰과 관련한 조직법을 제정하는데 있어 해양경찰과 가장 유사한 성격의 조직을 구성하고 있는 육상경찰의 대표적 조직법인 「경찰법」에 대한 문제점들을 살펴보는 것은 꼭 필요한 과정이다. 또한 이러한 문제점들에 대한 선행검토 수행은 향후 해양경찰 관련 조직법 제정에 있어 꼭 참고해야 하는 중요한 논점이 될 것으로 본다.

이상의 내용을 배경으로 각종 문헌 및 논문 등의 자료를 통해 「경찰법」의 문제점에 대한 주요논점을 간략하게 살펴보면 다음과 같다. i) 육상경찰의 기본법으로서의 역할부재, ii) 육상경찰조직의 지위에 관한 불명확성, iii) 육상경찰조직의 통일성 및 중립성 미흡, iv) 경찰위원회의 비효용성 등으로 요약할 수 있으며 이에 대한 세부내용으로는 다음과 같다.

첫째, 「경찰법」은 육상경찰의 기본법으로서의 구실을 못한다는 점이다. 동법이 기본법적 역할과 기능을 다하기 위해서는 경찰조직과 경찰작용 그리고 경찰구제에 관한 내용이 구체적으로 규정되어 있어야 한다. 즉 국가의 기초적이고 본질적인 기능이라고 할 수 있는 육상경찰의 조직과 작용이 민주적이고 효율적으로 운용될 수 있어야 한다. 그러나 현행 「경찰법」은 육상경찰조직에 관한 내용이 단편적으로 구성되어 있을 뿐 경찰작용과 경찰강제, 경찰작용으로 인한 손해전보(損害塡補)에 관한 내용이 불비(不備)하다.[11] 즉 「경찰법」의 내용

10) 「경찰법」에 대한 제도적인 문제점들은 고영완, 앞의 논문, 59~86면; 김태진, 앞의 논문, 63~67면; 홍준형 외, 앞의 보고서, 16~17면; 장영민 외, 앞의 논문, 22~23면; 한정갑, “공공질서의 확립을 위한 형사정책 개선방안에 관한 연구”, 청주대학교 일반대학원 박사학위논문, 2008, 36~40면을 참고하여 작성하였다.

11) 「경찰관직무집행법」이 개정(2013.4.5, 시행 2014.4.6)되면서 경찰관의 적법한 직무집행으로 인하여 재산상 손실이 발생한 경우 국가가 그 손실을 보상하도록 하여 국민의 권익을 보호하

중 작용법 및 구제법적 성격 등이 결여된 점을 문제로 삼고 있는 것이다.

또한 「경찰법」에서 육상경찰의 작용과 관련한 규정은 제1조의 목적 규정과 제3조의 경찰의 임무, 제4조 권한남용의 금지규정 정도만 있을 뿐이다. 그런데 동법 제1조는 '목적' 규정으로써 육상경찰 작용에 관한 직접적 규정으로 볼 수 없으며, 동법 제3조는 육상경찰의 임무 규정으로써 추상적인 경찰임무를 열거하는데 그치고 있을 뿐이다. 그리고 그 내용도 「경찰관직무집행법」 제2조 직무의 범위와 동일하다. 또한 「경찰법」 제4조에서 규정하고 있는 권한남용의 금지원칙도 육상경찰의 경찰권 행사의 한계에 관한 선언적 내용에 그치고 있을 뿐 오히려 「경찰관직무집행법」 제1조제2항의 내용보다 의미하는 바가 미흡하다 할 수 있다.

따라서 이러한 규정들만으로는 「경찰법」의 지위를 육상경찰조직에 관한 기본법 정도로 간주해야 하고, 경찰작용적 의미를 포함한 법률로서는 미흡한 점을 들어 「경찰법」은 단지 '경찰청조직법'으로서의 지위를 갖는데 불과하다는 주장도 있다.

뿐만 아니라 규제법적 성격과 관련해서도 경찰작용으로 인해 국민의 권익이 침해된 경우 이를 구제하기 위한 것으로 작용법적인 성격이 강하다 할 것이나, 이 또한 완전히 작용법적인 측면으로 받아들인다면 현재 우리나라 경찰 관련 조직법체계의 개념과는 일치하지 않는다. 따라서 육상경찰조직의 구성원을 단순히 조직원 개개인 자격으로서의 개념적 위치보다 조직의 대표성을 가진다는

고 경찰관의 안정적인 직무집행을 도모하기 위한 법적 근거가 마련되었다. 하지만 이는 작용법인 「경찰관직무집행법」의 개정사항이므로 조직법적 성격을 가지고 있는 「경찰법」에서의 제도적 보완이라 할 수 없다. 따라서 「경찰법」에도 이와 같은 입법취지의 개정작업이 필요하다 본다. 2011년 8월 4일 「경찰법」과 「경찰관직무집행법」 각각의 법률에서 규정하고 있는 경찰의 임무(직무)에 관한 내용을 상호 일치시키기 위해 개정작업이 이루어진 바 있다. 물론 「경찰법」과 「경찰관직무집행법」 상호간의 모든 내용을 다 일치시킬 수는 없으나, 국민의 법적 안정성을 요하는 규정은 상호 보완적 기능을 할 수 있는 명확한 법체계는 필요하다고 본다. 이는 향후 해양경찰조직법을 제정하는데 있어 「경찰법」의 문제점으로 언급된 부분을 배제함으로써 좀더 법률의 명확성을 확보하기 위한 것이다.

조직적 측면에서의 개념해석이 반영되어야 할 것이다.

그렇지 않고 앞의 내용과는 달리 「경찰법」을 경찰의 기본법으로서의 역할과 기능을 다하기 위해서 순수 작용법적 성격이 내포된 경찰작용과 경찰구제에 관한 내용을 포함하고자 한다면 「경찰관직무집행법」과 통합할 수 있는 방안마련이 필요할 것으로 보인다.

그리고 육상경찰 관련 조직에 관해서도 「경찰법」은 경찰의 기본조직에 대한 설치근거 규정에 그치고 있으며, 전투경찰대, 경찰대학, 국립과학수사연구원, 경찰공제회, 재향경우회 등 전반적인 경찰조직을 포괄하는 근거법으로 입법화되지 못한 점 등을 문제점으로 제시하고 있다. 지금까지 내용을 간략하게 정리해 보면 경찰작용과 경찰구제에 대한 작용법적 성격은 「경찰관직무집행법」과 같은 작용법적 측면에서의 경찰권 행사라기보다는 경찰권 행사에 대한 원칙과 한계를 규정하는 의미에서 접근한 것이다.

둘째, 육상경찰조직의 지위에 관하여 명확하게 규정하고 있지 못하다는 결점이 있다. 육상경찰은 과거 내무부 치안국과 치안본부 시절에 내무부장관(차관)의 보조기관으로, 지방경찰국장은 시도지사의 보조기관으로 그 법적 지위가 규정되어 있었다. 또한 일선 경찰서장만이 행정법학에서 말하는 이른바 '행정기관'으로서 법적으로 의사결정을 하고 자기명의로 의사표시를 할 수 있었다.

그 후 1991년 「경찰법」 제정으로 경찰청장, 지방경찰청장 및 경찰서장은 모두 다 소위 행정관청에 해당되는 국가기관으로서 '행정관청론'에 입각한 법적 의사결정과 대외적 의사표시가 가능해진 것이다. 하지만 동법 제2조제2항에서는 '경찰청의 사무를 지역적으로 분담하여 수행하게 하기 위하여 특별시장 · 광역시장 및 도지사(이하 "시 · 도지사"라 한다) 소속으로 지방경찰청을 두고, 지방경찰청장 소속으로 경찰서를 둔다…(이하생략)'고 규정하고 있다. 이에 대해 경찰조직은 당연히 '경찰청의 소속 하에 지방경찰청을 두고, 지방경찰청의 소속 하에 경찰서를 두도록' 규정하는 것이 옳다 할 것이나, 현행 「경찰법」은 지방경찰청을 시 · 도지사 소속 하에 설치함으로써 정치적 협상과정에서 경찰조직의 통일성을 포기한 결과로 일원적이고 통일적인 경찰조직을 구성하는데 실패했다는 점을 지적하고 있다.

미국이나 영국의 경찰법제에서는 지방자치경찰제도를 실시하므로 당연히 지방자치단체의 소속 하에 자치경찰이 조직된다 할 것이나, 독일이나 프랑스 경찰의 경우에는 국가경찰이 지방자치단체에 소속되는 경우는 생각할 수 없고 그런 사례를 찾을 수도 없다. 일본의 경찰법제에서 일부 자치경찰과 국가경찰의 지방조직이 병존하여 설치되는 경우가 있기 때문에 일본의 경찰법제를 국가경찰과 자치경찰의 절충형 형태라고 부르기도 하는 점을 고려한다면, 국가경찰조직인 지방경찰청이 시 · 도지사의 소속기관으로 설치되어 있는 한국의 경찰조직 형태는 「제주특별자치도특별법」에서 규정하고 있는 '자치경찰단'과 같은 지방자치도의 경찰기구를 제외하고는 법 논리적으로 설명할 수 없는 기형적인 형태라 할 수밖에 없다.

셋째, 과거 해양경찰청의 설치근거가 된 「경찰법」에서 별다른 고려 없이 해양경찰청과 관련한 모든 내용이 삭제되었다는 점이다. 해양경찰청은 「경찰공무원법」의 적용을 받는 경찰공무원이다. 다만, 그 임무수행의 주된 영역이 해양과 관련되어 있다는 점 외에는 육상경찰조직과 별로 다를 바가 없다. 그럼에도 불구하고 1996년 8월 「정부조직법」의 개정으로 해양수산부가 신설되었고 해양경찰청의 소속 부처가 행정자치부(현, 안전행정부) 장관에서 해양수산부 장관으로 바뀌었다고 해서 해양경찰청의 설치에 관한 법적 근거를 「경찰법」에서 삭제하였다는 것은 경찰조직의 통일성이라고 하는 측면에서 입법 기술적으로 문제가 있는 조치라고 아니할 수 없다.

「경찰법」의 적용 대상에서 해양경찰청을 단순 삭제하는 법률 개정으로 인해 해양경찰 관련 부서에서 근무하는 경찰공무원이 동법의 적용 대상에서 제외됨으로써 결과적으로 해양경찰공무원은 같은 법 제3조(국가경찰의 임무), 제4조(권한남용의 금지), 제23조(경찰공무원), 제24조(직무수행) 규정의 적용을 받지 않게 되었다. 무엇보다 해양경찰청이 경찰위원회의 관장범위인 경찰조직에서 제외되어 해양경찰에는 경찰위원회를 설치하고 운용할 법적 근거가 없어졌다는 점이다.

물론 해양경찰은 「경찰공무원법」의 적용을 받는 경찰공무원이며, 「해양경비법」이 제정되기 이전에는 「경찰관직무집행법」을 업무에 적용했다. 또한 「형사소송법」 제196조에 규정된 사법경찰관리로서의 직무를 수행하는데 있어서도 아무런 문제가 없다. 그러나 「경찰법」의 제정취지인 경찰조직의 독립성과 중립성을 확보한다는 입법목적으로 볼 때, 동법의 적용대상에서 해양경찰을 제외한 것은 현재의 경찰위원회가 경찰조직의 중립성 확보에 중요한 역할을 하지 못한다고 하더라도 입법적 측면에서 상당한 후퇴를 한 것이다. 이로써 「경찰법」은 「정부조직법」, 「경찰관직무집행법」, 「경찰공무원법」 등 경찰 관련 법률을 단순 조합하고, 명목적인 경찰위원회를 장식규정으로 덧붙인 것에 불과하다는 비판을 모면하기 어렵다.

하지만 해양경찰청을 「경찰법」에서 삭제시킨 것이 우리나라 경찰조직의 독립성과 중립성을 후퇴시켰다는 주장은 타당하지 않은 것으로 보인다. 우리나라 경찰조직의 통일성을 확보하는 차원에서 과거와 같이 해양경찰을 육상경찰의 조직법인 「경찰법」으로 수용하고, 이로써 해양경찰의 조직에 대한 법적 근거를 제시할 수 있다는 것은 육상경찰과 해양경찰을 같은 법률에 통합시켜 효율적 운영이라는 측면 이외에는 해양경찰의 업무적 특성 등을 전혀 고려하지 않은 것이다.

육상경찰이나 해양경찰은 대등한 경찰조직으로서의 기능적 역할을 수행하고 있다. 또한 육상경찰과 해양경찰은 엄연히 각각 다른 정부부처의 외청으로 소속되어 있으며, 직무의 내용 및 범위에 있어서도 육상경찰이 할 수 없는 영역까지 해양경찰이 관장하는 등 해양경찰만의 고유한 조직적 특색 등을 고려해 볼 때 단순히 조직 운영상의 효율성을 향상시킨다는 차원에서 육상경찰과 해양경찰을 동일한 법률에 포함시켜 관리 · 운영하는 것은 조직 차원에서의 전문성을 퇴색시키는 것이다.

따라서 국민에게 법적 안정성과 보다 낳은 서비스 제공으로 조직에 대한 신뢰성을 확보한다는 측면에서 볼 때에는 전혀 바람직하지 않다. 결국 육상경찰과 해양경찰을 상호 독립된 외청으로 분리한 것은 국가발전의 측면이나 국민에 대한 최상의 전문서비스를 제공한다는 차원에서는 바람직한 것이라 본다. 다만, 이에 수반된 해양경찰의 법제도적 측면의 미비점이 있을 뿐이므로 이에 대한 지속적인 개선 · 보완이 필요하다.[12)]

넷째, 경찰위원회의 조직성격과 기능에 관련된 문제이다. 건국 이후 꾸준히 논의되었던 경찰중립화 법안은 거의 대부분 위원회의 설치를 전제로 하고 있다. 그 이유는 위원회제도가 독임제 행정관청에 비하여 민주적이고 중립적 의사결정을 할 수 있기 때문이다. 우리나라에서는 경찰위원회를 설치하여 그를 통해 경찰을 운영 관리토록 하고 있다. 그런데 「경찰법」 제정 당시 위원회의 결정에 대한 기속력(羈束力)이 부여되어야 하고 위원회의 활동에 따라 경찰의 업무집행을 민주적이고 중립적으로 이루어질 수 있도록 만드는 제도적 보장이 전제되었어야 하는데 그렇지 못했다는 것이다.

현행 「경찰법」 제5조에서는 경찰위원회의 설치규정을 두고 있으며, 같은 법 제6조제2항에서는 안전행정부장관은 경찰위원회 위원 임명을 제청할 때 국가경찰의 정치적 중립이 보장되도록 하여야 한다고 규정함으로써 경찰은 정치에 영향을 받지 않음을 명시하고 있다. 그러나 실제 경찰위원회 위원은 같은 법 제6조제1항에서와 같이 안전행정부장관의 제청으로 국무총리를 거쳐 대통령이 임명하기 때문에 대표성과 정치적 중립성을 충족한다고 하기에는 부족하다고 할 수 있다.

특히 경찰위원회의 위상이나 운영면에서 독자성을 갖지 못하고 안전행정부

12) 한편, 다른 일각에서는 해양경찰청을 경찰청으로의 통합보다는 인근 국가로부터의 불법출입국 등 해양 관련 범죄가 급증하고 있어서 독립 외청으로서 해양경찰청을 유지하는 것이 바람직하다고 보는 견해도 있다(김동욱, "중앙정부 조직개편 기능조정 연구", 「새 정부를 위한 정부조직개편 연구 세미나 발표논문」, 한국행정학회, 2003, 5면; 2013.6.15. 방문. 〈http://www.kapa21.or.kr〉).

장관의 자문기관 역할을 수행하고 있다는 비판이 제기되고 있다.[13] 실제 경찰위원회의 의결에는 아무런 법적 효력을 부여하지 않는 등 경찰위원회의 권한은 명목상의 권한일 뿐이지 실질적이지 못하다는 것이다. 이와 같이 우리나라 경찰위원회는 형식적이면서 상징적인 기관이라는 것에 불과한 반면, 일본의 공안위원회 또는 영국의 경찰위원회는 실질적으로 경찰을 관리할 권한을 지닌 경찰관리기관이라는 점에서 우리의 경찰위원회와는 법적 권한과 지위면에서 비교가 되지 않는다. 영국의 수도경찰청이 국가경찰조직의 성격에서 변화하여 2000년 7월부터 수도경찰위원회의 관리를 받는 자치제 경찰로 전환되었다는 것도 경찰위원회의 효용성이라는 관점에서 우리에게 시사하는 바가 크다고 하겠다.

그 밖에 「경찰법」의 문제점으로 지적된 것에는 같은 법 제2조제1항에 따라 경찰청을 안전행정부에 존속시킴으로써 경찰의 기구독립은 명목상의 승격일 뿐 경찰의 정치적 중립성 보장은 형식적 수준에 불과하다는 비판이 제기되고 있다.

하지만 실제 우리나라의 중앙행정기관 중 청(廳) 단위의 기관은 모두 행정부처의 소속으로 정부조직을 구성하고 있으며, 국가정보원도 대통령 소속으로서 운영 · 관리되고 있다. 또한 검찰청도 법무부에 소속되어 있다.[14] 따라서 경찰청이 중앙행정부처에 소속되었다는 것만으로 조직의 중립성을 보장할 수 없다는 것은 옳지 않다고 본다. 특히 경찰청의 경우 현재 우리나라에서는 독임제로 운영되고 있기 때문에 실질적으로 안전행정부장관의 명령 등을 받고 있지 않다. 따라서 「경찰법」 제2조제1항을 경찰청의 중립성을 보장하는데 있어서의 문제점으로 지적하는 것은 타당하지 않다.

---

13) 이강종, "한국 경찰위원회제도에 관한 연구", 동국대학교 일반대학원 박사학위논문, 2002, 124면.

14) 「정부조직법」 제15조제1항 및 제2항에서는 국가안전보장에 관련되는 정보 · 보안 및 범죄수사에 관한 사무를 담당하기 위하여 대통령 소속으로 국가정보원을 둔다고 규정하고 있으며, 국가정보원의 조직 · 직무범위 그 밖에 필요한 사항은 따로 법률로 정한다고 명시되어 있다. 또한 같은 법 제27조제2항 및 제3항에서는 검사에 관한 사무를 관장하기 위하여 법무부장관 소속으로 검찰청을 둔다고 규정하고 있으며, 검찰청의 조직 · 직무범위 그 밖에 필요한 사항은 따로 법률로 정하는 명문규정을 두고 있다.

Ⅱ. 해양경찰의 법제도

경찰권 행사를 수행하기 위해서는 반드시 법률에 근거를 두어야 한다. 즉 법률상의 수권이 명확히 존재해야 하는 것인데, 이는 조직법에 의한 수권이 먼저 수반되고, 나아가 작용법의 수권을 요구하게 된다는 것을 의미하는데 이와 관련해서는 앞서 서술한 바 있다. 육상경찰은 「경찰법」 제3조에서 규정하고 있는 국가경찰의 임무와 「경찰관직무집행법」 제2조에서 규정하고 있는 경찰관의 직무범위가 이에 해당한다.[15] 하지만 해양경찰은 개별조직법이 부재인 상태에서 대표적 작용법인 「해양경비법」만을 제정하여 운영하고 있으며, 동법 제7조에서 규정하고 있는 해양경비활동의 범위가 이에 해당한다. 결론적으로 해양경찰의 제도적 현실을 위와 같은 이론적 배경에서 놓고 볼 때 경찰권 행사에 있어서의 완전한 법적 장치를 마련하고 있다고 할 수 없다.

해양경찰의 조직법으로서의 근거가 되는 법률은 「정부조직법」이라 할 수 있다. 현행 「정부조직법」 제43조제2항에서는 "해양에서의 경찰 및 오염방제에 관한 사무를 관장하기 위하여 해양수산부장관 소속으로 해양경찰청을 둔다"고 규정하고 있으나, 이는 현행 「경찰법」과 비교해서 볼 때 법률의 구성 및 체계적인 측면에서 상당한 차이를 보이고 있다. 물론 해양경찰은 육상경찰과 같은 조직법을 당장 마련하지 않는다고 해서 직무를 수행하는데 있어 법적인 문제점이 발생하는 것은 아니다. 하지만 국민에게 경찰권을 행사하면서 적정한 법적 안정성을 제공해야 하는 대전제에서 놓고 본다면 현재 해양경찰의 업무수행과 관련한 조직법은 반드시 수반되어야 한다.

그렇다면 해양경찰의 조직법 제정과 관련해서 구체적으로 논하기 이전에 「정부조직법」이 해양경찰의 조직법적 지위를 갖추고 있는지에 대해 먼저 살펴볼 필요가 있다. 이는 해양경찰과 관련한 조직법을 제정하는데 있어 그 당위성과 필요성을 제시하기 위한 과정이기도 하다. 「정부조직법」이 해양경찰의 조직법

15) 김상호 외, 앞의 책, 288면.

으로서의 자격을 갖추고 있다면 해양경찰과 관련한 별도의 조직법이 필요치 않다. 만약 그렇지 않다면 해양경찰과 관련한 조직법을 마련해야 할 것이며, 이는 또한 경찰권을 행사하는데 있어서의 법률적 근거가 되므로 반드시 필요한 것이다.

1. 해양경찰의 법적 근거 및 그 적정성

앞서 언급한 바와 같이 해양경찰은 육상경찰과 조직적 특성이 상당이 유사하다는 것을 알 수 있었다. 하지만 현재까지 해양경찰조직에 관한 일반법은 없는 실정이다. 육상경찰은 「정부조직법」 제34조제4항[16]에서 경찰청의 설치근거를 두고 있으며, 또한 같은 법 제34조제5항[17]에서는 경찰청의 조직 · 직무범위 그 밖에 필요한 사항은 따로 법률로 정한다고 하는 위임규정을 두고 있으며, 이에 해당하는 법률이 「경찰법」이다. 이는 해양경찰을 포함한 경찰공무원 모두에게 적용되는 것이 아니라 경찰청, 즉 육상경찰의 조직법적 성격을 가지고 있다. 이에 반해 해양경찰은 조직에 대한 법적 근거를 「정부조직법」 제43조제2항 이외 별도의 개별법을 두고 있지 않다.

일반적으로 조직법은 해당 기관의 관할에 속하는 사항을 명시하고, 타 행정기관과의 사이에서 직무범위에 대한 설정 등을 명확히 하고자 하는 의미를 내포하고 있다. 즉 해양경찰활동은 직접 국민의 신체 · 자유 · 재산 등에 실력을 행사하는 전형적인 침해행정활동에 속하므로 반드시 조직법상의 근거 규정을 마련해야 한다.[18]

그렇다면 여기서 「정부조직법」이 해양경찰의 진정한 조직법으로서의 역할

16) 「정부조직법」 제34조제4항에서는 "치안에 관한 사무를 관장하기 위하여 행정안전부장관 소속으로 경찰청을 둔다"고 규정하고 있다.

17) 「정부조직법」 제34조제5항에서는 "경찰청의 조직 · 직무범위 그 밖에 필요한 사항은 따로 법률로 정한다"고 규정하고 있다.

18) 박상희, 앞의 논문, 64면.

을 다하고 있는지에 대해 구체적으로 살펴볼 필요가 있다. 이는 현재 해양경찰 조직의 법적 근거로 삼고 있는 동법 제43조제2항이 해양경찰에 대한 조직법으로서의 의미와 진정한 가치를 부여하고 있는지에 대한 제도적 차원의 명확한 입장을 제시하기 위한 것이다.

우리나라 「정부조직법」은 1948년 7월 17일 제정 당시 정부의 행정조직의 대강(大綱)[19]을 정하여 통일적이고 체계 있는 국무수행을 도모할 목적으로 입법화되었으며, 현재 지금까지 총 79차례의 개정과정을 거쳐 운영되고 있다. 동법이 제정된 이후 그 운영목적의 변천과정에 대해 간단히 살펴보면 다음과 같다. "국무원과 행정각부의 조직의 대강을 정하여 통일적이고 체계 있는 국무수행을 기함을 목적으로 한다"(1960년 7월 1일 전부개정), "국가의 중앙행정조직의 대강을 정하여 통일적이고 체계 있는 국무수행을 기함을 목적으로 한다"(1961년 10월 2일 폐지 제정), "국가행정사무의 통일적이고 능률적인 수행을 위하여 국가행정기관의 설치 · 조직과 직무범위의 대강을 정함을 목적으로 한다"(1981년 4월 8일 일부개정)고 규정하고 있다.

현행 「정부조직법」의 운영목적은 "국가행정사무의 체계적이고 능률적인 수행을 위하여 국가행정기관의 설치 · 조직과 직무범위의 대강을 정함을 목적으로 한다"(1998년 2월 28일 전부개정~2013년 3월 23일 전부개정까지 「정부조직법」의 목적은 변함이 없다)고 명문화 하고 있다. 이상의 내용에서도 알 수 있듯이 동법은 각각의 중앙행정기관에 대한 대강의 조직을 나열하는 식에 불과하다는 것을 알 수 있다. 또한 개별 중앙행정기관에 대한 조직 차원의 구체적

19) 여기서 대강(大綱)은 대강령(大綱領)의 준말로서 ① 일의 가장 중요(重要)한 부분(部分), ② 가장 중요(重要)한 부분(部分)만 따낸 줄거리, ③ 기본적(基本的)이고 중심(中心)이 되는 일의 내용(內容), ④ 세밀(細密)하지 않은 것, ⑤ 태도(態度)가 진지하지 않거나 본격적(本格的)이지 못하거나 심화(深化)되지 않은 상태(狀態)로 대충, 건성의 뜻으로 사용된다. 즉 한마디로 말해서 중심적인 내용을 포함하고는 있으나, 세밀하지 않고 여러 내용 중 중요한 부분만을 축약해서 나타낸다는 의미이므로 국가행정기관의 설치 · 조직과 직무범위의 대강을 정함을 목적으로 하는 「정부조직법」은 이 법에서 규정하고 있는 여러 중앙행정기관의 완전한 조직법으로 보기에는 힘들다.

이고, 명확한 직무범위 등에 대한 언급이 미흡하기 때문에 해당 기관의 조직과 관련한 일반적 법률로써의 큰 의미는 없다. 따라서 해양경찰과 관련한 조직법상의 근거로서 「정부조직법」은 제도적으로 많이 부족하다.

그러나 다른 한편에서는 해양경찰조직의 설립근거 및 업무범위와 관련해서 「정부조직법」 제43조제2항에서 명확하게 규정하고 있다는 견해도 있다.[20] 하지만 이러한 주장은 「정보조직법」의 입법취지를 너무나 확대 해석하지 않았나 하는 반론을 제기해 본다. 특히 침해행정과 법률유보 원칙의 관계를 깊이 있게 검토하지 않은 것이라 생각한다.

더욱이 「정부조직법」의 조직법으로서의 위치와 관련해서는 다음에서도 확인할 수 있다. 육상경찰의 대표적 조직법인 「경찰법」이 1991년 5월 31일 제정되기 전인 1989년 12월 30일 일부개정된 「정부조직법」(법률 제4183호)상 경찰조직과 관련한 내용을 살펴보면 "내무부의 치안업무를 담당하는 본부장 · 부장 · 과장 및 담당관은 경찰공무원으로 보할 수 있다(제2조제6항). 그리고 내무부장관은 지방행정 · 선거 · 국민투표 · 치안 및 해양경찰과 민방위에 관한 사무를 장리[21]하고 지방자치단체의 사무를 감독한다(제31조제1항)"라고만 규정하고 있을 뿐이다. 또한 현재 「정부조직법」 제34조제4항에서는 "치안에 관한 사무를 관장하기 위하여 안전행정부장관 소속으로 경찰청을 둔다"고 규정하고 있는데, 이는 실제 육상경찰이 수행하고 있는 업무의 범위를 너무 제한되게 표현하고 있음은 물론 업무범위의 명확성에 있어서도 그 한계를 보이고 있다.

---

20) 박찬호, 앞의 공청회 자료(해양경찰청), 34면.

21) 일반적으로 「장리(掌理)」의 의미는 행정사무를 지휘 · 조정하는 것을 말한다. 「통할」은 상급의 기관장이 포괄적으로 행정사무를 지휘 · 조정하는 경우에 사용되는데 「장리」는 하급의 기관장이 행정사무를 지휘 · 조정하는 경우에 사용된다. 예를 들면, 현행법상 「대한민국헌법」 제86조제2항에서 국무총리에 관하여는 「통할」이라고 하는 용어가 사용된다. 그러나 이 법령 용어례는 반드시 일관되어 있지 아니하다. 「검찰청법」 제12조제2항은 검찰청장은 '대검찰청의 사무를 맡아 처리하고'라고 규정하고 있고, 또 「법원조직법」 제19조제2항은 '법원행정처는 법원의 인사 …(중간생략)… 사법제도연구에 관한 사무를 관장한다'라고 규정하고 있다(법제처, 법률용어검색, 2013.7.6. 방문. 〈http://www.law.go.kr〉).

따라서 지금까지의 내용을 종합적으로 미루어 볼 때「정부조직법」그 자체만으로는 해양경찰의 조직법적인 지위를 갖추고 있다고 하기에는 제도적으로 부족한 점들이 많이 있다. 그리고 같은 법 제2조제1항에서는 "중앙행정기관의 설치와 직무범위는 법률로 정한다"고 규정하고 있으나, 이 또한 같은 법 제1조의 목적과 마찬가지로 국가행정기관의 설치 · 조직과 직무범위의 대강을 정하고 있다 할 것이므로 해양경찰의 조직법으로서의 역할을 하기에는 상당히 미흡하다 본다.

2. 해양경찰조직법 부재로 인해 발생 가능한 문제점[22]

해양경찰의 기능을 살펴보면, 경찰이라는 신분상의 특징으로 인해 기본적인 치안기능 이외에도 해상안전, 해양오염관리 등과 같은 해사 관련 기능인 해사복리기능을 복합적으로 수행하고 있다. 하지만 이러한 해사복리기능은 일면 안전관리라는 측면에서 치안기능으로 이해될 수 있으나, 본질적으로 성격이 전혀 다른 기능이라고 정의할 수 있다.[23] 이처럼 해양경찰은 다기능적인 업무를 수행하고 있으나, 해양경찰의 법적 개념이나 조직법적 근거를 바탕으로 한 직무의 범위를 명확히 규정하고 있는 독립된 법률이 없다는 점에서 한계가 있다. 현재 해양경찰의 조직법적 근거는「정부조직법」에서 규정하고 있지만, 이 법률을 해양경찰의 조직 및 직무범위에 대한 법적 근거로 제시하기에는 제도적으로 상당히 모호하고 많은 부족한 점 등을 내포하고 있음을 앞에서 살펴보았다. 결론적으로 해양경찰조직에 대한 입법 자체의 불명확성은 해양경찰조직의 정체성을 흔들 수 있으며, 결국 조직의 기반 약화는 해양경찰의 신분까지 불안정하게 할 수 있다.

22) 손영태, 앞의 논문(2011), 255~260면.
23) 김현, 앞의 논문, 69면.

가. 해양경찰의 개념 및 직무범위에 대한 불명확성

해양경찰은 국민의 기본권을 직접적으로 제한하거나 침해하는 집행기관으로서의 성격을 가지고 있으므로 조직에 관한 독립된 입법이 필요하다고 앞서 주장한 바 있다. 하지만 해양경찰의 조직법적 경향에 따른 직무범위와 관련한 근거로는 현재 「정부조직법」 제43조제2항에서 '해양에서의 경찰 및 오염방제에 관한 사무'라고만 규정하고 있을 뿐이며, 이는 구체적인 직무범위에 대한 법적 근거를 제시하고 있지 못하므로 해양에서의 경찰사무가 무엇을 의미하는지에 대한 논란이 발생할 소지가 많다. 물론 2012년 2월 최근에 제정된 「해양경비법」 제7조에서는 해양경비활동의 범위를 규정하고 있으나, 이는 어디까지나 작용법적 성격을 가지고 있다 할 것이므로 조직법으로서의 법적 지위를 갖는 것은 아니다.

「정부조직법」이나 「해양경찰청과 그 소속기관 직제」의 규정에 의하면 경찰기능과 해양오염방제 기능은 명문규정으로 명확히 언급하고 있다. 그러나 해사복리기능 등의 해상안전과 관련한 기능은 그 범위와 종류 등이 명확하게 명시되어 있지 않아 한계 설정에 어려움이 있다. 이는 「경찰법」 제3조에서 규정하고 있는 국가경찰의 임무와 비교해 보면 그 내용에 있어 대단히 미흡하다는 것을 알 수 있다. 또한 조직의 체계를 갖추기 위한 여러 요소 중 법체계나 구체적인 법적 규율로써 특히 해양경찰의 법적 개념을 명확히 하고 있지 않다는 것이다. 이는 해양경찰의 직무범위, 타 행정부처와의 업무분장의 명확한 구분, 그리고 육상경찰과의 정확한 역할분담 등을 위하여 매우 중요하게 고려되어야 할 부분이다.[24]

해양경찰청의 현행 조직체계와 각 조직의 주요업무는 다른 관련 부처 또는 기관의 집행기능과 중복되는 부분이 많아 그 업무의 효율성을 저하시키는 원인이 되기도 한다. 특히 해양수산부 등과의 기능 중복은 조직의 업무능력과 효

24) 박상희, 앞의 논문, 59면.

율성을 떨어지게 만들 수 있다. 또한 이같은 기능의 분산화는 조직 전체의 정체성을 훼손시킬 뿐만 아니라 업무의 효율화와 극대화를 도모하는데 있어 장애요인이 된다. 따라서 정부기능의 중복과 분산은 정부정책을 일관성 있게 추진하기 어렵게 만들 뿐만 아니라 특히 행정권을 행사하는 업무일 경우에는 과잉규제 또는 이중규제가 되어 국민의 기본권을 심히 제약하게 되는 것은 물론 문제발생시 업무분장이나 책임소재가 불분명해질 수도 있다.[25] 그리고 업무를 수행하는데 있어 경우에 따라 부처 간 이권이 발생하는 경우에는 조직 상호간의 협력체계를 구성하는 것 또한 원활히 이루어지지 못할 수도 있다.

물론 해양경찰과 비교해서 일부 유사한 업무를 수행하고 있는 유관기관(해양수산부, 지방자치단체 등)과의 사이에서 발생할 수 있는 여러 문제점들이 해양경찰의 조직법 부재로 인한 것이라고는 단정할 수는 없다. 하지만 궁극적으로는 여러 행정기관에 분산되어 있는 유사하거나 혹은 특수한 직무범위를 법률로써 명확하게 구분한다면 부처 간 업무분장에 따른 활동 등으로 인해 발생하는 문제점들은 어느 정도 해소될 수 있을 것으로 보인다. 이러한 활동들은 결국 국가기관의 정체성 확립에도 영향을 미치므로 해당 직무의 범위를 법률로 정하는 것은 국가 차원에서 관심을 가져야 하는 중요한 과제이다.

나. 조직기능의 정체성 부재

해양경찰은 소속 부처의 변화가 매우 많이 일어났으며, 이러한 소속 부처의 변화는 큰 변혁이 있을 때마다 발생하였다. 또한 그 변화 형태도 다양하여 일관성이 없었다고 평가할 수 있다. 반면 육상경찰의 경우 지금까지 소속 부처의 명칭만이 바뀌었을 뿐 조직 및 신분에 대한 개혁이나 변화의 필요성에 대해 주장된 바가 단 한 번도 없었다. 이와 같이 해양경찰은 내무부(치안본부), 상공부, 경찰청, 해양수산부 등으로 그 소속 부처가 변화하면서 조직 전부가 폐지

25) 이종열 외, 앞의 보고서, 118~119면, 133~134면.

또는 신설을 반복하였고, 그때마다 추가적인 현상으로 업무의 범위가 변화하는 과정에서 조직의 정체성에 영향을 주었다. 이는 조직의 직무범위를 법률에 근거하여 정립하는데 있어서도 어려움을 주었다고 할 수 있다.

또한 해양경찰은 「경찰법」에서 정하고 있는 보안경찰의 기능 외에 해양이라는 특수한 환경에서 해양오염관리, 수색 및 구조, 해상안전 등 특수기능이 추가적으로 주어져 있다. 하지만 보안경찰 기능에 속하는 것을 제외한 추가적인 기능들은 해양경찰조직의 발전 또는 확대에는 기여하였으나, 조직변경, 기능조정, 신분관계 및 사법경찰권의 제한에 대한 논의를 유발시켜 조직기능의 정체성 확립에 상당한 혼란을 가져다주고 있다는 견해도 있다.[26)]

결국 이같은 여러 외부환경으로 인한 해양경찰의 정체성 혼란은 조직 차원에서의 여러 활동 중 소관업무의 최적화를 위해 적극적으로 노력한다거나 또는 조직문화 형성의 안정적 정착을 위한 다양한 활동에 있어 부정적으로 작용할 가능성이 크다.

해양경찰이 경찰기관으로 오랫동안 존속해오면서도 정부의 어느 부처에 소속되어야 하는지에 대한 인식이 부족한 것은 명확한 조직법적 근거 없이 다양한 기능의 업무를 수행함에 따른 것이라 할 수 있다. 단적인 예로 뒤에서 좀더 자세히 언급하겠지만 2008년 이명박정부가 출범될 당시 '인수위원회'는 해양경찰을 농림수산식품부 소속기관으로 두었다가 해양경찰청측의 요청에 의해 뒤늦게 국토해양부 소속기관으로 변경된 사례만 보더라도 해양경찰조직의 기능 및 직무의 범위에 대한 명확한 사회적 인식이 없다는 것을 보여주는 것이다. 이뿐만 아니라 해양경찰은 1996년 당시 해양수산부 외청으로 소속이 변경된 이후부터 지속적으로 조직 및 기능 등에 대한 변화의 요구를 받아왔으며, 1998

26) 실제로 해양오염관리는 해양수산부 및 환경부에서 관장하고 있으며, 수색 및 구조는 소방방재청(소방본부)에서, 해상안전은 해양수산부에서도 관리가 가능하다. 하지만 해양경찰이 해양에서 집행수단이 되는 함정을 가장 많이 보유하고 있다는 장점이 있어 장소 중심으로 그러한 기능들을 해양경찰에 통합해 두고 있다(김현, 앞의 논문, 136~137면).

년에 접어들면서 본격적으로 표면화되었다.[27]

또한 2003년 한국행정학회에서 개최한 연구세미나에서는 해양경찰의 소속 부처와 관련하여 다음과 같이 주장하고 있다. '해양경찰청은 해양 범죄예방 및 단속, 해안 국경수비를 주요업무로 하고 있어 건설교통부(현, 해양수산부)나 농수산부(현, 해양수산부)보다는 행정자치부(현, 안전행정부)의 외청으로 통합되는 것이 적절하다고 본다. 하지만 경찰청으로의 통합은 인근 국가로부터의 불법출입국 등 해양 관련 범죄가 급증하고 있어서 독립 외청으로서 해양경찰청을 유지하는 것이 바람직하다고 본다.'[28] 이처럼 해양경찰의 조직기능 및 직무범위 등과 관련하여 시대별로 여러 분야에서 변화와 개혁의 주장이 끊이지 않고 있다는 사실은 해양경찰조직의 정체성이 규명되지 않았다는 것을 보여주는 것이다.

다. 조직기반 약화에 따른 신분의 불안정성

현재 해양경찰의 신분은 「국가공무원법」과 「경찰공무원법」에서 그 자격에

27) 해양경찰의 조직모델에 대해 박용섭은 해양경찰의 개편에 대한 필요성을 첫째, 해양수산부는 경찰 및 치안행정과는 절연된 부서이므로 경찰조직을 가질 필요가 없고, 둘째, 우리의 해양경찰과 유사한 미국의 해안경비대나 일본의 해상보안청도 경찰이란 명칭을 사용하지 않으며, 셋째, 해양수산부는 선박직공무원과 해양경찰공무원들 간 세력확장을 위한 마찰이 있었고, 넷째, 일반사법권의 남용이라고 주장한다. 즉 해양경찰기능에 해사복리기능 등이 전혀 없는 순수한 경찰기능만으로 보아 여기에 해사복리기능을 추가할 만한 여지가 없다고 판단하고 있는 것이다. 그리하여 미국과 일본의 해사기구를 모방하여 새로운 기구를 설립할 경우 해사복리기능을 지향하며, 현재의 경찰기능 중심의 해양경찰 기능을 해체하고 해사복리기능을 수행하는 해양방제청으로 새롭게 전환하는 것이 필요하다는 견해를 피력하고 있다. 이에 따라 해양방제청의 직원신분은 공안직으로 전환하고 제한된 특별사법권을 부여할 것을 제안하였다(김현, 앞의 논문, 60~61면 재인용). 하지만 이러는 주장은 현실적인 가능성을 논하기 이전에 경찰조직의 기능적 역할과 우리나라의 특수한 해양환경에 대한 종합적인 검토를 간과한 것이라 본다. 그리고 기관 간의 이해관계로 인한 대립은 명확한 직무분장의 구분으로 최적의 효율성을 따질 문제이지 조직의 존립을 다룰 문제는 아닌 것이다. 특히 미국해안경비대나 일본해상보안청이 경찰이라는 명칭을 사용하지 않는다고 해서 우리나라에도 똑같이 적용해야 한다는 주장은 논점으로써의 가치를 발견할 수 없다. 오히려 미국해안경비대의 경우 준군인 신분으로 우리나라 국민감정에 맞지 않다 할 것이다. 뿐만 아니라 '해양방재청'으로 조직을 개편해야 한다는 주장은 우리나라 해양안보를 더욱 약화시킬 뿐이다.

28) 김동욱, 앞의 논문, 5면 재인용.

대해 명확히 규정하고 있다. 이렇듯 해양경찰은 그 신분에 대해 법률로써 정하고 있지만, 해양경찰조직과 관련해서는 외부로부터 지속적인 문제제기를 받았던 전력이 있으며, 이에 대한 사항은 지금까지도 진행형이라 할 수 있다. 사실 국가기관에 있어서의 조직기능과 그 소속 직원의 신분에 대한 것은 결코 따로 분리해서 놓고 생각할 수 없다. 또한 소속 직원의 신분관계는 조직의 기능과 상당히 밀접한 관계에 있다. 따라서 해양경찰청에 소속된 경찰공무원의 신분보장이 지속적으로 이루어지려면 해양경찰의 조직 및 업무범위에 대하여 명확히 규정하고 있는 법률의 제정이 필요하다.

하지만 해양경찰은 조직과 관련한 일반적 개별법이 없으며, 「정부조직법」에서 규정하고 있는 해양경찰의 기본조직 및 직무범위는 그 명확성이 결렬되어 있다고 할 것이며, 이에 대해서는 앞서 수차례 언급한 바 있다. 즉 해양경찰조직에 대한 미흡한 법체계는 해양경찰의 기반을 약화시킬 수 있을 것이며, 이로 인한 소속 직원의 신분 또한 안정성을 확보하는데 있어 어려워질 수 있다.

결론적으로 해양경찰에 있어 이와 같은 문제점들이 발생할 수 있는 가능성은 곧 해양경찰 본래의 고유 업무에 대한 정의와 조직에 대한 정체성이 명확하게 법제화되지 않은 이유 때문인 것으로 볼 수 있다. 그리고 과거 해양경찰의 조직개편과 관련해서 직원들의 의사는 전혀 무시된 채 중앙정부와 정치권의 편의에 따라 진행되어 온 것이 사실인데, 이러한 사회적 환경 분위기는 직원들의 사기저하로까지 이어질 수 있다.

3. 해양경찰청법(안)의 주요내용(임기만료 폐기, 2012.5.29)[29]

「해양경찰청법」(안) 제정안(의안번호 제10708호)은 2011년 1월 28일 김을동

---

29) 대한민국 국회, 의안검색, 2013.6.30. 방문. 〈http://likms.assembly.go.kr〉; 여기에서 제시하고 있는 중앙행정기관의 명칭 및 관계 법률은 해양경찰청법(안)이 발의될 당시 시점으로 작성하였다. 2013년 현재 해양경찰청은 「정부조직법」 개정에 따라 국토해양부가 폐지되고, 해양수산부가 신설되면서 해양수산부의 외청으로 소속되어 있다.

등 10인의 국회의원(제18대)이 해양주권 수호의 첨병인 해양경찰의 역할과 위상강화를 목적으로 발의했는데 발의할 당시 입법의 필요성으로 내세우고 있는 사회적 배경은 다음과 같다. "수사권을 가진 기관 중 조직과 직무를 규정한 수권법률의 근거 없이 운영되는 곳은 해양경찰밖에 없다", "해양경찰이 점차 국내의 해상치안뿐 아니라 독도의 일본 순시선 출현에 따른 경계 강화, 중국어선의 불법조업 단속 등 안보의 한 축을 담당하게 돼 그 위상을 강화해야 한다"를 내세우고 있다.

또한 해양경찰청 설치에 대한 법률적 근거를 마련할 필요가 있다는 사회적 배경으로 '삼호주얼리호'를 납치한 소말리아 해적들에 대한 조사, 천안함 폭침사건 때의 승조원 구출 등과 같은 해양경찰의 활동범위 확대 등을 언급하고 있다. 그러나 「해양경찰청법」(안)은 2012년 5월 29일 임기만료로 폐기되었다. 하지만 지금까지 육상경찰과는 다르게 해양경찰에 대한 정치권의 관심은 그다지 높지 않았다는 점 등을 고려해 볼 때 해양경찰에 대한 정치권으로부터의 관심 그 자체만으로도 큰 의의가 있다 할 것이다. 결국 이러한 활동들이 거듭될수록 해양경찰조직의 법적 안정성에 대한 확보는 좀더 가까워질 것이다.

다음에서는 「해양경찰청법」(안)의 제안이유, 주요내용 및 전체 구성에 대해 자세히 살펴보고자 한다. 또한 이에 추가해서 현행 「경찰법」과는 어떠한 특성적 차이를 보이고 있는지에 대해 간략히 언급해 보고자 한다.

가. 제안이유

21세기 신 해양시대를 맞이하여 해양경찰청은 광역 해양경비활동과 해역별 특성에 맞는 업무수행을 요구받고 있다. 또한 우리 영토인 독도의 경비와 우리 어선의 보호, 불법 외국어선 단속, 마약밀수 · 밀입국 등 해상에서 발생되는 각종 범죄의 단속 및 수사, 해양재난의 대형화 · 광역화 추세에 대응한 재난관리 시스템의 구축, 해양오염 관리 등 해양치안의 수요도 지속적으로 증대하고 있는 실정이다.

특히 우리나라는 삼면이 바다로 둘러싸인 특수한 해양환경과 독도경비를 위한 한·일 해양경비정 간의 충돌, 중국어선의 불법조업 및 우리 해양경찰에 대한 무력대응, 북한과의 서해 북방한계선(Northern Limit Line; NLL)[30] 대치 등으로 인하여 해양주권 수호와 해양법질서 확립을 임무로 하는 해양경찰의 중요성이 날로 커지고 있는 해양환경에 직면에 있다. 그러나 해양경찰의 임무 확대에 비해 광역 해양경비·재난관리체제 구축을 위한 조직·인력 및 장비확충 등을 위한 법적, 제도적 장치는 여전히 미흡한 실정이다. 뿐만 아니라 해양경찰의 조직 및 직무범위를 규정하는데 있어 가장 기본적이고, 중요한 부분을 차지하고 있는 조직법조차 마련되어 있지 않은 상황이다. 따라서 해양주권 수호와 해양법질서 확립을 위한 해양경찰청의 조직 및 직무범위 등을 법률로 정함으로써 해양경찰의 위상강화와 함께 역할을 재정립하려는 취지에서 본 법안은 추진되었다.

나. 주요내용

「해양경찰청법」(안)은 해양주권수호와 해양법질서 확립을 위한 해양경찰청의 조직 및 직무범위, 그 밖에 필요한 사항을 정함을 목적으로 하고 있으며(안 제1조), 해양경찰청장 소속으로 해양경찰학교·해양경찰연구소·해양경찰정비창 및 지방해양경찰청을 두며, 지방해양경찰청장 소속으로 해양경찰서를 두도록 하고 있다(안 제2조). 또한 해양경찰은 해양에서 국민의 생명·신체 및 재산의 보호와 해양범죄의 예방·진압 및 수사, 해양치안정보의 수집, 경비안전, 해양교통안전관리, 해양환경보전에 관한 조치 및 해양오염방제, 그 밖에 해양주권 수호와 해양안전망 구축을 그 직무로 함으로써 해당 직무의 범위를 나타내고 있다(안 제3조).

---

30) 바다 위의 남북경계선으로 1953년 정전협정 직후 당시 마크 클라크 주한 유엔사령관이 설정하였다. 동해는 군사분계선 끝점에서 정동으로 200마일, 서해는 한강하구에서 백령도 등 5개 섬을 따라 그어져 있다.

그리고 해양경찰청에 해양경찰청장 및 차장을 두고, 각각 치안총감 및 치안정감으로 보하도록 하고(안 제5조 및 제6조), 해양경찰청장의 명을 받아 해양경찰학교의 사무를 관장하는 교장을 두되, 교장은 치안정감 또는 치안감으로 보하도록 하고 있다(안 제8조). 해양경찰청장의 명을 받아 해양경찰연구소의 사무를 관장하는 소장을 두되, 소장은 3급 또는 4급 공무원으로 보하도록 하고 있으며(안 제10조), 지방해양경찰청장은 치안감 또는 경무관으로 보하며, 지방해양경찰청장 밑에 차장 및 해양경찰서장을 두어 지방해양경찰정책의 체계적이고 원활한 집행을 도모하도록 하였다(안 제12조부터 제15조까지).

뿐만 아니라 해양경찰청장의 명을 받아 해양경찰정비창의 사무를 관장하는 창장을 두되, 창장은 계약직공무원으로 보하도록 하였으며(안 제17조), 해양경찰공무원의 계급은 국가경찰공무원과 동일하게 하고, 임용 · 교육훈련 · 복무 · 신분보장 · 직무수행에 필요한 사항 등에 관하여는 따로 법률로 정하도록 하는 내용을 담고 있다(안 제19조 및 제20조).

다. 해양경찰청법(안)의 구성 및 특징

임기만료 폐기된 「해양경찰청법」(안)은 전문 제7장까지 총 20개의 조문과 부칙으로 구성되어 있다.

제1장 총칙 중 제1조(목적)에서는 해양주권수호와 해양법질서 확립을 위해 해양경찰청의 조직 및 직무범위, 그 밖에 필요한 사항에 대해 정하는 것을 규정하고 있다. 제2조(조직)에서는 해양에서의 치안에 관한 사무 및 해양오염방제에 관한 사무를 관장하게 하기 위하여 국토해양부장관(현, 해양수산부장관) 소속으로 해양경찰청을 둔다고 하여 조직의 설치근거를 두고 있다. 그 밖에 해양경찰청장 소속으로 해양경찰학교, 해양경찰연구소, 지방해양경찰청, 직할해양경찰서를 두고, 지방해양경찰청장 소속으로 해양경찰서를 두고 있다. 또한 해양경찰청장의 소속 책임운영기관으로 해양경찰정비창을 두고 있다. 그리고 지방해양경찰청을 둘 수 있는 구역은 해양치안수요 및 관할구역의 범위, 그 밖

의 사정을 고려하여 대통령령으로 정하고 있다.

제3조(직무)에서는 직무범위로 해양경찰은 해양에서 국민의 생명 · 신체 및 재산의 보호와 해양범죄의 예방 · 진압 및 수사, 해양치안정보의 수집, 경비안전, 해양교통안전관리, 해양환경보전에 관한 조치 및 해양오염방제, 그 밖에 해양주권 수호와 해양법질서 확립을 규정하고 있다. 제4조(권한남용의 금지)에서는 해양경찰은 그 직무를 수행함에 있어서 헌법과 법률에 따라 국민의 자유와 권리를 존중하고, 국민 전체에 대한 봉사자로서 공정중립을 지켜야 하며, 부여된 권한을 남용하여서는 아니된다고 규정하고 있다.

제2장 해양경찰청 관련 내용 중 제5조(해양경찰청장)에서는 해양경찰청에 해양경찰청장을 두되, 해양경찰청장은 치안총감으로 보하고, 해양경찰청장은 국토해양부장관의 제청으로 국무총리를 거쳐 대통령이 임명한다고 하고 있으며, 해양경찰청장은 해양경찰에 관한 사무를 통할하고 해양경찰청의 업무를 관장하며 소속 공무원 및 각급 해양경찰기관의 장을 지휘 · 감독한다고 하여 청장의 직급과 임명절차 및 관장업무 등에 대해 규정하고 있다.

제6조(차장)에서는 차장은 치안정감으로 보하고, 차장은 해양경찰청장을 보좌하며, 해양경찰청장이 부득이한 사유로 직무를 수행할 수 없을 때에는 그 직무를 대행한다고 하여 계급과 직무의 범위를 언급하고 있다. 제7조(하부조직)에서는 해양경찰청의 하부조직은 국 또는 부 및 과로 한다. 해양경찰청장 또는 차장 밑에 해양치안정책 등의 기획이나 계획의 입안, 연구 · 조사, 심사 · 평가, 정보화 및 홍보를 통하여 그를 직접 보좌하는 담당관을 둘 수 있으며, 해양경찰청의 하부조직의 명칭 및 분장사무와 공무원의 정원은 「정부조직법」 제2조 제4항 및 제5항을 준용하여 대통령령 또는 국토해양부령으로 정한다고 하였다.

제3장 해양경찰학교 관련 내용 중 제8조(교장)에서는 해양경찰학교에 교장을 두되, 교장은 치안정감 또는 치안감으로 보하고, 교장은 해양경찰청장의 명을 받아 해양경찰학교의 사무를 관장하고, 소속 공무원을 지휘 · 감독한다고 규정하고 있다. 제9조(하부조직)에서는 해양경찰학교의 하부조직의 명칭 및 분장

사무와 공무원의 정원은 「정부조직법」 제2조제4항 및 제5항을 준용하여 대통령령 또는 국토해양부령으로 정한다고 규정하고 있다.

제4장 해양경찰연구소 관련 내용 중 제10조(소장)에서는 해양경찰연구소에 소장을 두되, 소장은 3급 또는 4급 공무원으로 보하고, 해양경찰청장의 명을 받아 해양경찰연구소의 사무를 관장하는 것은 물론 소속 공무원을 지휘 · 감독하도록 규정하고 있다. 제11조(하부조직)에서는 해양경찰연구소의 하부조직의 명칭 및 분장사무와 공무원의 정원은 「정부조직법」 제2조제4항 및 제5항을 준용하여 대통령령 또는 국토해양부령으로 정한다고 규정하고 있다.

제5장 지방해양경찰청 관련 내용 중 제12조(지방해양경찰청장)에서는 지방해양경찰청에 지방해양경찰청장을 두되, 지방해양경찰청장은 치안감 또는 경무관으로 보하고, 해양경찰청장의 지휘 · 감독을 받아 관할구역 안의 해양경찰사무를 관장하는 것은 물론 소속 공무원 및 소속 해양경찰기관의 장을 지휘 · 감독한다고 함과 동시에 그 보좌역으로 차장을 두게 하고 있다. 제13조(차장)에서는 지방해양경찰청에 차장을 둘 수 있고, 차장은 지방해양경찰청장을 보좌하여 소관 사무를 처리하고, 지방해양경찰청장이 부득이한 사유로 직무를 수행할 수 없을 때에는 그 직무를 대행하도록 하고 있다. 제14조(해양경찰청 직할 해양경찰서장)에서는 직할 해양경찰서에 해양경찰서장을 두되, 직할 해양경찰서장은 총경 또는 경정으로 보하고, 해양경찰청장의 지휘 · 감독을 받아 관할구역 안의 소관 사무를 관장하는 것은 물론 소속 공무원을 지휘 · 감독하도록 하고 있다.

제15조(해양경찰서장)에서는 해양경찰서에 해양경찰서장을 두되, 해양경찰서장은 총경 또는 경정으로 보하고, 지방해양경찰청장의 지휘 · 감독을 받아 관할구역 안의 소관 사무를 관장하는 것은 물론 소속 공무원을 지휘 · 감독하도록 하고 있다. 또한 해양경찰서장 소속으로 해양파출소 또는 해양광역파출소를 두고, 그 설치기준은 해양치안수요 · 교통 · 지리 등 관할구역의 특성을 고려하여 국토해양부령으로 정한다고 규정하고 있다. 다만, 필요한 경우에는 출장

소를 둘 수 있다고 하였다. 제16조(직제)에서는 지방해양경찰청·직할해양경찰서 및 해양경찰서의 명칭·위치·관할구역·하부조직·공무원의 정원, 그 밖에 필요한 사항은 「정부조직법」 제2조제4항 및 제5항을 준용하여 대통령령 또는 국토해양부령으로 정한다고 규정하고 있다.

제6장 해양경찰정비창 관련 내용 중 제17조(창장)에서는 해양경찰정비창에 창장을 두되, 창장은 계약직공무원으로 보하고, 해양경찰청장의 명을 받아 해양경찰정비창의 사무를 관장하는 것은 물론 소속 공무원을 지휘·감독하도록 하고 있다. 제18조(하부조직)에서는 해양경찰정비창의 하부조직의 명칭 및 분장사무와 공무원의 정원은 「정부조직법」 제2조제4항 및 제5항을 준용하여 대통령령 또는 국토해양부령으로 정한다고 하고 있다.

제7장 해양경찰공무원 관련 내용 중 제19조(해양경찰공무원)에서는 해양경찰공무원의 계급은 치안총감·치안정감·치안감·경무관·총경·경정·경감·경위·경사·경장·순경으로 한다하고, 해양경찰공무원의 임용·교육훈련·복무·신분보장 등에 관하여는 따로 법률로 정한다고 규정하고 있다. 제20조(직무수행)에서는 해양경찰공무원은 상관의 지휘·감독을 받아 직무를 수행하고, 그 직무수행에 관하여 서로 협력하도록 하고 있다. 또한 해양경찰공무원은 구체적 사건수사와 관련된 지휘·감독의 적법성 또는 정당성 여부에 대하여 이견이 있는 때에는 이의를 제기할 수 있도록 하고 있다. 뿐만 아니라 해양경찰공무원의 직무수행에 필요한 사항은 따로 법률로 정한다고 규정하고 있다.

이상과 같이 「해양경찰청법」(안)에 대해 전체적으로 살펴보았는데, 대부분이 육상경찰의 「경찰법」과 거의 유사한 법체계를 구성하고 있다는 것을 알 수 있다. 이는 현재 여러 학계 등에서 거론되고 있는 「경찰법」에 대한 문제점 등을 반영하여 좀더 구체적이고 세부적으로 제정하고자 한 것이 아니라 단지 그 필요성에만 중점을 두어 명분상 해양경찰 관련 조직법을 제정하고자 한 특징들을 보이고 있다.

다만, 「경찰법」은 경찰청의 부속기관인 경찰대학·경찰교육원·중앙경찰학교 · 경찰수사연수원 등의 교육기관과 책임운영기관인 경찰병원뿐만 아니라 그 밖에 전반적인 경찰과 관련된 조직을 포괄할 수 있는 근거법으로 입법화되지 못하였다. 이와 관련한 규정들은 「경찰대학 설치법」, 「경찰청과 그 소속기관 직제」 등과 같은 각각의 개별 법령에서 관리 · 운영하고 있다. 그러나 「해양경찰청법」(안)에서는 해양경찰청의 부속기관인 해양경찰학교와 해양경찰연구소, 그리고 책임운영기관으로 운영되고 있는 해양경찰정비창을 포함하고 있어 「경찰법」보다는 더 포괄적이고, 체계적인 법률의 구성적 특징을 보이고 있다.

라. 해양경찰조직법 제정에 따른 입법과정

「해양경찰청법」(안)과 같은 조직법을 제정하기 위해서는 해당 법률을 집행하기 위하여 시행세칙(施行細則)을 직권으로 발하는 집행명령(執行命令)과 법률의 위임을 받은 사항을 보충하기 위한 위임명령(委任命令)을 포함한 시행령이 마련되어야 한다. 뿐만 아니라 법령을 시행하는데 있어 필요한 세부규정을 담은 법규명령으로서 대통령령의 시행에 관하여 필요한 사항을 규정한 부령(部令)인 시행규칙도 같이 제정되어야 하는 것이 일반적이다. 그 밖에 다른 관계 법률의 개정도 같이 수반되어야 한다.

해양경찰조직법의 제정과 병행해서 우선적으로 개정작업이 필요한 관련 법률로는 「정부조직법」, 「경찰공무원법」 및 「경찰직무 응원법」 등이 있다. 이와 관련해서 「해양경찰청법」(안)의 의결을 전제로 해양경찰 관련 규정을 일부개정하면서 김을동 국회의원(제18대)이 대표발의한 각각의 법률에 있어서의 주요 개정내용은 다음과 같다. 먼저 「정부조직법」 개정(안)의 주요내용으로는 "현행법의 해양경찰청 직무내용을 치안 및 오염방제 등으로 변경하고, 해양경찰청의 조직 · 직무범위, 그 밖에 필요한 사항은 따로 법률로 규정하도록 함"으로 하고 있다(안 제37조제3항 및 제4항).

다음으로 「경찰공무원법」 개정(안)의 주요내용으로는 각각의 조문에 포함되어 있는 용어 중 "지방해양경찰관서의 장"을 "지방해양경찰청장"으로, "지방경찰청"을 "지방경찰청 · 지방해양경찰청"으로, "지방해양경찰관서"를 "해양경찰기관"으로 개정하는 것을 주요골자로 하고 있다(안 제6조제3항, 제12조제1항, 제15조제1항, 제25조제1항 및 제26조제2항). 또한 「경찰직무응원법」 개정(안)의 주요내용으로는 "지방해양경찰관서의 장"을 "지방해양경찰청장"으로, "지방해양경찰관서의 장"을 "지방해양경찰청장, 소속 해양경찰기관의 장"으로, "지방해양경찰관서"를 "지방해양경찰청"으로 개정하는 것이다(안 제1조부터 제3조까지).[31]

제2절 해양경찰조직법의 제정 필요성

육상경찰은 창설된 지 40여 년이 지난 후에 비로소 「경찰법」을 제정하여 시행하였는데, 이는 국민에 대한 침해의 소지가 있는 행정을 집행할 경우 명확한 법적 근거를 제공해야 하는 것을 보여주는 전형적인 사례라 할 수 있다. 이는 또한 업무수행에 따른 법적 한계에 직면하는 결과를 보여주는 대표적인 경우라 하겠다.

즉 조직법 제정은 단순히 조직을 효율적으로 운영하기 위한 수단만은 아니라는 것이다. 헌법을 포괄적으로 수용한 법적 이념을 바탕으로 국민에게 경찰권 행사와 관련한 직무의 범위를 명확히 제공하여 국가기관의 신뢰성 및 정체성을 확보하기 위한 것이다. 따라서 해양경찰이 조직법을 제정해야 하는 것과 관련하여 현재의 사회적 환경과 경찰의 역할을 통한 그 당위성 및 필요성에 대해 살펴보고자 한다.

---

31) 현재 해양경찰청은 소속기관으로 지방해양경찰청 및 해양경찰서 등을 두고 있으며, 이는 경찰청의 조직구조와 동일하다 할 것이다. 하지만 위에서 살펴본 바와 같이 육상경찰뿐만 아니라 해양경찰 모두를 포함하고 있는 「경찰공무원」 및 「경찰직무응원법」에서는 해양경찰청 소속으로 엄연히 '지방해양경찰청'이 존재함에도 불구하고 일괄되게 '지방해양경찰관서의 장'이라는 표현을 하고 있다. 이 또한 해양경찰조직법 부재로 인한 것으로 보인다.

Ⅰ. 해양경찰조직법 제정의 당위성

1. 해양경찰조직법 제정과 관련한 사회적 환경

해양경찰은 현재 우리나라의 「정부조직법」 이외에는 다른 개별 법률에서 조직에 대한 명확한 근거를 규정하고 있지 않다. 이는 앞서 서론부에서 이미 언급하였다. 이렇듯 해양경찰은 조직과 관련한 법률이 부재인 상태에서 여러 다양한 업무를 수행하거나 조직을 운영하면서도 지금까지 아무런 어려움이 없었다. 하지만 국가기관과 관련한 조직법은 해당 조직에서 그 필요성의 여부를 결정할 것이 아니라 국민의 신체에 대한 자유와 재산을 박탈하는 이른바 침해행정업무를 담당하는 국가기관은 명확한 법률적 근거를 제시해야 하는 것은 마땅하다 할 것이다.

따라서 해양경찰과 같이 형식적 의미의 경찰권을 행사하는 국가기관의 조직법은 필요성 여부의 검토 이전에 헌법정신에 입각하여 반드시 수용되어야 하는 것이다.

최근 2012년 2월에 제정된 「해양경비법」에서는 적용 대상과 그 활동의 범위를 규정하고 있으나, 동법은 작용법적 성격의 법률이다. 이와 관련하여 다른 한편에서는 해양경찰청의 모법 또는 상위법이 없는 상황에서 추진되는 이 법률이 "해양경찰청의 모법인지 또는 해당 업무에 대한 하위법인지가 모호하다"는 의견과 함께 이는 또한 해당 업무에 대한 구체적인 모법이 부재한 상태에서 하위법의 입법추진은 문제가 있다는 의견을 동시에 제시하고 있다.[32] 그리고 다른 한편에서 이를 뒷받침해주는 주장으로 경찰권을 행사함에 있어서는 법률적 수권을 필요로 하는데, 이러한 법률적 수권은 작용법적 수권 이전에 조직법적 수권이 먼저 수반되어야 한다고 주장하고 있다.[33]

---

32) 김형근, 앞의 공청회 자료(해양경찰청), 4면.

33) 김상호 외, 앞의 책, 288면; 또한 해양경찰조직에 대한 체계적 정비가 이루어지지 않을 경우 우선 해양경찰활동에 대한 일반법을 마련하는 방안을 제시하고 있으나, 해양경찰조직에 관한

비록 이러한 이론적 배경이 아니더라도 국가가 국민을 위해 존재한다는 전제조건이라면 국민의 자유를 제한하고, 침해하는 행정업무에 있어서의 법률적 근거 마련은 당연한 것이다. 절차적인 번거로움이나 현재의 필요성에 대한 정도가 중요한 것은 아니다.[34)]

더욱이 해양경찰과 같은 전형적인 수사기관은 아니나 특별사법경찰권을 행사하면서 일부 침해행정을 수반하는 여타 다른 행정기관도 해양경찰과 마찬가지로 조직법적 근거를 두고 있지 않다는 등의 조직 간의 형평성 또한 논할 가치가 없다는 것이다. 실제 특별사법경찰권을 가지고 있는 행정기관과는 사법경찰관리 직무와 관련한 법적 근거뿐만 아니라 수사 관할구역의 범위 등 상당한 차이를 보이고 있다. 이와 관련해서는 뒤에서 자세히 다루고자 한다. 따라서 이러한 배경을 놓고 볼 때 해양경찰의 조직법 마련에 따른 사회적 입장은 충분히 표명된 것이다.

규정을 제외할 경우 법적 구성에 있어서는 일반법으로서의 기능적 한계가 있다는 주장을 피력하기도 한다(박상희, 앞의 논문, 65면).

34) 해양경찰은 선진 해양집행기관으로 발돋움한다는 목표 아래 '해양경찰 비전 2030'(안)을 2007년 발표했다. 하지만 이러한 조직의 쇄신도 결국 법률을 근거로 마련되어야 할 것이다. 당시 발표된 주요내용을 살펴보면 다음과 같다. 우선 해양경찰이 보유하고 있는 1,000톤급 이상의 함정을 49척까지 늘려 일본해상보안청의 70%를 맞추고, 항공기도 지금의 비행기 1대, 헬기 14대 체제에서 비행기 18대, 헬기 30대, 무인항공기 12대 등 모두 60대를 확보한다는 방침이다. 또한 본청 아래 지방해양경찰청도 3개에서 5개로, 해양경찰서는 13개에서 40개로 늘리는 한편 해안경계임무를 전담하는 해안경계단을 동 · 서 · 남해별로 신설하고 하위조직으로 양양, 삼척 등 11곳에 해안경계대를 설치할 계획이다. 또한 해양경찰학교를 해양경찰대학으로 확대 개편, 대학 내에 수상레저연수원, 해양안보연구소 등 부설기관을 설치하고, 이와는 별도로 5개 지방해양경찰청에 해양경찰학교를 설립, 해역특성에 맞는 맞춤형 실무교육을 제공할 수 있도록 할 예정이다. 이와 함께 본청, 지방청 간부 비율을 단계적으로 확대하고 본청 과장과 경찰서장 계급을 경무관으로 배치, 다른 나라의 직급 수준과 격을 맞추고, 남해청장과 해양경찰대학장 직급을 차장 계급인 치안정감으로 상향 조정하며 해양경찰청장직을 놓고 복수경쟁을 벌일 수 있는 체제로 구축할 것을 계획하고 있다. 이처럼 해양경찰 비전 2030 계획은 이밖에 국민이 감동하는 해양치안서비스 제공, 지속적 변화관리를 통한 성과 제고, 미래를 열어가는 성장동력 확보 등 3대 전략목표 아래 100개 세부과제로 구성됐다(국방일보, 2007.5.7 기사에서 발췌).

2. 해양경찰조직법과 경찰 역할의 관계

국가는 국민들의 안전을 도모하여야 하는 책임을 가지고 있으며, 국가의 임무는 공공의 안녕과 질서를 유지 · 보호하는 것이다. 전통적으로 경찰의 임무는 수사와 같은 진압적 임무와 예방적 임무였으며, 경찰의 목적은 공동체와 그 구성원인 국민들을 보호하는 것이었다. 하지만 오늘날에 있어서의 경찰의 기능은 일반적으로 공공의 질서유지, 범죄예방 및 법집행 등과 같은 경찰권 행사 이외에 그 밖에 다양한 서비스를 제공하는 것이라 할 수 있다.[35)]

이와 같이 범죄예방을 위한 경찰의 역할은 육상경찰이나 해양경찰의 구분 없이 하나의 공통된 목표일 것이다.

오늘날 우리나라 경찰의 역할은 대륙법계와 영미법계로부터 영향을 받고 있다. 공공의 안녕과 질서를 유지하는 것을 그 기본 목적으로 하되, 그러한 목적달성의 수단적 측면에서는 여러 비권력적 서비스 활동을 중요시하고 있는 것이다. 즉 비권력적 경찰작용과 관련하여 경찰기관은 위해방지를 위하여 명령 · 강제와 같은 권력적 작용 외에도 비권력적 수단을 많이 사용한다. 요인과 중요시설의 경비, 정보의 수집과 배포, 방범을 위한 순찰, 미아 등의 보호, 교통질서의 확립을 위한 지도 · 계몽 등 경찰이 사용하는 비권력적 수단은 지극히 다양할 뿐만 아니라 양적으로는 권력적 작용보다 훨씬 더 많다. 그러나 비권력적 작용은 위해방지를 목적으로 하는 것임에도 불구하고 경찰작용에 해당되는가하는 문제가 제기될 수 있다.

또한 비권력적 작용을 경찰작용에서 제외하면 그것을 어떤 행정영역으로 포함시켜야 하는 문제가 발생할 수 있으며, 현실적으로 경찰기관 활동의 대부분에 대하여 법적 규율을 포기하는 결과가 될 것이다. 따라서 경찰기관의 비권력

35) Mergen, Armand, *Die Kriminologie. Eine systematische Darstellung* 3. Aufl., 1995, p. 341; Goetz, Volkmar, *Allgemeines Polizei-und Ordnungsrecht* 12. Aufl., 1995, p. 42.; Roberg/Kuykendall, *Police & Society*, Belmont, CA.: Wadsworth Publishing Co., 1993, p. 27; 김상호 외, 앞의 책, 535면 재인용.

적 작용도 그것이 위해방지를 목적으로 하는 작용이라면 당연히 경찰작용에 포함되는 것으로 보아야 한다.

특히 명령 · 강제에 의한 소극적인 질서유지 이외에 적극적인 서비스 활동이 경찰의 당연한 임무로 강조되고 있는 현실에서 비권력적 위해방지활동을 경찰작용으로 포섭하여 경찰행정법의 규율 하에 놓이게 할 필요성은 매우 크다. 실질적 의미의 경찰개념 요소인 권력적 작용이란 권력적 명령 · 강제가 경찰의 주요한 수단이며 동시에 그것이 경찰의 두드러진 특징이라는 의미이지, 비권력적 작용을 경찰에서 배제하는 것으로 이해해서는 안 된다.[36]

해양경찰의 경우 해양범죄를 예방 · 단속하는 해양치안기능의 권력적 경찰작용 이외에 경비구난, 수색구조, 해상교통안전관리, 해양환경보존 및 해양오염방제 등과 같은 해상안전기능의 비권력적 경찰작용도 수행하고 있다. 이 중에서 특히 해상안전기능에는 유선 · 도선사업 관리, 여객선안전운항 관리, 수상레저 안전관리 이외에 연안선박의 해상교통 안전관리 등이 있다. 이처럼 해양경찰의 비권력적 작용은 국민에게 편의를 제공하기 위한 서비스 차원의 개념이라 할 수 있다.

한마디로 경찰기관은 과거 치안에 관한 사무, 즉 권력적 업무가 주를 이루었다면 오늘날에 와서는 권력적 경찰권 행사 이외에 비권력적 업무를 동시에 수행하고 있는 것이다. 이는 선진국 경찰일수록 국민에 대한 서비스 차원의 업무가 더욱더 다양화되고 중요한 부분을 차지하는 것으로 볼 수 있다. 따라서 경찰과 관련된 일반적 개별조직법은 직무범위에 이 모두를 수용한 것이어야 한다. 결론적으로 해양경찰조직법 제정을 통해 국민에 대한 경찰기관으로서의 역할이나 지금까지 수행해 온 업무범위 모두를 포함한 근거법 마련이 필요하다.

36) 최영규, 앞의 책, 12면; 박주석, 앞의 논문, 19면.

3. 정부조직법과 해양경찰조직의 정체성 변화[37]

「정부조직법」에서 규정하고 있는 우리나라 경찰조직이 현재까지 어떠한 조직체계를 가지고 변천해 왔는지에 대해 알아보려고 한다. 이는 우리나라 경찰조직의 변천과정을 단순 역사적인 측면에 분석하기보다는 법제도적 차원에서 분석하여 경찰조직에 대한 사회적 인식이 어떻게 변화해 왔는지에 대한 검토이다. 이는 육상경찰과 해양경찰의 정체성을 제도적 변천과정을 통해 살펴보고, 해양경찰이 육상경찰과 상호 대등한 중앙행정기관으로서의 위치에 있는지를 확인해 보고자 하는 것이다.

이러한 분석 · 검토는 육상경찰과 마찬가지로 해양경찰의 조직운영과 관련한 법제를 제정하는데 있어서의 그 당위성과 필요성 등에 대한 근거를 확인하는 중요한 과정 중의 하나라 할 수 있다. 또한 해양경찰조직법 제정에 있어서의 제도적 기준이 될 수 있다. 따라서 「정부조직법」의 개정과정을 통해 육상경찰과 해양경찰이 어떻게 변천해 왔는지에 대해 살펴보고, 해양경찰이 당대 우리사회에서 어떠한 존재로서의 역할을 수행했었는지에 대해 다뤄보고자 한다.

가. 육상경찰의 조직 및 연혁

우리나라에서 '경찰'이라는 용어 자체는 아주 오래 전부터 사용되어 왔다. 하지만 법치주의의 실현을 통한 조직법과 작용법의 근거를 배경으로 하는 근대적 의미의 경찰개념은 일본의 영향을 받아 이루어진 1894년 갑오개혁 이후로 보는 것이 적절하다고 본다.[38] 이는 경찰이라는 용어가 처음 사용된 것은 갑오경장 이후로 1894년 7월 30일 포도청이 폐지되고 내무아문 소속 하에 경무청이 설치되면서부터라고 할 수 있다.[39]

---

37) 「정부조직법」상 육상경찰과 해양경찰의 변천과정과 관련한 주요내용은 법제처 홈페이지를 참조하였다(법제처, 법률검색, 2013.5.16. 방문. 〈http://www.law.go.kr〉).

38) 김상호 외, 앞의 책, 7면.

39) 홍정선, 『경찰행정법』, 박영사, 2010, 12면; 김남진, 앞의 책(『행정법Ⅱ』, 2002), 249면.

하지만 「정부조직법」 제정 당시 '경찰'이라는 용어는 처음부터 사용된 것은 아니었다. 동법에서 처음으로 등장한 경찰조직 관련 내용을 살펴하면 다음과 같다. "내무부장관은 치안 · 지방행정 · 의원선거, 토목과 소방에 관한 사무를 장리하고 지방자치단체를 감독한다(제15조)"고만 규정하고 있다. 경찰의 직무와 관련한 '치안'이라는 용어만을 사용하면서 경찰과 관련된 조직의 명칭에 대한 구체적인 언급은 없으며, 경찰의 소속만을 규정하고 있다.

이후 1955년 2월 7일 「정부조직법」이 전부개정되면서 "내무부장관은 지방행정 · 선거 · 치안 · 소방과 통계에 관한 사무를 장리하고 지방자치단체를 감독한다. 전항의 사무를 분장하기 위하여 내무부에 지방국 · 치안국 · 통계국을 둔다(제15조)"라고 규정하여 경찰의 소속뿐만 아니라 '치안국'이라는 명칭을 처음으로 사용하면서 경찰조직에 대해 구체적으로 언급하기 시작하고 있다.

그러다가 내각책임제 하에서의 정부조직에 관한 사항을 정하여 통일적이고 체계 있는 국무수행을 도모하려는 국가의 방침에 따라 1960년 7월 1일 「정부조직법」이 또다시 전부개정되면서 기존 내무부에서 맡아오던 치안업무와 그 소속인 치안국을 동법에서 삭제하면서 경찰조직을 내무부로부터 분리하게 되었다. 그 대신 경찰의 중립성을 보장하고, 행정부에서 경찰행정에 대해 간섭할 수 없도록 하기 위하여 경찰기구로서 공안위원회[40]를 새로이 신설하게 되었다(제13조제1항). 또한 공안위원회의 조직과 경찰행정에 관하여 필요한 사항은 법률로써 정하도록(제13조제2항) 개정되면서 경찰조직에 대한 제도적 큰 변화를 맞이하게 되었다.

그러나 공안위원회는 설립된 지 1년 정도 지난 1961년 10월 2일 「정부조직법」이 다시 폐지 제정되는 것과 함께 폐지되고, 예전과 같이 치안국으로 변경되면서 또다시 내무부 소속으로 편입하게 되었다(제20조). 이후 1973년 1월 15일

40) 공안위원회는 1960년에 민주개혁의 일환으로 설치되었던 경찰기관이었으나, 국가재건최고회의지침에 의거하여 국가의 중앙행정조직의 대강을 새로이 정하여 통일적이고 체계 있는 국무수행을 기할 수 있도록 하려는 국가방침에 따라 1961년 5·16 군사정변 이후에 폐지되었다.

「정부조직법」이 또다시 전부개정되면서 "내무부장관은 지방행정 · 선거 · 국민투표 · 치안 및 해양경찰에 관한 사무를 장리하고 지방자치단체의 사무를 감독한다(제31조)"로 규정하게 되었는데, 이는 동법 제정 당시 경찰의 조직과 관련하여 구체적인 언급 없이 경찰의 소속에 대한 부분만을 규정하고 있던 상황을 되풀이 한 것이다.

그 후 경찰조직은 1974년 12월 24일 「정부조직법」의 일부개정과 함께 내무부 차관 소속의 치안본부로 개편(승격)하게 되었으나(제2조제7항), 내무부의 차관 밑에 두는 치안사무담당보조기관으로의 개편된 점을 감안해 볼 때 그 위상 면에서는 오히려 축소된 의미로 볼 수 있다. 이후 1981년 12월 31일 동법이 다시 일부개정되면서 경찰 소속이 내무부 차관 소속의 치안본부에서 내무부의 치안업무를 담당하는 치안본부로 바뀌면서 그 위상의 상당부분이 회복되었다고 할 수 있다.

한편, 1990년 12월 27일 「정부조직법」이 또다시 일부개정되면서 급변하는 국 · 내외 행정환경과 새로운 행정수요에 능동적으로 대처하고, 2000년대의 효율적인 국정수행체제를 구축하기 위하여 일부 중앙행정기관의 조직과 기능을 합리적으로 개편 · 조정하는 과정의 일환으로 민생치안역량 강화와 경찰행정의 중립성 보장을 위하여 내무부 소속의 치안본부를 '경찰청'으로 개편(제31조제3항)하면서 동법에서 '경찰'이라는 용이가 정식으로 처음 사용되었으며, 이와 동시에 경찰조직과 관련한 명칭은 좀더 명확하게 사용되기 시작하였다. 그리고 새로운 정부의 출범 등으로 인해 동법이 일부개정되면서 경찰청 소속 중앙행정부처의 명칭이 내무부에서 행정자치부, 행정안전부로 변경되었으며, 최근 2013년 들어서 다시 안전행정부로 변경되었을 뿐 육상경찰의 소속 및 신분은 그 맥락을 그대로 유지하고 있다.

나. 해양경찰의 조직 및 연혁

해양경찰은 육상경찰과 함께 내무부 소속으로 동일한 신분에서 출발한 점 등을 감안하면 육상경찰과 조직의 변화를 같이 했다고 해도 무방하다. 하지만 해양경찰은 그 시대별로 조직의 명칭, 소속, 신분의 위치 등에서 육상경찰과는 또 다른 많은 차이를 보이고 있다. 또한 해양경찰은 최초 내무부 치안국 소속으로 1953년 12월 23일 해양경찰대가 발족되었으나, 육상경찰과는 달리 「정부조직법」만으로 그 변천과정을 살펴보는 것은 상당한 제한이 있다.[41] 따라서 해양경찰조직의 연혁에 대한 사실 확인은 「정부조직법」 이외에 「경찰법」, '해양경찰백서' 등의 자료를 참조하여 종합적으로 살펴봐야 한다.

해양경찰은 육상경찰이 내무부 소속 치안국 또는 치안본부로 소속되어 있을 당시에는 해양경찰대 발족 당시의 명칭과 경찰신분을 그대로 유지하고 있었으나, 1955년 2월 7일 「정부조직법」이 개정되면서 내무부 치안국 소속 해양경찰대에서 상공부 해무청 소속으로 이관되면서 그 명칭도 '해양경비대'로 변경되었다. 이는 해양경찰의 조직 및 구성원의 신분이 바뀌는 큰 제도적 변화로 해양경찰의 신분은 경찰직에서 공안직 신분으로 바뀌는 계기가 되기도 하였다.[42] 즉 현행 「형사소송법」상 일반사법경찰관리의 직무를 수행하는 신분(제196조)에서 특별사법경찰관리의 직무를 수행하는 신분(제197조)으로 변경된 것이다.

이후 1960년 7월 1일 「정부조직법」이 또다시 개정되면서 별도의 경찰기구로서 '공안위원회'를 새로이 신설하였다. '공안위원회' 신설 당시 해양경찰은 상공부 해무청 소속 그대로 둔 상태에서 내무부로부터 '치안국'만을 분리하여 구성하였다. 이는 공안위원회 업무 중 하나인 경찰행정에서 해양경찰과 관련된 직무는 제외되었음을 의미하므로 당시 국가적 차원의 해양경찰에 대한 입장을 짐작하게 하는 것으로 해양경찰의 정체성에 대해 시사하는 바가 크다. 해양경

41) 해양경찰은 1953년 12월 23일 해양경찰대가 발족되기 이전 같은 해 12월 1일 내무부 치안국 소속에 해양경찰대 신설을 시작으로 출발하였으며, 해양경찰대장 소속 하에 부산, 인천, 군산, 목포, 포항, 묵호, 제주기지대(총 7기지대)를 설치하여 운영하였다(해양경찰청, 앞의 백서(2012), 404면).

42) 김현, 앞의 논문, 50면.

비대는 경찰기구인 공안위원회가 폐지되면서 상공부 해무청 소속 해양경비대에서 내무부 치안국 소속 해양경찰대로 다시 이관되면서 그 신분도 다시 경찰직으로 복귀하게 된다.

'해양경찰'이라는 용어가 「정부조직법」에 처음으로 등장하기 시작한 것은 1973년 1월 15일 동법이 전부개정 되면서 "내무부장관은 지방행정 · 선거 · 국민투표 · 치안 및 해양경찰에 관한 사무를 장리하고 지방자치단체의 사무를 감독한다(제31조)"라고 규정하면서부터이다. 이 때 '해양경찰'의 의미는 내무부 소속의 해당 사무 중 하나임을 언급한 것으로 조직적 차원의 개념은 포함되어 있지 않은 것으로 보인다.[43]

해양경찰이 해양수산부의 외청으로 승격되기 이전 1991년 5월 31일 「경찰법」이 먼저 제정되면서 당시 「경찰법」 제2조제3항에서는 "해양경찰에 관한 사무를 관장하게 하기 위하여 경찰청장 소속 하에 해양경찰청을 두고 해양경찰청장 소속 하에 해양경찰서를 둔다"고 규정하고 있다. 이같은 해양경찰의 조직개편은 그 위상을 크게 변화시켰다고 할 수 있다.

하지만 경찰청과 외형상 동급의 기관으로 바뀌었음에도 경찰청 소속으로 편

43) 「정부조직법」이 1948년 7월 17일 제정 당시 '해양경찰'이라는 용어는 사용되지 않았으나, 1955년 2월 7일 동법이 개정되면서 내부무 치안국 소속 하의 해양경찰이 상공무 해무청 소속으로 이관되면서 '해양경찰' 대신 '해양경비'라는 용어를 사용하면서부터 동법에 해양경찰과 관련된 용어가 처음 등장하기 시작하였다. 이후 1961년 10월 2일 「정부조직법」이 다시 개정되면서 상공부 해무청 소속 해양경비대가 내무부 치안국 소속 해양경찰대로 다시 이관되었다. 하지만 개정될 당시에도 동법에서는 '해양경비'라는 용어를 계속 사용하였으며, 1963년 12월 14일 동법이 다시 개정되면서 '해양경비'는 '해양경찰경제'로 변경되었다. 그러던 중 「정부조직법」상 '해양경찰'이라는 용어가 처음등장하기 시작한 것은 1973년 1월 15일 동법이 개정되면서부터이다. 한편, 1962년 4월 3일 해양경찰조직법의 전신이기도한 「해양경찰대설치법」이 제정되었으나, 이 법률은 1973년 1월 15일 「정부조직법」이 개정됨과 동시에 폐기되었다. 폐기되기 전까지 「정부조직법」에서는 여전히 '해양경찰경제'라는 용어를 사용하고 있었다. 따라서 「해양경찰대설치법」에서의 '해양경찰'과 「정부조직법」에서의 '해양경찰경제'는 다른 의미로 봐야 할 것이다. 즉 당시 「정부조직법」에서 처음으로 등장한 '해양경찰'은 단순히 '해양경찰경제'의 용어 변경에 지나지 않으므로 조직 차원에서의 의미라기보다는 직무범위의 일부로 보는 것이 합당하다.

입되었으며, 직급에 있어서도 경찰청장은 치안총감인데 반해, 해양경찰청장은 치안정감으로 임명됨에 따라 명실상부한 조직적 차원에서의 승격이기보다는 다소 형식적 · 외형적 성장이라는 이미지를 벗을 수 없다.

그러던 중 국제해양질서의 급격한 변화와 21세기 해양경쟁시대에 적극적으로 무한한 해양잠재력을 개발하여 해양선진대국으로 도약하기 위한 기반을 조성하기 위하여, 여러 행정기관에 분산되어 있는 수산 · 해운 · 항만 · 해양환경보전 · 해양조사 · 해양자원개발 · 해양과학기술 등 해양 관련 행정기능을 통합하여 종합적인 해양개발과 이용 · 보전기능 등을 전담할 목적으로 해양수산부 신설을 주요골자로 한 「정부조직법」(법률 제5153호, 1996.8.8)이 일부개정되면서 해양수산부장관 소속 하에 해양경찰청을 두게 되었고, 이에 따라 경찰청 소속 하에 있던 해양경찰청이 경찰청과 대등한 독립된 외청으로서의 위치로 거듭나게 되었다.

그럼에도 불구하고 이러한 제도적 변화는 행정기능의 통합으로 인한 관련 업무의 효율성을 높이는 역할에 그쳤을 뿐 제도적 후속 보완조치가 이루어지지 못한 한계를 보이고 있다. 즉 육상경찰과 동일한 외청으로서의 법적 조치가 마련되지 않았다는 것이다. 이는 과거 해양경찰이 겪어왔던 소속기관 및 신분상의 위치가 국가와 정치권 등의 필요에 의해 언제든지 쉽게 바뀔 수 있는 여지를 항상 내포하고 있음을 의미하는 것이다. 뿐만 아니라 국가 차원이나 정치권에서는 여전히 해양경찰의 조직특성과 역할에 대해 명확하게 인식하지 못하고 있는 것으로 보인다.

결국 「정부조직법」에서 해양경찰이 정부기관으로서 순수 독립된 조직 차원의 의미로 언급되기 시작한 것은 1996년 8월 8일 동법의 개정과 함께 해양부산부의 외청인 해양경찰청으로 승격되면서부터라 할 수 있다. 하지만 외부에서 바라보는 해양경찰의 조직특성과 역할에 대한 사회적 인식은 아직까지 명확하게 받아들여지고 있지 못하다는 것은 문제점으로 남아있다.

이와 관련한 단적인 예로 2008년 이명박 정부가 새로이 출범하면서 국경 없는 무한경쟁시대에 국민에게 희망을 주는 일류 정부를 건설하기 위하여, 미래에 관한 전략기획기능을 강화하고, 정부의 간섭과 개입을 최소화하는 작은 정부 구축을 통하여 민간과 지방의 창의와 활력을 북돋우는 등 정부기능을 효율적으로 재배치하자는 목적으로 2008년 2월 29일 「정부조직법」을 전부개정하는 과정에서 해양수산부가 폐지되고, 국토해양부가 신설되면서 기존의 해양수산부가 분장하고 있던 사무 중 해양 관련 업무는 국토해양부로 수산 관련 업무는 농림수산식품부로 이관되었다.

여기서 주목할 만한 것은 기존 해양수산부 소속의 해양경찰청을 어느 중앙행정부처의 소속으로 두느냐 하는 것인데, 당시 제17대 대통령직인수위원회는 해양경찰청을 농림수산식품부 소속으로 편입시켰다가 뒤늦게 국토해양부 소속으로 다시 변경하였다. 이는 해양경찰의 정체성에 대한 사회적 인식의 문제로 보여진다. 이처럼 정부조직은 다년간 수십 차례의 개정과정을 거쳐왔으며, 해양경찰은 이와 같은 시대적 입장 변화에 따라 조직 및 신분의 위치가 변경되는 등 육상경찰과는 또 다른 형태의 조직변천 과정을 경험하였다.

또한 해양경찰의 기능 및 조직에 대한 운영 등과 관련하여 변화와 개선이 필요하다는 사회적 요구사항은 수차례 여러 단체로부터 제기되었다. 특히 1996년 해양경찰이 해양수산부 외청으로 조직이 변경된 것을 기점으로 해서 이후 1998년에는 해양경찰의 소속 부처인 해양수산부로부터 그러한 요구에 대한 입장이 본격화되기 시작하였다.[44] 한때 해양수산부는 해양경찰의 주요업무 중

---

44) 해양수산부는 1998년 7월 해양경찰을 선진화하기 위한 방안으로 실무위원회를 구성하였고, 그 실무작업반에서 해양경찰의 신분 및 조직과 관련한 4가지 안을 제시하였다. 제1안에서는 경찰직을 유지하면서 청장의 직급을 차관급으로 상향 조정하여 치안총감으로 승격함과 동시에 차장직제를 신설하며, 지방해양수산청(현, 지방해양항만청) 소속으로 해양경찰서를 설치하고, 그 소속에 필요한 지서(파출소)를 증설하는 내용을 담고 있다. 다만, 해양오염방제 업무는 해양경찰청에서 수행하되, 해양오염관리국은 기획기능으로 파악하여 해양수산부로 이관되어야 한다고 명시하였고, 항로표지, 해도발간 및 항만관제(VTS: Vessel Traffic Service) 업무 등은 해양수산부에 조치되어야 한다는 입장이었다. 하지만 해양경찰청에서는 현행 해양경찰 기능 중심으로 영해법 관련 업무 및 해상교통문자방송(NAVTEX, Navigation Telex) 업무, 어

객선안전관리, 개항질서 업무 등을 일부 추가하여야 한다는 안을 내놓았다. 제1안에서 지방해양수산청 소속에 해양경찰서를 둔다는 것은 해양경찰조직을 일반행정기관으로 전환하는 경우가 되겠다. 이는 정부조직 편성의 1차적 기준으로 보는 기능중심 편성에 대한 예외라고 보여지며, 장소 중심의 정부조직 편성의 기준에도 부합되지 않는 기준이라고 할 수 있다. 제2안은 제1안과 마찬가지로 경찰직을 유지하면서 청장의 직급을 상향 조정하고, 차장직제를 신설하면서 외청조직에 필요한 기획관리관 직제를 신설하고, 기동방제관을 폐지하자는 내용이 담겨 있었다. 또한 해양경찰서와 지서(파출소)를 필요한 지역에 증설하고, 해양안전국은 본청에 설치하고, 항로표지과는 해양경찰서에 각각 신설하도록 하자는 안이다. 과거 항로표지과는 해양경찰서에 신설하여 시행해 본 경험이 있다. 이처럼 현행 해양경찰기능에는 변동이 없고 추가적으로 VTS, 개항질서 유지, 항로표지 및 안전관리관실의 일부 정책 · 예방기능을 해양경찰청으로 이관하도록 하였다. 제2안을 채택한다는 것은 해양경찰청을 미국의 해안경비대나 일본의 해상보안청과 비교해 볼 때 기능적 역할에서의 유사한 체제로 전환해야 한다는 것인데 이럴 경우 이관대상 업무의 특성, 수행실태, 공무원의 신분전환 관계 등에 대해서도 다시 검토되어야 한다는 등의 많은 의견이 제시되었다. 제3안은 현행 해양경찰 기능에 일부 해양집행 업무를 추가하는 것으로 기능의 통합이나 확대보다는 조직의 복수직급화로 고위관리직인 지휘부를 일반공무원과 경찰공무원으로 이원화체제로 운영하자는 안이었다. 이는 군대조직과 유사한 위계질서와 명령을 강조하는 해양경찰조직의 특성상 지휘권 확립과 조직장악에 문제점이 제기될 수 있다고 하는 의견도 있었다. 그리고 제3안도 제1안, 제2안과 마찬가지로 청장의 직급상향 및 차관을 신설하는 한편 제2안의 기획관리관 직제뿐만 아니라 이에 추가하여 수난구호국을 신설하면서, 마찬가지로 기동방제관을 폐지하자는 의견을 제시하고 있다. 제4안은 가장 파격적인 안으로 평가되었는데 그 주요골자는 다음과 같다. 해양경찰의 주요업무 중 안보업무와 경찰업무는 제한하면서 해난구조 · 해양경비 · 해상교통관리 · 해양오염방제 등 해양안전 업무에 치우친 기능만을 수행토록 한 것이다. 또한 조직의 명칭을 개편하여 가칭 '해양경비 · 구조청'이라 하고, 지방해양수산청 소속으로 해양경비서를 신설하자는 것을 주요내용으로 하고 있다. 이와 같은 제안은 해양경찰의 경찰직 신분을 일반공무원[해양경비관(보)] 또는 특수분야의 업무를 담당하는 특정직공무원 중 경찰공무원 이외의 신분으로 구성해야 한다는 것을 의미하는 것이다. 결국 제4안의 내용을 종합해 보면 해양경찰조직을 일반행정조직으로 전환함과 동시에 조직 명칭을 변경하고, 소속 공무원의 신분도 변화하는 등 기존의 조직을 폐지하고 새로운 조직으로 다시 신설하자는 안으로 이는 위에서의 제2안과는 달리 단순히 기능적 역할의 범위를 벗어나 일본의 해상보안청과 유사한 조직체계를 가지는 것이라 할 수 있다. 현재 우리나라 해양경찰청의 조직모델은 제1안을 기초를 두고 있는 것으로 보여진다(김현, 앞의 논문, 72~76면). 그 밖에 해양경찰조직의 변화와 개혁이라는 주장에 대해 해양경찰의 주무 행정부처뿐만 아니라 여러 학계 · 단체에서도 다양한 목소리를 내고 있는 것이 현실이다. 그 중 내용을 간단히 살펴보면 해양경찰기능을 해사복리기능 등이 전혀 없는 순수한 경찰기능으로만 보아 여기에 해사복리기능을 추가할 만한 여지가 전혀 없다고 판단하여 일본의 해상보안청과 미국의 해안경비대와 유사한 기능으로 개편하여 해양에서의 경찰기능을 해체하고 해사복리기능을 지향하자는 주장을 하고 있다. 결국 이러한 주장은 현

하나인 해상치안 업무 이외에 경비구난, 해상교통 안전관리, 해양환경보전, 해양오염방제 등의 해양안전 및 해양환경과 관련한 업무를 겸하도록 하여 복합기능적인 기구로 발전해야 하는 정부방침에 대해 해양경찰측에서는 해양경찰관이 해상치안 이외의 다양한 업무를 수행하다보면 행정경찰화가 될 수도 있고, 결국에는 현재 경찰직 신분이 일반행정직 신분으로 변경될 수 있다는 주장을 내세우는 등 서로 상반된 의견을 보이기도 했다.[45]

이 또한 과거조직의 신분변화에 따른 방어책의 일환으로 내세워진 주장으로 볼 수 있을 것이다. 당연히 해양경찰은 해양치안과 같은 권력적 경찰작용 이외에 해양의 안전을 위한 비권력적 경찰 서비스 작용도 같이 수행되어야 하는 것이다. 결국 이같은 외부로부터의 환경적 분위기는 해양경찰조직의 형태와 조직원의 신분에 대한 정체성을 훼손시킬 수 있다. 따라서 해양경찰의 정체성에 대한 논란은 언제 또다시 거론될 가능성이 있으므로 해양경찰조직법의 입법은 반드시 필요하다.

다. 해양경찰조직의 변천과 시사점

지금까지 육상경찰과 해양경찰의 조직의 변천과정을 「정부조직법」, 「경찰법」, 그리고 각종 문헌 등을 통해 종합해서 언급해 보았다. 변천과정에서 육상경찰이나 해양경찰 모두 정부의 당시 사회적 인식 그리고 정치적 필요에 의해서 여러 차례 개편되는 과정을 거쳐 왔다는 것을 알 수 있었다. 여기서 가장 주목할 만한 것은 육상경찰의 경우 내무부에서 경찰조직을 분리하여 경찰의 중립성과 독립성을 보장하기 위해 독립된 경찰기구로서 공안위원회를 새로이 신설

재의 경찰기능 중심의 해양경찰기능을 해체하고 해사복리기능을 수행하는 '해양방제청'으로 새롭게 전환하는 것이 필요하므로 이에 따라 직원신분도 공안직으로 전환하여 제한된 특별사법경찰권을 부여해야 한다는 앞서 언급한 주장과도 같은 견해이다. 참고로 이와 관련한 저자의 입장은 앞서 해양경찰조직법 부재로 인해 발생 가능한 문제점에서 서술한 바 있다(김현, 앞의 논문, 61면 재인용).

45) 이상진 외, 앞의 책, 22~23면.

하고, 공안위원회의 조직과 경찰행정에 관하여 필요한 사항은 법률로써 정하도록 하는 제도적 큰 변화를 맞이하였다.

이는 육상경찰에 대한 국가 차원에서의 중요성이 한층 더 높아졌다는 것을 알 수 있으며, 또한 사회적 관심이 집중되는 계기를 맞이한 것으로 볼 수 있다. 뿐만 아니라 육상경찰에 대한 당시의 정치적 · 사회적 분위기를 짐작하게 하는 부분이기도 하다.

하지만 공안위원회가 출범하면서 주요업무 중의 하나인 경찰행정을 명문화하는 과정에서 해양경찰의 업무를 제외시켰다. 비록 당시 해양경찰이 상공부의 해무청으로 이관되어 해양경비를 담당하고 있었으며 해양경찰의 신분 또한 경찰직이 아닌 공안직이었으나, 공안위원회의 업무에서 해양경찰 관련 업무가 제외되었다는 것은 해양경찰을 진정한 경찰로서의 위치보다는 단순히 해양을 단속하고 관리하는 일반직 공무원 정도로 인식하고 있었던 것으로 보인다. 또한 이는 해양경찰의 정체성에 대한 명확한 입장정립이나 심각한 검토 없이 일방적인 정치권의 필요에 의해 이루어진 것으로 해양경찰이 국가적 · 정치적으로도 당시 주요관심 밖의 조직이었다는 것을 짐작할 수 있는 대목이기도 하다.[46]

이와는 반대로 육상경찰은 공안위원회가 신설되고, 이후 폐기된 것을 제외하면 단 한 번도 조직에 대한 위치나 신분에 대한 국가적 · 정치적 입장이 변화된 적이 없었다. 오히려 이러한 조직의 변화는 육상경찰에 대한 국가 및 정치권 차원에서의 높은 관심으로 볼 수 있다.

한편, 앞서 언급한 바와 같이 제17대 이명박 대통령직인수위원회 당시 정부조직개편안을 발표하면서 해양경찰청을 국토해양부가 아닌 농림수산식품부 소속으로 편입시켰다가 해양경찰청측의 요청에 의해 국토해양부 소속으로 다

46) 해양경찰은 창립될 당시부터 경찰신분이었으며, 공안위원회가 폐지되면서 상공부 해무청 소속의 해안경비대를 다시 내무부 경찰직 신분으로 복귀시킨 것만 보더라도 해양경찰은 경찰로서의 기능을 수행하는 것이 더 타당하다고 보고 있는 것이다. 따라서 공안위원회의 조직구성은 물론 경찰행정 관련 업무를 편성하는 과정에서 해양경찰을 포함시키지 않은 것은 해양경찰에 대한 업무적 특성을 간과한 것이라 볼 수 있다.

시 변경되는 과정에서도 해양경찰의 정체성과 관련한 사회적 인식을 엿볼 수 있다. 이와 관련해서는 인수위원회가 검토한 자료 등의 사실 확인 작업이 어려운 관계로 해양경찰이 해양경찰대로 창설되기까지의 사회적 배경 및 제도적 변천 과정을 통해 그 이유를 살펴보았다. 제17대 대통령직인수위원회 때의 국토해양부나 농림수산식품부 양 기관 모두는 해양을 대상으로 정책적 업무를 수행하는 기관이었다.

이처럼 해양에서의 정책수행이라는 관점에서 우리나라 해양경찰(해양경찰대)은 1953년 10월 5일 해양경찰대 설치계획과 함께 같은 해 12월 23일 내무부 치안국 소속으로 부산에서 창설되었다. 창설할 당시 우리나라는 우리 평화선을 침범하는 외국어선의 단속 및 어족자원을 보호하기 위하여 「어업자원보호법」을 제정하는 등 일본 어선들의 끊임없는 평화선 침범, 일본어부로 위장한 북한 간첩 등에 대한 축출과 나포, 적색 불순자 침입 및 경제교란 방지 등 해양주권의 위협요소 증가에 따라 해양경비의 필요성이 절실히 요구되는 사항이었다.[47]

또한 1962년 4월 3일 제정된 「해양경찰대설치법」의 목적(제1조)을 살펴보면, "「어업자원보호법」에 의한 관할수역 내에 있어서의 범죄수사와 기타 해상에 있어서의 경찰에 관한 사무를 관장하게 하기 위하여 내무부장관 소속 하에 해양경찰대를 둔다"고 규정함으로써 해양경찰의 존재이유가 어업자원보호, 즉 어선단속에 주력하고 있음을 짐작할 수 있다. 이처럼 해양경찰은 당시 사회적 분위기로 보아 주로 국내 · 외 불법 어선단속 업무에 주력하기 위해 신설된 조직임을 알 수 있다. 해양경찰의 이러한 역사적 배경은 일반적으로 정치적 · 사회적으로 관심을 받지 못하고 있는 상황에 더해져 해양경찰의 주요업무 중 많은 비중을 차지하는 것이 어선단속이라고 인식하고, 어선과 관련된 주무 행정부처인 농림수산식품부로의 이관을 결정한 것으로 보인다. 하지만 어선단속 업무는 해양경찰의 전체 업무 중 일부에 불과하다.

47) 박경귀 외, 앞의 보고서, 6면.

현행「도로교통법」제35조에서 규정하고 있는 주차위반에 대한 조치업무에 대해 경찰공무원에게 해당 단속권을 주고 있으나, 이러한 주차 단속업무는 육상경찰의 전체 업무 중 극히 일부에 지나지 않는 것과 마찬가지라 할 수 있다. 따라서 해양경찰에 대한 정책적 입장은 전체적인 업무형태나 조직의 발전적인 측면 등을 종합적으로 고려해서 표명하는 것이 바람직하다고 본다.

Ⅱ. 해양경찰조직법 제정의 필요성

우리나라의 육상경찰과 해양경찰은 대등한 경찰기관으로서 수행하고 있는 업무형태를 통해 조직의 특징이 형식적으로나 제도적으로 분명한 특색을 가지고 있는 중앙행정기관임을 알 수 있다.

또한 해양경찰조직법을 제정하는데 있어서의 당위성과 타당성은 지금까지 언급한 이론적 설명만으로도 충분하다고 본다. 하지만 해양경찰을 육상경찰과 비교해 볼 때 조직운영과 관련한 법체계에 있어서는 상당한 차이를 보이고 있으나, 이러한 차이를 두고 있는 것에 대해 국가 차원에서의 명확한 이유 또한 제시하지 못하고 있다. 물론 국가행정기관을 운영하면서 제도적으로 미흡한 부분에 대해 국민에게 정부의 모든 입장을 표명해야 하는 것은 아니다. 하지만 최소한 해양경찰과 같이 완전한(형식적) 경찰기관으로서의 기능적 역할을 담당하는 국가조직을 설립하여 운영하고자 할 때에는 반드시 수반되어야 할 제도적 요건들에는 어떠한 것들이 있어야 하는지에 대해 살펴보는 것도 필요하다 할 것이다. 그리고 경찰 책임자인 국민의 입장에서는 국가로부터 행사되는 경찰권에 대해 명확한 법적 근거와 이에 따른 법적 안정성을 요구한다.

결론적으로 해양경찰조직법의 역할을 담당할 법체제를 마련해야 하는 것은 해양경찰측의 필요에 의해 착수되어야 할 수행사업이 아니라, 사회적 요청과 시대가 요구하는 사항에 대해 추진되어야 할 필수요건이다. 여기에서는 해양경찰의 조직법을 제정해야만 하는 이론적 입장 이외에 제도적 측면에서의 필요성에 대해 구체적으로 살펴보고자 한다.

현행 육상경찰의 대표적 조직법인 「경찰법」의 제정이유가 해양경찰의 제정이유로서의 자격을 갖추고 있는지, 또한 해양경찰의 설치목적으로 규정하고 있는 「정부조직법」과 「해양경찰청과 그 소속기관 직제」 등에서 규정하고 있는 내용들이 육상경찰의 설치목적으로 규정하고 있는 관련 법령과는 상호 어떠한 특성을 보이고 있는지에 대해 살펴보고자 한다. 이는 앞서 이론적 설명에 더해 제도적 측면에서 해양경찰조직법 제정의 당위성을 좀더 명확히 제시하기 위한 것이다. 또한 동법률의 제정은 선택사항이 아닌 필수사항임을 강조하고자 한 것이다.

그리고 이에 추가하여 「정부조직법」상의 중앙행정기관 중 조직법을 마련하고 있는 기관과 그렇지 않은 기관을 구분하고, 제도적 입장 등의 상호 비교를 통해 해양경찰조직법을 제정하면서 어떠한 운영상의 특성들을 포함하고 있어야 하며, 또한 어떠한 점들이 제도적으로 보완되어야 하는지에 대해 다루어 보고자 한다.

1. 경찰법의 제정이유와 해양경찰의 설립목적

해양경찰조직법 제정과 관련하여 무엇보다 우선 검토해야 할 것은 현재 우리나라 육상경찰의 조직과 관련한 법체계이다. 그리고 다음으로 해양경찰의 설치목적과 관련된 제도적 근거가 육상경찰의 설치근거로 규정하고 있는 제도와는 내용에서 상호 어떠한 관련성이 있는지에 대해서도 살펴보아야 한다. 왜냐하면, 해양경찰은 육상경찰과 마찬가지로 경찰기관으로서의 기능을 수행하는 중앙행정기관이므로 그 맥락을 같이하고 있다 할 것이다. 예컨대, 육상경찰의 조직법인 「경찰법」의 제정이유를 경찰기관의 역할수행이라는 측면에서 해양경찰에 그대로 적용했을 때 조직법으로서의 자격에 부합(符合)될 수 있어야만 결국 해양경찰조직법 제정의 당위성을 피력하는데 있어서의 중요한 논점으로 거론할 수 있기 때문이다.

또한 해양경찰과 관련한 조직법이 부재인 현 시점에서 해양경찰의 설치목적을 규정하고 있는 여타 다른 법령들이 육상경찰의 조직을 규정하고 있는 법령들과 상호 유사한 법적 취지를 유지하고 있는지를 살펴보는 것도 같은 맥락이 될 수 있다. 만약 그렇다면 이 또한 육상경찰과 해양경찰은 기능적으로 상호 대등한 입장으로서의 역할을 수행하고 있다는 것을 제도적으로 입증할 수 있는 중요한 근거자료가 된다. 이는 결국 해양경찰이 조직법을 제정하는데 있어서의 필요성과 그에 따른 당위성을 제공하기에 충분하다.

따라서 육상경찰의 대표적 조직법인 「경찰법」 제정이유에 대해 살펴보고, 이에 더해 해양경찰의 설치와 관련된 「정부조직법」 및 대통령령인 「해양경찰청과 그 소속기관 직제」를 통해 해양경찰이 설치되게 된 목적 등을 육상경찰조직의 설립배경이 되는 법령과 상호 연계해서 살펴보고자 한다.

먼저 「경찰법」이 제정된 이유에 대해 살펴보면 다음과 같다.[48] '경찰의 민주적인 관리 · 운영과 효율적인 임무수행을 위하여 필요한 경찰의 기본조직과 직무범위를 정하려는 것으로, 분단국가로서 우리나라의 특수한 안보상황과 치안여건에 효율적으로 대처하기 위하여 국가경찰체제를 유지하면서 경찰의 기본조직을 중앙은 현재 내무부장관의 보조기관으로 되어 있는 치안본부를 내무부장관 소속 하의 경찰청으로, 지방은 시 · 도지사 보조기관인 경찰국을 시 · 도지사 소속기관인 지방경찰청으로 개편함으로써 경찰행정의 책임성과 독자성을 보장하고자 하는 것이다.

이와 동시에 내무부에 각계의 덕망 있는 인사로 구성되는 경찰위원회를 두어 경찰행정에 관한 주요제도 및 인권보호에 관한 사항을 심의 · 의결하게 함으로써 경찰운영의 민주성과 공정성의 확보를 기하며 경찰의 임무인 국민의 생명과 재산의 보호 및 공공의 안녕과 질서유지에 충실할 수 있도록 그 임무를

---

48) 법제처, 법률검색, 2013.6.12. 방문. 〈http://www.law.go.kr〉

명확히 하고 직권을 남용하지 못하도록 하여 국민의 자유와 권리를 최대한 보장함으로써 경찰에 대한 국민의 신뢰를 회복하고 진정한 민주경찰로서의 발전을 도모하려는 것'으로 규정하고 있다.

다음으로 해양경찰의 설치와 관련해서는 「정부조직법」과 「해양경찰청과 그 소속기관 직제」를 통해 알 수 있으며, 이와 관련한 내용을 살펴보면 다음과 같다. 「정부조직법」 제43조제2항에서는 "해양에서의 경찰 및 오염방제에 관한 사무를 관장하기 위하여 해양수산부장관 소속으로 해양경찰청을 둔다"고 규정하고 있으며, 「해양경찰청과 그 소속기관 직제」 제3조(직무) 및 제6조(하부조직) 제1항에서는 각각 "해양경찰청은 해양에서의 경찰 및 오염방제에 관한 사무를 관장한다." 그리고 "해양경찰청에 운영지원과 · 경비안전국 · 정보수사국 · 장비기술국 및 해양오염방제국을 둔다"고 규정하고 있는데, 이는 해양경찰의 설치 목적과 그 목적을 수행하기 위한 조직체계를 보여주는 것이다.

여기에서 해양경찰의 설치목적인 「정부조직법」 제43조제2항과 「해양경찰청과 그 소속기관 직제」 제3조는 「경찰법」 제2조제1항과 「경찰청과 그 소속기관 직제」 제3조에서 규정하고 있는 "경찰청은 치안에 관한 사무를 관장한다"와 그 법적 취지 및 구성은 동일하다. 또한 「해양경찰청과 그 소속기관 직제」 제6조 제1항은 「경찰청과 그 소속기관 직제」 제4조제1항에서 규정하고 있는 "경찰청에 생활안전국 · 수사국 · 교통국 · 경비국 · 정보국 · 보안국 및 외사국을 둔다"와 유사한 조직 운영체계라 할 수 있다.

이같은 「경찰법」의 제정이유를 해양경찰조직법의 제정이유로 하고자 한다면 과연 이것이 타당한지에 대해서는 다음과 같이 평가할 수 있다. 위에서 규정하고 있는 「경찰법」 제정의 이유는 육상경찰의 효율적 관리 · 운영 및 임무수행을 위해 조직과 직무범위를 정하는 근거를 명시하고 있다. 또한 우리나라의 특수한 치안여건 환경에 효율적으로 대처하고자 기존 경찰조직을 재정비하여 경찰행정의 책임성과 독자성을 보장하고, 경찰운영의 공정성을 기하기 위하여 경찰위원회를 두고 있다. 그리고 국민의 자유와 권리를 최대한 보장함으로써 경찰에 대한 국민의 신뢰를 회복하고 진정한 민주경찰로서의 발전을 도모하려는 것이다. 이는 해양경찰이 조직법을 운영하고자 하는 운영상의 목적이나 분단국가인 동시에 삼면이 바다인 사회적 환경, 그리고 가장 중요한 해양경찰의 기본이념과도 서로 비슷한 입장이다.

즉 해양경찰조직법을 제정하는 이유는 육상경찰의 조직법인 「경찰법」의 제정이유와 조직의 특성상 상호 동일하다는 것을 알 수 있다. 「경찰법」은 해양경찰이 과거 「정부조직법」의 개정으로 인해 해양수산부의 독립외청으로 승격되기 이전인 경찰청의 소속기관일 당시에 제정되었기 때문에 실질적으로 「경찰법」 제정이유의 상당부분은 해양경찰에도 포함된다. 그런데 「정부조직법」의 개정으로 인해 조직의 소속이 변했다고 해서 그 근거법이 없어진다는 것은 쉽게 납득하기 어렵다. 결론적으로 해양경찰조직의 근거법을 제정하는데 있어서의 사회적 여건 등은 이미 마련되어 있다고 봐도 충분하다 할 것이다.

이상의 내용으로 확인한 바와 같이 육상경찰과 해양경찰의 조직을 구성하고 있는 근거가 법률이냐 대통령령이냐 하는 법적 지위에 있어서는 다소 상이하다 할 수 있다. 하지만 육상경찰과 해양경찰 모두 다 경찰의 기본이념에 대한 이론적인 측면이나 육상경찰과 해양경찰의 설치목적이나 운영상의 방법 등을 법령에서 규정하고 있는 제도적 측면에서 살펴볼 때 동일한 경찰기관으로서의 대등한 역할을 수행하고 있는 중앙행정기관임을 다시 한 번 더 확인할 수 있다. 결국 이는 해양경찰도 육상경찰과 마찬가지로 조직을 관리 · 운영하는데 있어 같은 입법취지의 조직법이 필요하고, 그 당위성을 제공하기에 충분하다 할 것이다.

2. 중앙행정기관별 해당 조직법의 현황 및 제도적 입장

현행 「정부조직법」에서는 중앙행정기관에 따라 각각의 해당 조직법이 제정되어 있는 기관과 그렇지 않은 기관으로 나뉘어져 있다. 조직법이 제정되어 있는 중앙행정기관은 그렇지 않은 기관과 비교해서 조직을 운영하는데 있어 어떠한 특성을 보이고 있는지에 대해 살펴볼 필요가 있다. 또한 이와 함께 해양경찰청은 이러한 행정기관들과는 어떠한 조직운영상의 제도적인 특성을 보이고 있는지에 대한 확인작업이 필요하다.

먼저 국가행정기관별로 어떠한 중앙행정기관이 소속되어 있으며, 해당 소속기관의 조직과 관련해서는 어떠한 법률이 제정되어 있는지에 대해 살펴보면 〈표 4-3〉과 같다. 〈표 4-3〉에서 보는 바와 같이 중앙행정기관 중 조직과 관련한 법률이 제정되어 있는 기관은 대통령 소속의 대통령경호실과 국가정보원, 법무부 소속의 검찰청, 안전행정부 소속의 경찰청으로 한정되어 있다.[49]

〈표 4-3〉 정부조직법상의 중앙행정기관과 조직 관련 법률

국가행정기관	중앙행정(소속)기관 (법조항)	조직 관련 법령명
대통령	대통령경호실(제16조제1항 및 제3항)	대통령 등의 경호에 관한 법률
대통령	국가정보원(제17조제1항 및 제2항)	국가정보원법
국무총리	식품의약품안전처(제25조제1항)	-
기획재정부	국세청(제27조제3항)	-
	관세청(제27조제5항)	-
	조달청(제27조제7항)	-
	통계청(제27조제9항)	-
법무부	검찰청(제32조제2항 및 제3항)	검찰청법
국방부	병무청(제33조제3항)	-
	방위사업청(제33조제5항)	-
안전행정부	경찰청(제34조제4항 제5항)	경찰법
	소방방재청(제34조제6항)	-
문화체육관광부	문화재청(제35조제3항)	-

49) 「정부조직법」 이외에 조직법의 형태를 보이고 있는 법률로는 「법원조직법」, 「국군조직법」, 「대한적십자사조직법」 등이 있으나, 이러한 법률들은 본 저서의 논점과 관계가 없는 관계로 분석과정에서 제외키로 한다.

국가행정기관	중앙행정(소속)기관 (법조항)	조직 관련 법령명
농림축산식품부	농촌진흥청(제36조제3항)	-
	산림청(제36조제5항)	-
산업통상자원부	중소기업청(제37조제3항)	-
	특허청(제37조제5항)	-
환경부	기상청(제39조제2항)	-
해양수산부	해양경찰청(제43조제2항)	-

그렇다면 이러한 중앙행정기관들은 조직법을 수반하고 있지 않은 기관들과는 조직의 특징에 있어 어떠한 차이를 보이고 있는지를 각각의 관련 실정법을 통해 확인하고자 한다.

이와 함께 개별조직법에서 규정하고 있는 제정목적을 통해 각 기관별로 조직법을 운영하는데 있어서의 공통점에 대해서도 살펴보고자 한다. 결과적으로 이러한 분석은 해양경찰조직법을 제정함에 있어서의 필요적 요소를 다른 법률을 통해 확인해 본다는 점에서 그 의미가 있다. 뿐만 아니라 해양경찰조직법 제정에 대한 당위성을 다른 각도에서 새롭게 입증할 수 있는 수단이 된다.

i)「정부조직법」 제16조제1항에서는 "대통령 등의 경호를 담당하기 위하여 대통령경호실을 둔다"고 규정하고 있으며, 같은 법 제16조제3항에서는 "대통령경호실의 조직 · 직무범위 그 밖에 필요한 사항은 따로 법률로 정한다"고 규정하고 있는데, 이 때 같은 법 제16조제3항에 해당하는 법률이 「대통령 등의 경호에 관한 법률」이다.

ii)「정부조직법」 제17조제1항에서는 "국가안전보장에 관련되는 정보 · 보안 및 범죄수사에 관한 사무를 담당하기 위하여 대통령 소속으로 국가정보원을 둔다"고 규정하고 있으며, 같은 법 제17조제2항에서는 "국가정보원의 조직 · 직무범위 그 밖에 필요한 사항은 따로 법률로 정한다"고 규정하고 있는데, 이 때 같은 법 제17조제2항에 해당하는 법률이 「국가정보원법」이다.

iii) 「정부조직법」 제32조제2항에서는 "검사에 관한 사무를 관장하기 위하여 법무부장관 소속으로 검찰청을 둔다"고 규정하고 있으며, 같은 법 제32조제3항에서는 "검찰청의 조직 · 직무범위 그 밖에 필요한 사항은 따로 법률로 정한다"고 규정하고 있는데, 이 때 같은 법 제32조제3항에 해당하는 법률이 「검찰청법」이다.

iv) 「정부조직법」 제34조제4항에서는 "치안에 관한 사무를 관장하기 위하여 안전행정부장관 소속으로 경찰청을 둔다"고 규정하고 있으며, 같은 법 제34조제5항에서는 "경찰청의 조직 · 직무범위 그 밖에 필요한 사항은 따로 법률로 정한다"고 규정하고 있는데, 이 때 같은 법 제34조제5항에 해당하는 법률이 「경찰법」이다.

이상의 내용을 놓고 볼 때 중앙행정기관별로 제정된 조직법의 공통된 목적은 해당 기관의 조직 · 직무범위뿐만 아니라 그 밖에 필요한 사항에 대해서도 별도의 법률로 정해서 운영하고자 한 것임을 알 수 있다. 그렇다면 이러한 각각의 조직법은 어떠한 특징을 보이고 있는지에 대해 세부적으로 확인할 필요가 있다. 그리고 이에 수반된 업무적 특성에 대해서도 구체적으로 살펴보고자 한다.

일반적으로 조직의 설립근거나 직무의 범위 등을 법률로 정하는 경우 국민에 대한 침해행정을 행사하는 경우가 많으며, 이럴 경우에는 법률유보의 원칙을 준수하도록 하고 있다. 따라서 〈표 4-3〉에서 보는 바와 같이 중앙행정기관들 중 「정부조직법」에서 조직법을 운영하도록 규정하고 있는 중앙행정기관의 조직 관련 개별법을 통해 경찰권 행사와 관련하여 구체적으로 어떠한 내용들이 규정되어 있는지에 대해 살펴보고자 한다.

i) 대통령경호실의 조직법인 「대통령 등의 경호에 관한 법률」에서의 경찰권 행사와 관련해서는 제2조, 제17조, 제18조 및 제19조를 들 수 있다. 제2조에서는 경호의 정의에 대해 명확히 규정하고 있으며, 제17조에서는 경호공무원이 사법경찰권을 행사할 수 있는 범위에 대해 구체적으로 그 범위를 정하고 있다.

그리고 제18조에서는 직권남용의 금지와 관련한 규정을 나타내고 있으며, 제19조에서는 무기의 휴대 및 사용의 조건을 제시하고 있다.

ii) 대통령 소속인 국가정보원의 조직법인 「국가정보원법」에서의 경찰권 행사와 관련해서는 제3조, 제11조, 제16조 및 제17조를 들 수 있다. 제3조에서는 국가정보원이 직무의 범위에 대해 명확히 정하고 있으며, 제11조에서는 직권남용의 금지와 관련한 규정을 나타내고 있다. 그리고 제16조에서는 국가정보원 소속직원이 사법경찰권을 행사할 수 있는 내용에 대해 구체적으로 그 범위를 규정하고 있으며, 제17조에서는 무기의 휴대 및 사용에 대한 조건을 명확히 제시하고 있다.

iii) 법무부 소속인 검찰청의 조직법인 「검찰청법」에서의 경찰권 행사와 관련한 규정에 있어서는 제4조를 들 수 있는데, 여기에서는 검사의 직무범위에 대해 규정하고 있다. 주요내용으로는 범죄수사, 공소제기 그 밖에 정치적 중립 및 주어진 권한의 남용을 금지하는 내용 등을 명문화하고 있다.

iv) 안전행정부 소속인 경찰청의 조직법인 「경찰법」에서의 경찰권 행사와 관련한 규정에 있어서는 제3조 및 제4조를 들 수 있다. 제3조에서는 국가경찰의 임무에 대한 범위를 명확히 규정하고 있으며, 제4조에서는 권한남용의 금지와 관련한 내용을 규정하고 있다.

이상의 내용을 종합적으로 살펴볼 때 여기에서 언급하고 있는 개별조직법들의 공통점이라 할 수 있는 것은 대통령경호실, 국가정보원, 검찰청 및 경찰청의 직무범위에서 수사활동의 근거와 무기사용(「검찰청법」, 「경찰법」 제외)에 대한 근거를 명확히 제시하고 있다. 뿐만 아니라 이를 통해 알 수 있는 중요한 사실은 국가기관의 직무내용 중 경찰권 행사를 포함하고 있는 경우에는 어떠한 경우에도 이와 관련한 내용을 법률로써 명확히 규정하고 있어야 한다는 것이다.

하지만 해양경찰은 수사활동의 근거를 법률로써 규정하고 있는 것이 아니라 대통령령인 「해양경찰청과 그 소속기관 직제」 제12조제3항에서 정보수사국의 분장업무 중의 하나로 규정하고 있어 법체계상의 차이를 보이고 있다.

해양경찰청은 대통령경호실, 국가정보원, 검찰청 및 경찰청과 상호간 분장업무에 있어서의 그 세부적인 내용은 다르다. 하지만 경찰이념(법치주의 등)을 바탕으로 수사활동을 수행해야만 하는 전형적인 일반경찰기관이다. 따라서 해양경찰청 또한 관련 직무범위를 조직법을 제정하여 법률로써 규정하는 것이 타당하다.

3. 조직법 부재인 중앙행정기관과의 제도적 비교검토50)

앞서 언급한 내용들은 「정부조직법」에서 개별조직법을 근거로 두고 해당 직무를 수행하는 중앙행정기관과 해양경찰청과의 관계에서 해양경찰청도 중앙행정기관 A와 유사한 조직의 특성을 가지고 있기 때문에 조직법을 제정해야 하는 것이 타당하다는 관점에서의 당위성에 대해 논하였다. 하지만 여기에서는 반대로 「정부조직법」상 개별조직법이 없는 〈표 4-3〉의 중앙행정기관 중 「사법경찰관리법」을 근거로 일부 실질적 의미의 경찰권을 행사하는 중앙행정기관 B와 해양경찰청과의 상호관계를 비교하고자 한다.

---

50) 본 저서에서는 원활한 내용을 전달하기 위해서 〈표 4-3〉의 중앙행정기관 중 기관별 해당 조직법이 제정되어 있는 기관(대통령경호실, 국가정보원, 검찰청, 경찰청)을 '중앙행정기관 A'라 표기하고, 조직법이 제정되어 있지 않으나, 「사법경찰관리의 직무를 수행할 자와 그 직무범위에 관한 법률」(이하 "사법경찰관리법"이라 표기한다)에 의해 특별사법경찰관리의 직무를 수행하는 중앙행정기관(식품의약품안전처, 관세청, 병무청, 소방방재청(소방기관), 문화재청, 농촌진흥청, 산림청, 특허청)을 '중앙행정기관 B'라 표기하기로 한다. 그 밖의 중앙행정기관(국세청, 조달청, 통계청, 방위사업청, 중소기업청, 기상청)은 '중앙행정기관 C'라 표기하기로 한다. 한편, 「정부조직법」 제32조제1항에서는 법무부장관은 검찰 · 행형(형의집행) · 인권옹호 · 출입국관리 그 밖에 법무에 관한 사무를 관장한다고 규정하고 있으며, 동조 제2항에서는 법무부 소속기관 중 검찰청을 제외하고는 조직에 대한 별도의 근거규정을 두고 있지 않다. 하지만 실제 법무부의 관장사무 중 출입국 관리업무를 담당하고 있는 기관인 '출입국 · 외국인 정책본부'를 법무부 소속기관으로 두고 있다. 또한 「출입국관리법」 제77조에서는 출입국관리공무원에게 직무를 집행하기 위하여 필요하면 무기의 휴대 및 사용을 허용(「경찰관직무집행법」 제10조 및 제10조의2부터 제10조의4까지를 준용)하고 있다. 그러나 '출입국 · 외국인 정책본부'는 「정부조직법」에서 별도의 조직을 두는 근거로 규정되어 있지 않는 등 다른 기관과의 차이를 보이므로 본 저서의 논검에서는 제외하기로 한다.

가. 형사소송법상 직무범위에 대한 법률적 근거

해양경찰청과 중앙행정기관 B의 사법경찰관리로서의 직무와 관련한 근거에 대해 살펴보면 다음과 같다. 현행 「형사소송법」 제196조는 해양경찰청과 같은 일반사법경찰관으로서의 자격을 가지고 있는 경찰기관에 해당한다. 그리고 중앙행정기관 B는 같은 법 제197조를 근거로 해서 특별사법경찰관리로서의 직무를 수행한다. 뿐만 아니라 중앙행정기관 B의 직무범위와 수사관할의 근거법이 되는 「사법경찰관리법」 또한 「형사소송법」 제197조에 따라 사법경찰관리의 직무를 수행할 자와 그 직무범위를 정함을 목적으로 하고 있다.

따라서 해양경찰청과 중앙행정기관 B는 「형사소송법」에 따른 권한의 차이는 없다. 하지만 일반사법경찰관리의 직무를 수행하는 해양경찰청과 특별사법경찰관의 직무를 수행하는 중앙행정기관 B는 상호간 조직의 특성이 뚜렷할 뿐만 아니라 직무를 수행하는 범위에 있어서도 상당한 차이점을 보이고 있다.

해양경찰은 육상경찰과 마찬가지로 「형법」 및 해사법규와 관련된 모든 범죄를 직무범위로 하는 반면, 중앙행정기관 B는 「사법경찰관리법」 제6조에서 규정하고 있는 직무범위로 극히 제한적인 업무를 수행한다. 즉 직무의 범위에 있어서 해양경찰청은 일반적(一般的)인 성격을 가지고 있는 반면, 중앙행정기관 B는 사항적(事項的)인 성격을 보인다.

나. 침해행정에 대한 법률적 근거

해양경찰청과 마찬가지로 중앙행정기관 B는 「정부조직법」 이외 조직과 관련해서 다른 제도적 장치를 갖추고 있지 않다. 이와 관련해서 특별사법경찰관리의 직무수행을 통해 해양경찰청과 동일한 수준은 아니지만 일부 침해행정 업무를 수행하고 있다는 점에서 해양경찰청에 대해서만 조직법을 제정하는 것과 관련하여 조직 간 형평성 문제가 제기될 수 있다. 하지만 해양경찰청은 전형적인 수사기관으로서의 업무적 특성을 가지고 있기 때문에 중앙행정기관 B와는 완전히 다른 조직체계를 구성하고 있다 할 것이다. 또한 앞에서 언급한 바와 같이 「형사소송법」상 차이를 보이고 있는 일반사법경찰관리와 특별사법경찰관리의 특성에 대한 비교를 통해서도 이러한 논점은 어느 정도 해소될 수 있을 것이라 본다.

한편, 중앙행정기관 B는 육상경찰이나 해양경찰청과 같은 일반사법경찰관리의 수사권이 미치기 어려운 철도, 환경, 위생, 산림 등 전문가에게 수사권을 위임한 특별사법경찰관리로서의 업무를 수행하는 일반행정기관이다. 이처럼 해양경찰청은 중앙행정기관 B와는 달리 전형적인 수사기관임에도 불구하고 이에 대한 제도적 근거는 오히려 중앙행정기관 B에 못미친다.

뿐만 아니라 앞서 언급한 중앙행정기관 A는 직무의 범위에서 수사활동의 근거를 법률로써 명확히 규정하고 있으나, 해양경찰청은 수사활동의 근거를 「해양경찰청과 그 소속기관 직제」, 「검사의 사법경찰관리에 대한 수사지휘 및 사법경찰관리의 수사준칙에 관한 규정」, 「범죄수사 규칙」과 같은 대통령령이나 훈령에 그 근거를 두고 있다.

이에 반해 오히려 중앙행정기관 B는 「사법경찰관리법」이라는 법률에서 수사 활동의 근거에 해당하는 직무범위를 명확히 규정(제6조)하고 있다. 따라서 해양경찰청의 수사 활동에 대한 근거를 법률로써 명확히 규정해야 하는 것은 선택사항이 아니라 법률유보의 원칙에 입각한 필수사항이므로 이에 대한 제도적 보완이 마련되어야 한다.

다. 수사관할 및 무기사용에 대한 법률적 근거

해양경찰은 「형사소송법」 제196조제1항에 따라 모든 수사에 관하여 검사의 지휘를 받는다고 규정함에 따라 해양과 관련된 해사법규의 위법행위뿐만 아니라 해양경찰의 분장업무와 관련된 모든 범죄에 대한 직무를 수행하는 반면, 중앙행정기관 B의 경우 같은 법 제197조에 의해 마련된 사법경찰관리법 제6조에 따라 직무범위를 해당 기관과 관련한 범죄로 한정하고 있다는 것이다. 마찬가지로 수사관할에 있어서도 해양경찰청과 중앙행정기관 B는 상당한 차이를 보이고 있다. 해양경찰은 비록 수사관할을 규정하는 근거에 있어서 육상경찰과 같이 「경찰법」에서 그 하위 법령으로 명확히 위임하고 있지 않으나, 「해양경찰청과 그 소속기관 직제 시행규칙」 제17조에서 명확히 언급하고 있으며 그 범위는 전국을 포함한 광역단위임을 알 수 있다.

하지만 중앙행정기관 B는 「사법경찰관리법」 제6조에 따라 수사관할을 소속(행정)관서 관할구역이나 해당 기관에서 지정하여 관리하는 특정한 장소에 한정하는 등 지역적 제한을 두고 있으므로 해양경찰청과는 많은 차이가 있다. 이뿐만 아니라 무기의 휴대 및 사용에 있어 해양경찰청은 조직법적 성격은 아니지만 「해양경비법」 제17조 및 제18조에서 명확히 규정하고 있으나, 중앙행정기관 B는 특별사법경찰관리의 직무를 수행한다고는 하나 무기의 휴대 및 사용에 관한 근거법이 마련되어 있지 않다. 이것은 해양경찰청이 일반행정기관과는 조직 차원에서 다른 특징을 보여주는 것이다.[51)]

---

51) 「관세법」 제300조(검증수색)에서는 중앙행정기관 B에 속하는 관세청(세관) 공무원에게 관세범 조사에 필요하다고 인정할 때에는 선박 · 차량 · 항공기 · 창고 또는 그 밖의 장소를 검증하거나 수색할 수 있다고 규정하고 있다. 또한 같은 법 제267조에서는 직무를 집행할 때 특히 자기나 다른 사람의 생명 또는 신체를 보호하고 공무집행에 대한 방해 또는 저항을 억제하기 위하여 필요한 상당한 이유가 있는 경우 그 사태에 절절히 대응하기 위해 총기의 휴대 및 사용을 허용하고 있다. 하지만 「대통령 등의 경호에 관한 법률」 제19조제2항의 각호에서는 무기사용 대한 명확한 범위를 두고 있으며, 「국가정보원법」 제17조제2항에서도 무기사용에 대한 범위를 「경찰관직무집행법」을 준용하여 무기사용에 대한 범위를 정하고 있어 「관세법」에서의 무기의 휴대 및 사용과는 제도적 차이점을 보이고 있다. 그리고 「관세법」 제267조의2 제1항 및 제2항에 따르면 세관공무원은 해상에서 직무를 집행하기 위하여 필요하다고 인정될 때에는 육군 · 해군 · 공군의 각부대장, 국가경찰관서의 장, 해양경찰관서의 장에게 협조를 요청할 수 있고 협조 요청을 받은 자는 밀수 관련 혐의가 있는 선박에 대하여 추적감시 또는 진행정지 명령을 하거나 세관공무원과 협조하여 해당 선박에 대하여 검문 · 검색을 할 수 있으며, 이에 따르지 아니하는 경우 강제로 그 선박을 정지시키거나 검문 · 검색을 할 수 있도록 하고 있어 해양경찰에 비해 다소 경찰권 행사에 있어서의 한계를 보이는 부분이라 할 수 있다. 더욱이 「대통령 등의 경호에 관한 법률」과 「국가정보원법」은 조직 및 직무의 범위를 목적으로 하는데 반해 「관세법」은 관세의 부과 · 징수 및 수출입물품의 통관을 적정하게 하고 관세수입을 확보함을 목적하고 있어 무기의 휴대 및 사용에 대한 규정이 조직법 차원에서의 직무범위라고 보기는 어렵다. 따라서 중앙행정기관 A와 상호조직법적 관점에서의 비교 · 검토 대상으로는 적절하지 않으므로 본 저서에서는 「관세법」에 따른 세무공무원의 무기휴대

이상의 내용을 종합해 보면, 해양경찰청은 중앙행정기관 B와 비교해 볼 때 육상경찰과 같은 전형적인 경찰기관으로서의 특징을 보여주고 있다. 하지만 오히려 제도적인 측면에서의 법적 안전성은 중앙행정기관 B보다 다소 미흡하다. 따라서 해양경찰청이 외형상의 기능적 업무수행을 안정적으로 운영하기 위해서는 수반되는 제도적 장치의 보완은 필수사항이므로 이에 대한 제정비가 필요할 것으로 보인다.

제3절 해양경찰조직법의 제정방향

「경찰법」이 제정된 이유는 경찰의 민주적이고 효율적인 임무수행과 국민의 생명 · 재산의 보호 및 공공의 안녕과 질서유지에 충실할 수 있도록 하기 위해서이다. 이는 경찰의 기능을 말하는 것이기도 하다. 하지만 경찰기능을 제대로 수행할 수 있도록 하기 위해서는 투명하고 공정한 그리고 합리적인 법적 장치 마련이 필요하다. 즉 경찰권 행사는 권력적 수단을 통해 국민에게 직접적으로 작용하기 때문에 경찰조직은 그 어떤 국가기관보다 민주적이고 중립적이어야 한다.

해양경찰도 육상경찰과 대등한 경찰기관으로서 동일한 설립취지를 가지고 있다는 것에 대해서는 이견이 없을 것이다. 특히 해양경찰은 해양이라는 특수한 업무환경으로 인해 육상경찰보다 신속한 기동력이 요구되므로 조직운영의 효율성을 갖추지 않으면 안 된다.

결국 경찰조직의 효율성은 조직의 성공도와 목표달성도를 의미하며 조직의 건전성을 가리키는 하나의 지표가 되기도 한다.[52] 하지만 해양경찰은 육상경찰과는 달리 조직의 근거가 되는 개별법이 없으며 「정부조직법」에서 극히 개괄적으로 규정하고 있을 뿐이다. 사회적 변천에 따라서 이제 해양경찰의 조직

및 사용에 대한 내용은 조직법과 관련지어 거론하지 않기로 한다.

52) 김형민 외, 앞의 책, 142면.

과 관련한 근거법의 필요성을 더 이상 논하기보다 시급히 추진해야 할 국가의 책무인 것이다.

경찰조직이 실현시킬 목표에는 시간적 · 공간적 · 사회적 제약성이 따르게 된다. 또한 모든 목표가 서로 상이하여 단일하지 않고, 계량화 할 수도 없다.[53] 그렇다면 해양경찰의 조직법을 제정하면서 추구해야 할 입법 방향에 대해 전반적으로 살펴보고자 한다.

Ⅰ. 해양경찰 조직체계 및 기능수행의 명확화

경찰조직은 경찰의 집합체로서 경찰조직 특유의 목적을 추구하기 위해 의식적으로 구성된 사회적 단위라고 할 수 있다. 또한 공식화된 분화와 통합의 구조 및 과정 그리고 규범을 내포하는 조직체로서 환경과 서로 교류작용을 하는 일반적인 조직의 성격도 포함하고 있다. 그리고 질서유지를 위한 명령과 강제를 할 수 있는 특수한 권력적 성격을 갖고 있기도 하며,[54] 경찰의 설립목적을 달성하기 위해 구성된 구조적 배열인 동시에 관리의 도구라고 할 수 있다.[55]

뿐만 아니라 국민의 생명과 재산을 보호하고 사회의 공공질서와 안녕을 끊임없이 추구하고자 하는 경찰목표를 실행에 옮김으로써 국민에게 적합한 질 좋은 서비스를 최대한 제공하기 위해 일정한 경계를 가지고 의도적으로 정립되어 기능하는 체계화된 조직으로 정의할 수 있다.[56] 따라서 해양경찰 관련 모든 조직을 일괄적으로 운영할 수 있는 근거법의 제정은 조직을 효율적으로 운용하는데 있어 중요한 기초작업이라 할 수 있다. 또한 일괄되고 효율적인 업무수행은 결국 국민에게 최적의 서비스를 제공하는 가장 기본적인 출발점이 된다.[57]

53) 김형만 외, 앞의 책, 142~143면.

54) 이영남 외, 앞의 책, 36면.

55) 김충남, 앞의 책, 249면; 신현기, 앞의 책, 25면 재인용.

56) 신현기, 앞의 책, 25면.

57) 「해양경비법」을 법제처에 심사의뢰 하는 과정에서 해양경찰청의 입장을 살펴보면 소관 법령

따라서 해양경찰조직법은 해양경찰 본청, 지방해양경찰청, 해양경찰서뿐만 아니라 부속기관인 해양경찰학교와 해양경찰연구소, 책임운영기관인 해양경찰 정비창을 포함하는 등 해양경찰 내부 구성조직을 포괄하는 근거법으로 입법화 해야 한다. 또한 해양경찰의 소속 및 조직서열을 명확히 규정해서 일원적이고 통일적인 조직구성을 통한 기본적 역할 수행이 필요하다.

해양경찰이 기본적인 기능과 역할을 다하기 위해서는 조직 및 작용과 관련한 내용이 민주적이고 복합적으로 운용될 수 있어야만 한다. 단지 조직법이라는 이유로 단편적으로 조직만을 구성하는 것이 아니라, 경찰작용 · 경찰강제 · 경찰구제에 관한 내용을 복합적으로 수용할 수 있어야 하는 것이다. 우선 해양경찰의 대표적 조직법으로서의 자격요건을 갖추기 위한 구체적 방안마련이 필요하다.

Ⅱ. 해양경찰 직무범위의 정립

「경찰법」(제3조)과 「경찰관직무집행법」(제2조)에서는 각각 동일한 내용으로 육상경찰의 임무 및 직무의 범위를 규정하고 있다. 이는 경찰 관련 법제의 문제점으로 지적되기도 한다. 하지만 조직법은 경찰권 행사의 근거가 되는 작용법의 자격을 가지고 있지 않다. 다만, 직무를 수행하는데 있어 경찰권 행사의 원칙과 한계를 규정할 뿐이다. 따라서 조직법에서의 직무범위에 대한 구체적인 입법은 국민에 대한 법적 안정성이라는 측면에서 중요하다. 현대사회의 특징 중에서 가장 대표적인 것이 복잡성이다. 경찰조직에 영향을 주는 치안환경은 실제적으로는 대단히 광범위하고도 다양하며, 사회 · 경제 · 정치 · 행정적인 환경으로부터 기인된다 할 수 있다.[58]

을 마련하는 것이 얼마나 중요한지를 알 수 있다. 해양경찰청은 중앙행정기관이 소관 법령을 가지고 독자적으로 행정작용을 할 경우 장기적 · 주도적 업무수행 활동이 가능하나, 그렇지 않을 경우 상대적인 기관위상의 저하와 이에 따른 업무수행에 어려움이 발생한다고 주장한다(안병준, 앞의 보고서, 102면).

58) 김형민 외, 앞의 책, 147 - 148면.

특히 해양경찰은 육상경찰에 비해 국제정세의 환경에 더욱더 민감하다 할 수 있다. 해양경찰은 관할구역이 대부분 국내로 국한되어 있는 육상경찰보다 국제분쟁에 휩싸일 가능성이 높으며, 배타적 경제수역이나 공해 등에서의 경찰권 행사와 관련한 국제분쟁의 소지가 항상 존재한다. 따라서 해양경찰의 모든 직무를 수용할 수 있는 개괄적 수권조항이 포함된 입법이 필요하다. 이는 입법 과정에서 해양과 관련된 경찰업무 중 미처 수용하지 못해 발생될 수 있는 문제점을 최소화하기 위한 것이다.

해양경찰은 육상경찰과 동일하게 정보 · 수사 · 경비 · 보안 · 외사 등의 업무를 수행하고 있다. 그 밖에 해양경찰은 경비구난, 수색구조, 해상교통안전관리, 해양환경보존 및 해양오염방제 등과 같은 해상안전기능을 담당하고 있는데, 이는 육상경찰과 차별화되는 해양경찰만의 고유 업무로 이에 대해서는 앞서 관련 규정을 통해 자세히 언급한 바 있다.

Ⅲ. 해양경찰의 중립성 확보

경찰조직은 나라마다 그 역사적 배경과 통치구조가 다르기 때문에 구체적인 조직의 체계는 같을 수 없다. 그러나 그 기본적 원리에 있어서는 민주성, 효율성, 정치적 중립성이라는 이념을 공통적으로 추구하고 있다. 즉 경찰제도가 지향해야 할 기본적 이념인 것이다. 이 중 정치적 중립성은 막강한 경찰권을 행사하는데 있어 특정 개인이나 정파에 이익을 위해 편파적으로 이용되어서는 안 된다는 것을 말한다. 경찰이념은 상호보완적인 동시에 상호 배타적인 측면도 있다. 경찰의 민주화를 너무 강조하면 효율성이 떨어질 수가 있고, 효율성이나 중립성을 너무 강조하다 보면 민주성이 약해질 수도 있는 것이다.[59]

뿐만 아니라 경찰조직의 중립성 확보 차원에서 경찰기구의 독립과 관련한 쟁점은 꾸준히 논의되었으며 급기야 우리나라는 경찰의 중립성을 보장하고, 행

59) 김장권, "경찰법", 현안분석 제13호, 국회도서관 입법자료분석실, 1990, 4~5면.

정부로부터 경찰행정의 간섭을 배제하기 위해 별도의 경찰기구로서 공안위원회를 1960년에 민주개혁의 일환으로 설치한 경우가 이에 해당한다 할 것이다. 이와 같이 경찰 중립화와 관련한 법안의 대부분은 위원회와 같은 별도의 기구를 설치하여 운영하는 방안을 강구하는 것이 가장 일반적인 현상이다.

하지만 해양경찰은 조직법을 제정하더라도 「경찰법」 제5조에서 규정하고 있는 경찰위원회와 같은 별도의 조직을 두기는 현실적으로 힘들다고 본다. 현행 「경찰법」에 근거하여 경찰의 민주성과 중립성 및 공정성 확보를 위해 설치된 경찰위원회는 실제 위원의 임명과정에서부터 대표성과 정치적 중립성을 충족하기에는 부족하다는 문제점이 제기되고 있다. 그리고 운영면에서도 독자성 없이 자문기관의 역할에 거치고 있다는 비판을 받고 있다. 결국 안전행정부 소속의 경찰위원회는 형식적이면서 상징적인 기관에 불과하다는 문제점과 함께 제구실을 못하고 있다는 지적이 계속되고 있다.

해양경찰은 육상경찰과 다르게 정치권과 그다지 이해관계가 많지 않다고는 하나, 경찰기관으로서의 중립적 업무수행은 무엇보다 중요하다. 정치로부터의 중립성을 지켜야 할 뿐만 아니라 국민에게 경찰권을 행사하는데 있어서도 중립적인 태도를 취해야 하므로 이는 매우 중요한 경찰의 이념적 요소이다. 따라서 해양경찰은 정치로부터의 중립성 확보를 위해서는 「대한민국헌법」이나 「국가공무원법」과 같은 현행법을 준용하도록 할 것이며, 국민에 대한 경찰권 행사자로서는 공정 · 중립해야함을 개별적 수권조항에 두어 명확히 규정해야 한다.

이에 추가하여 해양경찰도 경찰기관으로서의 중립성을 확보하기 위한 제도적 장치는 당연히 마련되어야 한다. 과거 해양경찰청이 독립 외청으로 승격되기 이전 경찰청 소속일 당시에는 해양경찰도 경찰위원회와는 무관하지 않았으므로 향후 「경찰법」을 개정하고, 경찰위원회의 기능적 권한 등을 일부 보완하여 해양경찰까지 포함하는 것으로 확대하는 방안이 현재로서는 최선책이라 본다. 이 또한 추가적인 대안이 될 수 있다.

Ⅳ. 해양경찰 개념의 구체화

해양경찰의 개념정립과 관련해서는 앞서 형식적 의미의 경찰, 실질적 의미의 경찰 및 조직적 의미의 경찰개념에 대해 자세히 다루었다. 여기에서는 앞서 언급한 내용을 한 번 더 요약정리하고, 입법과정에서 해양경찰 개념을 정립해야 하는 필요성에 대해 언급해 보고자 한다. 해양경찰에 대한 개념은 제도적으로나 학문적으로 별도로 정립되어 있지 않다. 하지만 육상경찰과 비교해서 그 이념적 측면은 상호 동일하므로 일반적으로 여러 문헌을 통해 정립되어 있는 경찰의 개념을 해양경찰에 적용했을 때 그 관련성 및 적절성에 대해 앞서 구체적으로 논하였다.

경찰의 개념은 일반적으로 형식적 의미의 경찰, 실질적 의미의 경찰, 제도적 의미의 경찰로 구분된다.[60] ⅰ) 형식적 의미의 경찰이라 함은 실정법상 보통 경찰기관의 권한으로 되어 있는 모든 경찰행정작용을 말한다. 그리고 「경찰법」 제3조와 「경찰관직무집행법」 제2조에서 규정하고 있는 국가경찰의 임무 및 직무의 범위에 대하여 언급한 것을 형식적 의미의 경찰개념으로 파악할 수 있다.[61] 하지만 「경찰법」이나 「경찰관직무집행법」은 육상경찰의 조직 및 작용 관련 법제로 해양경찰을 직접적으로 포함하고 있지 않으며, 순전히 육상경찰을 대상으로 한 법률이다.

따라서 해양경찰은 육상경찰과 같이 중앙행정부처의 외청으로서 독립된 위치에 있는 대등한 입장의 경찰조직임에도 불구하고, 보통경찰기관이라는 이론적 조건 이외 실정법상의 제도적 조건을 만족할만한 근거가 없다. 하지만 「해양경비법」 제7조에서 해양경찰에 대한 직무범위를 규정하고 있는 점 등을 들어 형식적 의미의 경찰개념에 속한다 할 수 있으나, 동법은 해양경찰의 직무수행과 관련한 모든 업무를 수용하고 있지 못하고, 해양에서의 경비와 관련한 업

---

60) 서정범 외, 앞의 책, 37~38면 재인용.

61) 서정범 외, 앞의 책, 40면; 김재광, 앞의 책, 20면; 이운주, 앞의 논문, 101면.

무에 한정되어 있다. 그리고 「경찰관직무집행법」상의 육상경찰에 대한 직무범위보다 그 정도가 미비하다. 따라서 제도적 측면에서 소극적으로 이해한다면 형식적 의미의 경찰은 단순히 육상경찰에만 해당된다. 그러므로 해양경찰의 개념을 명확히 하여 확고한 입장을 표명하기 위해서는 조직법과 관련한 제도적 근거마련이 필요하다.

ii) 일반행정 작용과 구분되는 실질적 의미의 경찰이라 함은 실제 경찰기관의 소관사무와는 무관하게 '사회공공의 안전(안녕)과 질서를 유지하기 위하여 일반통치권에 의거하여 기본적으로 국민에게 명령 · 강제하는 권력적 작용'으로 정의되고 있다. 또한 경찰조직이 아닌 다른 질서행정관청의 명령적 · 강제적 권력작용도 함께 포함하고 있다.[62] 즉 특별사법경찰기관의 권력작용을 비롯하여 지방자치단체가 행하는 권력작용도 실질적 경찰로 간주된다.[63] 그리고 우리나라의 「경찰법」 제3조제6호와 「경찰관직무집행법」 제2조제6호에서 규정하고 있는 '공공의 안녕과 질서유지'는 실질적 의미의 경찰 개념으로 보고 있다.[64] 그렇다면 「해양경비법」 제7조제6호에서 규정하고 있는 '그 밖에 경비수역에서 해양경비를 위한 공공의 안녕과 질서유지'도 실질적 의미의 경찰 개념을 포함하고 있다 할 것이다.

iii) 조직적 의미의 경찰개념을 규정함에 있어서는 전적으로 그 작용을 담당하고 있는 행정관청이 경찰행정관청인지의 여부가 결정적 기준이 된다. 즉 경찰이라고 불리는 조직영역에 속하는 모든 행정관청이 조직적 의미의 경찰에 속한다할 것이며, 그 해당 범위는 「경찰법」 제2조에 의해 규정되어진다 할 수 있다.

따라서 경찰청, 지방경찰청, 경찰서가 조직적 의미의 경찰에 해당하게 된다. 한편, 「제주특별자치도특별법」 제106조에서 규정하고 있는 '자치경찰단'도 조

62) 김동희, 앞의 책, 176면; 서정범 외, 앞의 책, 42면.

63) 이운주, 앞의 논문, 99~100면; 고영완, 앞의 논문, 9면.

64) 이운주, 앞의 논문, 100면.

직적 의미의 경찰에 속한다 할 것이다.65) 하지만 해양경찰은 조직적 경찰 개념에 대한 명확한 법률적 근거를 가지고 있지 못하다.

육상경찰과 같이 별도의 개별법이 아닌 「정부조직법」 제43조제2항, 「해양경찰청과 그 소속기관 직제」 제2조를 통해 조직적 의미의 경찰개념을 설명할 뿐이다. 결국 해양경찰의 개념은 입법론적인 입장과 직무의 특성 등을 종합적으로 고려하여 구체적으로 정립할 필요성이 있다. 그리고 이론적 · 학문적인 접근에 있어서도 체계적인 접근방법이 요구된다.

앞서 언급한 바와 같이 여러 문헌을 통해 일반적으로 육상경찰만을 대상으로 언급하고 있는 경찰개념이 해양경찰과는 어떠한 관계가 있는지 살펴보았다. 결론적으로 해양경찰은 일반적 관점에서 논해지고 있는 경찰개념의 범주에서 배제되었다는 것을 알 수 있다. 이는 해양경찰을 육상경찰과 대등한 위치가 아닌 전체 경찰조직의 일부로 간주하기 때문인 것으로 보인다.

다른 한편에서는 해양경찰의 개념을 일반적으로 정립되어 있는 경찰의 개념을 근거로 해서 수용할 수밖에 없다는 현실을 감안하여 해양경찰의 개념을 "해양에서의 공공의 안녕 · 질서에 대한 위험을 방지하기 위하여 일반통치권에 기하여 국민에게 명령 · 강제함으로써 국민의 자연적 자유를 제한하는 경찰작용이라고 정의"66)하여 육상경찰의 실질적 의미의 경찰개념을 인용하여 사용하기도 한다.

하지만 이러한 개념정의는 단순히 육상경찰과의 관할영역을 구분하여 기술한 것에 지나지 않으며, 해양경찰 직무상의 특징을 반영하고 있지 못하다. 따라서 해양경찰의 개념정립에 있어서는 입법론적인 입장과 직무의 특성 등을 종합적으로 고려하여 구체적으로 정립할 필요성이 있다. 즉 제도적 · 학문적 요건을 충족할 수 있는 체계적 접근방안이 요구되고 있다.

결국 해양경찰의 조직법을 마련한다는 것은 육상경찰과 동일한 자격을 갖춘

65) 서정범 외, 앞의 책, 39면.

66) 박상희, 앞의 논문, 61면; 권영호 외, 앞의 책, 11면.

중앙행정기관으로서의 법률적 자격 이외 학문적 가치에 있어서도 꼭 선행되어야 한다. 즉 해양경찰의 개념을 명확하고, 구체적으로 제시할 수 있어야 하는 것이다. 미국의 해안경비대나 일본의 해상보안청은 우리나라 해양경찰청과 유사한 업무를 수행하는 국가기관이다. 그러나 신분은 경찰직이 아닌 준군인 그리고 공안직 신분인 것을 감안할 때 우리나라에서의 경찰개념을 논의하는데 있어 해양경찰도 함께 포함시켜 좀더 구체적이고 포괄적으로 접근하는 것이 타당하다.

제5편

해양경비법은 해양경찰의 일반법적인 자격을 갖추고 있는가?

「해양경비법」 제정(2012년 2월 22일)은 해양경찰이 1953년 창설된 지 반세기가 넘게 지난 시점에서야 비로소 직무수행과 관련한 독립된 근거법의 필요성에 대해 직면한 결과이다. 또한 해양경찰과 같은 전형적인 경찰기관은 국민에게 경찰권을 행사하는데 있어 명확한 법적 근거를 제공하지 않으면 안 된다는 시대의 요청을 수용한 것으로 업무를 수행함에 있어서의 법적 한계에 직면한 결과로 볼 수 있다.

경찰권의 작용과 관련한 법률이 오랜 세월이 흘러 뒤늦게 제정되었다는 것은 일반적인 공익의 성격을 지닌 법률이 새로이 만들어지는 것과 비교해서는 그 시사하는 바가 매우 크다. 결국 국민에게 국가의 공권력을 동원할 시에는 어떠한 경우에도 법적 장치 없이는 그 정당성이 인정될 수 없음을 말해주는 것이다.

해양경찰은 「해양경비법」이 제정되어 시행되기 전까지 업무의 상당부분을 「경찰관직무집행법」이나 다른 해사 관련 법규 및 타 부처의 법률에 의존해 왔다. 이러한 이유에서인지 「해양경비법」 일부 조문에서는 「경찰관직무집행법」 그대로를 준용하고 있어 해양경찰만의 독립된 기본법으로서의 위치를 가지고 있지 못하다는 인상을 주고 있다. 또한 다른 한편에서는 「해양경비법」 제정과 관련해서 새로운 업무 내지는 조직을 창설하는 것이 아닌, 기존의 해양경찰청 업무에 대하여 타법을 준용하거나 입법적 미비사항을 보완하는 수준에 머물고 있다는 주장도 있다.

「해양경비법」은 해양경찰의 일반법적인 자격을 갖추고 있는지에 대해 살펴보고자 한다. 「해양경비법」은 「경찰관직무집행법」보다는 그 적용영역이 해양에서 발생한 업무에 한정되어 있어 다소 제한적이라 할 수 있다. 또한 해양경찰의 전체적인 직무를 집행할 수 있는 입법구조를 가지고 있지 못하기 때문에 여타 나머지 직무를 수행하는데 있어서는 「경찰관직무집행법」을 그대로 따라야 한다.

「경찰관직무집행법」은 '경찰작용에 관한 일반적 근거법'으로서 제구실을 다하지 못하고 있다는 비판이 광범위하게 제기되고 있으며, 이에 따라 효과적이고 합법적인 경찰권의 발동이 이루어질 수 있도록 입법적 개선대책이 시급하다는 평가를 받고 있다. 또한 「경찰관직무집행법」은 많은 문제점을 내포하고 있다. 즉 「경찰관직무집행법」에서 문제점으로 지적되고 있는 개별적 수권조항을 「해양경비법」의 직무범위 이외 해양경찰의 다른 모든 업무에 그대로 적용할 경우 이에 따른 문제점 등으로 부터 자유로울 수 있는가 하는 것이다.

「해양경비법」은 다음과 같은 법제처의 평가를 받고 있다.

i) 육상경찰과 해양경찰은 공히 일반사법경찰관리로서의 자격을 가지기 때문에 해양경찰은 「경찰관직무집행법」에 따라 그 경찰권 발동요건 등을 적용받아야 할 것이고, 해양경찰의 주된 활동범위가 해상이라는 이유만으로는 경찰작용의 근거법이 없다고 할 수 없음

ii) 주로 육상이라는 물리적 공간을 전제로 한 「경찰관직무집행법」과 달리 해상에서의 경찰작용, 즉 사람이 아닌 선박과 그에 속한 자원 등을 주된 대상으로 한 여러 해상경찰활동에 있어 필요한 무기 및 장구의 사용 등은 국민의 신체 및 재산권 행사에 직접적이고 중대한 물리적 침해를 가져오는 권력적 작용이므로 이에 대한 명시적인 법적 근거가 필요함

iii) 「해양경비법」은 해양이라는 제한적 영역에서 「경찰관직무집행법」에 대한 특례적, 보충적 규범으로서 해양경비에 관한 일반적인 법으로써의 역할을 함

법제처의 이러한 판단을 종합해 보면, 해양경찰의 경찰권 행사와 관련한 법적 근거는 「경찰관직무집행법」이면 충분하나, 해양과 같은 제한적 영역에서는 특례적, 보충적 규범으로서 「해양경비법」이 필요하다는 것이다. 즉 조건부 승인이라는 이미지를 주고 있다. 그러나 이와 같은 '심의경과 보고서'의 주장에는 상당수 모순된 부분(일관성 부재 등)이 있을 뿐만 아니라 해양경찰이 수행하고 있는 직무에 대한 독자성을 인정하기보다는 육상경찰이 할 수 없는 업무를 보조적으로 수행하는 행정기관으로 인식하고 있는 것이 아닌가 하는 의문을 갖게 한다.

해양경찰의 경찰권 행사와 관련하여 적절한 작용법을 마련하기 위해 현행 「해양경비법」을 현시점에 맞게 개정하여 단기적으로 운영할 수 있는 개선방안을 개별적 수권조항을 중심으로 제시하고, 더 나아가 해양경찰의 직무를 전체적으로 포함할 수 있는 장기적인 계획 수립이 필요하다.

해양경찰이 관여하는 범죄를 장소별로 살펴보면, 육상(71.6%), 연안(14.8%), 항내(10.3%), 원 · 근해(3.2%) 순으로 나타나고 있다. 즉 「해양경비법」은 전체 해양범죄 중 약 30%에만 적용이 될 뿐 나머지 해양경찰이 관여하는 여타 다른 범죄에는 적용할 수 없다는 것이다. 결론적으로 해양범죄를 발생 장소로 구분했을 때 70% 이상에 해당하는 직무의 대부분은 많은 문제점을 내포하고 있는 「경찰관직무집행법」을 그대로 사용해야 하는 것이다.

따라서 해양경찰의 작용과 관련한 법제는 「경찰관직무집행법」과 관계없이 현행 「해양경비법」의 단기적 개정방향을 설정하고, 궁극적으로는 현행 「해양경비법」과 같은 제한된 업무의 범위를 벗어나 해양경찰의 모든 업무를 수행하는데 있어 합당한 가칭 「해양경찰관직무집행법」을 별도로 제정하기 위한 장기적인 계획수립이 필요하다.

이는 현행 「해양경비법」의 입법정신을 포괄적으로 적용하고 「경찰관직무집행법」의 문제점을 해소한 해양경찰만의 독자적인 작용법을 마련하기 위한 것이다.

제5장
Legal System in Korea Coast Guard Relevant Laws

해양경비법의 문제점과 개정방향

해양경찰의 대표적 작용법이라 할 수 있는 「해양경비법」은 2010년 2월경 가칭 「해양경비에 관한 법률」(안) 제정을 위한 공청회를 시작으로 여러 각계의 검토과정을 거쳐 2012년 2월 22일에 제정된 법률이다. 이는 해양경찰이 1953년 창설된 지 반세기가 넘게 지난 시점에서야 비로소 직무수행과 관련한 독립된 근거법의 필요성에 대해 직면한 결과이다. 또한 해양경찰과 같은 전형적인 경찰기관은 국민에게 경찰권을 행사하는데 있어 명확한 법적 근거를 제공하지 않으면 안 된다는 시대의 요청을 수용한 것이다. 다시 말해서, 업무를 수행함에 있어서의 법적 한계에 직면한 결과로 볼 수 있다.

이처럼 경찰권의 작용과 관련한 법률이 오랜 세월이 흘러 뒤늦게 제정되었다는 것은 일반적인 공익의 성격을 지닌 법률이 새로이 만들어지는 것과 비교해서는 그 시사하는 바가 매우 크다. 결국 국민에게 행사하는 국가의 공권력은 어떠한 경우에도 법적 장치 없이는 그 정당성이 인정될 수 없음을 말해주는 것이다.

해양경찰은 「해양경비법」이 제정되어 시행되기 전까지 업무의 상당부분을 「경찰관직무집행법」이나 다른 해사 관련 법규 및 타 부처의 법률에 의존해 왔다. 이러한 이유에서인지 「해양경비법」 일부 조문에서는 「경찰관직무집행법」 그대로를 준용하고 있어 해양경찰만의 독립된 기본법으로서의 위치를 가지고 있지 못하다는 인상을 주고 있다. 또한 다른 한편에서는 「해양경비법」 제정과 관련해서 새로운 업무 내지는 조직을 창설하는 것이 아닌, 기존의 해양경찰청 업무에 대하여 타법을 준용하거나 입법적 미비사항을 보완하는 수준에 머물고 있

다는 주장도 있다.[1)]

하지만 해양경찰의 직무범위와 이에 따른 권한을 명확히 규정했다는 점에서는 매우 큰 의미가 있다고 본다. 또한 해양경찰의 작용과 관련한 근거법을 제정한 것 자체만으로도 큰 의미가 있다 할 것이다. 이같은 조직운영에 있어 관련 근거법 마련을 위한 지속적인 노력은 해양경찰활동에 대해 국민의 신뢰성과 법적 안정성을 가져올 수 있을 것이다. 이는 결국 조직을 개선·발전시키는데 있어 중용한 전환점이 될 수 있다.

이상의 내용을 바탕으로 「해양경비법」이 제정된 이후에도 여전히 「경찰관직무집행법」으로부터 자유롭지 못하고, 또한 해양경찰 업무수행에 영향력을 미치고 있는 것에 대해 그 적정성 분석은 물론 「해양경비법」과 상호 연관관계에 있는 여러 논점 등을 통해 「해양경비법」 개정의 필요성과 방향성을 개별 수권조항을 중심으로 자세히 제시하고자 한다.

제1절 해양경찰 작용법제의 현황

현행 「해양경비법」을 입법화하는 과정에서 「경찰관직무집행법」의 문제점으로 거론되고 있는 부분들에 대해 세밀한 검토과정 없이, 무조건적으로 수용하여 적용하고 있다. 이처럼 제도적 문제점을 내포하고 있는 특정 개별법을 참고할 만한 관련 법률이 없다고 해서 무분별하게 적용하는 것은 결국 그에 수반된 문제점들을 그대로 수용하는 결과를 가져온다.

따라서 여기에서는 「해양경비법」이 해양경찰의 작용법으로서 충분한 역할을 수행하고 있는지에 대해 검토해 보기 이전에 우선 동법이 제정되기 이전 수십년간 해양경찰직무의 근거법으로 의존해 온 육상경찰의 대표적 작용법인 「경찰관직무집행법」에 대한 전반적인 검토가 필요할 것으로 보인다.

1) 박찬호, 앞의 공청회 자료(해양경찰청), 39면.

먼저 「경찰관직무집행법」이 어떻게 구성되어 있는지, 그리고 「경찰관직무집행법」의 주요 개정사항에 대한 분석뿐만 아니라 학계 등 여러 분야를 통해 끊임없이 제기되고 있는 「경찰관직무집행법」의 일반법적 지위로서의 적정성에 대한 논란 및 여타 개별 수권조항에 대한 문제점에 대해 자세히 다루어보고지 한다.

세부적으로 살펴보면, 「해양경비법」에서 「경찰관직무집행법」을 적용하여 따르도록 하면서 발생될 수 있는 문제점들에 대해 짚어보고, 이에 따른 개선방안에 대해 논해 보고자 한다. 또한 「해양경비법」 개정작업의 필요성과 해양경찰이 직무를 수행하는데 있어 가장 합당한 개정방향에 대해 개별적 수권조항을 중심으로 살펴보고자 한다. 이에 추가하여 해양경찰이 관장하는 소관 법령의 현황을 통해 해양경찰의 사회적 입장이 어떠하며, 업무를 수행하는데 있어 시사하는 바가 무엇인지에 대해서도 알아본다.

그 밖에 「경찰관직무집행법」이 수차례의 개정작업을 통해서 어떻게 개정되었는지에 대해서도 살펴보고자 한다. 이와 같은 분석은 「경찰관직무집행법」의 운영과 관련하여 사회적 요구사항이 어떻게 변해 왔는지를 고찰해 본 것으로 「해양경비법」의 개정방향을 제시하는데 있어서도 중요한 참고자료가 될 수 있을 것이다.

Ⅰ. 육상경찰의 작용법제

일반적으로 경찰작용법은 경찰행정의 내용을 규율하는 법률로써 경찰행정상 법률관계의 성립 · 변경 · 소멸에 관련된 모든 법규를 말하는데 경찰의 직무, 경찰권 발동의 근거와 한계, 경찰책임, 각종 경찰상 처분, 경찰 강제 등을 규율하고 있다.[2] 육상경찰의 직무와 관련한 개별법으로는 「경찰관직무집행법」 이외에 보안(경찰)에 관한 것으로 「집회 및 시위에 관한 법률」, 「사격 및 사격장 단속법」, 「총포 · 도검 · 화약류 등 단속법」, 「경범죄처벌법」, 「신용정보의 이용

2) 박상희 외, 앞의 보고서, 98면; 홍준형 외, 앞의 보고서, 17∼18면.

및 보호에 관한 법률」 등이 있다. 그리고 교통(경찰)에 관한 경찰작용법으로는 「도로교통법」, 「교통사고처리특례법」, 「도로법」 등이 있으며, 경비(경찰)에 관한 것으로는 「경찰직무응원법」, 「청원경찰법」 등이 있다.[3] 이와 같이 경찰작용법은 해당 경찰기관의 분장업무와 관련된 개별법이 주를 이루고 있으므로, 앞서 언급한 일부 경찰조직법과는 달리 해양경찰이 육상경찰과 공동 소관법률로 운영하기는 어렵다. 예컨대, 「경범죄처벌법」은 해양경찰도 일부 관여할 부분이 있으나, 대체로 육상경찰의 업무에 관한 사항이 대부분이다.

1. 경찰관직무집행법의 법적 성격

「경찰관직무집행법」이 1953년 제정된 이래로 지금까지 그 법적 지위에 대한 논란은 끊이질 않고 있다. 일반적으로 거론되고 있는 문제점으로는 과연 「경찰관직무집행법」이 '경찰작용의 일반법'으로 볼 수 있느냐 하는 것이고, 다른 하나는 경찰작용에 관한 '개괄적 수권조항'을 포함하고 있느냐 하는 것이다. 경찰작용의 일반법으로서의 자격과 관련해서는 찬반양론이 대립하고 있으며 우리나라의 다수설은 동법을 모든 경찰작용에 있어서의 기본법으로 파악하지 않고, 경찰작용 중의 하나인 경찰상의 즉시강제[4]에 관한 일반법으로 파악하고 있다. 그러나 이에 대해 경찰관의 직무행위 모두를 즉시강제로 보는 것은 문제가 있다는 반론 또한 만만치 않다. 그리고 동법이 개괄적 수권조항을 포함하고 있는지와 관련해서는 긍정설, 부정설 그리고 입법이 필요하다는 견해 등으로 다양한 입장을 보이고 있다.[5]

---

3) 한정갑, 앞의 논문, 41면.

4) 행정상 의무이행을 강제하기 위한 강제집행과는 달리 현재의 급박한 장해를 제거할 목적을 가지고 의무를 명할 여유가 없거나 또는 의무의 명령으로는 그 목적을 달성하기 어려운 경우에 직접 국민의 신체나 재산에 실력을 행사하여 행정상 필요한 상태를 실현시키는 작용을 말한다. 의무불이행을 전제로 하지 않는 점에서 행정상 강제집행과 다르다. 법치주의 국가에서는 예외적인 작용이므로 명확한 법적 근거가 있고 행정목적을 달성하기 위한 최소한의 범위 안에서만 적법하다(이병태, 『법률용어사전』, 법문북스, 2010 참조).

5) 김태진, 앞의 논문, 67~70면; 박상희 외, 앞의 보고서, 155~159면; 서정범 · 이영돈, "경찰관직

하지만 본 저서에서는 지금까지 거론되고 있는 동법의 법적 지위와 관련한 다양한 논쟁들에 대해 개인적 의견을 피력하고자 하는 것은 아니다. 물론 법률을 이루고 있는 구성들이 학문적 이론과 법의 원리가 완벽하게 일치하는 것이 가장 이상적일 것이나, 동법을 제정하는 과정에서 입법적 오류로 인한 것이든 그렇지 않든 동법의 구성이 국민의 인권을 침해할 소지가 있는지, 또한 헌법적 이념을 충실히 수용하고 있는지를 논하는 것이 더 가치 있는 작업이 될 수 있을 것이라 본다.

다시 말해서 「경찰관직무집행법」 그 자체로서의 자격을 논하기 이전에 각각의 개별적 수권조항이 경찰실무자에게는 바른 법적용으로, 그리고 국민에게는 법적 안정성을 제공할 수 있는지에 대한 측면에서의 검토가 더 중요하다 할 것이다.

다만, 앞서 언급한 바와 같이 해양경찰 작용의 대표적 근거법인 「해양경비법」으로부터 「경찰관직무집행법」을 배제할 수 없는 상황에서 「경찰관직무집행법」이 해양경찰의 업무 전반에 미치는 적정성에 대해 논하고자 한 것이다. 결국 해양경찰 업무에 필요한 적정한 작용법의 구성요건에 대해 피력하기 위한 방법의 하나로 여러 학계 등을 통해 논해지고 있는 「경찰관직무집행법」의 문제점에 대한 분석이 선행된 것이다.

「경찰관직무집행법」을 1953년 12월 14일 제정할 당시의 이유에 대해 살펴보면 '경찰관이 국민에 대한 생명 · 신체의 보호, 범죄의 예방, 공안의 유지, 기타 법령집행 등의 직무를 충실히 수행하도록 하기 위하여 필요한 사항을 정하려는 것'으로 하고 있다.[6] 그리고 목적(제1조)으로는 '국민의 자유와 권리의 보호 및 사회공공의 질서유지를 위한 경찰관(국가경찰공무원에 한한다. 이하 같다)의 직무수행에 필요한 사항을 규정하고 또한 경찰관의 직권은 그 직무수행에

무집행법 개정방향에 관한 연구", 연구보고서 2003-05, 치안연구소, 2003, 3면; 장영민 외, 앞의 논문, 24~26면.

6) 법세처, 법률검색, 2013.7.15. 방문. 〈http://www.law.go.kr〉

필요한 최소한도 내에서 행사되어야 하며 이를 남용하여서는 아니된다'고 규정하고 있다. 이처럼 「경찰관직무집행법」의 제정이유와 그 목적을 통해 전형적인 작용법으로서의 법적 성격을 확인할 수 있다.

2. 경찰관직무집행법의 개정연혁 및 구성

「경찰관직무집행법」은 1953년 12월 14일(법률 제299호) 제정된 이후 2013년 4월 5일(법률 제11736호)까지 총 10차에 걸쳐 개정되었는데, 이 중에는 1981년 4월 13일 전부개정(제3427호)뿐만 아니라 「정부조직법」이나 「경찰법」 등과 같은 다른 법률의 개정에 의한 개정사항을 포함하고 있다.[7] 따라서 여기에서도 앞의 「경찰법」의 개정연혁에서 언급한 바와 같이 「경찰관직무집행법」을 운영하는데 있어 필요에 의해 개정된 제1차에서부터 제4차까지 그리고 제6차, 제9차 및 제10차의 개정내용을 중심으로 살펴보고자 한다. 이 과정을 통해 「경찰관직무집행법」을 운영하는 방침과 당시 사회적 분위기 사이에서의 상호관계를 짐작해 볼 수 있을 것이다. 또한 「해양경비법」을 개정하면서 해양경찰의 작용과 관련한 방향성을 수립하는데 있어서도 참고자료가 될 수 있다.

가. 개정연혁 및 주요내용[8]

「경찰관직무집행법」이 변천해 온 과정을 통해 어떠한 시각에서 어떠한 방향으로 개선을 위해 노력하고 있는지에 대해 살펴보고자 하였으며, 이에 대한 상세한 내용은 〈표 5-1〉과 같다.

---

7) 「경찰관직무집행법」은 2011년 이후 최근 일부개정(2013년 4월 5일, 시행일자 2014년 4월 6일)되었으나, 개정된 내용이 본 저서의 내용을 구성하는데 있어 필요한 경우, 인용하여 반영하였다.

8) 법제처, 법률검색, 2013.7.15. 방문. 〈http://www.law.go.kr〉

〈표 5-1〉 경찰관직무집행법의 개정연혁 및 주요내용

개정일자 (차수)	법조항 (개정 또는 신설)	주 요 내 용
1981.4.13 (제1차)	전부개정	현행 「경찰관직무집행법」은 전후(戰後) 일본의 경찰관직무집행법을 직역한 것으로서 현재 우리나라의 실정에 맞지 아니할 뿐 아니라, 치안수요의 급증에 따라 법적 근거 없이 사실상 수행하고 있는 경찰작용이 다양한 바, 현 실정에 맞도록 명문화하여 경찰관의 직무집행에 합리성과 합법성을 보장하려는 것임
1988.12.31 (제2차)	제3조제2항 후단(신설) 제3조제4항~제7항(신설)	경찰권의 남용으로 인한 기본권침해의 소지가 있는 사항에 관하여 경찰권행사의 요건과 한계를 엄격하게 함으로써 경찰권행사의 적정성을 도모하려는 것임
1989.6.16 (제3차)	제10조의2(신설)	각종 불법집회 및 시위진압을 위하여 최루탄이 사용되고 있는 바, 이를 남용할 경우 국민의 생명 · 신체와 재산 및 공공시설에 현저한 위해발생의 소지가 있으므로 최루탄의 사용요건 등을 규정하여 그 피해를 예방하려는 것임
1991.3.8 (제4차)	제3조제4항(개정) 제3조제6항(개정) 제10조(개정)	경찰관의 임의동행 및 경찰장구 사용의 요건을 일부 완화하여 경찰의 민생치안활동의 효율적 수행을 뒷받침하려는 것임
1999.5.24 (제6차)	제9조(개정) 제10조(신설) 제10조의2제1항(개정) 제10조의2제2항(신설) 제10조의3(신설) 제10조의4 제1항(개정) 제10조의4 제2항~제3항(신설) 제11조(신설) 제12조(개정)	경찰관 직무집행을 위하여 사용 중인 경찰장구 · 무기 등을 포괄한 장비정의규정을 신설하여 이들 개념을 보다 명확히 하고, 경찰장비의 사용과 관련하여 안전성을 확보하기 위하여 인명 또는 신체에 위해를 가할 수 있는 경찰장비에 대하여는 장비의 종류, 사용기준, 안전교육, 안전검사의 기준을 대통령령으로 정하도록 하며, 분사기 또는 최루탄 및 무기의 사용기록 보관, 경찰장비의 임의개조금지규정을 마련하려는 것임
2011.8.4 (제9차)	제2조(개정)	「경찰관직무집행법」 제2조에 따른 경찰의 직무에는 「경찰법」 제3조에서 규정하고 있는 국가경찰의 임무 중 "국민의 생명 · 신체 및 재산의 보호"가 빠져 있고, 반대로 「경찰법」 제3조에 따른 국가경찰의 임무에는 「경찰관직무집행법」 제2조에서 규정하고 있는 경찰의 직무 중 "경비 · 요인경호 및 대간첩작전수행"이 빠져 있어, 경찰의 임무에 관한 두 법의 규정을 상호 일치시키려는 것임
2013.4.5 (제10차) **2014.4.6** **(시행)**	제11조의2[9](신설)	**경찰관의 적법한 직무집행으로 인하여 재산상 손실이 발생한 경우 국가가 그 손실을 보상하도록 손실보상 규정을 신설함으로써 국민의 권익을 보호하고 경찰관의 안정적인 직무집행을 도모하려는 것임**

출처: 법제처 홈페이지. 〈http://www.law.go.kr〉

나. 경찰관직무집행법의 구성

현행 「경찰관직무집행법」[시행 2011.8.4] [법률 제11031호, 2011.8.4, 일부개정]은 전문 총 13개의 조문과 부칙으로 구성되어 있다. 제1조(목적)는 국민의 자유와 권리의 보호 및 사회공공의 질서유지를 위한 경찰관(국가경찰공무원에 한한다. 이하 같다)의 직무수행에 필요한 사항을 규정함을 목적으로 밝히고 있다. 또한 동법에 규정된 경찰관의 직권은 그 직무수행에 필요한 최소한도 내에서 행사되어야 하며 이를 남용하여서는 아니된다고 경찰권 발동의 한계를 설정하고 있다. 제2조(직무의 범위)에서는 경찰관의 직무를 국민의 생명 · 신체 및 재산의 보호, 범죄의 예방 · 진압 및 수사, 경비 · 요인경호 및 대간첩작전 수행, 치안정보의 수집 · 작성 및 배포, 교통의 단속과 위해의 방지, 기타 공공의 안녕과 질서유지로 열거하고 있다. 제3조에서 제10조의4까지 소위 경찰의 표준적 직무행위 내지 경찰상 즉시강제에 해당하는 규정을 두고 있다.

구체적으로 내용을 살펴보면, 제3조(불심검문)에서는 범죄를 예방하고 범죄인을 발견하기 위한 질문과 동행요구의 근거와 절차, 제한규정을 두었고, 제4조(보호조치 등)에서는 본인의 의사에 결함이 있는 자 또는 본인의 의사는 있지만 자기통제가 불가능한 자에 대한 구호 및 보호의 절차를 규정하고 있다. 제5조(위험발생의 방지)에서는 인명 또는 신체에 위해를 미치거나 재산에 중대

---

9) 제11조의2(손실보상) ① 국가는 경찰관의 적법한 직무집행으로 인하여 다음 각 호의 어느 하나에 해당하는 손실을 입은 자에 대하여 정당한 보상을 하여야 한다.

1. 손실발생의 원인에 대하여 책임이 없는 자가 재산상의 손실을 입은 경우(손실발생의 원인에 대하여 책임이 없는 자가 경찰관의 직무집행에 자발적으로 협조하거나 물건을 제공하여 재산상의 손실을 입은 경우를 포함한다)
2. 손실발생의 원인에 대하여 책임이 있는 자가 자신의 책임에 상응하는 정도를 초과하는 재산상의 손실을 입은 경우

② 제1항에 따른 보상을 청구할 수 있는 권리는 손실이 있음을 안 날부터 3년, 손실이 발생한 날부터 5년간 행사하지 아니하면 시효의 완성으로 소멸한다.

③ 제1항에 따른 손실보상신청 사건을 심의하기 위하여 손실보상심의위원회를 둔다.

④ 제1항에 따른 손실보상의 기준, 보상금액, 지급절차 및 방법, 손실보상심의위원회의 구성 및 운영, 그 밖에 필요한 사항은 대통령령으로 정한다.

한 손해를 끼칠 우려가 있는 위험한 사태가 발생한 경우 그 위험의 발생을 방지하거나 위해를 배제하기 위하여 필요한 조치를 취하기 위한 근거와 절차, 대간첩작전이나 소요사태 진압을 위한 통행제한이나 금지의 근거를 두었다.

제6조(범죄의 예방과 제지)에서는 범죄가 목전에 행하여지려고 하고 있다고 인정될 때 이를 예방하기 위한 경고와 제지의 절차를 규정하였다. 제7조(위험 방지를 위한 출입)에서는 위험한 사태가 발생하여 인명 · 신체 또는 재산에 대한 위해가 절박한 때에 그 위해를 방지하거나 피해자를 구조하기 위하여 부득이 하다고 인정할 때에는 합리적으로 판단하여 필요한 한도 내에서 타인의 토지 · 건물 또는 선차(船車), 다수인이 출입하는 장소를 출입할 수 있도록 법적 근거를 두었고, 대간첩작전지역 안에서 다수인의 출입장소를 검색할 수 있도록 하였다. 제8조(사실의 확인 등)에서는 경찰관서의 장은 직무수행에 필요하다고 인정되는 상당한 이유가 있을 때에는 사실의 조회 또는 사실을 확인하기 위한 관계인의 출석요구 등에 관한 내용을 규정하고 있다.

제10조(경찰장비의 사용 등)에서는 경찰직무를 수행하기 위하여 무기, 경찰장구, 최루제 및 그 발사장치, 감식기구, 해안감시기구, 통신기기, 차량 · 선박 · 항공기 등 경찰의 직무수행을 위하여 필요한 장치와 기구를 사용할 수 있도록 하고, 경찰장비를 임의로 개조하거나 임의의 장비를 부착하여 통상의 용법과 달리 사용함으로써 타인의 생명 · 신체에 위해를 주어서는 아니되는 금지규정을 두고 있다. 제10조의2(경찰장구의 사용)에서는 수갑 · 포승 · 경찰봉 · 방패 등 범인 검거와 범죄 진압 등 직무수행을 위하여 경찰장구를 사용할 수 있는 요건을 규정하고, 제10조의3(분사기 등의 사용)에서는 경찰관은 범인의 체포 · 도주의 방지 또는 불법집회 · 시위로 인하여 자기 또는 타인의 생명 · 신체와 재산 및 공공시설 안전에 대한 현저한 위해의 발생을 억제하기 위하여 부득이한 경우 현장책임자의 판단으로 필요한 최소한의 범위 안에서 분사기(총포 · 도검 · 화약류 등 단속법의 규정에 의한 분사기와 최루 등의 작용제) 또는 최루탄을 사용할 수 있도록 규정하고 있다. 그리고 제10조의4(무기의 사용)에서는 상

대방의 생명 · 신체에 치명적인 결과를 낳을 수 있는 무기 사용의 요건과 한계를 엄격히 규정하고 있다.

또한 「경찰관직무집행법」은 위에서 열거한 소위 표준적 직무행위와 행정강제에 해당하는 9개 유형의 강체처분 외에도, 제9조에서는 유치장 설치에 관한 법적 근거를 두고 있으며, 제11조에서는 경찰장비의 사용기록을 보관하도록 규정하고 있다. 끝으로 제12조(벌칙)에서는 경찰관의 의무위반이나 직권남용으로 타인에게 해를 끼친 경우에 1년 이하의 징역이나 금고에 처하도록 하고 있으며, 제13조에서는 시행령에 관한 근거 규정을 두고 있다.

3. 경찰관직무집행법의 제도적 문제점[10)]

「해양경비법」의 개정방향을 정하는데 있어 지금까지 여러 학계 등으로부터 거론되고 있는 「경찰관직무집행법」의 문제점들에 대해 살펴보고자 한다. 이는 「해양경비법」의 개정방향을 종합적으로 검토하는데 있어 필요한 과정이다. 「해양경비법」에서는 현재 「경찰관직무집행법」의 일부를 그대로 적용하고 있으며, 또한 해양경찰은 「해양경비법」상의 적용범위 이외 여타 다른 경찰활동의 근거법으로 「경찰관직무집행법」을 적용하고 있다. 결국 이는 「경찰관직무집행법」에서 문제점으로 지적되고 있는 개별적 수권조항으로부터 자유로울 수 있는가 하는 점을 지적할 수 있다. 따라서 이러한 논점은 「해양경비법」을 개정하는데 있어서의 중요한 요소가 될 수 있다.

「경찰관직무집행법」의 문제점들에 대해 간략하게 살펴보면, i) 개별적 수권조항의 불충분성, ii) 개괄적 수권조항의 부재, iii) 정보처리에 관한 근거규정의 부재, iv) 경찰책임의 불명확성, v) 경찰권 행사의 제한 규정에 대한 불비

10) 「경찰관직무집행법」에 대한 문제점들은 고영완, 앞의 논문, 94~97면; 김태진, 앞의 논문, 73~87면; 박상희 외, 앞의 보고서, 155~173면; 서정범 외, 앞의 보고서, 15~35면; 윤성의, 앞의 논문, 116~125면; 이운주, 앞의 논문, 171~175면; 장영민 외, 앞의 논문, 211~214면; 한정갑, 앞의 논문, 48~54면; 홍준형 외, 앞의 보고서, 20~28면을 참고하여 작성하였다.

(不備), vi) 경찰 강제수단의 불완전, vii) 규율 태도상의 문제점, viii) 경찰작용에 대한 손해전보규정 및 집행원조에 관한 부재[11] 등으로 요약할 수 있다. 그리고 이에 대한 세부내용은 다음과 같다.

첫째, 「경찰관직무집행법」 제3조(불심검문)부터 제10조의4(무기의 사용)까지를 개별적 수권조항이라 할 수 있을 것이나, 경찰의 직무로 규정된 위험방지를 위하여 필요한 처분의 요건과 한계를 충분히 규율하지 못하고 있다는 비판을 받고 있어 개별적 수권조항으로서는 불충분하다는 문제를 가지고 있다. 이와 관련된 구체적인 내용은 아래에서 별도로 다루고자 한다.

둘째, 사회공공의 안녕 · 질서를 유지하기 위한 경찰의 작용유형을 입법자가 예상하여 빠짐없이 성문법으로 규율하는 것은 입법기술상 불가능하므로 개괄적 수권조항의 필요성 자체를 부인하기는 힘들다. 현행 「경찰관직무집행법」

11) 참고로 「경찰관직무집행법」에서의 문제점으로 거론되고 있는 경찰구제, 즉 경찰작용에 대한 손해전보의 부재와 관련해서는 앞서 언급한 바와 같이 동법의 개정(개정 2013년 4월 5일, 시행 2014년 4월 6일)으로 손실보상에 대한 명문규정이 추가로 신설되면서 다소 해소되었다고 할 수 있을 것이나, 이는 제한적 해결책으로 그 범위가 재산상의 손실로 한정되어 있어 포괄적이지 못한 점이 있다. 물론 손실보상은 국가 또는 공공단체의 적법한 공권력 행사에 의하여 사유재산권에 특별한 손실이 가하여진 경우, 그 손실에 대하여 지급되는 전보(塡補)로 현금보상을 원칙으로 하는 금전상의 손실에 대한 보상제도이다. 하지만 적법한 경찰권 행사일지라도 경찰책임자 또는 비경찰책임자에 대해 재산상의 손실뿐만 아니라 정신적(신체적)인 피해 또한 불가피하게 발생할 가능성을 항상 내포되어 있다 할 것이다. 그리고 이러한 정신적(신체적) 피해 또한 경찰권 행사로 인해 발생된 것으로 이에 대한 보상을 위해서는 별도의 민 · 형사소송을 제기할 수밖에 없는 입장이다. 따라서 「경찰관직무집행법」 제11조의2에 대한 충분한 재검토가 필요하며, 동법의 결정을 불복할 경우에 한하여 별도의 소송을 진행할 수 있도록 하는 것이 사법경제적 관점의 손실뿐만 아니라 불합리한 점을 최소화 할 수 있을 것으로 보인다. 이에 반해 일본은 우리나라 「경찰관직무집행법」 제11조의2제1항제1호 괄호안의 내용과 유사한 사안에 있어서는 별도의 법률을 마련하고 있다. 해당 법률로는 「경찰관의 직무에 협력 원조한 자의 재해급부에 관한 법률」이 있으며, 경찰관의 직무에 협력 원조한 자의 재해에 관하여, 요양 그 밖의 급부(給付)를 행한 것을 목적으로 한다. 여기에서 '재해'의 범위로는 부상, 질병, 장애 또는 사망을 포함하고 있다. 한편, 「경찰관직무집행법」의 문제점은 현시점을 기준으로 검토한 것이며 동법 제11조의2 조항이 시행되기 이전의 내용을 다루고 있으므로 기존 여러 문헌에서 동법에 대한 문제점으로 거론되고 있는 손해전보의 부재와 관련한 내용을 포함시켜 작성하였다.

제2조제6호 “기타 공공의 안녕과 질서유지”를 개괄적 수권조항으로 보는 견해도 있으나,[12] 같은 법 제2조는 규정의 유형상 권한규범으로 보기 곤란한 면이 있으므로 받아들이기 쉽지 않다는 견해가 팽배하다. 하지만 이러한 견해의 대립은 개개인의 법적 성향의 차이에 불과하다 할 것이므로 견해의 대립에 관계없이 명백한 규정을 두지 않은 것은 입법적 결함이라 할 수 있다. 결국 동법상의 개별적 수권조항 이외에 수행되는 경찰의 조치들은 위법하다는 지적을 받고 있다.

셋째, 경찰의 정보수집에 관한 「경찰관직무집행법」 제2조제3호의 “치안정보의 수집 · 작성 및 배포”와 관련한 규정은 위에서 서술한대로 권한규범이 아니라 직무규범에 불과하므로 실무에서 행해지는 정보의 수집 · 가공 · 저장 · 열람 · 삭제 등의 법적 근거로 적정한지에 대해서는 의문시 될 수 있다. 또한 과학의 발달로 컴퓨터기술과 정보통신기술이 경찰활동에 응용되는 사례가 급증하고 있으므로 이에 대한 규정이 없다는 것은 문제점으로 지적될 수 있다.

넷째, 경찰권은 공공의 안녕질서에 대한 위험을 직접적으로 야기한 자인 경찰책임자에게만 행사할 수 있으며, 이는 경찰권 행사의 조리상 한계에 관한 원칙으로 설명되고 있다. 하지만 경찰책임의 원칙은 「경찰관직무집행법」과 같은 작용법에서 성문화하는 것이 바람직하다는 견해가 있다. 이에 반해 경찰책임의 원칙은 이미 조리상의 한계로 인정되고 있으므로 명문화하지 않아도 무방하다는 견해도 있다. 한편, 이러한 주장은 조리상의 한계로 국민의 자유와 권리를 침해할 수 있는가 하는 법률유보의 원칙과 상충될 염려가 있으므로 이를 입법화하여 해결하는 것이 바람직하다는 견해와 대립하기도 한다.

그리고 경찰책임과 관련해서 제기되는 또 하나의 문제점은 비경찰책임자에 대한 조치에 관한 것이다. 경찰작용의 특성상 예측할 수 없는 급박한 조치가

12) 대법원은 청원경찰이 허가 없이 창고를 주택으로 개축하는 행위에 대해 단속하는 것과 관련하여 정당한 직무집행에 속한다고 판결함에 따라 「경찰관직무집행법」 제2조제6호를 개괄적 수권조항으로 인정하고 있다(대법원 1986.1.28. 선고 1985도2488 판결).

요구되는 비상사태의 경우 부득이 경찰책임을 지지 않는 비경찰책임자에게도 예외적으로 조치를 취할 수밖에 없는 불가피한 상황이 발생할 수도 있는데 현행 「경찰관직무집행법」에서는 이에 대해 아무런 규정을 두고 있지 않은 문제점을 안고 있다.[13)]

다섯째, 「경찰관직무집행법」 제1조제2항에서는 "이 법에 규정된 경찰관의 직권은 그 직무수행에 필요한 최소한도 내에서 행사되어야 하며 이를 남용하여서는 아니된다"고 명시하고 있는 것은 경찰권 행사의 제한규정에 해당하며, 이는 경찰비례의 원칙 및 권력남용금지의 원칙을 명문화한 것이다. 이 중 경찰비례의 원칙은 적합성의 원칙, 필요성의 원칙(최소침해의 원칙), 상당성의 원칙(협의의 비례의 원칙) 모두를 포함하면서 경찰권 행사에 대한 제한원칙의 역할을 한다. 하지만 같은 법 제1조제2항은 경찰비례의 원칙 세부내용 중 필요성의 원칙만을 내포하고 있어 경찰비례의 원칙 전부를 수용하고 있지 못한 문제점이 있다.

또한 경찰비례의 원칙은 같은 법 제1조제2항 이외에도 제7조(위험방지를 위한 출입), 제10조의2(경찰장구의 사용), 제10조의3(분사기 등의 사용), 제10조의4(무기의 사용) 등의 개별조문 속에도 내포되어 있다. 이와 관련해서는 경찰비례의 원칙을 지나칠 정도로 중복하여 규정하고 있는 것으로 입법 기술적으로 보아 바람직하지 않다는 견해도 있다.[14)]

여섯째, 경찰의 강제적 수단은 경찰이 공공의 안녕과 질서를 유지하기 위하여 명령금지나 강제와 같은 권력적 수단을 사용하는 것을 말하는데, 현행 「경찰관직무집행법」은 경찰처분의 이행을 확보하기 위한 경찰강제수단에 관한 규

13) 이는 앞의 11번 각주 내용과 동일한 이유에서 작성된 것이다.

14) 경찰권 행사에 대한 한계원칙(조리상의 한계)의 하나인 경찰비례의 원칙은 경찰권을 행사하는데 있어 반드시 필요한 요소로 아무리 강조해도 지나치지 않을 것이므로 여러 번 반복 사용했다는 이유로 입법상의 기술적인 문제점으로 간주하는 것은 옳지 않은 것으로 보인다. 오히려 경찰권 행사와 관련하여 적용되고 있는 제한적 원칙 모두를 적절히 수용할 수 있는 입법적 개선방안에 대해 구체적으로 논하는 것이 필요하다.

정이 결여되어 있다. 따라서 경찰상의 목적을 달성하기 위한 실효성 확보수단으로 대집행(代執行)[15], 집행벌(執行罰)[16], 직접강제(直接强制)[17] 등의 의미를 포함하고 있는 경찰상의 강제수단에 대한 규정을 마련할 필요가 있다.

일곱째, 「경찰관직무집행법」의 규율 태도에 대한 몇 가지 문제점이 지적되

15) 행정법에서 강제집행 중의 하나인 대집행은 의무자가 의무를 이행하지 않은 경우에 해당 행정청 또는 제3자로 하여금 의무자가 해야 할 행위를 실행한 후 의무이행이 이루어지면 그 비용을 원래의 의무자로부터 징수하는 것을 말한다. 따라서 대집행이란 '대신 집행한다'라는 의미로 해석할 수 있다. 우리나라는 「행정대집행법」 제3조(대집행의 절차)에 따라 대집행을 하려고 할때 일정한 기간을 정하여 계고(戒告)해야 하며 계고를 하지 않은 대집행은 형식·절차를 빠뜨렸으므로 원칙적으로 무효가 된다. 일종의 경고조치라고 할 수 있는 계고(戒告)는 의무를 이행해야 하는 의무자가 의무를 불이행했을 경우, 일정기간을 정하고 그 기간 동안 의무를 이행하지 않으면 대집행에 들어갈 것을 알려주는 통지행위이다. 그렇기 때문에 대집행을 하기 위한 절차라고 할 수 있다. 그러나 비상시 또는 위험이 절박한 경우에 있어서 그 행위의 급속한 실시를 요하여 계고절차를 취할 여유가 없을 때는 계고를 하지 않아도 대집행이 유효하다. 우리나라의 「행정대집행법」은 무허가 건축물의 철거와 같이 타인이 대신 행할 수 있는 '대체적 작위의무(代替的 作爲義務)'에 관한 대집행만을 인정하고 있다.

16) 행정상 강제집행의 일종으로, 행정법상의 의무 불이행이 있는 경우에 그 의무자에게 심리적 압박을 가해 의무의 이행을 간접적으로 강제하기 위해 과하는 금전벌을 말한다. 즉 허가 없이 영업·건축 등을 해서는 아니된다는 부작위 의무와 성병환자가 강제 검진을 받지 않는 것과 같은 비대체적 작위의무(非代替的作爲義務) 등을 이행하지 않을 경우, 일정기간 내에 의무를 이행치 않으면 일정한 과태료에 처한다는 뜻을 미리 계고(戒告)함으로써 심리적 압박을 가해 의무 이행을 간접적으로 강제하는 것 등을 말한다. 집행벌은 행정벌과 마찬가지로 행정법상의 의무 이행 확보를 목적으로 한다는 점에서 공통점을 지니나, 행정벌은 행정법상의 의무 위반이라는 과거의 비행에 대해 과하는 제재라는 점에서 차이가 있다. 그리고 간접강제인 점에서 직접적·실력적 사실행위인 대집행·직접강제와 다르다. 집행벌은 의무 이행이 있을 때까지 반복해 과태료를 과할 수 있으나, 반면에 강제의 필요가 소멸된 때에는 이행 기간 경과에 관계없이 과태료를 부과할 수 없다는 특색이 있다.

17) 행정법상 또는 민사집행법상 의무를 이행하지 않는 자, 즉 의무불이행자에 대하여 국가기관이 의무자의 신체 또는 재산에 직접 실력을 가하여 의무이행이 있었던 것과 같은 상태를 실현하는 강제집행이다. 여기서 행정법상의 직접강제와 관련된 내용을 간략히 살펴보면, 행정상의 의무불이행을 전제로 하는 점에서 그것을 전제로 하지 않는 즉시강제와 구별된다. 또한 대집행(代執行)·집행벌(執行罰)보다 의무 내용을 실현시키는데 효과적이다. 그러나 국민의 신체·재산에 직접 실력을 가하는 것이기 때문에 기본적 인권침해의 우려가 많으므로 우리나라에서는 원칙적으로 금지되어 있다. 다만, 예외적으로 「출입국관리법」에 의한 강제퇴거를 위한 수용, 「옥외광고물 등 관리법」에 의한 벽보의 철거 등 개별적인 단행법규에서만 간혹 인정될 뿐이다.

고 있다. 먼저 같은 법 제2조는 경찰의 임무규정과 권한규정을 구분하지 못하고 오로지 직무범위를 열거하는데 그쳤을 뿐이며,[18] 경찰직무의 한계로써 타 기관과의 관계에 대한 규정이 결여되어 있다는 것이다.[19] 그리고 경찰의 사권보호(私權保護)와 관련하여 민사관계에 대한 경찰의 개입한계를 규정할 필요가 있는데, 「경찰관직무집행법」은 현대 경찰법 이론상 경찰공공의 원칙 중 하나로 이해되고 있는 '민사관계불간섭의 원칙'을 성문화하지 못하고 있다.

여덟째, 위법한 경찰작용으로 타인에게 손해를 가하거나 적법한 경찰작용으로 타인에게 재산적 손실을 가하는 경우, 경찰작용으로 인한 손해 내지 손실에 대한 전보(塡補)의 문제가 발생한다. 그런데 위법한 경찰작용으로 인하여 발생한 손해에 대한 손해배상의 문제는 행정상 손해배상에 관한 일반적 법리 내지 실정법 규정(「국가배상법」 등)을 통하여 해결이 가능한 반면, 적법한 경찰작용으로 인하여 손실이 발생한 경우, 이에 따른 적정 보상문제의 해결방안은 미흡한 실정이다.[20]

또한 경찰은 직접강제 등 실력을 행사할 수 있는 인력과 장비를 충분히 갖추

18) 경찰의 임무규정은 경찰이 수행해야 할 과제인 동시에 경찰이 넘어서는 안 될 개입영역의 한계를 말한다. 또한 경찰의 권한규정은 경찰이 행할 수 있는 조치에 대한 수권 및 그 조치의 발동요건 및 한계를 정한다는 점에서 양자는 구별되고 있다. 여기에서 임무규정과 권한규정은 법적 기능이 상이할 뿐만 아니라 이러한 구분은 법치국가적 사고에 바탕을 두고 있다. 참고로 경찰의 직무범위에 관한 규정만으로 경찰의 침해적 권한이 나오는 것은 아니며, 직무범위에 관한 규정만으로도 경찰권을 행사할 수 있는 경우는 오로지 경찰의 조치들이 국민의 법적 지위에 대한 침해를 내용으로 하지 않고 동시에 법률유보원리의 적용범위에 속하지 않는 경우에 한하는 것이다.

19) 현대 행정의 특성상 위험의 발생 원인이나 대응방안이 복잡다양하고 전문화되어 있어 경찰(형식적 의미의 경찰)이 모든 경찰작용을 수행할 수는 없으므로, 경찰은 환경행정기관이나 보건행정기관과 같은 실질적 경찰행정기관이 위험방지의 조치를 제대로 수행할 수 없거나 이러한 기관들의 조치를 기다릴 여유가 없을 때에 한하여 보충적으로 개입함을 원칙으로 하고 있다는 것을 고려할 때, 「경찰관직무집행법」은 직무범위를 정함에 있어 다른 행정기관의 질서행정과의 관계를 명확히 설정하지 않은 것은 입법론적 입장에서 볼 때 타당하지 않다는 견해도 있다(홍준형 외, 앞의 보고서, 21면).

20) 이는 앞의 11번 각주 내용과 동일한 이유에서 작성된 것이다.

고 있으나, 경찰 이외의 다른 행정기관은 권한행사를 위한 실력행사가 필요한 경우 적절한 인력 등을 갖추고 있지 못한 경우가 많다. 따라서 이와 같은 경우에 경찰의 조력을 구할 필요가 있을 것이나, 현행 「경찰관직무집행법」에는 그에 관한 규정이 존재하지 않는 문제점이 있다.

아홉째, 여기에서는 앞에서 「경찰관직무집행법」의 문제점으로 거론된 항목 중 개별적 수권조항에 대한 각각의 문제점들에 대해 살펴보기로 하는데 이미 앞에서 언급한 내용은 생략하기로 한다.

i) 같은 법 제3조에서 규정하고 있는 불심검문과 관련해서는 다음과 같은 문제점들이 지적되고 있다. 제3조는 제목을 불심검문이라고 규정하고 있는 바, 불심검문이라는 용어만으로 국민에게 다분히 강압적 느낌을 주는 면이 있으므로 다른 적당한 용어로 수정할 것이 요구되고 있다. 또한 제3조제1항 및 제7항을 놓고 볼 때 검문불응자에 대한 강제적 조치권이 없어 그 실효성이 크게 떨어지고 있는 실정이며, 대법원 판례에서도 불심검문과 관련하여 경찰관이 상대방에게 강제력을 행사하는 경우 상대방이 경찰관에게 폭행을 가하더라도 정당방위가 인정되어 공무집행방해죄에 해당하지 않는다고 판시하고 있다.[21)]

같은 법 제3조제1항은 위험방지를 위한 처분이 누구에 대하여 행해져야 하며, 또 누구를 상대방으로 할 수 있는지 등에 대한 규정은 없고, 다만 개별적 수권에 의하여 경찰처분의 상대방을 단편적으로 규정하고 있을 뿐이다. 즉 위험방지를 위해 특히 필요한 전형적인 처분을 예시한 것에 불과하며, 복잡 다양한 위험발생에 효율적이고 탄력적으로 대처하기 위해서는 경찰책임에 관한 구체적인 규정을 마련해야 할 필요가 있다.

같은 법 제3조제2항도 동조 제1항과 마찬가지로 불심검문에 따른 질문을 하기 위하여 부근의 경찰관서에 동행할 것을 요구할 수 있으나, 이 경우 당해인은 경찰관의 동행요구를 거절할 수 있다. 그 결과 거동이 수상한 사람에 대한

---

21) 대법원 1997.8.22. 선고 1997도1240 판결; 대법원 1972.10.31. 선고 1972도2005 판결 외 다수.

정지 · 질문 시 신원확인조차도 거부하는 사례가 급증하고 있으나, 이를 강제할 수 없다는 것이다.

또한 이는 임의동행의 요건을 제한하고 있는 것으로 이는 불심검문과는 그 성질이나 특성이 서로 다르다 할 수 있을 것이나, 이를 같은 조문에서 규정하고 있는 것은 입법과정의 오류라 할 수 있다.

같은 법 제3조제3항에서는 불심검문에 있어서 소지품검사의 대상은 흉기로 제한하고 있으므로 흉기 이외의 물건에 대해서는 원칙적으로 소지품검사가 허용되지 않고 있어 다른 범죄와 관련된 물건(무기, 마약류, 장물, 위조지폐 등)의 발견을 위한 소지품검사는 허용되지 않는 문제가 있다.

같은 법 제3조제4항에 의하면 관련 규정에 의하여 질문하거나 동행을 요구할 경우 경찰관은 정복을 착용한 경우라도 당해인에게 자신의 신분을 표시하는 증표를 제시하여야 한다고 규정하고 있다. 하지만 대법원의 판례에서는 경찰공무원증을 제시하지 않고 검문하는 정복경찰관의 공무도 적법하고, 보호되어야 한다고 판시[22]하고 있어 이에 대한 실효성은 없다. 그 밖에 자동차 검문과 검문소에서의 불심검문에 대한 법적 근거의 부재를 불심검문과 관련한 문제점으로는 논하는 경우도 있다.

ii) 「경찰관직무집행법」 제4조에서 규정하고 있는 보호조치와 관련해서는 다음과 같은 문제점들이 지적되고 있다. 같은 법 제4조제1항 및 제2항에 의하면 응급의 구호를 요한다고 믿을 만한 상당한 이유가 있는 자를 발견한 때에는 보건의료기관 또는 공공구호기관에 긴급구호를 요청하여 처리할 수 있도록 규정하고 있으나, 이러한 시설이 제대로 갖추어져 있지 않은 곳에서 피구호자가 발생한 경우에는 효과적으로 대처하기 어렵다는 문제가 발생할 수 있으므로 긴급구호 요청기관을 추가할 수 있는 방안검토가 필요하다.

같은 법 제4조제1항에서는 구호기관 이외에 경찰관서에서도 보호할 수 있도

22) 대법원 2004.10.4. 선고 2004도4029 판결.

록 규정하고 있다. 그러나 경찰관 내의 보호시설의 설치에 관한 법적 근거가 없어 형사피의자 등의 수용시설을 구호업무에 이용하는 것은 신체의 자유에 대하여 제한을 둔다는 문제점이 있을 수 있다.

같은 법 제4조제1항제2호에서는 미아 · 병자 · 부상자 등에 대한 보호조치를 규정하면서 “다만, 당해인이 이를 거절하는 경우에는 예외로 한다”고 하여 이들을 임의적 보호조치 대상자로 간주하고 있어 생명 · 신체에 대한 위해를 초래할 수 있는 문제점이 있다.

또한 같은 법 제4조제2항에서는 경찰기관으로부터의 긴급구호 요청을 받은 보건의료기관이나 공공구호기관은 정당한 이유 없이 긴급구호를 거절할 수 없다고 규정하고 있을 뿐, 이와 관련한 제재에 관하여는 아무런 규정을 갖고 있지 않다. 특히 사설의료기관에 의한 긴급구호 거절이 빈발할 수 있는 문제점을 안고 있다.[23)]

같은 법 제4조제3항에서는 피구호자가 휴대하고 있는 무기 · 흉기 등 위험을 야기할 수 있는 것으로 인정되는 물건은 경찰관서에 임시 영치할 수 있다고 규정하고 있다. 즉 임시 영치는 보호조치를 하는 경우에만 해당하는 것으로 규정하고 있으므로 여타 다른 사안과 관련한 독자적인 영치의 필요성이 있음을 고려한다면 현행 「경찰관직무집행법」의 규정방식은 문제가 있다.

iii) 「경찰관직무집행법」 제5조에서 규정하고 있는 위험발생의 방지와 같은 법 제6조에서 규정하고 있는 범죄의 예방과 제지에 관련해서는 운영상의 별다른 문제점을 발견할 수 없으나, 다음과 같은 주장들이 있다. 같은 법 제5조제1

23) 의료기관의 긴급구호요청거절에 대하여는 「응급의료에 관한 법률」 제60조제2항제1호, 「의료법」 제89조에 근거한 제재가 가능하므로 「경찰관직무집행법」에 그들 기관에 대한 처벌조항을 신설할 필요는 없다 할 것이나 「응급의료에 관한 법률」이나 「의료법」의 규정이 주로 의사 등의 진료의무라는 점에 착안한 것이라면, 「경찰관직무집행법」의 규정은 위험발생방지를 위한 조치의 효율적 수행이란 점에 착안한 것으로 양자의 규정 목적은 다르다. 그리고 의료기관이 아닌 공공구호기관이 긴급구호 요청을 거절한 경우에는 「응급의료에 관한 법률」이나 「의료법」을 직접 적용되기 곤란한 점 등을 고려할 때 「경찰관직무집행법」에서 별도의 처벌규정을 신설하는 등의 적절한 조치가 필요할 것이라 보는 견해도 있다(서정범 외, 앞의 보고서, 52면).

항제1호 및 제2호와 제6조제1항에서는 위험발생 조치의 수단으로 경고, 억류 또는 피난 등을 규정하고 있다.

그리고 범죄행위가 목전에서 행해지는 것으로 인정될 때에는 경고 등의 조치를 취할 수 있다고만 규정하고 있을 뿐 그들 조치에 불응하는 자에 대한 처벌규정을 갖고 있지 않다. 이와 관련해서 일선 현장 실무자들은 위험발생 방지조치 및 범죄예방·제지조치에 불응하는 자에 대한 처벌 규정의 신설을 요청하고 있다. 하지만 이미 「형법」 제136조 공무집행방해죄[24), 「경범죄처벌법」 제1조제36호[25] 및 경찰상 강제집행의 수단 등을 통해 조치가 가능한 부분이 있으므로 별도의 이중적 처벌규정을 둘 이유는 없을 것으로 보는 견해도 있다.

iv) 「경찰관직무집행법」 제7조에서 규정하고 있는 위험방지를 위한 출입과 관련해서는 다음과 같은 문제점들이 지적되고 있다. 제7조제1항에서는 위험발생의 방지(제5조제1항 및 제2항)와 범죄의 예방과 제지(제6조제1항)에 대해서만 보호조치 등을 위한 긴급출입을 인정하고 있으며, 보호조치(제4조)에 대한 긴급출입은 허용하고 있지 않으므로 이에 대한 법적 보완조치가 필요할 것으로 보인다. 같은 법 제7조제2항에서는 경찰관이 범죄의 예방 또는 인명·신체와 재산에 대한 위해예방을 목적으로 흥행장·여관·음식점·역 기타 다수인이 출입하는 장소에 출입할 것을 요구한 때에는 관리자 또는 이에 준하는 관계인은 이를 거절할 수 없다고 되어 있으나, 이에 대한 강제조치 규정의 미비로 인해 효율적인 경찰업무 수행이 어렵다는 문제점이 있다.

또한 같은 법제7조제4항에서도 같은 법 제3조제4항과 마찬가지로 정복경찰관의 증표제시와 관련한 규정을 언급하고 있으나, 여기에서는 위험방지를 위한

24) 「형법」 제136조(공무집행방해) ① 직무를 집행하는 공무원에 대하여 폭행 또는 협박한 자는 5년 이하의 징역 또는 1천만 원 이하의 벌금에 처한다.
② 공무원에 대하여 그 직무상의 행위를 강요 또는 조지(阻止)하거나 그 직을 사퇴하게 할 목적으로 폭행 또는 협박한 자도 전항의 형과 같다.

25) 「경범죄처벌법」 제1조에서는 공무원 원조불응(제36호)에 해당하는 사람에게는 10만 원 이하의 벌금, 구류 또는 과료의 형으로 벌하도록 하고 있다.

가택침입은 불심검문보다 권리적 침해의 성격이 더 강할 뿐만 아니라 다른 법률[26]과의 균형을 고려할 때 불심검문과는 달리 정복을 착용한 경우에도 증표제시의 의무를 이행해야 하는 것이 적절하다고 보는 견해도 있다. 하지만 증표제시의 의무는 업무의 방법론적인 입장에서 하나의 형식적인 수단에 불과하므로 효율적인 직무수행이라는 차원에서 같은 법 제3조제4항과 관련한 판례를 준용하는 등의 개선방안이 필요할 것으로 보인다.

v) 「경찰관직무집행법」 제8조에서 규정하고 있는 사실의 확인과 관련해서는 다음과 같은 문제점들이 지적되고 있다. 같은 법 제8조제2항에서는 해당 관계인의 출석요구를 '출석요구서'에 의할 것을 규정하고 있는 것과 관련하여 현재의 기술발달로 인한 다양한 통신수단의 변화에는 못미친다. 또한 출석요구에 불응한 경우에 재차 출석요구서를 보내는 것 이외에는 경찰이 취할 수 있는 조치가 아무것도 없다. 물론 「형사소송법」 제200조의2[27]에서는 출석요구의 불

---

26) 「풍속영업의 규제에 관한 법률」 제9조제2항에서는 풍속영업소에 출입하여 검사하는 국가경찰공무원은 그 권한을 표시하는 증표를 지니고 이를 관계인에게 내보여야 한다고 규정하고 있다.

27) 「형사소송법」 제200조의2(영장에 의한 체포) ① 피의자가 죄를 범하였다고 의심할 만한 상당한 이유가 있고, 정당한 이유 없이 제200조의 규정에 의한 출석요구에 응하지 아니하거나 응하지 아니할 우려가 있는 때에는 검사는 관할 지방법원판사에게 청구하여 체포영장을 발부받아 피의자를 체포할 수 있고, 사법경찰관은 검사에게 신청하여 검사의 청구로 관할 지방법원판사의 체포영장을 발부받아 피의자를 체포할 수 있다. 다만, 다액 50만 원 이하의 벌금, 구류 또는 과료에 해당하는 사건에 관하여는 피의자가 일정한 주거가 없는 경우 또는 정당한 이유 없이 제200조의 규정에 의한 출석요구에 응하지 아니한 경우에 한한다.
② 제1항의 청구를 받은 지방법원판사는 상당하다고 인정할 때에는 체포영장을 발부한다. 다만, 명백히 체포의 필요가 인정되지 아니하는 경우에는 그러하지 아니하다.
③ 제1항의 청구를 받은 지방법원판사가 체포영장을 발부하지 아니할 때에는 청구서에 그 취지 및 이유를 기재하고 서명 날인하여 청구한 검사에게 교부한다.
④ 검사가 제1항의 청구를 함에 있어서 동일한 범죄사실에 관하여 그 피의자에 대하여 전에 체포영장을 청구하였거나 발부받은 사실이 있는 때에는 다시 체포영장을 청구하는 취지 및 이유를 기재하여야 한다.
⑤ 체포한 피의자를 구속하고자 할 때에는 체포한 때부터 48시간 이내에 제201조의 규정에 의하여 구속영장을 청구하여야 하고, 그 기간 내에 구속영장을 청구하지 아니하는 때에는 피의자를 즉시 석방하여야 한다.

응과 관련한 제재의 수단이 마련되어 있으나, 계속적인 출석요구에 대한 불응은 결국 신속하게 사건을 해결하는데 있어서 문제가 될 수밖에 없다.

vi) 「경찰관직무집행법」 제9조에서 규정하고 있는 유치장 운영과 관련해서는 다음과 같은 문제점들이 지적되고 있다. 제9조에서는 유치장의 설치근거만을 규정하고 있을 뿐이다. 또한 피의자의 유치와 관련한 절차나 신체검사 등에 관해서는 「피의자 유치 및 호송규칙」에서 규율하고 있으며, 그 시설과 관련해서는 「유치장 설계 표준규칙」에서 규율하고 있다. 그러나 신체의 자유를 구속하는 등의 인권침해의 위험성이 있는 유치장 입감절차와 유치장시설을 훈령으로 규정하는 것은, 국민의 모든 자유와 권리를 법률로써만 제한할 수 있도록 하는 헌법정신에도 어긋난다 할 수 있다.

vii) 「경찰관직무집행법」 제10조에서 규정하고 있는 경찰장비의 사용과 관련해서는 다음과 같은 문제점들이 지적되고 있다. 같은 법 제10조제4항에서는 경찰장비의 종류 및 그 사용기준, 안전교육 · 안전검사의 기준 등에 대하여는 대통령령으로 정한다고 규정하고 있다.

하지만 경찰(기타)장비인 가스차 · 살수차 · 특수진압차 · 물포 · 석궁 · 다목적발사기 · 도주차량차단장비, 경찰장구인 경찰봉 · 호신용경봉 · 전자충격기, 분사기 및 기관총(기관단총 포함) · 산탄총 · 유탄발사기 · 박격포 · 3인치포 · 함포 · 크레모아 · 수류탄 · 폭약류 등은 인명, 신체에 위해를 가할 위험성이 높은 경찰장비임에도 불구하고 그들의 사용기준에 대해 「경찰관직무집행법」과 같은 법률에서 규정하는 것이 아니라, 「경찰장비의 사용기준 등에 관한 규정」과 같은 대통령령에 위임하고 있다.[28]

---

28) 경찰청에서는 「물품관리법」, 「경찰관직무집행법」 및 「경찰장비의 사용기준 등에 관한 규정」의 시행을 위하여 필요한 사항을 정하고 기타 경찰장비의 관리에 관한 기본적인 사항을 규정함으로써 경찰장비의 합리적 운용 및 관리를 도모함을 목적으로 한 「경찰장비관리규칙」을 운영하고 있다. 또한 동 규칙 제2조제4호에서는 무기, 경찰장구, 최루제 및 그 발사장치, 과학수사기구, 해안감시기구, 정보통신기기, 차량 · 선박 · 항공기 등을 경찰의 직무수행을 위해 필요한 장치와 기구에 해당하는 "경찰장비"로 규정하고 있다.

이처럼 인명 또는 신체에 위해를 가할 수 있는 경찰장비의 사용기준을 법률로써 최소한의 일반적 원칙으로 규정하지 않고, 대통령령에 위임한 것은 위임입법의 한계를 벗어났다고 할 수 있을 것이다.

또한 같은 법 제10조의2제1항에서는 경찰장구의 사용과 관련해서 현행범인 경우와 사형 · 무기 또는 장기 3년 이상의 징역이나 금고에 해당하는 죄를 범한 범인에 한해서만 적용토록 하고 있는데, 이는 결국 그 밖에 다른 범죄자에 대해서는 사실상 경찰장구를 사용하지 못하게 되는 문제점이 발생할 수 있다. 물론 경찰권을 행사하는데 있어 그 범위를 명확히 해야 할 것이나, 경찰봉을 제외한 경찰장구(수갑 · 포승 · 방패 등)는 신체에 위해를 가하기보다 주로 범죄진압 및 위험방지 등의 방어적 차원을 수반으로 한 용도로 사용하는 만큼 법정형으로 제한을 두는 것은 타당하지 않을 것으로 본다.

예컨대, 파출소에서 음주소란을 피우는 사람에게 간혹 수갑을 사용하는 경우를 종종 언론매체에서 접할 수 있는데, 그렇다면 이러한 단순 음주소란으로 인한 행위를 위에서 규정하고 있는 형벌로 무조건 처벌하는 것은 합당치 않을 것이다. 따라서 법률의 운영과 관련한 합리적 방침이 필요할 것으로 보인다.

같은 법 제10조의3제1항에서는 분사기 등의 사용대상을 모든 범인의 체포 · 도주의 방지 또는 불법집회 · 시위로 인하여 자기 또는 타인의 생명 · 신체와 재산 및 공공시설 안전에 대해 현저한 위해의 발생을 억제하기 위하여 부득이한 경우에만 사용하는 것으로 제한을 두고 있다. 이는 같은 법 제10조의2제1항의 경찰장구의 사용요건과 비교해 볼 때 국민의 자유 내지 권리의 침해라는 측면에서 볼 때에는 구분의 실익이 없으므로 경찰장구의 사용요건을 분사기 등의 사용요건과 동일하게 상호 일치시키는 것이 합당할 것이라 본다. 예컨대, 일반형사범 검거에 사용되는 가스총도 분사기에 포함된다고 할 때 가스총 사용과 관련한 행위를 놓고 당시의 현장 상황이 같은 법 제10조의2제1항에 해당하는지 아니면 같은 법 제10조의3제1항에 해당하는지를 구분하여 그 적법성을 따지지는 않을 것이라는 것이다.

일부 문헌에서는 같은 법 제10조의4제1항제1호에서는 사형 · 무기 또는 장기 3년 이상의 징역이나 금고에 해당하는 죄를 범하거나 범하였다고 의심할 만한 충분한 이유가 있는 자에 대하여 신체에 위해를 주는 무기를 사용한 것과 관련하여 범죄의 유형을 고려하지 않고 사기, 횡령, 절도 등의 재산범에도 적용하는 것은 법집행의 효율성에도 불구하고 법이론상 과잉대응이라는 비판을 면하기 어렵다고 주장하고 있다. 그리고 국민일반의 법감정에도 반한다고 주장을 하면서 이와 같이 법구성의 문제점을 제시하고 있다.

하지만 이러한 논리는 법해석상의 오류로 보인다. 왜냐하면, 같은 법 제10조의4에서는 단순히 법정형의 정도나 범죄유형을 무기사용의 기준으로 두고 있지 않으며, "경찰관의 직무집행에 대하여 항거하거나 도주하려고 할 때 …(중간 생략)… 무기를 사용하지 아니하고는 다른 수단이 없다고 인정되는 상당한 이유가 있을 때"라고 규정하고 있어 현장상황의 위급성(긴급성) 등을 판단기준으로 하고 있기 때문이다. 예를 들어 사기, 횡령, 절도 등 재산범을 검거(체포)하는 과정에서 무조건 「경찰관직무집행법」 제10조의4제1항제1호를 적용하는 것이 아니라 용의자 등이 칼이나 여타 도구를 사용하여 경찰관을 위협하고, 이러한 상황을 종합적으로 판단하여 무기사용 이외에는 다른 수단이 없다고 인정되는 상당한 이유가 있을 때에만 적용되는 것이다. 즉 재산범이라는 이유로 무조건 무기를 사용하는 것이 아니라는 것이다.

같은 법 제10조의4와 관련하여 제일 문제시 되는 것은 무기사용의 요건이 지나치게 까다롭고 모호하거나 일관성이 없다는 것이다. 현행법에서는 무기의 사용 요건으로는 중범죄를 범행한 범인이 경찰과 항거하거나 도주하려고 할 때, 체포 · 구속영장과 압수 · 수색영장을 집행하는 과정에서 경찰관의 직무집행에 대하여 항거하거나 도주하려고 할 때, 범인 또는 소요행위자가 무기 · 흉기 등 위험한 물건을 소지하고 경찰관과 계속 항거할 때 그리고 대간첩작전을 수행하는 경우에만 허용한다고 하고 있다. 하지만 이러한 규정들을 대상으로 발생한 사안(사건)에 있어서는 현장 실무자인 경찰관과 법관과의 해석상의 차이로 인하여 자칫 경찰의 업무수행이 「경찰관직무집행법」의 법적 취지와 헌법상 비례의 원칙에 반하는 결과를 가져올 수 있다는 것이다. 따라서 그 범위를 명확히 구체화하여 국민에게 법적 안정성을 제공할 필요가 있을 것으로 본다. 예컨대, 판례에서도 경찰관이 사용한 무기의 정당성을 놓고 그 발생사건에 따라 각각 다른 판결을 보이고 있다.[29)]

Ⅱ. 해양경찰의 작용법제

해양경찰이 수행하는 경찰권 행사는 공공의 안녕과 질서를 유지하고, 동시에 일반통치권에 기초하여 국민에게 명령 · 강제할 뿐만 아니라 자유를 제한하는 행정작용을 수반하고 있다. 따라서 경찰권 행사의 한계를 엄격하게 법률로써 규정하는 것은, 경찰기관으로서 업무수행의 명확한 근거를 내세우기 위한 필수요소가 된다.

특히 해양경찰은 21세기 해양시대를 맞이하여 해양행정 수요의 급격한 증가에 따른 해양 행정환경 변화에 능동적으로 대처하고, 갈수록 지능화 · 다양화 · 조직화되어가는 국내 · 외 해양범죄에 효과적으로 대응하기 위한 방안이 필요하다. 또한 해양경찰의 역할과 기능에 대해 국가 · 사회적 요구가 지속적으로 확대될 가능성이 있으므로 해양경찰 활동의 근거가 되는 경찰작용법의 정비는 시급히 요청된다.

해양경찰은 활동범위가 광범위할 뿐만 아니라 빠르게 변화하는 해양환경을

---

29) 경찰관이 범인을 제압하는 과정에서 총기를 사용하여 범인을 사망에 이르게 한 사안에서, 총기사용 행위에 대한 무죄판결이 확정된 것과 무관하게 민사상 불법행위책임을 인정한 사례(대법원 2008.2.1. 선고 2006다6713 판결). 경찰관이 도난번호판 부착차량의 운전자에게 수차례의 정지명령과 경고사격을 하였으나, 운전자가 도주하므로 그를 검거하기 위하여 실탄을 발사하여 허벅지 부위에 부상을 입힌 사안에서, 경찰관의 총기 사용이 적법하다고 본 사례(서울고법 2006.11.16. 선고 2006나43790 판결: 상고). 경찰관의 권총 사용이 허용범위를 벗어난 위법행위로서 정당방위에 해당하지 않는다고 판단한 원심판결을 파기한 사례(대법원 2004.3.25. 선고 2003도3842 판결) 등.

배경으로 하고 있기 때문에 충분히 이를 반영한 직무수행이 필요하다. 현재 해양경찰의 직무와 관련한 대표적 개별법으로는 「해양경비법」 이외에 해양에서 전개되는 여러 활동과 관련한 모든 법규를 의미하는 해사법규(海事法規)가 있다. 따라서 해양경찰의 작용과 관련한 개별법에 대한 전반적인 개념을 먼저 정리해 보고자 한다. 왜냐하면, 「해양경비법」이 제정되기 이전 해양경찰은 대부분의 업무를 수행하면서 여러 타 부처의 소관법률에 의존해 왔기 때문이다.

또한 해양경찰과 관련한 개별작용법을 살펴봄으로써 육상경찰과는 구별되는 해양경찰만의 특수한 업무적 특성을 살펴볼 수도 있다. 이에 더해 육상경찰과 구별해서 가장 뚜렷한 특징이라 할 수 있는 국제법과 관련한 업무에는 어떠한 법적 근거를 적용하는지에 대해서도 다루고자 한다.

1. 해사법규의 의의 및 종류

가. 해사법규의 의의[30]

해사법규 또는 해법 · 해사법(marine law, maritime law, law of admiralty)이라 함은 해양에 관한 국제법인 해양법(law of the sea)과는 다른 의미로 해사관계에 관한 법규의 전체를 의미한다. 여기에서 '해사관계'라 함은 선박에 의하여 해상에서 전개되는 항행활동에 직접적으로 관련된 생활관계를 말한다. 따라서 선박은 물론이거니와 그것을 운항하는 선원, 선박이 출 · 입항하는 항구 그리고 선박에 의하여 전개되는 해운 및 어업활동 등에 관한 법은 모두 해사법규에 속한다.[31]

또 다른 한편에서는 해사법(marine laws)이란 해사활동에 관한 법규범 전체를 일컫는 것으로 해법(maritime law)이라고도 한다. 여기서 '해사활동'이라 함

30) 일반적으로 '법규'는 넓은 뜻으로 성문의 법령(법률 · 명령 · 조례 · 규칙 등)을 의미하나, 좁은 뜻으로는 특수한 성질을 가지는 법규범을 가리킨다. 즉 법률을 포함하고 있는 개념이기도 하다. 따라서 본 저서에서는 해사법규의 범위를 해사 관련 법률(협약 포함)에 한정해서 그 범위를 명확히 하고자 하였다.

31) 박성일, 『신해사법규』, 해인출판사, 2007, 3면.

은 바다를 활동의 장소로 하여 전개되는 생활관계를 말하는데, '선박에 의하여 전개되는 항행활동'에 직접적으로 관련된 생활관계를 좁은 의미의 해사법이라고 말한다. 그러므로 선박은 말할 것도 없고 그것을 운항하는 선원 · 선박이 출입하는 항만, 선박에 의하여 전개되는 해상운송, 해상교통, 해상안전, 어업 및 수산업 활동, 해양레저활동 등과 관련된 법은 모두 좁은 의미의 '해사법' 영역에 속한다.

여기에 더하여 오늘날은 해양개발 및 해양환경보전과 관련된 각종 법규, 해양행정법규 등의 영역을 포함하는 넓은 의미의 해사활동에 관한 법규범을 모두 포함하여 넓은 의미의 해사법으로 분류하고 있다.[32)]

나. 해사법규의 분류

(1) 해사법규의 성질상 분류

해사법규는 해사에 관계되는 각종의 법규를 총칭하므로 그 법규의 성질이 다름에 따라 여러 가지로 분류할 수 있다. 우선 국제법인지 또는 국내법인지의 여부에 따라 해사국제법과 해사국내법으로 나눌 수 있다. 전자는 해사에 관한 국가 간의 관계를 규율하는 법을 총칭하며 주로 국제관습법과 조약으로 이루어지고, 후자는 한 개의 주권이 행사되는 범위 내에서 효력을 가지며 주로 그 나라의 내부관계를 규율하는 것을 목적으로 하는 법의 총칭이다.[33)]

(2) 해사공법과 해사사법[34)]

해사법규는 공법인가 사법인가에 따라 해사공법과 해사사법으로 나눈다. 해사공법은 해사에 관한 공법관계의 법이며, 해사사법은 실질적인 의미의 해상법을 가리킨다. 형법이 일반적으로 공법으로 분류되듯이 해사공법으로 분류될

---

32) 정영석, 『해사법규강의』, 해인출판사, 2007, 3면.

33) 박성일, 앞의 책, 3면.

34) 박성일, 앞의 책, 4면; 정영석, 앞의 책, 4면.

수 있는 법률은 다음과 같다.

해사공법에는 해상노동법규, 해상교통법규, 해상안전법규, 해양환경법규, 행정적 보호감독법규 등으로 나눌 수 있다. 해상노동법규에는 「선원법」과 「선원보험법」 등이 있으며, 해상교통법규 및 해상안전법규에 포함되는 것은 「선박안전법」, 「선박직원법」, 「해사안전법」, 「개항질서법」, 「도선법」, 「항로표지법」, 「측량·수로조사 및 지적에 관한 법률」, 「해양사고의 조사 및 심판에 관한 법률」, 「해상인명안전협약」, 「국제해상충돌예방규칙」 등이 있다. 그리고 해양환경법규에는 「해양환경관리법」 등이 있으며, 행정적 보호감독법규에 속하는 것은 「선박법」, 「국제선박등록법」 등이 있다. 이상 해사법규에 대한 개략적인 내용에 대해 살펴보았으며, 이에 더해 업무 유형별로 해양경찰의 직무와 직접 관련이 있는 주요 개별작용법 및 국제법규를 정리해 보면 〈표 5-2〉와 같다.

〈표 5-2〉 해양경찰의 주요 개별작용법 및 국제법규

업 무 유형별 분 류	해양정책법규	• 영해 및 접속수역법, 배타적 경제수역법 • 배타적 경제수역에서의 외국인 어업 등에 대한 주권적 권리의 행사에 관한 법률 • 해양과학조사법, 해저광물자원 개발법 • 해양생태계의 보전 및 관리에 관한 법률 • 해양생명자원의 확보·관리 및 이용 등에 관한 법률 • 공유수면 관리 및 매립에 관한 법률 • 습지보전법, 해양환경관리법 • 유류오염손해배상 보장법
	해운항만법규	• 해운법, 선박투자회사법, 항만운송사업법 • 선주상호보험조합법, 선원법, 항만법 • 선박직원법, 한국해운조합법, 어촌·어항법 • 항만공사법, 어선원 및 어선 재해보상보험법
	수산어업법규	• 수산업법, 어업자원보호법, 어장관리법 • 농수산물 품질관리법, 낚시 관리 및 육성법 • 수산업협동조합법, 수산자원관리법
	해상안전법규	• 유선 및 도선사업법, 선박법 • 선박안전법, 어선법, 해사안전법 • 개항질서법, 도선법, 수상레저안전법 • 수난구호법, 항로표지법 • 측량·수로조사 및 지적에 관한 법률

업 무 유형별 분 류	국제법규 (국내 수용법)	• 해상에 있어서의 수색 및 구조에 관한 협약(수난구호법) • 국제해상충돌예방규칙협약(해사안전법) • 해상에서의 인명 안전을 위한 국제협약(선박안전법, 항만법, 해사안전법) • 선원의 훈련, 자격증명 및 당직근무의 기준에 관한 국제협약(선박직원법, 선원법) • 선박으로부터의 오염방지를 위한 국제협약에 관한 1978년 의정서(해양환경관리법) • 폐기물 및 그 밖의 물질의 투기에 의한 해양 오염방지에 관한 협약(해양환경관리법, 폐기물관리법, 수질 및 수생태계 보전에 관한 법률 등) • 유류오염의 대비, 대응 및 협력에 관한 협약(해양환경관리법) • 마약 및 향정신성 물질의 불법거래방지에 관한 국제연합협약(마약류관리에 관한 법률, 마약류 불법거래방지에 관한 특례법) • 인질 억류방지에 관한 협약(형법 제336조(인질강도 등)) • 한 · 일, 한 · 중 수색구조 협정(수난구호법) • 형사사법공조조약(국제형사사법 공조법)
		• 항해의 안전에 대한 불법행위의 억제를 위한 협약(선박 및 해상구조물에 대한 위해행위의 처벌 등에 관한 법률) • 대륙붕에 소재한 고정플랫폼의 안전에 대한 불법행위의 억제를 위한 의정서(선박 및 해상구조물에 대한 위해행위의 처벌 등에 관한 법률) • 범죄인인도조약(범죄인 인도법) • 해양법에 관한 국제연합협약(영해 및 접속수역법, 배타적 경제수역법, 배타적 경제수역에서의 외국인 어업 등에 대한 주권적 권리의 행사에 관한 법률, 해양환경관리법, 어업자원보호법, 선박법, 어선법, 해사안전법, 해양과학조사법 등) • 난민의 지위에 관한 협약(출입국관리법) • 국제포경규제협약(수산업법) • 한 · 일, 한 · 중 어업협정(배타적 경제수역법, 배타적 경제수역에서의 외국인 어업 등에 대한 주권적 권리의 행사에 관한 법률) • 아시아에서의 해적행위 및 선박에 대한 무장 강도행위 퇴치에 관한 지역협력협정[35]
		• 유엔 공해어업이행협정(수산업법 등) • 위험 · 유해물질 해상운송책임협약(해양환경관리법 등) • 선박연료유 오염손해 민사책임협약(유류오염손해배상 보장법) • 수형자 이송 조약(몽골 · 중국 양자조약)(국제수형자이송법) • 수형자 이송 협약(국제수형자이송법) • 아포스티유(Apostille) 협약(재외공관 공증법 등) • 유엔부패방지협약(부패방지법 및 국민권익위원회의 설치와 운영에 관한 법률 등) • 선원 신분증명 협약(출입국관리법, 선원법, 여권법 등) • 국제노동기구(ILO) 석면협약(해양환경관리법, 건축법 등) • 스톡홀름협약(해양환경관리법) • 한 · 일 대륙붕 협정(해저광물자원 개발법 등)

출처: 해양경찰청, 국제해양법 실무서, 2011.

35) 해적행위 퇴치와 관련한 국내법은 아직까지 마련되어 있지 않으나, 해양경찰청은 2013년 5월 16일 (가칭) 「해적처리특별법」 제정을 위한 여 · 야 의원 공동주최 국회세미나를 개최하였다. 한편, 일본은 2009년 6월 「해적행위의 처벌 및 해적행위에의 대처에 관한 법률」을 제정 · 운영하고 있다.

2. 해양경찰청 소관 법령

가. 해양경찰청의 소관 법령현황

현재 해양경찰청에서 관장하고 있는 소관 법령은 안전관리분야, 경찰작용분야, 경찰행정일반 분야로 총 22개(법률 5개, 시행령 6개, 시행규칙 11개)를 운영하고 있으며, 그 세부적인 법령사항은 다음과 같다. 안전관리분야에 해당하는 법률로는 「수난구호법」, 「수상레저안전법」, 「유선 및 도선사업법」[36]이 있으며, 경찰작용과 관련한 법률로는 「해양경비법」 및 「밀항단속법」(법무부 공동운영)이 있다. 또한 경찰행정일반 분야에 관한 법률로는 「경찰공무원 보건안전 및 복지기본법」(경찰청 공동운영)이 있다. 그리고 각각의 해당 하위법령을 운영하고 있다.

그 밖에 경찰행정일반 분야에 관한 시행령 및 시행규칙은 다음과 같다. 시행령에는 「해양경찰청과 그 소속기관 직제」 및 「해양경찰청 소속 경찰공무원 임용에 관한 규정」이 있으며 각각의 해당 하위법령을 운영하고 있다. 그 외 시행규칙으로는 「해양경찰청 소속 경찰공무원 특수지근무수당 지급규칙」, 「해양경찰청 소속 경찰공무원임용령 시행규칙」, 「해양경찰청 소속 경찰공무원 승진임용규정 시행규칙」, 「해양경찰공무원 복제에 관한 규칙」, 「경찰공무원 급여품 및 대여품 규칙」(경찰청 공동운영), 「경범죄처벌법 시행규칙」(경찰청 공동운영)이 있다.

나. 중앙행정기관별 주요 소관법령 현황

다른 중앙행정기관의 소관법령 중 해양경찰의 직무와 관련한 주요 개별작용법을 살펴보면 앞서 언급한 바와 같이 먼저 외교부 소관법령 중에서는 「배타적 경제수역법」, 「영해 및 접속수역법」 등이 있으며, 해양수산부 소관법령 중에서는 「배타적 경제수역에서의 외국인어업 등에 대한 주권적 권리의 행사에 관한

---

36) 「유선 및 도선사업법」의 소관 부서는 소방방재청으로 해양경찰청에서는 소방방재청과 공동으로 시행규칙만 관장하고 있다.

법률」(일명 EEZ어업법), 「수산업법」, 「수산자원관리법」, 「어업자원보호법」, 「해사안전법」, 「개항질서법」, 「측량·수로조사 및 지적에 관한 법률」(국토교통부 공동운영), 「항로표지법」, 「선박위해법」(법무부 공동운영), 「국제항해선박 및 항만시설의 보안에 관한 법률」, 「해양환경관리법」 등이 있다.

반면, 일본에서는 이 중 일부 법률을 우리나라 해양경찰과 유사기관인 해상보안청에서 소관하고 있다. 해당 법률로는 우리나라 「해사안전법」에 해당하는 「해상충돌예방법」과 「해상교통안전법」이 있으며, 「개항질서법」에 해당하는 일본의 「항칙법」이 있다. 그리고 「측량·수로조사 및 지적에 관한 법률」에 해당하는 일본의 「수로업무법」이 있다.

뿐만 아니라 우리나라와 일본에서 동일한 법령명으로 입법된 「항로표지법」, 외국선박의 항해와 관련한 「영해 등에 있어서의 외국선박의 항행에 관한 법률」 또한 일본해상보안청의 소관법률로 운영되고 있다.

한편, 일본해상보안청의 소관법률 중 법적 성격이 유사한 우리나라 중앙행정부처(외교부, 해양수산부 등)의 소관법률과 그 목적을 상호비교해서 살펴보면, 선박의 안전운항, 선박교통의 안전 및 질서유지, 해상교통의 안전 등을 공통된 주요골자로 하고 있다. 따라서 해양의 안전과 관련된 법률은 해양경찰청의 소관으로 운영하는 것이 효율적이라 본다. 해당되는 법률로는 「해사안전법」, 「개항질서법」, 「측량·수로조사 및 지적에 관한 법률」, 「항로표지법」 등이 있을 수 있다. 이외 국내·외 선박으로부터의 치안확보를 통한 해양안전과 해양자원의 효율적인 보호·관리를 위해서 「배타적 경제수역법」, 「영해 및 접속수역법」, 「배타적 경제수역에서의 외국인어업 등에 대한 주권적 권리의 행사에 관한 법률」(일명 EEZ어업법), 「수산업법」, 「수산자원관리법」, 「어업자원보호법」, 「선박위해법」, 「국제항해선박 및 항만시설의 보안에 관한 법률」 등도 해양경찰청의 소관법률로 이관되는 것이 바람직하다 본다.[37)]

---

37) 「배타적 경제수역법」 및 「영해 및 접속수역법」 등은 외교부 소관법률로 운영되고 있다. 이는 우리나라 영해를 제외한 수역으로 일부 국제법적인 측면과 연관이 있기 때문인 것으로 보인

다. 해양경찰청의 소관 법령체계와 시사점

해양경찰의 경찰작용은 육상경찰과는 달리 다른 국가와의 주권 및 국제법적으로 밀접한 관계가 있다. 특히 해상에서의 경찰작용이라는 점[38)]에서 그 중요성은 크다 할 것이다. 또한 해양경찰은 해양에서 발생하는 다양한 사건 · 사고의 대부분을 담당하고 있다고는 하나, 주체적으로 관장하고 있는 법령이 몇 되지 않아 급속히 변화하는 사회환경에 능동적으로 대처하는데 있어 다소 애로사항이 있을 것으로 보인다.

우리나라는 해양과 관련한 여러 법령 대부분을 해양수산부 등 다른 여타 중앙행정부처에서 소관하고 있는 것으로 앞에서 서술한 바와 같다. 하지만 「해사안전법」, 「개항질서법」, 「항로표지법」 등 해양안전과 관련된 법률을 일본에서는 해상보안청과 같은 해양경찰의 역할을 담당하고 있는 기관에서 해당 소관법률로 관장하고 있는 점 등을 고려해 볼 때 우리나라도 중앙행정부처의 소관법률 중 해양경찰청으로 이관하는 것과 관련하여 면밀한 검토가 필요할 것으

다. 하지만 해적사건 등 국제 해양범죄 발생 시 외교부의 영사가 관련 업무를 단독으로 처리할 경우, 형사법 및 수사절차 등에 대한 전문성 부족과 주재국 해상치안기관과의 협조체제 미비로 신속한 대처가 미흡할 가능성이 높다. 이와 관련해서 해양경찰청 소속의 해외주재관은 해양 관련 사건 · 사고발생 시 주재국의 해상치안기관의 협조 및 해양경창청과의 공조로 사건을 신속하고 효율적으로 처리하고 있다. 한편, 해양경찰은 해적 등 해상범죄로부터 우리 선박과 선원을 보호함과 동시에 외국의 해양 관련 정보수집 능력과 현장대응능력을 발휘하여 중국, 말레이시아, 일본, 예멘 등 4개국에 해외주재관을 선발하여 파견하고 있다. 주재관은 3년 동안 파견국에서 활동하며, 밀입국 예방 및 단속 정보수집, 마약 · 테러 및 해적 등 국제성 범죄에 대응, 해양사고 발생에 따른 수색구조 · 해양환경 보호 등 후속조치, 재외국민 권익보호 활동 등 외교관으로서의 역할 및 국제 해양경찰로서의 역할을 수행하고 있다. 하지만 해외 정보수집 등 각종 국제업무 수행을 위해서는 우리 어선이 다수 출어하고 있는 러시아를 비롯하여 해적 다발지역인 아프리카지역의 해양경찰관 파견이 필요하며 이를 위해 외교부 등 관계부처와 협의하고 있다. 해양경찰은 해외주재관 파견을 통해 해외에서우리 국민의 생명과 재산을 보호하고 국제협력 활동을 더욱 강화해 나가고 있다(해양경찰청, 앞의 백서(2012), 376면). 따라서 국제법상의 장소적 측면만을 강조하여 무조건적으로 외교부 및 해양수산부 등의 소관법률로 관리 · 운영하고 있는 법률 중 실제 해양경찰청으로 이관하는 것이 더 효율적인 운영방안이 될 수 있을 지에 대해 충분한 검토가 필요하다 본다.

38) 한동훈 외 2인, "해양경비에 관한 법률 하위법령 제성", 한국법제연구원, 2010, 21면.

로 보인다. 마찬가지로 이와 관련해서도 앞에서 간략히 거론한 바 있다.

물론 소관 법령을 관장하는 개수의 정도로 조직의 중요도나 그 가치를 따질 수는 없다. 하지만 분명한 것은 이러한 소관 법령의 이관·확대는 해양경찰청의 활동을 독자적이고, 더 체계적으로 수행할 수 있게 할 것이다. 또한 지속적으로 증가하는 국민의 행정수요와 서비스 증대 욕구에도 훨씬 더 선제적으로 대응할 수 있을 것이라 본다. 이를 위해서는 우선, 해양경찰청의 조직 확대 개편이 이루어져야 할 것이며, 관련 분야에 해당하는 전문가의 지속적이고 적극적인 수용은 물론 업무추진체계의 종합적 정비가 필요할 것이다.

결국 이같은 해양경찰청 소관 법령의 확대는 조직의 안정적이고, 효율적인 운영과 함께 업무형태 개선 및 업무의 효율성을 극대화시키는데 영향력을 줄 수 있을 것이다. 또한 소관 법령의 확대 운영은 급변하는 해양환경 변화에 대비하여 가장 적절한 법체계의 구성을 예측하고, 이를 근거로 수반되는 조직운영의 방향성을 확립하는데 있어서도 도움이 될 것이다.

제2절 해양경비법의 주요내용과 개정 필요성

Ⅰ. 해양경비법 제정의 입법과정 및 법적 성격

1. 해양경비법 제정의 입법과정 및 사회적 배경

「해양경비법」은 최근 일부개정되었으나, 제정되기까지의 입법과정에 대해 간략히 살펴보면 다음과 같다. 2010년 2월 18일 「해양경비에 관한 법률」(안) 제정을 위한 공청회를 시작으로 2010년 8월 9일 법제처 심사의뢰 후 같은 해 9월 6일 심사 완료되었다. 하지만 경찰청과의 부처이견으로 약 두 달간 차관회의 상정이 보류되었다가 2010년 11월 11일 차관회의와 2010년 11월 16일 국무회의를 통과하여 2010년 11월 23일 국회에 발의되었다.

그 후 2010년 11월 24일 당시 국토해양위원회에 회부된 후 2011년 3월 7일 제3차 국토해양위원회, 2011년 10월 18일 제1차 법안심사소위원회의 상정과정을 거쳐, 2011년 10월 26일 제2차 국토해양위원회에서 수정가결 처리되었다. 그리고 마지막으로 2011년 11월 29일 제304회 제2차 본 회의에서 최종 처리된 후 2012년 2월 22일 「해양경비법」이 공포(공포번호 11372호)되고, 6개월 이후인 2012년 8월 23일부터 시행되어 지금에 이르게 된 것이다.[39] 추가로 「해양경비법」은 입법화되기까지의 과정뿐만 아니라 이에 수반된 사회적 배경도 중요하므로 간단히 살펴보고자 한다.

전 세계적으로 해양에 대한 관심이 높아지면서 많은 국가들의 경쟁은 날로 심화되고 있다. 우리나라도 이에 대한 미래지향적인 국토관리체제의 확립을 위하여 강력한 해양세력 확보는 물론 해상치안에 있어서도 능동적이고 효과적으로 대응하기 위한 필요성이 제기되는 등 해양경찰권의 다양한 기능을 요구하게 되었다. 이에 따라 해양경찰권 행사는 공공의 안녕과 질서유지의 차원을 넘어서 위험저지 또는 예방활동으로 그 목적이 확대되었다.

이와 같은 경찰활동의 목적 변화는 국내법 및 국제법과 국제적 관례에 따라 합리적으로 달성될 것을 필요로 하고 있다. 하지만 그동안 해양경찰의 경찰권 행사에 관한 독립된 근거법이 없고, 이로 인해 해양경찰권 행사에 많은 한계를 보임에 따라 그동안 해양경찰의 기본적 활동에 속하는 해양경비에 관한 사항에 대해 법적 기초를 부여하는 작업이 필요함과 동시에 시기적으로 아주 중요한 시점에 이르렀다는 주장이 지속적으로 제기되었다. 이는 결국 해양경찰 작용법의 입법화 작업으로 추진되고, 그 결과 「해양경비법」이 제정된 것이다.[40]

2. 해양경비법의 법적 성격

「해양경비법」은 「경찰관직무집행법」을 일부 따르도록 하고 있다. 이는 「경

---

39) 대한민국 국회, 의안정보시스템, 2013.5.18. 방문. 〈http://likms.assembly.go.kr〉

40) 한동훈 외, 앞의 보고서, 13~14면.

찰관직무집행법」의 법적 성격으로 거론되고 있는 문제점으로부터 자유롭지 못하다는 것을 뜻한다. 실제 「해양경비법」보다 수십 년 먼저 제정된 「경찰관직무집행법」은 육상경찰의 대표적 작용법으로서의 자격을 갖추고 있다고는 하나 다른 한편에서는 경찰작용과 관련한 일반법적 성격을 가지고 있는지, 그리고 개괄적 수권조항을 포함하는지에 대한 논란이 계속되고 있다. 이와 같은 맥락에서 「해양경비법」도 「경찰관직무집행법」과 마찬가지로 '해양경찰작용의 일반법'으로 볼 수 있느냐, 그리고 해양경찰작용에 관한 '개괄적 수권조항'을 포함하고 있는지를 살펴봄으로써 「해양경비법」의 법적 지위를 논할 수 있을 것이다.

그러나 앞서 「경찰관직무집행법」의 법적 성격을 논하면서 언급한 바와 같이 「해양경비법」이 일반법으로서의 자격은 그다지 중요한 것은 아니다. 다시 말해서 「해양경비법」의 법적 자격을 논하기 이전에 그 자체로서의 가치를 인정해야 한다. 나아가 각각의 개별적 수권조항이 의미하는 바가 법적 안정성을 유지하고 있는지에 대해 더 연구하고 지속적으로 관심을 가져 발전시켜 나갈 수 있는 노력들이 필요할 것이라 본다.

Ⅱ. 해양경비법의 입법취지[41)]

「해양경비법」은 선박 등이나 해양시설로 그 적용범위가 한정되어 있어 다소 제한적이라 할 수 있다. 또한 앞에서 언급한 해양경찰청의 하부조직별 직무범위를 놓고 볼 때에도 해양경찰의 전체적인 직무를 집행할 수 있는 입법구조를 가지고 있지 못하기 때문에 여타 나머지 직무를 수행함에 있어서는 「경찰관직무집행법」을 그대로 따라야 한다. 특히 경찰권 행사의 수단 중 가장 인권침해의 소지가 많은 무기의 사용 등과 관련해서는 「경찰관직무집행법」 대부분을

41) 'Ⅱ. 해양경비법의 입법취지'에서 거론되고 있는 법률 및 법조항은 「해양경비법」의 심의과정뿐만 아니라 당시에 논의된 것을 기준으로 작성하여 내용의 명확성을 높이고자 하였다. 현재 「정부조직법」 등 일부 법령은 최근에 들어 일부개정된 상태이다.

따르도록 하고 있다.

이처럼 「경찰관직무집행법」을 무조건적으로 받아들이는 것은 이미 앞서 서술한 바와 같이 동법의 일부 문제점으로 지적되고 있는 부분을 그대로 받아들이는 결과를 가져오므로 적질한 법직용이라 할 수 없다. 즉 업무를 수행하는데 있어 동법이 가지고 있는 문제점을 그대로 준용한다는 것은 합당한 업무형태라 할 수 없으므로 적절한 개선방안이 마련되어야 한다.

결과적으로 「해양경비법」은 육상경찰의 「경찰관직무집행법」과 같은 대표적인 작용법으로서의 위치를 가지기에는 미흡한 점을 내포하고 있는 것이다. 이러한 입법취지는 「해양경비법」을 입법화하는 과정에서 밝힌 법제처의 심사의견에서도 잘 나타나 있다. 그렇다면 「해양경비법」에 대한 법제처의 입장이 무엇인지에 대해 살펴볼 필요가 있을 것인데, 이에 대해서는 '「해양경비법」에 대한 심의경과 보고서'를 통해 확인하고자 한다.[42]

'심의경과보고서'에서는 해양경찰의 경우 해양경찰 관련 법령으로 「정부조직법」 제37조제3항(현재 제43조제2항) 이외에는 조직, 직무범위 및 경찰작용에 대한 별도의 근거규정을 두고 있지 아니하다고 평가하면서, 「경찰관직무집행법」 제1조를 근거로 해양경비를 포함한 해양경찰청의 활동 또한 본질적으로 일반사법경찰작용으로 볼 수 있으므로 「경찰관직무집행법」에 따라 그 경찰권 발동요건 등을 적용받아야 할 것이고, 비록 해양경찰의 활동공간적 범위가 해상이라는 이유로 경찰작용의 근거규범이 없다는 것은 옳지 않다는 주장을 하고 있다.

또한 주로 육상이라는 물리적 공간을 전제로 한 「경찰관직무집행법」과 달리 해상에서의 경찰작용, 즉 사람이 아닌 선박과 그에 속한 자원 등을 주된 대상으로 하여 해상항행 보호조치나 선박의 추적 · 나포, 해상검문검색, 해상경찰활동에 필요한 무기 및 장구의 사용 등은 국민의 신체 및 재산권 행사에 직접적이고 중대한 물리적 침해를 가져오는 권력적 작용이므로 이에 대한 명시적인

42) 안병준, 앞의 보고서, 104~105면.

법적 근거가 필요하다고 판단하고 있다. 이런 맥락으로 제한적 영역에서 「경찰관직무집행법」에 대한 특례적, 보충적 규범으로서 해양경비에 관한 일반적인 법제정의 필요성을 인정하고, 이것이 곧 해양경비활동에 관한 일반법적 지위를 가지게 된다고 피력하고 있다.

다시 말해서 한 마디로 요약하면, 해양경찰의 경찰권 행사와 관련한 법적 근거는 「경찰관직무집행법」이면 충분하나, 해양과 같은 제한적 영역에서는 특례적 · 보충적 규범으로서 「해양경비법」이 필요하다는 것이다. 그러나 이와 같은 '심의경과보고서'의 주장에는 상당수 모순된 부분이 있을 뿐만 아니라 해양경찰을 육상경찰이 할 수 없는 업무를 보조적으로 수행하는 행정기관으로 인식하고 있는 것이 아닌가 하는 의문을 갖게 한다.

먼저 '육상경찰과 해양경찰은 공히 일반사법경찰관리로서의 자격을 가지기 때문에 해양경찰은 「경찰관직무집행법」에 따라 그 경찰권 발동요건 등을 적용받아야 할 것이고, 해양경찰의 주된 활동범위가 해상이라는 이유만으로는 경찰작용의 근거법이 없다고 할 수 없다는 주장'과 관련하여 현행 「형사소송법」 제196조에 따라 육상경찰과 해양경찰은 같은 법적 위치에 있다는 점과 「해양경비법」이 제정되기 이전 해양경찰은 실제 「경찰관직무집행법」을 근거로 직무를 수행해 왔다는 점에서 일부 타당한 주장이라 할 수 있다. 또한 「경찰관직무집행법」을 해양경찰의 경찰권 발동요건으로 적용하는 것이 법적 문제가 없다고 하는 주장에 대해서도 현행 법리해석상 심각한 이견을 제시할 수 없을 것이다.

하지만 단순 해석상의 법적 문제를 논하기 이전에 그 적정성에 대해 심도 있는 검토가 먼저 이루어져야 할 것이다. 즉 이같은 법적용이 해양경찰 업무수행에 합당한지에 대한 종합적 검토가 수반되어야 한다.

실제 해양경찰이 「경찰관직무집행법」을 그대로 수용하여 적용하기에는 많은 어려운 점이 있다는 것은 예전부터 여러 학계 등에서 거론되어 왔다. 물론 이러한 입장은 앞서 언급한 바와 같이 「해양경비법」이 제정되기 이전의 주장이기는 하나, 해양경찰의 업무 전반에 대한 특성들을 살펴본다면 「경찰관직무집행법」을 그대로 적용하는데 있어서는 무조건적인 수용보다는 종합적인 검토가 필요하다.

현행법 중 경찰의 직무와 관련한 근거규범이 「경찰관직무집행법」밖에 없다고 해서 이를 무조건적으로 적용하는 것이 옳은가 하는 것이다.[43] 만약 그렇다고 하면 별도의 「해양경비법」을 제정할 것이 아니라 기존 「경찰관직무집행법」 제2조를 개정하여 현재 제1호부터 제6까지 규정된 경찰관 직무의 범위에 별도의 호(號)를 신설하여 가령 제7호 '해양에서의 단속과 각종 위해의 방지' 또는 '해양 …(무엇이든 합당한 내용을 반영)…'라는 조문을 추가하면 지금까지의 입법절차 없이도 해양경찰의 직무에 해당하는 근거법의 자격을 갖추고 있다는 논리와 다를 바가 없다. 즉 해양경찰의 직무상 특성이나 다른 여타 사회적 의견을 고려하지 않은 아주 단편적인 법리해석에 불과하다 할 것이다.

다음으로 '심의경과보고서'에서는 「해양경비법」 제정의 필요성에 대한 의견 중 '주로 육상이라는 물리적 공간을 전제로 한 「경찰관직무집행법」과 달리 해상에서의 경찰작용, 즉 사람이 아닌 선박과 그에 속한 자원 등을 주된 대상으로 한 여러 해상경찰활동에 있어 필요한 무기 및 장구의 사용 등은 국민의 신체 및 재산권 행사에 직접적이고 중대한 물리적 침해를 가져오는 권력적 작용이므로 이에 대한 명시적인 법적 근거가 필요하다는 판단'과 관련하여, 「경찰관직무집행법」은 육상에서의 경찰권 행사를 전제로 하고 있다는 것은 위에서의 법제처측의 주장[44]과는 상충된다.

물론 해양경찰의 직무범위가 해양에 국한된 것만이 아니므로 이에 대한 해석도 일정 부분은 공감하나, 위 '심의경과보고서'에서 주장하고 있는 '육상'의 의미

---

43) 현행 「경찰관직무집행법」은 '경찰작용에 관한 일반적 근거법'으로서 제구실을 다하지 못하고 있다는 비판이 광범위하게 제기되고 있으며, 이에 따라 효과적이고 합법적인 경찰권의 발동이 이루어질 수 있도록 입법적 개선대책이 시급하다는 평가를 받고 있다(김태진, 앞의 논문, 2면).

44) ⅰ) 해양경찰의 활동 공간적 범위가 해상이라는 이유로 경찰작용의 근거규범이 없다는 것은 옳지 않다. ⅱ) 해양경찰의 경찰권 행사와 관련한 법적 근거는 「경찰관직무집행법」이면 충분하나, 해양과 같은 제한적 영역에서는 특례적, 보충적 규범으로서 「해양경비법」이 필요하다는 것이다.

는 해양경찰을 배제하고 있는 것으로 보인다. 즉 「해양경비법」의 법적 근거가 필요하다는 주장을 펼치기 위한 논거에 불과하다는 것이다. 만일 '육상'이라는 문구 앞에 붙은 '주로'라는 수식어가 해양이라는 공간을 의미하는 것이라면 이는 해양경찰의 직무에 대한 특성을 전혀 고려하지 않고 판단한 것이라 본다.

또한 '심의경과보고서'에서는 '「해양경비법」을 해양이라는 제한적 영역에서 「경찰관직무집행법」에 대한 특례적, 보충적 규범으로서 해양경비에 관한 일반적인 법'이라고 판단하여 조건부 승인이라는 이미지를 주고 있다. 이는 해양경찰을 육상경찰의 보충적 업무를 수행하는 행정기관으로 해양경찰을 육상경찰의 하부조직 정도의 의미로 본 것이 아닌가 하는 것이다. 하지만 이러한 주장은 「정부조직법」이 개정되기 이전인 해양경찰이 내무부 혹은 경찰청 소속일 때나 타당한 주장이다.

현재는 명백히 다른 부처의 독립된 외청으로 그 지위가 분명하다 할 것이므로 아직까지 해양경찰을 육상경찰의 보충적 기능을 수행하는 기관으로 보는 것은 옳지 않다고 본다. 또한 이와 같은 법제처의 주장은 해양경찰의 조직적 특성을 면밀히 검토하지 않고, 앞에서와 마찬가지로 단지 관련법의 해석에 대한 측면만을 강조한 것으로 볼 수 있다.

그렇다면 이 또한 해양경찰의 직무범위 및 「경찰관직무집행법」이 내포하고 있는 문제점 등에 대한 다른 여타 사회적 의견을 고려하지 않은 아주 단편적인 해석에 불과한 것으로 볼 수밖에 없다. 그리고 해양경찰의 조직분위기가 육상경찰의 보충적 기능을 수행하는 것으로 인지하고 있을지는 모르나, 만약 그렇다면 하루빨리 개선되어야 할 부분이다.

Ⅲ. 해양경비법의 제정이유 및 구성[45)]

최근 「해양경비법」이 제정되면서 이는 해양경찰의 업무수행에 있어 제도적

45) 대한민국 국회, 의안정보시스템, 2013.5.18. 방문. 〈http://likms.assembly.go.kr〉

전환점이 되었다. 하지만 같은 법 제5조, 제17조 및 제18조에서는 직접적으로 「경찰관직무집행법」을 그대로 적용하여 따르도록 하고 있다. 뿐만 아니라 「해양경비법」은 전체적으로 「경찰관직무집행법」과 유사한 법적 분위기를 가지고 있다 할 것이므로 완전한 해양경찰만의 독립된 작용법으로서의 자격은 갖추지 못하고 있다.

따라서 「해양경비법」이 어떻게 구성되어 있는지에 대해 살펴보고, 「경찰관직무집행법」과 비교해서 어떠한 법적 특성을 가지고 있는지에 대해 알아보고자 한다.

1. 제정이유

급변하는 해양환경의 변화에 능동적으로 대처하여 해양안보를 수호하고 해양 자원을 보호하기 위한 해양경찰의 활동범위를 명확하게 하고, 해양경찰활동의 수행을 위한 해상검문검색, 선박의 추적 · 나포, 해상항행 보호조치 등의 대상 및 발동요건을 구체화하며, 해양경찰관이 사용 가능한 장비와 장구 등을 명시하여 해양경찰활동이 엄격한 법적 절차에 따라 진행되도록 하는 한편, 육상에서의 공공질서 및 치안의 확보 등을 주된 목적으로 하는 일반적인 경찰활동과는 다른 특성을 가진 해양경비 업무수행에 관한 법적인 근거를 마련함으로써 해양에서의 국민의 안전과 공공질서 유지에 이바지하려는 것을 주요골자로 하고 있다.

2. 주요내용

「해양경비법」의 주요내용을 살펴보면, 해양경비활동의 범위(제7조)로 해양경찰관은 해양안보, 해양치안 유지, 해양자원 보호 등을 위하여 해양범죄 예방, 해양오염 및 해양자원 보호조치, 해상경호, 대테러 및 대간첩작전 수행, 해양시설의 보호, 해상항행보호 등의 해양경비활동을 수행하도록 하고 있다. 또한 해상검문검색의 대상, 요건 및 절차(제12조)를 두어 해상검문검색의 법적 근거를 마련하였다. 이는 동법이 제정되기 이전 규정인 「경찰관직무집행법」상의 불심검문 규정을 해상에서의 선박에 대한 검문검색의 법적 근거로는 적용한 문제점을 해결하였다.

관련 내용으로는 법령이나 조약을 위반한 사실이 의심되는 선박 등에 대하여 주위의 사정을 합리적으로 판단하여 상당한 이유가 있는 경우 해상검문검색을 실시할 수 있도록 하고, 해상검문검색 시에 선장에게 담당 해양경찰관의 신분과 검문검색의 목적과 이유를 고지하도록 하고 있다. 이는 그동안 미흡한 법적 근거에 따라 수행되어 온 해상검문검색 활동에 대한 명확한 법적 근거를 제공할 것으로 기대하고 있다.

또한 선박 등에 대한 추적 및 나포(제13조)와 관련하여 해양 관련 개별법령에 해양경찰관이 법령, 조약 위반이 확실시되는 선박 등을 추적하여 나포할 수 있는 명확한 법적 근거가 없었다. 그러나 해상검문검색에 불응하고 도주하는 선박 등이나 법령, 조약 위반이 확실시되는 선박 등에 대하여 해양경찰관이 추적·나포할 수 있도록 하고, 외국선박에 대한 추적권 행사는 「해양법에 관한 국제연합 협약」을 따르도록 하는 근거 규정을 두고 있다.

다수의 선박 등이 다른 선박의 항행을 방해하는 등 해상집단행동을 할 경우 「집회 및 시위에 관한 법률」 및 「해사안전법」으로는 규제 및 단속을 하지 못한다는 문제점이 있었다. 하지만 해상항행 보호조치에 대한 대상 및 절차 등(제14조)이 마련되면서 다수의 선박 등이 다른 선박의 항행이나 입항·출항을 방해하거나 항구·포구 내외의 수역을 점거하는 행위, 임해 중요시설 앞 경비수역에서 위력적인 방법으로 항행하여 안전사고가 발생할 우려가 높은 행위를 하는 경우 선장에 대하여 경고, 이동·해산 명령 등 해상항행 보호조치를 취할 수 있는 법적 근거를 마련하여 해상집단행동에 효과적으로 대처할 수 있을 것으로 기대하고 있다.

무기 사용에 대한 요건(제17조)으로 무기 사용의 근거 규정인 「경찰관직무집행법」은 육상을 전제로 하고 있어 선박의 나포, 도주방지 등 해상에서의 무기 사용에 대한 법적 근거를 제시하지 못하는 문제점이 있었다. 그러나 해양경찰관은 경비활동 중 선박 나포와 범인의 체포, 선박과 범인의 도주방지 등을 위하여 무기를 사용할 수 있도록 하고, 선박이 선체나 무기·흉기 등 위험한 물건을 사용하여 경비세력을 공격할 경우 개인화기 및 공용화기를 사용할 수 있도록 함으로써 해상이라는 특수한 상황을 전제하지 않은 「경찰관직무집행법」의 한계를 극복하여 무기 사용에 대한 명확한 법적 근거를 제시할 것으로 기대되고 있다.

마지막으로 선박의 해상검문검색, 추적·나포, 해상항행 보호조치 등과 같은 특수한 경우 필요에 따라 사용되는 해양경찰장비로서 「경찰관직무집행법」에 포함되지 아니한 경찰장비 및 경찰장구의 종류와 그 사용기준을 규정하고 있지 못하다는 문제점이 있었다. 하지만 해양경찰장비 및 장구의 종류와 그 사용기준(제18조)을 마련하면서 「경찰관직무집행법」에서 규정하지 못한 해양경찰장비 등에 대한 종류와 그 사용기준을 대통령령으로 정하도록 명시하여 사람의 생명, 신체에 위해를 가할 수 있는 장비 등을 엄격한 법적 절차에 따라 사용하게 하고 있다.

3. 해양경비법의 구성

현행 「해양경비법」[시행 2013.5.22] [법률 제11810호, 2013.5.22, 일부개정]은 전문 제5장까지 총 22개의 조문과 부칙으로 구성되어 있으며, 전문 5개의 장은 각각 총칙, 해양경비활동, 무기 및 장비 등의 사용, 보칙, 벌칙으로 나누어 규정하고 있다.

제1조(목적)에서는 경비수역에서의 해양안보 확보, 치안질서 유지, 해양자원 및 해양시설 보호를 위하여 해양경비에 관한 사항을 규정함으로써 국민의 안전과 공공질서의 유지에 이바지함을 목적으로 하고 있다.

제2조(정의)에서는 이 법에서 사용하는 용어의 뜻을 정의하고 있는데 "해양경비"란 해양경찰청장이 경비수역에서 해양주권의 수호를 목적으로 행하는 해양안보 및 해양치안의 확보, 해양자원 및 해양시설의 보호를 위한 경찰권의 행사를 말한다(제1호). "경비수역"이란 대한민국의 법령과 국제법에 따라 대한민국의 권리가 미치는 수역으로서 연안수역, 근해수역 및 원해수역을 말한다(제2호). "연안수역"이란 「영해 및 접속수역법」 제1조 및 제3조[46]에 따른 영해 및 내수(「내수면어업법」 제2조제1호[47]에 따른 내수면은 제외한다)를 말한다(제3호). "근해수역"이란 「영해 및 접속수역법」 제3조의2[48]에 따른 접속수역을 말한다(제4호). "원해수역"이란 「해양수산발전 기본법」 제3조제1호[49]에 따른 해양 중 연안수역과 근해수역을 제외한 수역을 말한다(제5호). "해양자원"이란 「해양수산발전 기본법」 제3조제2호[50]에 따른 해양자원을 말한다(제6호). "해양시설"이란 「해양환경관리법」 제2조제17호[51]에 따른 해양시설을 말한다(제7호).

---

46) 「영해 및 접속수역법」 제1조(영해의 범위) 대한민국의 영해는 기선(基線)으로부터 측정하여 그 바깥쪽 12해리의 선까지에 이르는 수역(水域)으로 한다. 다만, 대통령령으로 정하는 바에 따라 일정수역의 경우에는 12해리 이내에서 영해의 범위를 따로 정할 수 있다.
제3조(내수) 영해의 폭을 측정하기 위한 기선으로부터 육지 쪽에 있는 수역은 내수(內水)로 한다.

47) 「내수면어업법」 제2조(정의) 이 법에서 사용하는 용어의 뜻은 다음과 같다.
1. "내수면"이란 하천, 댐, 호수, 늪, 저수지와 그 밖에 인공적으로 조성된 담수(淡水)나 기수(기수: 바닷물과 민물이 섞인 물)의 물흐름 또는 수면을 말한다.

48) 「영해 및 접속수역법」 제3조의2(접속수역의 범위) 대한민국의 접속수역은 기선으로부터 측정하여 그 바깥쪽 24해리의 선까지에 이르는 수역에서 대한민국의 영해를 제외한 수역으로 한다. 다만, 대통령령으로 정하는 바에 따라 일정수역의 경우에는 기선으로부터 24해리 이내에서 접속수역의 범위를 따로 정할 수 있다.

49) 「해양수산발전 기본법」 제3조(정의) 이 법에서 사용하는 용어의 정의는 다음과 같다.
1. "해양"이라 함은 대한민국의 내수 · 영해 · 배타적 경제수역 · 대륙붕 등 대한민국의 주권 · 주권적 권리 또는 관할권이 미치는 해역과 헌법에 의하여 체결 · 공포된 조약 또는 일반적으로 승인된 국제법규에 의하여 대한민국의 정부 또는 국민이 개발 · 이용 · 보전에 참여할 수 있는 해역을 말한다.

50) 「해양수산발전 기본법」 제3조(정의) 이 법에서 사용하는 용어의 정의는 다음과 같다.
2. "해양자원"이라 함은 개발 · 이용이 가능한 해양생물자원 · 해양광물자원 · 해양에너지 · 해양관광자원 및 해양공간자원 등 국가경제 및 국민생활에 유용한 자원을 말한다.

51) 「해양환경관리법」 제2조(정의) 이 법에서 사용하는 용어의 뜻은 다음과 같다.

"경비세력"이란 해양경찰청장이 해양경비를 목적으로 투입하는 인력, 함정, 항공기 및 전기통신설비 등을 말한다(제8호). "해상검문검색"이란 해양경찰청장이 경비세력을 사용하여 경비수역에서 선박 등을 대상으로 정선(停船) 요구, 승선(乘船), 질문, 사실 확인, 선체(船體) 수색이나 그 밖에 필요한 조치를 하는 것을 말한다(제9호). "선박 등"이란 「선박법」 제1조의2제1항[52]에 따른 선박(이하 "선박"이라 한다), 「수상레저안전법」 제2조제3호[53]에 따른 수상레저기구, 그 밖에 수상에서 사람이 탑승하여 이동 가능한 기구를 말한다(제10호). "임해 중요시설"이란 바다와 인접하고 있는 공공기관, 공항, 항만, 발전소, 조선소 및 저유소(貯油所) 등 국민경제의 기간(基幹)이 되는 주요 산업시설로서 대통령령으로 정하는 시설을 말한다(제11호).

---

17. "해양시설"이라 함은 해역(「항만법」 제2조제1호의 규정에 따른 항만을 포함한다. 이하 같다)의 안 또는 해역과 육지 사이에 연속하여 설치·배치하거나 투입되는 시설 또는 구조물로서 해양수산부령이 정하는 것을 말한다.

「항만법」 제2조(정의) 이 법에서 사용하는 용어의 뜻은 다음과 같다.

1. "항만"이란 선박의 출입, 사람의 승선·하선, 화물의 하역·보관 및 처리, 해양친수활동 등을 위한 시설과 화물의 조립·가공·포장·제조 등 부가가치 창출을 위한 시설이 갖추어진 곳을 말한다.

52) 「선박법」 제1조의2(정의) ① 이 법에서 "선박"이란 수상 또는 수중에서 항행용으로 사용하거나 사용할 수 있는 배 종류를 말하며 그 구분은 다음 각 호와 같다.

1. 기선: 기관(機關)을 사용하여 추진하는 선박[선체(船體) 밖에 기관을 붙인 선박으로서 그 기관을 선체로부터 분리할 수 있는 선박 및 기관과 돛을 모두 사용하는 경우로서 주로 기관을 사용하는 선박을 포함한다]과 수면비행선박(표면효과 작용을 이용하여 수면에 근접하여 비행하는 선박을 말한다)
2. 범선: 돛을 사용하여 추진하는 선박(기관과 돛을 모두 사용하는 경우로서 주로 돛을 사용하는 것을 포함한다)
3. 부선: 자력항행능력(自力航行能力)이 없어 다른 선박에 의하여 끌리거나 밀려서 항행되는 선박

53) 「수상레저안전법」 제2조(정의) 이 법에서 사용하는 용어의 뜻은 다음과 같다.

3. "수상레저기구"란 수상레저활동에 이용되는 선박이나 기구로서 대통령령으로 정하는 것을 말한다.

「수상레저안전법 시행령」 제2조(정의) ① 「수상레저안전법」(이하 "법"이라 한다) 제2조제3호에서 "대통령령으로 정하는 것"이란 다음 각 호의 어느 하나에 해당하는 것을 말한다.

1. 모터보트, 2. 동력요트, 3. 수상오토바이, 4. 고무보트, 5. 스쿠터, 6. 호버크래프트, 7. 수상스키, 8. 패러세일, 9. 조정, 10. 카약, 11. 카누, 12. 워터슬레드, 13. 수상자전거, 14. 서프보드, 15. 노보트

제3조(국가의 책무)에서는 국가는 경비수역에서의 해양안보 및 해양치안을 확보하고 해양자원 및 해양시설을 보호하기 위하여 해양경비에 필요한 제도와 여건을 확립하고 이를 위한 시책을 마련하여 추진하여야 한다고 규정하고 있다.

제4조(적용범위)에서는 이 법은 다음 각 호의 어느 하나에 해당하는 선박 등이나 해양시설에 대하여 적용하고 있는데, 경비수역에 있는 선박 등이나 해양시설, 경비수역을 제외한 수역에 있는 「선박법」 제2조[54]에 따른 대한민국 선박으로 그 범위를 정하고 있다.

제5조(다른 법률과의 관계)에서는 해양경비에 관하여 「통합방위법」에서 규정한 것을 제외하고는 이 법에서 정하는 바에 따르고, 해양경비에 관하여 이 법에서 규정한 것을 제외하고는 「경찰관직무집행법」을 적용한다고 하여 다른 법률과의 관계를 제시하고 있다.

제5조의2(해양경찰의 날)에서는 국민에게 해양주권 수호의 중요성을 널리 알리고 해양안전의식을 높이기 위하여 매년 9월 10일을 '해양경찰의 날'로 정하여 기념행사를 하도록 하고 있다.[55]

제2장에서는 해양경비활동에 대한 내용을 규정하고 있으며, 제6조(해양경비 기본계획의 수립)에서는 해양경찰청장은 해양경비활동을 효율적으로 수행하기 위하여 해양경비기본계획(이하 "기본계획"이라 한다)을 5년마다 수립하여 추진하게 하고 있으며, 기본계획에는 주변정세의 변화에 따른 해양치안 수요

---

54) 「선박법」 제2조(한국선박) 다음 각 호의 선박을 대한민국 선박(이하 "한국선박"이라 한다)으로 한다.

1. 국유 또는 공유의 선박
2. 대한민국 국민이 소유하는 선박
3. 대한민국의 법률에 따라 설립된 상사법인(商事法人)이 소유하는 선박
4. 대한민국에 주된 사무소를 둔 제3호 외의 법인으로서 그 대표자(공동대표인 경우에는 그 전원)가 대한민국 국민인 경우에 그 법인이 소유하는 선박

55) 국민에게 해양주권 수호의 중요성을 널리 알리고 해양안전 의식을 높이기 위하여 「배타적 경제수역법」 시행일인 9월 10일을 '해양경찰의 날'로 정하고 이를 기념하기 위한 행사를 개최하도록 하려는 것으로 2013년 5월 22일 일부개정(조문신설)되었다(대한민국 국회, 의안정보시스템, 2013.7.16. 방문. 〈http://likms.assembly.go.kr〉).

분석에 관한 사항, 해양치안 수요에 따른 경비세력의 운용방안 및 국제공조에 관한 사항, 경비세력 증감에 대한 전망 및 인력 · 재원의 조달에 관한 사항, 경비수역별 특성에 알맞은 경비방법에 관한 사항, 그 밖에 해양경비 운용에 필요한 사항을 두도록 하고 있다. 또한 해양경찰청장은 기본계획을 수립하려는 경우에는 외교부장관, 국방부장관, 경찰청장 등 관계 중앙행정기관의 장 및 특별시장 · 광역시장 · 도지사 · 특별자치도지사(이하 "시 · 도지사"라 한다)의 의견을 들어야 하며, 수립된 기본계획에 따라 매년 전년도 해양경비 실적이나 치안여건 등을 분석하여 해당 연도의 중점 경비대상과 달성목표 등을 포함한 연간 해양경비계획을 수립하여야 한다고 규정하고 있다.

제7조(해양경비활동의 범위)에서는 해양경찰청 소속 경찰공무원(이하 "해양경찰관"이라 한다)은 다음 각 호의 어느 하나에 해당하는 해양경비활동을 수행한다고 하여 그 활동의 범위를 다음과 같이 규정하고 있는데 해양 관련 범죄에 대한 예방, 해양오염 방제 및 해양자원 보호에 관한 조치, 해상경호, 대(對)테러 및 대간첩작전 수행, 해양시설의 보호에 관한 조치, 해상항행 보호에 관한 조치, 그 밖에 경비수역에서 해양경비를 위한 공공의 안녕과 질서유지로 하고 있다.

제8조(권한남용의 금지)에서는 해양경찰관은 이 법에 따른 직무를 수행할 때 권한을 남용하여 개인의 권리 및 자유를 침해하여서는 아니된다고 규정하고 있으며, 제9조(경비세력의 해외파견)에서는 해양경찰청장은 국제협력을 위한 국가 간 합동훈련 및 구호활동을 위하여 대통령령으로 정하는 바에 따라 경비세력의 일부를 외국에 파견할 수 있다고 명시하였다.

제10조(협의체의 설치 및 운영)에 있어서는 해양경찰청장은 해양경비활동과 관련하여 긴급한 사안이 있을 경우 신속한 정보의 수집 · 전파 등 업무협조를 위하여 외교부, 해양수산부 및 경찰청 등 관계기관과 협의체를 설치하여 운영할 수 있고, 이에 따른 협의체의 설치 및 운영 등에 필요한 사항은 대통령령으로 정하고 있다.

제11조(경비수역별 중점 경비사항)에서는 해양경찰청장은 경비수역의 구분에 따라 경비세력의 배치와 중점 경비사항을 달리할 수 있다하여 수역별 경비사항을 구분짓고 있는데, 연안수역에서는 해양관계 국내법령을 위반한 선박 등의 단속 등 민생치안 확보 및 임해 중요시설의 보호경비를 근해수역에서는 「영해 및 접속수역법」 제6조의2[56]에 따른 법령을 위반한 외국선박의 단속을 위한 경비를 원해수역에서는 해양자원 및 해양시설의 보호, 해양환경의 보전 · 관리, 해양과학조사 실시 등에 관한 국내법령 및 대한민국이 체결 · 비준한 조약을 위반한 외국선박의 단속을 위한 경비를 하도록 하고 있다.

제12조(해상검문검색)에서는 해양경찰관은 해양경비활동 중 다음 각 호의 어느 하나에 해당하는 선박 등에 대하여 주위의 사정을 합리적으로 판단하여 상당한 이유가 있는 경우 해상 검문검색을 실시할 수 있다. 다만, 외국선박에 대한 해상검문검색은 대한민국이 체결 · 비준한 조약 또는 일반적으로 승인된 국제법규에 따라 실시한다고 하여 다른 선박의 항행 안전에 지장을 주거나 진로 등 항행상태가 일정하지 아니하고 정상적인 항법을 일탈하여 운항되는 선박 등, 대량파괴무기나 그 밖의 무기류 또는 관련 물자의 수송에 사용되고 있다고 의심되는 선박 등, 국내법령 및 대한민국이 체결 · 비준한 조약을 위반하거나 위반행위가 발생하려 하고 있다고 의심되는 선박 등을 대상으로 해양경찰관은 해상검문검색을 목적으로 선박 등에 승선하는 경우 선장(선박 등을 운용하는 자를 포함한다)에게 소속, 성명, 해상검문검색의 목적과 이유를 고지하여야 한다 등의 세부내용을 언급하고 있다.

---

56) 「영해 및 접속수역법」 제6조의2(접속수역에서의 관계 당국의 권한) 대한민국의 접속수역에서 관계 당국은 다음 각 호의 목적에 필요한 범위에서 법령에서 정하는 바에 따라 그 직무권한을 행사할 수 있다.

1. 대한민국의 영토 또는 영해에서 관세 · 재정 · 출입국관리 또는 보건 · 위생에 관한 대한민국의 법규를 위반하는 행위의 방지
2. 대한민국의 영토 또는 영해에서 관세 · 재정 · 출입국관리 또는 보건 · 위생에 관한 대한민국의 법규를 위반한 행위의 제재

제13조(추적 · 나포)에서는 해양경찰관은 제12조에 따른 해상검문검색에 따르지 아니하고 도주하는 선박 등, 해당 경비수역에서 적용되는 국내법령 및 대한민국이 체결 · 비준한 조약을 위반하거나 위반행위가 발생하려 하고 있다고 확실시되는 상당한 이유가 있는 선박 등에 대해서는 추적 · 나포(拿捕)할 수 있다. 다만, 외국선박에 대한 추적권의 행사는 「해양법에 관한 국제연합협약」 제111조에 따른다고 명시하고 있다.

제14조(해상항행 보호조치)에서는 해양경찰관은 경비수역에서 선박 등이 본래의 목적을 벗어나 다른 선박 등의 항행 또는 입항 · 출항 등에 현저히 지장을 주는 행위, 선박 등이 항구 · 포구 내외의 수역과 지정된 항로에서 무리를 지어 장시간 점거하거나 항법상 정상적인 횡단방법을 일탈하여 다른 선박 등의 항행에 지장을 주는 행위, 임해 중요시설 경계 바깥쪽으로부터 1킬로미터 이내 경비수역에서 선박 등이 무리를 지어 위력적인 방법으로 항행 또는 점거함으로써 안전사고가 발생할 우려가 높은 행위를 하는 선박 등의 선장(선박 등을 운용하는 자를 포함한다)에 대하여 경고, 이동 · 해산 명령 등 해상항행 보호조치를 할 수 있다. 다만, 외국선박에 대한 해상항행 보호조치는 연안수역에서만 실시한다고 규정하고 있으며, 이에 따른 해상항행 보호조치에 관한 절차는 해양수산부령으로 정한다고 규정하고 있다.[57)]

---

57) 현행 「해양경비법」 제14조에서는 해양경찰이 해양사고 방지를 위해 사고 발생 우려가 높은 선박을 안전한 해역으로 이동시킬 수 있는 이동명령권만 부여하고 있고, 이동명령에 불응한 선박을 안전한 해역으로 강제 이동할 수 있는 법적인 근거가 없는 실정이다. 이에 특히 국외 선박에 대한 통제협조가 잘 이루어지지 않고 있는 상황이다. 따라서 동법 제14조는 해양사고의 발생이 임박한 경우 해양경찰관에게 위험선박을 즉시 이동 · 피난할 수 있도록 선박 강제 피항 조치권을 부여함으로써 해양사고를 예방하고 해양사고로 인한 피해를 최소화하여 국민의 생명과 재산을 보호하려는 것을 주요내용으로 2013년 8월 13일 개정되었으며, 시행일자는 2014년 2월 14일이다.

제14조(해상항행 보호조치 등) ① 해양경찰관은 경비수역에서 다음 각 호의 어느 하나에 해당하는 행위를 하는 선박 등의 선장에 대하여 경고, 이동 · 해산 명령 등 해상항행 보호조치를 할 수 있다. 다만, 외국선박에 대한 해상항행 보호조치는 연안수역에서만 실시한다.

1. 선박 등이 본래의 목적을 벗어나 다른 선박 등의 항행 또는 입항 · 출항 등에 현저히 지

제15조(지원요청)에서는 해양경찰관서의 장은 해양경비활동 중 긴급하게 지원이 필요한 경우에는 인근에 있는 행정기관에 선박 및 항공기 등의 지원을 요청할 수 있으며, 지원요청을 받은 행정기관의 장은 정당한 사유가 없는 한 이에 따라야 한다고 규정하고 있다.

제16조(해양경비 교육훈련)에서는 해양경찰청장은 해양경비를 원활하게 수행하기 위하여 함정 승조원 및 항공요원 등 경비인력에 대한 교육훈련, 함정·항

장을 주는 행위

2. 선박 등이 항구·포구 내외의 수역과 지정된 항로에서 무리를 지어 장시간 점거하거나 항법상 정상적인 횡단방법을 일탈하여 다른 선박 등의 항행에 지장을 주는 행위
3. 임해 중요시설 경계 바깥쪽으로부터 1킬로미터 이내 경비수역에서 선박 등이 무리를 지어 위력적인 방법으로 항행 또는 점거함으로써 안전사고가 발생할 우려가 높은 행위

② 해양경찰관은 경비수역(이 항에서 「개항질서법」에 따른 개항의항계안 등의 수역은 제외한다)에서 다음 각 호의 어느 하나에 해당하는 사유로 선박 등이 좌초·충돌·침몰·파손 등의 위험에 처하여 인명·신체에 대한 위해나 중대한 재산상 손해의 발생 또는 해양오염의 우려가 현저한 경우에는 그 선박 등의 선장에 대하여 경고, 이동·피난 명령 등 안전조치를 할 수 있다. 다만, 외국선박에 대한 안전조치는 연안수역에서만 실시한다.

1. 태풍, 해일 등 천재(天災)
2. 위험물의 폭발 또는 선박의 화재
3. 해상구조물의 파손

③ 해양경찰관은 선박 등의 통신장치 고장 등의 사유로 제2항에 따른 명령을 할 수 없거나 선박 등의 선장이 제2항에 따른 명령에 불응하는 경우로서 인명·신체에 대한 위해, 중대한 재산상 손해 또는 해양오염을 방지하기 위하여 긴급하거나 불가피하다고 인정할 때에는 합리적으로 판단하여 필요한 한도에서 다음 각 호의 조치를 할 수 있다.

1. 선박 등을 안전한 곳으로 이동시키는 조치
2. 선박 등의 선장, 해원(海員) 또는 승객을 하선하게 하여 안전한 곳으로 피난시키는 조치
3. 그 밖에 대통령령으로 정하는 조치

④ 해양경찰관은 제3항에 따른 조치를 하려는 경우에는 선박 등의 선장에게 자신의 신분을 표시하는 증표를 제시하고 조치의 목적·이유 및 이동·피난 장소를 알려야 한다. 다만, 기상상황 등으로 선박에 승선할 수 없는 경우에는 무선통신 등을 이용하여 자신의 신분 고지 등을 할 수 있다.

⑤ 해양경찰서장은 제3항제1호에 따른 이동조치와 관련하여 발생한 비용을 대통령령으로 정하는 선박 등의 소유자에게 부담하게 할 수 있다.

⑥ 제1항부터 제4항까지에 따른 해상항행 보호조치 등에 필요한 사항은 해양수산부령으로 정한다.

공기 등을 이용한 종합훈련을 실시할 수 있다고 규정하고 있다.

제3장에서는 무기 및 장비 등의 사용 등에 관한 규정을 언급하고 있다. 자세히 살펴보면, 제17조(무기의 사용)에서는 해양경찰관은 해양경비활동 중 선박 등의 나포와 범인을 체포하기 위한 경우, 선박 등과 범인의 도주를 방지하기 위한 경우, 자기 또는 다른 사람의 생명·신체에 대한 위해(危害)를 방지하기 위한 경우, 또한 공무집행에 대한 저항을 억제하기 위한 경우에는 무기를 사용할 수 있다. 이 경우 무기사용의 기준은 「경찰관직무집행법」 제10조의4에 따른다고 규정하고 있다. 또한 선박 등과 범인이 선체나 무기·흉기 등 위험한 물건을 사용하여 경비세력을 공격한 때와 대간첩·대테러 작전 등 국가안보와 관련되는 작전을 수행하는 때에는 개인화기(個人火器) 외에 공용화기를 사용할 수 있다고 명시하고 있다.[58]

제18조(해양경찰장비 및 장구의 사용)에서는 해양경찰관은 「경찰관직무집행법」 제10조제2항 및 제10조의2제2항에 따른 경찰장비 및 경찰장구 외에 해상검문검색 및 추적·나포 시 선박 등을 강제 정선, 차단 또는 검색하는 경우 경비세력에 부수되어 운용하는 경찰장비 및 경찰장구, 선박 등에 대한 이동·해산 명령 등 해상항행 보호조치에 필요한 경찰장비 및 경찰장구, 그리고 앞의 경찰장비 및 경찰장구 외에 정당한 직무수행 중 경비세력에 부당하게 저항하거나 위해를 가하려 하는 경우 경비세력의 자체 방호를 위한 경찰장비 및 경찰장구를 사용할 수 있도록 하였고, 그 사용기준은 대통령령으로 정한다고 규정

58) 현행 「해양경비법」 제17조에서는 해양경찰관은 해양경비활동 중 필요한 경우 무기를 사용할 수 있지만 해상이라는 특수성을 고려하지 않고 그 사용범위를 엄격히 제한하고 있어 해양경찰의 경비업무에 어려움이 있는 것으로 판단하고 있다. 이에 해양경찰관의 해양경비활동이 「형법」 제20조에 따른 정당행위에 해당하는 경우 무기를 사용할 수 있도록 함으로써 위험을 무릅쓰고 해양주권을 수호하는 해양경찰의 정당한 직무수행을 보장하려는 것을 주요내용으로 한 개정(안)이 발의되어 2013년 8월 16일 현재 소관위(농림축산식품해양수산위원회)에 접수된 상태이다(안 제17조제1항제5호 신설). 주요내용을 살펴보면 다음과 같다(윤후덕 의원 대표발의, 2013년 3월 8일; 대한민국 국회, 의안정보시스템, 2013.8.18. 방문. 〈http://likms.assembly.go.kr〉).
제17조(무기의 사용) 5. 「형법」 제20조에 따른 정당행위에 해당하는 경우

하고 있다.

제4장에서는 보칙에 대한 내용을 규정하고 있다. 제19조(협조요청)에서는 해양경찰청장은 제7조제1호부터 제5호까지의 규정에 따른 해양경비활동을 하기 위하여 필요한 경우 관계 행정기관의 장에게 정보의 제공 등 협조를 요청할 수 있다고 하였다.

제20조(경비수역 내 점용 · 사용허가 등의 통보)에서는 해양수산부장관, 특별자치도지사 · 시장 · 군수 · 구청장(자치구의 구청장을 말한다. 이하 같다)은 경비수역에서 「공유수면 관리 및 매립에 관한 법률」 제8조[59]에 따른 공유수면

---

59) 「공유수면 관리 및 매립에 관한 법률」 제8조(공유수면의 점용 · 사용허가) ① 다음 각 호의 어느 하나에 해당하는 행위를 하려는 자는 대통령령으로 정하는 바에 따라 공유수면관리청으로부터 공유수면의 점용 또는 사용(이하 "점용 · 사용"이라 한다)의 허가(이하 "점용 · 사용허가"라 한다)를 받아야 한다. 다만, 제28조에 따라 매립면허를 받은 자가 매립면허를 받은 목적의 범위에서 해당 공유수면을 점용 · 사용하려는 경우에는 그러하지 아니하다.

1. 공유수면에 부두, 방파제, 교량, 수문, 건축물(「건축법」 제2조제1항제2호에 따른 건축물로서 공유수면에 토지를 조성하지 아니하고 설치한 건축물을 말한다. 이하 이 장에서 같다), 그 밖의 인공구조물을 신축 · 개축 · 증축 또는 변경하거나 제거하는 행위
2. 공유수면에 접한 토지를 공유수면 이하로 굴착(掘鑿)하는 행위
3. 공유수면의 바닥을 준설(浚渫)하거나 굴착하는 행위
4. 대통령령으로 정하는 포락지 또는 개인의 소유권이 인정되는 간석지를 토지로 조성하는 행위
5. 공유수면으로부터 물을 끌어들이거나 공유수면으로 물을 내보내는 행위. 다만, 해양수산부령으로 정하는 행위는 제외한다.
6. 공유수면에서 흙이나 모래 또는 돌을 채취하는 행위
7. 공유수면에서 식물을 재배하거나 베어내는 행위
8. 공유수면에 흙 또는 돌을 버리는 등 공유수면의 수심(水深)에 영향을 미치는 행위
9. 점용 · 사용허가를 받아 설치된 시설물로서 국가나 지방자치단체가 소유하는 시설물을 점용 · 사용하는 행위
10. 공유수면에서 「광업법」 제3조제1호에 따른 광물을 채취하는 행위
11. 제1호부터 제10호까지에서 규정한 사항 외에 공유수면을 점용 · 사용하는 행위

② 공유수면관리청은 제1항제1호에 따른 건축물의 신축 · 개축 및 증축을 위한 허가를 할 때에는 대통령령으로 정하는 건축물에 대하여만 허가하여야 한다.

③ 공유수면관리청은 점용 · 사용허가를 하려는 경우에는 대통령령으로 정하는 바에 따라 관계 행정기관의 장과 미리 협의하여야 한다.

④ 점용 · 사용허가를 받은 자가 그 허가사항 중 점용 · 사용 기간 및 목적 등 대통령령으로 정하는 사항을 변경하려는 경우에는 공유수면관리청의 변경허가를 받아야 한다.

점용·사용허가를 하는 경우 제7조제1호부터 제5호까지의 규정에 따른 해양경비활동에 중대한 지장을 줄 것으로 인정할 때에는 해양경찰청장, 지방해양경찰청장 또는 관할 해양경찰서장에게 그 사실을 통보하여야 한다고 규정하고 있다.

또한 해양수산부장관은 「항만법」 제9조제1항[60]에 따른 항만시설의 신설·개축(改築)·유지·보수 및 준설 등에 관한 공사를 시행하는 경우 제7조제1호부터 제5호까지의 규정에 따른 해양경비활동에 중대한 지장을 줄 것으로 인정할 때에는 해양경찰청장, 지방해양경찰청장 또는 관할 해양경찰서장에게 그 사실을 통보하여야 한다고 규정하고 있다. 해양수산부장관, 시·도지사 또는 시장·군수·구청장은 「어촌·어항법」 제23조제1항[61]에 따른 어항개발사업을 시행하는 경우 제7조제1호부터 제5호까지의 규정에 따른 해양경비활동에 중대한 지장을 줄 것으로 인정할 때에는 해양경찰청장, 지방해양경찰청장 또는 관할 해양경찰서장에게 그 사실을 통보하여야 하며, 시·도지사 또는 시장·군수·구청장은 「수산업법」 제8조에 따른 어업 면허를 하는 경우 제7조 각 호에 따른 해양경비

---

⑤ 제4항에 따른 변경허가에 관하여는 제3항을 준용한다.
⑥ 공유수면관리청은 점용·사용허가 또는 제4항에 따른 변경허가를 하였을 때에는 대통령령으로 정하는 바에 따라 그 내용을 고시하여야 한다.
⑦ 공유수면관리청은 점용·사용허가를 하는 경우 해양환경·생태계·수산자원 및 자연경관의 보호, 그 밖에 어업피해의 예방 또는 공유수면의 관리·운영을 위하여 필요하다고 인정하는 경우에는 점용·사용의 방법 및 관리 등에 관한 부관(附款)을 붙일 수 있다.
⑧ 점용·사용허가를 받은 자는 그 허가받은 공유수면을 다른 사람이 점용·사용하게 하여서는 아니된다. 다만, 국방 또는 자연재해 예방 등 공익을 위하여 필요한 경우로서 공유수면관리청의 승인을 받은 경우에는 그러하지 아니하다.

60) 「항만법」 제9조(항만공사의 시행자 등) ① 항만시설(항만구역 밖에 설치하려는 제2조제5호 각 목의 어느 하나에 해당하는 시설로서 장래에 해양수산부장관이 항만시설로 지정·고시할 예정인 시설을 포함한다)의 신설·개축·유지·보수·준설(浚渫) 등에 관한 공사(이하 "항만공사"라 한다)는 해양수산부장관이 시행한다. 다만, 항만공사에 관하여 이 법 또는 다른 법률에 특별한 규정이 있으면 그 규정에 따른다.

61) 「어촌·어항법」 제23조(어항개발사업의 시행) ① 어항개발사업은 이 법 또는 다른 법률에 특별한 규정이 있는 경우를 제외하고는 지정권자가 시행한다.

활동과 관련이 있는 사항에 대하여는 관할 해양경찰서장에게 통보하여야 한다고 규정하고 있다. 또한 구체적인 통보사항 및 절차는 해양수산부령으로 정한다고 하고 있다.

제5장에서는 세부 벌칙조항 등을 두고 있는데 제21조(벌칙)에서는 제14조제1항에 따른 이동·해산 명령을 거부, 방해 또는 기피한 자는 6개월 이하의 징역 또는 500만 원 이하의 벌금에 처하고 있다.[62] 또한 제22조(과태료)에서는 제12조제1항에 따른 해상검문검색을 정당한 사유 없이 거부, 방해 또는 기피한 자에게는 300만 원 이하의 과태료를 부과한다고 하였으며, 과태료는 대통령령으로 정하는 바에 따라 해양경찰청장이 부과·징수한다고 규정하고 있다.

Ⅳ. 경찰관직무집행법과의 비교

위에서 살펴본 바와 같이 「해양경비법」은 「경찰관직무집행법」과 비교해서 형식적 구성은 차이를 보이고 있으나, 전체적인 법체계에 있어서는 상당히 유사한 부분이 있다.

해양경찰의 주된 활동영역이 해양이라는 측면을 제외한다면 경찰권 행사에 대한 근거법을 제시하고 있는 법적 취지는 동일하다.

「해양경비법」의 개별적 수권조항은 일부개정 작업이 필요할 것으로 보이나, 여기서 주목할 만한 것은 동법의 몇몇 법조항은 오히려 「경찰관직무집행법」의 문제점으로 거론되고 있는 부분을 보완하여 제정되었을 뿐만 아니라 정반대의 운영체제를 가지고 있다는 것이다.

예컨대, 「해양경비법」 제7조 해양경비활동의 범위 중 '그 밖에 경비수역에서 해양경비를 위한 공공의 안녕과 질서유지(제6호)'는 「경찰관직무집행법」 제2조

62) 앞에서 언급한 「해양경비법」 제14조의 개정에 따라 제21조(벌칙)는 제14조에 따른 이동·해산·피난 명령 또는 이동·피난 조치를 거부, 방해 또는 기피한 자는 6개월 이하의 징역 또는 500만 원 이하의 벌금에 처하는 것으로 개정되었다.

직무의 범위 중 '기타 공공의 안녕과 질서유지(제6조)'보다 업무를 수행하는데 있어서의 법적 근거를 좀더 포괄적이고 명확하게 언급하고 있어 개괄적 수권조항으로서의 자격에 가깝다 할 수 있다. 이는 「경찰관직무집행법」이 개괄적 수권조항을 포함하고 있지 않은 미흡한 점을 일부 보완했다고 할 수 있을 것이다.

그리고 「해양경비법」 제12조제2항에서는 해상검문검색을 목적으로 선박 등에 승선하는 경우 선장 등에게 소속, 성명, 해상검문검색의 목적과 이유만을 고지하도록 하고 있으며, 별도의 신분을 표시하는 증표를 제시할 것을 요구하고 있지 않다. 이는 불심검문을 하는 경찰관에게 소속, 성명 등 고지의 의무 이외에 별도의 신분을 표시하는 증표를 제시할 것을 의무화하고 있는 「경찰관직무집행법」 제3조제4항의 문제점으로 제기되고 있는 불합리한 부분을 개선한 것이라 할 수 있다.

또한 「해양경비법」 제12조에서는 제목을 '해상검문검색'이라고 규정하고 있어 「경찰관직무집행법」 제3조에서 '불심검문'이라는 제목으로 인한 문제점을 개선한 것으로 보인다. 뿐만 아니라 「해양경비법」 제12조는 강제조치 규정의 성격을 내포하고 있는 반면, 「경찰관직무집행법」 제3조는 임의조치 규정을 원칙으로 동행의 요건을 당해인의 의사에 따르는 것으로 규정하고 있어 법률의 운영방식에 있어 차이를 보이고 있다. 이는 업무의 원활한 수행을 위해서는 어느 정도의 강제조치가 필요할 것이고, 검문검색이라는 업무의 성질이나 특성상 임의조치보다는 강제조치가 그 법적 취지에 더 합당할 수 있다. 그러나 이런 경우 자칫 인권침해의 논란이 있을 수 있기 때문에 무조건적인 강제조치보다는 극히 제한된 예외조항을 두고 운영해야 할 것이다.

「해양경비법」 제14조의 해상항행 보호조치에서는 해양경찰이 단독으로 직접적인 업무를 수행하는 반면, 「경찰관직무집행법」의 제4조에서는 응급사항이 발생할 경우 육상경찰 자체적으로 업무를 수행하고 있다고는 하나, 주로 보건의료기관이나 공공구호기관 등과 같은 외부기관에 긴급구호를 요청하고 있다.

즉 해양이라는 독자적인 영역에서의 업무는 해양경찰이 주도적으로 수행하고 있다는 것을 보여준다. 이 또한 해양경찰만의 특수한 업무형태라 할 수 있다.

「해양경비법」은 「경찰관직무집행법」과 같은 위험발생의 방지(제5조), 범죄의 예방과 저지(제6조), 위험발생을 위한 출입(제7조)에 대한 명문규정을 두고 있지는 않으나, 「해양경비법」 제12조(해상검문검색)에서 이러한 업무의 형태를 어느 정도 수용하고 있는 것으로 파악되고 있다. 「해양경비법」 중 「경찰관직무집행법」과 유사한 법조항을 정리하면 〈표 5-3〉과 같다.

〈표 5-3〉 해양경비법과 경찰관직무집행법의 유사 법조항 비교

구 분	해양경비법(법조항)	경찰관직무집행법(법조항)
목 적	제1조(국민의 안전과 공공질서의 유지 등)	제1조제1항(국민의 자유와 권리의 보호 및 사회공공의 질서유지 등)
직무의 범위	제7조(해양경비활동의 범위)	2조(직무의 범위)
방범(순찰) 활동	제12조(해상검문검색)	제3조(불심검문)
보호조치	제14조(해상항행 보호조치)	제4조(보호조치 등)
무기의 사용	제17조(무기의 사용)	제10조의4(무기의 사용)
경찰장비(장구) 등 사용	제18조(해양경찰장비 및 장구의 사용)	제10조 및 제10조의2(경찰장비 및 경찰장구의 사용)

육상경찰과 해양경찰은 각각 별도의 협의체를 구성하여 운영하고 있다. 육상경찰의 경우 지방행정과 치안행정의 업무조정과 그 밖에 필요한 사항을 협의 · 조정하기 위하여 시 · 도지사(제주특별자치도지사는 제외한다) 소속으로 '치안행정협의회'를 운영하고 있는데, 이는 「경찰법」 제16조에 근거를 두고 있다. 그리고 해양경찰의 경우 해양경찰청장은 해양경비활동과 관련하여 긴급한 사안이 있을 경우 신속한 정보의 수집 · 전파 등 업무협조를 위하여 외교부, 해양수산부 및 경찰청 등 관계기관과 '협의체'를 설치하여 운영하도록 하고 있는데 「해양경비법」 제10조에 근거를 두고 있다. 이는 유사한 업무를 수행하는 경

찰협의기관의 설치근거를 육상경찰은 조직법, 해양경찰은 작용법에서 각각 법적 성격이 서로 다른 법률로 규정하고 있는 차이가 있다.

하지만 협의기관도 조직구성체이기 때문에 작용법인 「해양경비법」에 그 설치근거를 두는 것은 바람직하지 않다. 이와 같은 이유는 해양경찰의 경우 별도의 조직법이 없기 때문에 해양경찰의 직무와 가장 관련성이 가까운 「해양경비법」에 근거를 둔 것으로 보인다. 이 또한 해양경찰조직법 부재로 인한 결과이다.

그 밖에 「경찰관직무집행법」에서는 불심검문을 할 경우 검문불응자에 대한 강제적 조치권이 없어 그 실효성이 크게 떨어지고 있다는 문제점을 가지고 있는 반면, 현행 「해양경비법」은 제21조에서 제14조제1항을 위반한 자에게 벌칙(6개월 이하의 징역 또는 500만 원 이하의 벌금)을, 그리고 제22조에서는 제12조제1항을 위반한 자에 대해 과태료(300만 원 이하)를 부과하고 있다. 이는 「경찰관직무집행법」의 문제점으로 거론된 것 중 검문불응자에 대한 강제조치권이 없어 그 실효성이 떨어진다는 것을 보완한 것으로 「경찰관직무집행법」과는 다른 법체계를 보이고 있는 부분이다.

Ⅴ. 해양경비법의 개정 필요성

해양경찰의 주요무대가 되는 해양에서의 경찰작용에 대한 근거법인 「해양경비법」의 제정은 환영할 만하다. 그러나 동법은 해양경찰의 직무범위 전체를 수행하기 위해 제정된 것은 아니며, 그 적용범위도 선박 등이나 해양시설로 한정하고 있다. 하지만 해양경찰의 업무는 해양에서만 이루어지는 것은 아니다. 해양경찰의 처리업무 중에는 선상에서 발생되는 사건 · 사고뿐만 아니라 살인, 절도, 사기, 폭행 등 해양 이외의 장소에서 발생하는 업무도 담당하고 있다.

따라서 해양경찰은 육상에서 발생된 직무와 관련해서는 과거 「해양경비법」이 제정되기 전과 같이 「경찰관직무집행법」을 준용해야 하는 것이다. 그렇지만 「경찰관직무집행법」은 앞서 언급한 바와 같이 여러 문제점들이 지적되고 있고, 해양경찰의 직무를 완벽히 반영했다고도 할 수 없다. 또한 해양경찰이 「경찰관직무집행법」을 적용하는데 있어 그 적정성에 대한 논란이 끊이지 않은 것도 「해양경비법」을 제정하게 된 이유라 할 수 있으므로 단순히 해양에서의 경찰작용법을 제정했다고 해서 해양경찰의 모든 직무와 관련된 여러 문제점들이 해결되는 것은 아니다.

뿐만 아니라 해양경비활동의 범위와 관련하여 해양범죄의 장소별 발생현황, 즉 해양경찰이 관여하는 범죄를 장소별로 살펴보면 육상(71.6%), 연안(14.8%), 항내(10.3%), 원·근해(3.2%) 순으로 나타나고 있는데, 이는 해양범죄가 해상뿐만 아니라 육상까지도 연계되고 있다는 점을 보여준다.[63] 즉 「해양경비법」은 전체 해양범죄 중 약 30%에만 적용이 될 뿐 나머지 해양경찰이 관여하는 여타 다른 (해양)범죄에는 적용할 수 없다는 것이다.

또한 동법의 제정이유를 살펴보면, 육상에서의 공공질서 및 치안의 확보 등을 주된 목적으로 하는 일반적인 경찰활동과는 다른 특성을 가진 해양경비 업무수행에 관한 근거법 마련을 주요골자로 하고 있어 해양경찰청의 입장도 육상에서의 경찰권 행사와 관련해서는 「경찰관직무집행법」을 따르도록 하고 있는 것으로 볼 수 있다.

결론적으로 많은 문제점을 내포하고 있는 「경찰관직무집행법」을 그대로 사용해야 하는 것이다. 따라서 해양경찰의 작용과 관련한 법제는 「경찰관직무집행법」과 관계없이 현행 「해양경비법」의 단기적 개정방향을 설정하고, 장기적인 전면개정을 통해 해양경찰의 전반적인 업무특징을 적절히 반영한 별도의 개별 작용법을 제정하는 것이 바람직하다 할 것이다.

조금 과장된 비유인지는 모르겠으나 예컨대, 거짓말탐지기 운영 및 범죄수사 관련 규칙 등은 현재 경찰청과 해양경찰청의 예규 및 훈령으로 각각 별도로

---

63) 박수철, 앞의 보고서, 11면 재인용.

운영하고 있다. 경찰청에서 운영 중인 「거짓말탐지검사 운영규칙」(경찰청예규 제469호, 2012.7.17 폐지제정)과 해양경찰청에서 운영하고 있는 「거짓말탐지기 운영 규칙」(해양경찰청예규 제488호, 2012.10.10 전부개정) 그리고 「범죄수사규칙」에서도 경찰청과 해양경찰청이 각각 경찰청훈령 제669호(2012.7.16 폐지제정)와 해양경찰청훈령 제928호(2012.9.7 일부개정)로 운영하고 있다.

이들의 내용을 살펴보면, 운영기관만 다를 뿐 대부분 유사한 내용으로 구성되어 있다.[64] 이처럼 행정기관별로 하위법규를 각각 별도로 운영하는 것은 불필요한 이중 행정운영이 될 수 있을 것이나, 해당 기관의 업무형편에 따른 직무규칙을 정해 신속하고 효율적으로 업무수행을 하기 위한 것이다. 하지만 예규는 법원(法源)이 될 수 없으므로 행정조직 내부 또는 특별권력관계의 내부에서만 효력을 가지는 것으로서 국민에게 준수의무를 부과할 수 없으며, 재판의 규범이 될 수 없다. 그리고 훈령 또한 행정기관의 내부관계에서 하급관청에 대하여 발하여지는 것이기 때문에, 대외적으로 법규로서의 성질을 가지지 않는 것이 보통이다. 즉 최상위 개념인 법률의 운영체계가 이에 못미친다 할 것이므로 「해양경비법」도 「경찰관직무집행법」과는 별도의 독자적 개별법 마련에 따른 운영상의 부담은 없을 것으로 보인다.[65]

제3절 해양경비법의 개정방향

「해양경비법」이 제정되어 시행된 지 불과 1년도 채 안된 시점에서 동법의 운영에 대한 법적 미비점을 논하는 것은 시기상조일 수도 있다. 하지만 동법이 갖는 중요성이나 그 가치를 놓고 볼 때 제정 시기에 상관없이 여러 학계나 단

64) 해양경찰청의 「범죄수사규칙」 중 제16장 '고래류의 처리절차' 등을 제외하면 경찰청의 「범죄수사규칙」과 대부분 유사한 내용으로 구성되어 있다.

65) 「피의자 유치 및 호송규칙」과 「유치장 설계 표준규칙」도 경찰청과 해양경찰청에서 각각 별도로 개별 운영하고 있는 실정이다.

체 등에서 지속적으로 관심을 보이는 것은 중요하다고 본다. 「해양경비법」의 입법취지를 살펴보면, 해양경찰의 직무범위 모두를 수용한 것이 아니다. 또한 입법과정에서 해양에서의 경찰권 행사에 한해 제한적으로 심사가 이루어졌음을 알 수 있다.

이는 「해양경비법」의 법적 지위가 해양경찰의 완전한 일반법으로서의 지위를 가지지 못하고 있는 것으로 볼 수 있다. 즉 해양경찰의 독립된 일반법적인 위치를 가지기 위한 연구가 지속적으로 진행되어야 하는 것을 의미한다. 따라서 「해양경비법」의 일부 또는 전면개정을 통해 해양경찰의 전체적인 업무를 수용할 수 있는 확대방안을 논하는 것이 합당하다 본다.

다시 말해서 육상경찰의 대표적 작용법인 「경찰관직무집행법」에 상응하는 해양경찰만의 독자적 개별작용법 마련이 필요하다 할 것이다. 하지만 이같은 개정작업은 오랜 기간 충분한 검토가 필요하기 때문에 본 절에서는 현행 「해양경비법」의 개별적 수권조항에 대한 개정작업을 통해 전체적으로 어떠한 법체계(구성)를 가지는 것이 가장 바람직한 것인지에 대해 구체적으로 제시하고자 한다.

Ⅰ. 법령명의 명확화

우리나라 해양경찰은 두 가지의 영문표현을 사용하고 있다. 경비함정, 일반문서, 홈페이지 등에는 'Korea Coast Guard'를 해양경찰의 상징표시(OI: Organization Identity)에는 'POLICE'를 사용하고 있다. 즉 경비란 의미의 'Guard'와 'POLICE'의 경찰이라는 상징성을 동시에 가진다는 것이다. 이는 용어사용의 용도를 확연히 구분하고자 하는 것으로 보인다. 그렇다면 「해양경비법」에서의 '경비(警備)'[66]에 대한 용어정의를 사전적 측면과 연계해서 살펴보면 다음과 같다.

66) 일반적으로 경비(警備)란 침략이나 도난 · 재난 따위를 대비하여 사고가 나지 않도록 미리 살피고 지킨다는 의미이다(김철환, 앞의 책, 156면).

일반적으로 경비는 'Policing'(경비, 치안유지, 감시)[67]와 'Security'(보안, 경비, 방위)[68]의 의미를 가진다. 그리고 같은 법 제2조제1호에서는 해양경비를 "해양경찰청장이 경비수역에서 해양주권의 수호를 목적으로 행하는 해양안보 및 해양치안의 확보, 해양자원 및 해양시설의 보호를 위한 경찰권의 행사"로 정의하고 있다. 따라서 「해양경비법」에서의 '경비'에 대한 의미는 해양경찰의 신분과도 일치하는 'Policing'에 가깝다고 할 수 있다. 하지만 주요내용을 살펴보면 경찰작용보다는 '미리 살피고 지킨다'는 전형적인 'Security'의 의미를 내포하고 있으므로 용어에 대한 일관성이 없다.[69]

또한 「해양경비법」 제1조에서는 목적으로 "…(생략)… 국민의 안전과 공공질서의 유지에 이바지함"으로 규정하고 있다. 결국 해양경찰 활동의 궁극적인 목적이 '국민의 안전과 공공질서의 유지'라는 측면으로 본다면 「해양경비법」보다는 사회의 안녕질서를 보호하고, 안전을 유지하는 일련의 활동이라는 보안(保安)의 의미[70]를 포함한 「해양보안법」으로 개칭하는 것이 옳겠으나, 이는 단순히 용어정리 이외에는 별다른 법적 실익이 없다. 하지만 법률명이 가지고 있는 상징성은 중요하다 할 수 있으므로 간단히 언급해 보았다.

한편, 좀더 나아가 궁극적으로는 현행 「해양경비법」과 같은 제한된 업무의 범위를 벗어나 해양경찰의 모든 업무를 수행하는데 있어 합당한 가칭 「해양경찰관직무집행법」을 별도로 제정하기 위한 장기적인 계획수립이 필요하다.[71]

67) 김철환, 『엣센스 한영사전』, 민중서림, 2012, 1938면.

68) 김철환, 앞의 책(한영사전), 2244면; 석낙양, 『프라임 영한사전』, 두산동아, 2012, 2264면.

69) 해양경찰의 주된 임무 중에는 해양에서의 사건 · 사고에 대한 예방활동도 포함하고 있으나, 현실적으로는 발생된 문제를 후속 조치하는 것에 더 많은 비중을 차지하고 있으므로 완전한 'Security'의 의미를 포함하고 있지 못한 실정이다.

70) 김철환, 앞의 책(국어사전), 1035면.

71) 가칭 「해양경찰관직무집행법」과 관련해서는 「경찰관직무집행법」의 명칭에 대해 거론되고 있는 논점을 통해 살펴보면 다음과 같다. 「경찰관직무집행법」을 경찰작용에 관한 기본법 없이 구체적 집행에 관한 규정을 논하는 것은 적절하지 않으므로 「경찰직무법」 또는 「경찰직무집행법」으로 개칭하는 것이 바람직하다는 의견이 있다(김재광, 앞의 책, 206~207면; 장영민 외, 앞의 논문, 21면). 하지만 「경찰관직무집행법」은 용어 그대로 일반사법경찰권을 가진 경찰관

이는 해양경찰의 모든 직무범위를 수용한 작용법으로 「해양경비법」의 입법정신을 포괄적이면서 적극적으로 적용하기 위한 것이다. 또한 「경찰관직무집행법」의 문제점을 최대한으로 배제하고, 해양경찰만의 독자적인 작용법 마련을 통해 국민에게 경찰 작용에 대한 법적 근거를 더욱 명확히 제공하기 위한 것이다.

Ⅱ. 개별적 수권조항의 개정

1. 용어정의의 명확화

「해양경비법」 제2조에서는 이 법에서 사용된 용어의 뜻을 정의하고 있으며, 제1호에서부터 제11호까지 총 11개로 구성되어 있다. 참고로 「경찰관직무집행법」에서는 용어정의에 대한 별도의 규정을 두고 있지 않다.

가. 해양경비

「해양경비법」 제2조제1호에서는 해양경비에 대한 정의로 "해양경찰청장이 경비수역에서 해양주권의 수호를 목적으로 행하는 해양안보 및 해양치안의 확보, 해양자원 및 해양시설의 보호를 위한 경찰권의 행사"로 규정하고 있다. 하지만 경찰권 행사 중에는 범죄혐의 유무를 명백히 하기 위한 수사기관의 수사활동 등도 포함되므로 이에 대한 명확한 근거 없이 경비의 의미를 내포한 일반적인 내용만 언급하고 있어 해양경찰의 직무와 관련한 완전한 개별법으로서의 자격에는 못미친다. 물론 「해양경비법」은 해양경찰의 경찰권 행사에 대한 근거법이기는 하나, 용어정의에 있어서는 명문규정으로 명확히 제시하는 것은 중요하다.

의 직무와 관련된 작용법이다. 따라서 「경찰관직무집행법」을 「경찰직무법」 등으로 개칭하게 되면 실질적 의미의 경찰(특별사법경찰)도 포함될 수 있다는 이미지를 줄 수 있어 이 또한 바람직하지 않다고 본다.

미국해안경비대는 미국 법률 Title 14 §89(a)에 따라 관할권을 가진 공해와 수역에서 미국 법령 위반 범죄의 예방, 적발 및 퇴치를 위하여 질의, 심사, 검사, 수색, 압류 그리고 체포를 행사할 수 있는 광범위한 권한행사를 명확히 규정하고 있다. 또한 일본해상보안청의 경우에도 「해상보안청법」 제1조제1항 및 제2조제1항 등에서 범죄수사에 대한 내용을 명문규정으로 명확히 제시하고 있다.

나. 경비수역

「해양경비법」 제2조제2호에서는 경비수역에 대한 정의로 "대한민국의 법령과 국제법에 따라 대한민국의 권리가 미치는 수역으로서 연안수역, 근해수역 및 원해수역"으로 규정하고 있다. 하지만 수역(水域)은 수면의 일정한 구역을 의미하므로 엄격히 수역의 상공, 해저 및 그 하층토는 포함하지 않는 개념이다. 즉 해양에서의 해양경찰의 관할은 수면에 한정되는 것으로 보인다. 이와는 달리 「유엔해양법협약」 제2조제2항에서는 연안국의 주권은 영해의 상공, 해저 및 그 하층토까지 포함한다고 세분화하여 명확히 규정하고 있다.

따라서 「해양경비법」 제2조제2항의 경비수역의 범위에 상공뿐만 아니라 수중 이하도 포함시켜 관할구역에 대한 명확한 명문규정을 두는 것이 필요하다. 예컨대, 「선박법」 제1조의2제1항에서는 선박을 수상 또는 수중에서 항행용으로 사용하거나 사용할 수 있는 배 종류로 정의하고 있으므로 현행 「해양경비법」에서는 수중에서 항행하는 선박에 대한 경찰권 행사는 제외되는 것으로 밖에 볼 수 없다.72) 물론 실무적으로 그러하지는 않겠지만 법률의 명확성을 확보한다는 차원에서는 충분히 검토 대상이 될 수 있을 것으로 보인다.

---

72) 「선박안전법」 제2조제1호에서도 "선박"에 대한 정의를 다음과 같이 자세히 규정하고 있다. "선박"이라 함은 수상(水上) 또는 수중(水中)에서 항해용으로 사용하거나 사용될 수 있는 것(선외기를 장착한 것을 포함한다)과 이동식 시추선 · 수상호텔 등 해양수산부령이 정하는 부유식 해상구조물을 말한다.

다. 선박 등

「해양경비법」 제2조제10호에서는 선박 등에 대한 정의로 "「선박법」 제1조의2제1항에 따른 선박, 「수상레저안전법」 제2조제3호에 따른 수상레저기구, 그 밖에 수상에서 사람이 탑승하여 이동 가능한 기구"로 규정하고 있다. 하지만 어선에 대한 명확한 규정을 두고 있지 않다. 물론 「선박법」 제1조의2제1항에서는 선박의 종류를 기선(제1호), 범선(제2호) 및 부선(제3호)으로 구분하여 정의하고 있고[73], 어선도 추진방식에 따라 기선 또는 무동력선에 해당하므로 별도의 어선에 대한 언급은 불필요할 수도 있다. 그렇다면 수상레저기구 중 동력수상레저기구도 기선에 해당하므로 별도의 언급은 불필요하다.[74]

따라서 현행 법체제대로라면 「해양경비법」 제2조제10호 선박 등의 정의는 "「선박법」 제1조의2제1항에 따른 선박, 「수상레저안전법」 제2조제3호에 따른 수상레저기구(단, 모터보트 · 동력요트 · 수상오토바이 · 고무보트 · 스쿠터 · 호버크래프트는 제외한다)"라고 규정되어야 한다.

한편, 어선의 경우 「어선법」 제2조제1호[75]에서 어선에 대한 정의로 '수산업

---

73) 앞의 각주 52)번을 한 번 더 정리하면 다음과 같다.

i) 범선: 돛을 사용하여 추진하는 선박(기관과 돛을 모두 사용하는 경우로서 주로 돛을 사용하는 것을 포함한다).

ii) 부선: 자력항행능력(自力航行能力)이 없어 다른 선박에 의하여 끌리거나 밀려서 항행되는 선박을 말한다.

iii) 기선: 기관(機關)을 사용하여 추진하는 선박[선체(船體) 밖에 기관을 붙인 선박으로서 그 기관을 선체로부터 분리할 수 있는 선박 및 기관과 돛을 모두 사용하는 경우로서 주로 기관을 사용하는 선박을 포함한다]과 수면비행선박(표면효과 작용을 이용하여 수면에 근접하여 비행하는 선박을 말한다).

74) 「선박법」 제26조에서는 어선, 수상레저기구(동력수상레저기구 중 수상레저기구로 등록된 수상오토바이 · 모터보트 · 고무보트 및 요트에 한함)를 선박으로 규정하고 있다.

75) 「어선법」 제2조제1호에서는 어선에 대한 정의를 다음과 같이 규정하고 있다.

1 어업, 어획물운반업 또는 수산물가공업(이하 "수산업"이라 한다)에 종사하는 선박
2. 수산업에 관한 시험 · 조사 · 지도 · 단속 또는 교습에 종사하는 선박
3. 제8조제1항에 따른 건조허가를 받아 건조 중이거나 건조한 선박
4. 제13조제1항에 따라 어선의 등록을 한 선박

에 종사하는 선박', '수산업에 관한 시험 · 조사 · 지도 · 단속 또는 교습에 종사하는 선박' 등으로 명확히 규정하고 있다. 비록 기선 혹은 무동력선이라 할지라도 선박의 용도에 따른 정의를 명확히 구분하고 있는 것이다. 물론 「해양경비법」 제2조제10호 조문 자체가 법률적 오류라고 볼 수는 없다. 하지만 각종 선박에 대한 정의는 각각의 개별법에서 명문규정으로 언급하고 있으므로 이를 적극 수용해서 명확히 제시해야 하는 것이 바람직하다 본다.

2. 다른 법률과의 관계정립

「해양경비법」 제5조제1항에서는 "해양경비에 관하여 「통합방위법」에서 규정한 것을 제외하고는 이 법에서 정하는 바에 따른다"고 규정하고 있다. 그리고 「해양경비법」 제5조제2항에서는 "해양경비에 관하여 이 법에서 규정한 것을 제외하고는 「경찰관직무집행법」을 적용한다"고 규정하고 있다. 이는 해양경찰의 경찰권 행사가 완전히 독립된 법률에 의해 이루어지지 못하고 있음을 보여주는 것으로 법제처 심의과정에서 수정된 내용이다.[76]

먼저 「해양경비법」 제5조제1항과 관련해서는 국방부측으로부터 「통합방위법」은 「해양경비법」보다 우선 적용되는 법률이라는 것을 명시적으로 나타내줄 것을 요구한 사항이다. 그리고 「해양경비법」 제5조제2항은 법제처의 심의결과에 의해 규정된 것으로 그 내용은 다음과 같다. '「해양경비법」은 다른 해양경찰 활동의 근거법이 되는 개별작용법의 기본법이다. 하지만 「경찰관직무집행법」에 대한 특례법으로서 이중적 법적 위치를 가지도록 규정되어야 한다. 또한 「경찰관직무집행법」과 같이 해상에서의 경찰활동 일반에 대한 내용을 완비된 형태로 규정하지 아니하고 있기 때문에 이 법에서 없는 내용은 「경찰관직무집행법」의 관련 조문에서 규율하는 것을 나타내주어야 한다'는 것이다.[77]

---

76) 심의과정에서 수정되기 전 해양경찰청측의 원안은 다음과 같다. 제5조(다른 법률과의 관계) 해양경비에 관하여 다른 법률에 특별한 규정이 있는 경우를 제외하고는 이 법이 정하는 바에 따른다.
77) 안병준, 앞의 보고서, 112~113면.

「해양경비법」 제5조제1항과 관련해서 「통합방위법」의 제1조(목적)에서는 "적(敵)의 침투 · 도발이나 그 위협에 대응"하기 위한 법이라 규정하고 있어 전시에 준한 상황이라 보여진다. 하지만 해양경찰은 국가의 치안유지를 담당하는 경찰기관이며, 「해양경비법」 또한 이를 포함한 법률이다. 그러므로 해상경비에 관하여 「해양경비법」이 「통합방위법」의 무조건적인 하위법률이라는 주장은 이치에 맞지 않는 것으로 보인다. 물론 전시상황에서 관련 중앙정부기관에 대한 통합관리 · 운영은 꼭 필요한 조치라 생각한다. 하지만 중국어선의 해적행위에 대하여 지금까지 해군이 투입된 사례를 볼 수 없으며, 대부분 해양경찰이 단속업무에 임하고 있다.

왜냐하면, 중국불법 조업어선은 「통합관리법」에서 규정하고 있는 '적(敵)의 침투 · 도발'이 아니기 때문이다. 물론 해군이 개입될 경우 국가 간의 분쟁 소지가 발생할 가능성이 있기 때문에 적극적으로 나서지 못할 수도 있을 것이다. 따라서 「해양경비법」에 제5조제1항의 조항을 두는 것은 이 법률의 지위를 격하시킬 뿐이므로 해양경찰청의 원안으로 개정하는 것이 가장 합당하다.

그리고 「해양경비법」 제5조제2항과 관련하여 법제처의 심의결과에서 언급하고 있는 동법의 위치에 대해 한마디로 요약하면, 「해양경비법」은 해양경찰의 작용과 관련한 개별적 기본법이나 「경찰관직무집행법」의 특별법으로서 이중적 지위를 의무적으로 가지도록 하고 있다. 또한 해상에서의 일반 경찰활동에 대한 규정이 없기 때문에 「해양경비법」에서 포함하고 있지 못한 내용은 무조건적으로 「경찰관직무집행법」을 따르게 하고 있다.

하지만 「경찰관직무집행법」은 육상경찰의 활동을 전재로 제정된 법률로 비록 해양경비활동의 범위가 육상과도 연계에서 발생하더라도 해양경찰의 업무특성상 그대로를 적용하기에는 많은 문제점이 있다. 또한 현행 「경찰관직무집행법」 자체도 많은 문제점을 내포하고 있다는 학계의 주장이 있다. 결국 해양경찰이 「경찰관직무집행법」을 그대로 사용하는 것은 문제점이 이미 수차례 노출된 법률을 그대로 사용하는 결과에 이르게 된다. 따라서 이 또한 해양경찰청의 원안대로 개정하는 것이 가장 합당하다 본다.

3. 직무범위의 구체화

「해양경비법」 제7조에서는 해양경비활동의 범위를 해양 관련 범죄에 대한 예방, 해양오염 방제 및 해양자원 보호에 관한 조치, 해상경호, 대(對)테러 및 대간첩작전 수행, 해양시설의 보호에 관한 조치, 해상항행보호에 관한 조치, 그 밖에 경비수역에서 해양경비를 위한 공공의 안녕과 질서유지로 규정하고 있다. 하지만 같은 법 제2조제1호의 '해양경비'의 정의와 다소 상이하다는 것을 알 수 있다. 같은 법 제7조의 '해양경비활동'이라는 의미와 같은 법 제2조제1호의 '해양경비를 위한 경찰권 행사'라는 의미로 구분해야 하는 실익이 없는 것으로 보인다. 조문해석대로 같은 법 제2조제1호를 해양경비에 대한 구체적 정의와 이에 수반된 활동의 범위를 열거한 것으로 보더라도 이러한 내용으로는 같은 법 제7조의 활동범위 모두를 포함할 수 없다. 예컨대, 같은 법 제7조제2호, 제3호 및 제5호의 내용은 순수한 해양경찰활동으로만 보이며, 같은 법 제2조제1호에 포함시키기에는 다소 의미상 동질감이 보이지 않는다. 따라서 이에 대한 단순한 개정작업이 필요할 것으로 보인다.

그리고 같은 법 제7조는 해양경비활동의 범위라고 명시한 후 제1호에서 해양 관련 범죄에 대한 예방만을 언급하고 있으며, 이 또한 같은 법 제2조제1호에서와 같이 범죄의 진압·수사와 관련한 명문규정을 두고 있지 않다. 물론 예방업무도 중요하지만, 일단 발생된 범죄에 대한 진압·수사와 관련한 업무는 인권침해와 직결된 경찰권 행사라 할 수 있다. 따라서 이에 대한 명확한 명문화된 규정은 검토되어야 한다. 또한 같은 법의 다른 조문을 근거로 경찰권 행사를 집행하는 과정에서 진압이나 수사의 업무를 수행하겠으나,[78] 법률유보의

78) 「해양경비법」 제7조(해양경비활동의 범위), 제12조(해상검문검색), 제13조(추적·나포), 제14조(해상항행 보호조치), 제17조(무기의 사용) 및 제18조(해양경찰장비 및 장구의 사용)가 해당된다 할 것이나.

원칙이라는 전제를 만족하기 위해서라도 꼭 필요한 것이라 본다.

반면, 「경찰관직무집행법」 제2조제2호에서는 직무의 범위 중 '범죄의 예방 · 진압 및 수사'에 대해 명확히 규정하고 있다. 또한 「경찰관직무집행법」 그 자체가 경찰관의 경찰권 행사를 위한 작용법이므로 이러한 명문규정에 관계없이 경찰 본연의 업무를 집행할 수도 있을 것이나, 이처럼 명확하게 명문규정을 두는 이유는 법적 안정성을 확보하고, 경찰권을 행사하는데 있어서의 국민에게 신뢰를 주기 위한 것이다.

또한 같은 법 제7조는 「경찰관직무집행법」의 문제점과 동일한 경찰의 임무규정과 권한규정을 구분하지 못하고 오로지 직무범위를 열거하는데 그쳤을 뿐이다. 즉 경찰이 수행해야 할 과제와 개입영역의 한계를 명확히 해야 한다. 그리고 경찰이 행할 수 있는 조치에 대한 수권 및 그 조치의 발동요건뿐만 아니라 한계도 명확히 해야 한다. 참고로 경찰의 침해적 권한은 경찰의 직무범위에 관한 규정만으로 나오는 것은 아니고 법률 유보의 원칙이 수반되어야 한다. 앞서 언급한 바와 같이 미국의 해안경비대 및 일본의 해상보안청은 해양범죄에 대해 행사하는 경찰권 중 수사활동의 법적 근거를 명확히 제시하고 있다.

4. 법률운영의 정형화

「해양경비법」 제11조에서는 경비수역별 중점 경비사항을 규정하고 있다. 즉 경비수역의 구분에 따라 경비세력의 배치와 중점 경비사항을 달리한 것으로 연안수역, 근해수역, 원해수역을 구분하고 있다. 이는 해양경찰이 독도 · 이어도 영해침범을 사전에 저지하기 위한 방안으로 운영하고 있는 「3선 경비체계」[79]를 법제화한 것으로 보인다. 물론 체계적인 업무운영도 좋으나, 이는 법률로

79) 독도 · 이어도 및 EEZ의 해양주권을 확고히 수호하기 위한 해양경찰의 경비체제 강화방안이다. 독도를 중심으로 먼 주변해역부터 1선(EEZ), 2선(접속수역), 3선(영해)으로 나누고 있으며, 1선에는 중 · 대형함정, 헬기를 2선에는 제1선과 마찬가지로 중 · 대형함정, 헬기를 3선에는 중 · 대형함정, 헬기, 고속보트를 배치하고 있다(해양경찰청, 2008년 성과관리시행계획, 2008, 28면).

규정하기보다는 내부규칙 등으로 운영해도 무방할 것으로 보인다. 직무의 범위가 아니라 단순한 업무방법이라는 것이다. 그리고 단순 업무의 운영에 필요한 방법까지 법률로써 규정하는 것은 급변하는 해양환경에 적절히 대응하지 못할 가능성도 있다.

이와 관련해서는 「해양경비법」 심의과정에서도 입법사항으로 규율할 필요가 있는지 의문을 제기하고 있다. 이에 대해 해양경찰청의 입장에서는 해양경찰청의 중점 경비사항이 법률에 나타날 경우 상대적으로 잘 알려지지 않은 해양경찰활동에 대한 국민들의 인식이 넓어지고 범죄의 사전적 예방에 나름대로 기여할 수 있다고 주장하고 있다.[80] 하지만 이러한 주장은 현실적으로 설득력이 없으며 오히려 적극적인 홍보활동을 통해 국민에게 다가갈 수 있도록 노력하는 것이 더 필요할 것이라 본다.

또한 「해양경비법」 제19조에서는 동법 제7조제1호부터 제5호까지의 규정에 따른 해양경비활동을 하기 위하여 필요한 경우 관계 행정기관의 장에게 정보의 제공 등 협조를 요청할 수 있도록 규정하고 있다. 하지만 현행 동법 제7조는 제6호까지 규정되어 있으며, 경우에 따라 동법 제7조제1호부터 제5호 이외의 상황발생 시에는 정보제공을 위한 협조요청이 불가한 것을 의미하므로 좀더 포괄적이고 구체적으로 적용할 수 있는 방안이 요구된다.[81]

5. 무기 및 장비 등의 사용에 있어서의 체계정립

「해양경비법」 제정의 근본이유가 된 것이기도 하며, 특히 「경찰관직무집행법」에서 무기 등의 사용과 관련한 규정이 있음에도 「해양경비법」에서 제17 및

80) 안병준, 앞의 보고서, 115면.

81) 해양에서의 선박사고 발생 시 원활한 수색구조 및 사고원인의 인과관계를 밝히기 위한 수사(해양사고 원인이 형법상의 과실 유무를 포함하고 있는지에 대한 사실관계 확인에 한함) 등을 위해서는 사고선박의 구조 및 제원에 대한 신속한 정보입수는 필수사항이라 할 수 있다. 이와 관련해서 해양경찰은 사고선박에 대한 자료 등의 정보를 선박안전기술공단 등의 선박검사기관에 요청하면서 관련 근거 규정으로 「경찰관직무집행법」 제8조(사실의 확인 등)를 제시하고 있다.

제18조와 같은 별도의 명문규정을 두고 있는 이유는 해당 직무를 수행하는데 있어서의 한계를 직면한 결과일 것이다. 이와 관련한 「해양경비법」상의 개선 방안에 대해 구체적으로 살펴보면 다음과 같다.

「해양경비법」 제정 당시 무기사용에 대한 요건(제17조)과 해양경찰장비 및 장구의 종류와 그 사용기준(제18조)은 「경찰관직무집행법」의 적용에 따른 한계를 극복하여 해양경찰의 무기사용에 대한 명확한 법적 근거를 제시하기 위한 것이었다. 또한 「경찰관직무집행법」에서 규정하지 못한 해양경찰장비 등에 대한 종류와 그 사용기준을 명시하여 사람의 생명, 신체에 위해를 가할 수 있는 장비 등은 엄격한 법적 절차에 따라 사용될 것으로 기대하고 있다. 하지만 이는 해상이라는 특수한 상황을 일부 수용하는 등 단지 법제정을 위한 단편적 이유를 제시한 것으로 논리적 설득력은 부족하다.

「해양경비법」 제17조에서는 해양경찰관에게 해양경비활동 중 무기를 사용할 수 있는 경우를 규정하고 있다. 그리고 무기사용의 기준은 「경찰관직무집행법」 제10조의4에 따르도록 하고 있는데, 선박이라는 대상이 추가되었을 뿐 동일한 법체계를 가지고 있다. 단지 공용화기의 사용에 있어서는 다소 차이를 보이고 있을 뿐이다. 「경찰관직무집행법」의 경우 공용화기를 대간첩 · 대테러작전 등 국가안전에 관련되는 작전을 수행할 경우로 한정하고 있으나, 「해양경비법」에서는 선박 등과 범인이 선체나 무기 · 흉기 등 위험한 물건을 사용하여 경비세력을 공격한 때를 추가하여 규정하고 있다. 이는 중국어선의 해적행위 단속 시 무기사용의 근거가 될 것이다.

하지만 「경찰관직무집행법」 제10조의4는 무기사용의 요건이 지나치게 까다롭고 모호하거나 일관성이 없고, 무기사용에 있어 현장 실무자인 경찰관과 법관 사이의 해석상 차이로 인해 자칫 「경찰관직무집행법」의 법적 취지와 헌법상 비례의 원칙에 위배되는 결과를 가져올 수 있다는 문제점이 있다.

따라서 국민에게 법적 안정성을 제공하기 위해 무기사용에 있어서의 범위를 명확히 구체화해야 한다. 해양경찰은 무기사용에 있어 「경찰관직무집행법」을 그대로 따를 것이 아니라 해양경찰에 맞는 별도의 조항을 마련해야 한다. 현행 「정부조직법」상 국방부를 제외한 무기의 휴대 및 사용과 관련한 내용을 법률로써 규정하고 있는 중앙행정부처에는 대통령경호실, 국가정보원, 경찰청, 해양경찰청, 관세청(세관공무원) 및 출입국·외국인 정책본부(출입국관리공무원)가 유일하다.

이 중 「경찰관직무집행법」을 준용하고 있는 경우가 있는 반면에 자체 규정을 두고 운영하는 기관도 있다. 국가정보원, 경찰청, 해양경찰청 및 출입국·외국인 정책본부의 해당 공무원에게는 「경찰관직무집행법」에 따른 무기의 휴대 및 사용범위를 엄격히 규정하고 있는 반면, 대통령경호실은 「대통령 등의 경호에 관한 법률」 제19조에서 별도로 규정하고 있다. 관세청도 「관세법」 제267조에서 총기의 휴대 및 사용에 대한 규정을 두면서 「경찰관직무집행법」을 따른다는 명문규정을 법률로써 마련하고 있지 않다.

해양경찰 직무내용 중 육상경찰과 비교해서 가장 큰 특징을 보이는 것은 국제법과 관련된 직무를 수행하는 것이다. 「유엔해양법협약」 제110조제5항 및 제111조제5항에서는 해양경찰도 공해상에서 위법한 선박에 대한 임검권과 추적권을 행사할 수 있도록 규정하고 있으며, 그 절차는 다음과 같다. 임검권 행사시에는 포(砲)를 사용토록 하고 있는데, 서류를 검열하고도 혐의의 의문이 남아있는 경우는 가능한 신중하게 그 선박 내부 및 산적 화물 등에 대한 재조사를 행할 수 있다. 이 때 군함(해경함정 포함)은 추기적인 임검의 뜻을 알리기 위해 공포(空砲) 2발을 발사하고, 공포 2발의 발사가 있음에도 선박이 항진을 계속하는 경우 선박의 선수방향에 포 1발을 발사하여 정선시킨다. 선수방향에 사격이 있었음에도 정선하지 않고 도주할 경우 군함(해경함정 포함)은 적절한 실력행사를 하여 정선시킬 수 있다. 다만, 이러한 임검행위는 선박의 본질을 해칠 수 있기 때문에 화물 등에 대해 최대한 주의하여 검열이 진행되어야 한다고 규정하고 있다.[82]

하지만 현행 「해양경비법」에서는 무기의 범위를 권총·소총·도검 등을 정

82) 임채현, 앞의 논문, 145면 재인용.

의하고 있으며, 해양경찰의 경비함정에 장착된 포에 대한 규정은 포함되어 있지 않다. 아마도 「해양경비법」상 국민을 상대로 치안업무를 행사하는데 있어 포를 사용하는 것은 경찰권 행사에 대한 비례의 원칙에 있어서도 바람직하지 않다는 판단으로 입법과정에서 논하지 않았을 수도 있다. 그렇다고 하더라도 국내법의 법적 안전성과 만약에 발생할지도 모를 국제법상의 대립상황에 대응하기 위해서 국내법으로의 입법화는 신중히 검토되어야 한다.

다음으로 「해양경비법」 제18조에서는 해양경찰관에게 「경찰관직무집행법」 제10조제2항 및 제10조의2제2호에서 규정하고 있는 경찰장비 및 경찰장구 외 별도의 경찰장비 및 경찰장구를 사용할 수 있도록 규정하고 있으며, 그 종류 및 사용기준은 「해양경찰경비법시행령」 제5조에서 정하는 것으로 규정하고 있다. 추가되는 경찰장비에는 소화포(消火砲)가 있으며, 경찰장구로는 페인트볼 및 투색총(投索銃)이 있다. 또한 사용기준은 i) 통상의 용법에 따라 사용할 것, ii) 목적달성에 필요한 최소한의 범위에서 사용할 것, iii) 다른 사람의 생명·신체에 대한 위해(危害)를 최소화하는 것으로 규정하고 있다.

그리고 「해양경비법」 제18조제2항에서는 해양경찰 장비의 종류 및 사용기준을 대통령령으로 정한다고 규정하고 있다. 하지만 「경찰관직무집행법」 제10조의2제2항에서의 경찰봉과 해양경찰이 별도로 보유하고 있는 소화포 등과 같은 경찰장비는 인명, 신체에 위해를 가할 위험성이 높기 때문에 해당 경찰장구의 사용기준을 법률로써 규정해야 할 것이나, 그렇지 않고 대통령령인 「해양경비법시행령」에 위임하는 것은 위임입법의 한계를 벗어났다고 할 수 있다. 이는 「경찰관직무집행법」에서의 무기사용과 관련한 문제점으로 지적된 내용이기도 하다. 따라서 국민의 인권을 침해할 소지가 있는 경찰권 행사는 최소한의 일반적 원칙인 법률로써 규정되어야 한다.

Ⅲ. 적용범위의 확대

「해양경비법」 제4조에서는 해양경비의 적용범위를 경비수역에 있는 선박 등이나 해양시설, 그리고 경비수역을 제외한 수역에 있는 「선박법」 제2조에 따른 대한민국 선박으로 제한하고 있다. 결국 「해양경비법」은 해양경찰의 모든 직무범위 중 일부 업무수행에만 적용되는 개별작용법이라 할 수 있다. 이는 해양경찰청의 입법과정에서 피력하고 있는 주장과 「해양경비법」의 법제처 심의과정에서도 엿볼 수 있다.

해양경찰청의 「해양경비법」에 대한 입법 취지를 살펴보면, 해양에서의 경찰작용에 대한 법적 근거를 명확히 하고, 또한 해양이라는 특수한 공간에서의 치안유지나 인명구조 등 해양경찰활동을 효율적으로 수행하기 위해서 독자적 법률을 마련해야 한다고 주장하고 있다. 뿐만 아니라 법제처의 심의과정에서도 동법을 「경찰관직무집행법」의 특례적 · 보충적 규범으로 인식하고 있다.[83] 이는 해양경찰의 직무특성을 배제하고, 현행 「경찰관직무집행법」의 문제점을 간과한 것이라 할 수 있다. 따라서 해양경찰의 경찰권 행사에 대한 적용범위를 확대하기 위해 이미 앞서 언급한 가칭 「해양경찰관직무집행법」을 마련하기 위한 근거를 구체적으로 제시하고자 한다.

이같은 개선방안은 경우에 따라 「경찰관직무집행법」과의 상충되는 부분도 있을 것이고, 법적용에 있어서의 형평성 문제 등 갖가지 문제점이 도출될 수 있을 것이다. 하지만 국민의 신체 및 재산권에 직접적인 침해행정을 행사하는 것과 관련해서 더 세부적이고 별도의 법률을 제정하는 것이 불필요한 행위로 보아서는 안 된다. 경찰의 이념을 충족하기 위한 입법 취지라면 어떠한 방법을 적용해서라도 개선하고자 하는 지속적인 노력은 필요하다. 이러한 상황들을 종합적으로 미루어 볼 때 만약 해양경찰청에서 본 저서의 주장과 동일하게 「경찰관직무집행법」을 배제하고, 해양경찰의 모든 직무범위를 포함한 포괄적인 작용법을 제안했다면 「해양경비법」의 제정은 불가능했을지도 모른다.

한편, 엄격히 따져 사실관계를 놓고 볼 때 「경찰관직무집행법」은 1953년 12

83) 안병순, 앞의 보고서, 103, 105면.

월 14일 제정되었으며, 해양경찰은 1953년 12월 23일 창설된 점을 고려해 본다면 「경찰관직무집행법」은 육상경찰만을 대상으로 하고 있으며 해양경찰은 배제된 법률임을 확인할 수 있다. 따라서 해양경찰의 작용법으로 「해양경비법」보다 「경찰관직무집행법」이 더 일반법적 위치에 있다는 논리는 타당치 않다. 또한 개별법으로서의 위치를 인정받기 위해서는 「경찰관직무집행법」을 배제한 법체계를 마련해야 할 것이다.

물론 해양경찰이 창설되기 이전에도 해양에서의 경찰업무는 수행되었겠지만, 「경찰관직무집행법」의 제정이유를 살펴보더라도 해양경찰을 포함하고 있다는 입법취지를 어디에서도 찾아볼 수 없다. 무엇보다 해양경찰은 육상경찰과 대등한 독립된 외청이며, 업무수행에 있어서도 특별한 차이점을 보이고 있는 중앙행정기관이므로 별도의 개별조직법을 제정해야 한다는 본 저서에서의 주장과 같은 의미로 볼 때 「경찰관직무집행법」을 배제한 해양경찰만의 독자적 작용법 마련은 필요하다 본다.

따라서 앞서 언급한 가칭 「해양경찰관직무집행법」의 제정으로 인해 발생할 수 있는 「경찰관직무집행법」과의 충돌로 인한 문제는 없을 것으로 보인다. 예컨대, 「경찰관직무집행법」의 제3조에서는 불심검문에 대한 경찰권 행사를 규정하고 있다. 이 경우 해양경찰이 인접하지 않은 내륙에서는 육상경찰이 불심검문을 한다. 즉 내륙도시의 도심 한복판에서 해양경찰이 불심검문을 행할 경우는 희박하다는 것이다. 동일한 불심검문이라도 해양경찰은 해안근처에서나 가능할 것이며 해양이라는 특수한 환경은 어떠한 변수가 발생할지 모르는 상황에서 육상과는 확연한 차이의 환경적 요소를 보이고 있다. 결국 법률이 주로 적용되는 환경에 맞게 별도의 개별법을 마련하는 것은 법률의 명확성을 확고히 하여 국민에게 더욱 신뢰를 줄 수 있다.

한편, 직무범위와 관련한 법률의 적정성이라는 부분만을 놓고 본다면 해양경찰에게 「경찰관직무집행법」을 적용하게 하는 것은 오히려 비록 제한적이지만 사법경찰관리의 직무를 수행할 자와 직무범위를 규정하고 있는 「사법경찰관리법」 제6조에서 규정하고 있는 직무범위와 수사관할과 관련한 내용보다 그 적정성은 떨어진다 할 수 있을 것이다. 또한 직무수행에 있어서도 법적 근거의 전문성 및 명확성은 이에 못미친다 할 것이다.

Ⅳ. 해양경찰권 행사에 대한 포괄적 기본원칙 반영

「해양경비법」 제8조에서는 경찰권 행사에 대한 권한남용을 금지하고 있다. 즉 경찰권 행사의 제한규정에 따른 권력남용금지의 원칙을 명문화한 것이다. 일반적인 경찰권 행사의 한계에는 기본적 제한원칙인 법률상의 한계와 조리상의 한계가 있다.[84]

이와 관련해서 앞서 언급한 바 있는 내용을 간략히 나타내면, 경찰활동에 대한 법률상의 한계는 '제1단계 제약'이 되며, 조리상의 한계는 '제2단계적 제약'이 된다. 이같이 조리상의 한계를 법률로 규정하는 것은 경찰법규의 입법기술적인 한계가 있기 때문이다.[85] 즉 경찰권에 대한 조리상의 한계는 법률상의 한계인 입법기술적 한계를 보완하기 위한 것이다. 또한 경찰 관련 법률은 경찰권 행사의 법적 근거를 제시하는데 그치고 당해 경찰권 행사에 대한 구체적인 한계를 규정하지 않는 데서 기인한 것이다.[86] 그러므로 경찰권을 행사하는데 있어 경찰기관에 일정 정도의 재량적 판단권을 부여할 필요가 있다.[87]

하지만 재량권 행사는 완전 무제한적 자유재량을 인정하는 것은 아니며, 일반적으로 경찰소극적 목적의 원칙, 경찰공공의 원칙, 경찰책임의 원칙, 경찰비례의 원칙, 경찰평등의 원칙 등을 고려해야 한다.[88] 이 중 경찰권 행사의 권한남용금지와 관련한 대표적 원칙은 경찰비례의 원칙이라 할 수 있다. 그리고 경

84) 홍정선, 앞의 책(2010), 253~256면.
85) 윤성의, 앞의 논문, 65면 재인용.
86) 장영민 외, 앞의 논문, 40면.
87) 김동희, 앞의 책, 196~197면.
88) 박윤흔, 앞의 책(2004), 326면; 구형근, 앞의 논문(2006), 106~107면 재인용.

찰권 행사에 있어서는 제한원칙인 적합성의 원칙, 필요성의 원칙(최소침해의 원칙), 상당성의 원칙(협의의 비례의 원칙) 모두를 포함하고 있어야 한다.

현행 「해양경비법」 제8조는 권한남용의 금지원칙 이외에는 아무런 경찰권 제한과 관련한 기본원칙을 포함하고 있지 못하고 있다. 이와 관련해서 「경찰관직무집행법」 제1조제2항에서는 "필요한 최소한도 내에서 행사하여야 하며 그를 남용하여서는 아니된다"고 규정하고 있어 경찰권 제한의 기본원칙을 전부 수용하고 있지 못하다는 일부 비판의 목소리도 있다. 하지만 경찰권 행사의 제한원칙 중 필요성의 원칙을 충족시키고 있으므로 「해양경비법」보다는 경찰권 제한원칙에 관한 내용을 좀더 포괄적으로 수용하고 있다 할 것이다.

Ⅴ. 손해전보의 입법화

「해양경비법」 제12조에서는 주위의 사정을 합리적으로 판단하여 상당한 이유가 있는 경우 임검권을 발동하는 등의 해상검문검색을 할 수 있도록 하고 있다. 또한 같은 법 제13조에서는 해상검문검색에 불응하여 도주하거나, 국내법령 및 조약을 위반하거나, 위반행위가 발생하려 하고 있다고 확실시되는 상당한 이유가 있을 경우 선박을 추적 · 나포(拿捕)할 수 있다.

하지만 해양경찰의 경찰권 행사로 인해 타인에게 손실 내지 손해를 가한 경우가 문제시 될 것이다. 경찰권 행사가 위법한 경우에는 「국가배상법」 등에 의해 해결이 가능할 것이나, 적법한 경찰작용으로 인한 손실에 있어서의 손실보상과 관련한 문제해결은 아직까지 관련 규정이 없는 실정이다. 즉 무과실책임주의를 인정하지 않고 경찰권 행사를 집행한 당사자가 개인적으로 대응해야 하므로 안정된 업무수행을 위해서라도 입법을 통한 조속한 해결이 요망된다.

뿐만 아니라 경찰권은 공공의 안녕에 직접적인 위험을 야기하는 자에게만 행사할 수 있으나, 경찰작용의 특성상 비상사태의 경우 부득이 비경찰책임자에게도 예외적으로 조치를 취할 수밖에 없는 불가피한 상황이 발생할 수도 있다.

현행 「해양경비법」에서는 이와 관련한 명문규정 또한 마련되어 있지 않다.

반면, 이에 대한 보완적 조치로 이미 앞서 언급한 바와 같이 「경찰관직무집행법」을 2013년 4월 5일 일부개정[신설 제11조의2(손실보상), 시행 2014년 4월 6일)] 하면서 경찰관의 적법한 직무집행으로 인하여 손실발생의 원인에 대하여 책임이 없는 자, 즉 비경찰책임자가 재산상의 손실을 입은 경우(손실발생의 원인에 대하여 책임이 없는 자가 경찰관의 직무집행에 자발적으로 협조하거나 물건을 제공하여 재산상의 손실을 입은 경우를 포함한다) 또는 손실발생의 원인에 대하여 책임이 있는 자, 즉 경찰책임자가 자신의 책임에 상응하는 정도를 초과하는 재산상의 손실을 입은 경우에 국가가 그 손실에 대해 정당한 보상을 하도록 손실보상 규정을 신설함으로써 국민의 권익을 보호하고 경찰관의 안정적인 직무집행을 도모하기 위한 대책과 방법을 마련하였다.[89)]

물론 「경찰관직무집행법」 제1조제1항에서는 동법의 적용대상을 '국가경찰공무원'에 한하는 것으로 규정하고 있다. 여기에서의 '국가경찰공무원'은 법률해석상 경찰청 소속 경찰공무원과 해양경찰청 소속 경찰공무원이 해당된다 할 것이다. 하지만 「경찰관직무집행법」은 당시 엄연하게 육상경찰을 주요대상으로 제정된 법률이며, 동법 제1조제1항은 단지 「제주특별자치도특별법」이 2006년 2월 21일 제정되면서 제주특별자치도에 자치경찰단이 설치됨에 따라 이와 구분하기 위한 것에 지나지 않는 것이라 본다.

또한 「해양경비법」을 제정하게 된 사회적 배경에는 해양경찰 작용의 근거법으로 「경찰관직무집행법」을 따르는데 있어서의 불합리한 점을 개선하기 위한 부분도 크게 작용하고 있다는 점을 감안하면, 해양경찰만의 일반적 개별작용법을 마련하는 것은 국민에 대한 법적 안정성을 제공하는데 있어서도 중요한 것이다.

따라서 육상경찰과는 상당히 차별화된 업무적 특성을 보이고 있는 해양경찰

---

89) 이는 앞의 11번 각주 내용과 동일한 이유에서 작성된 것이다.

에게 「경찰관직무집행법」 제11조의2를 그대로 적용한다는 것은 「해양경비법」의 독립성을 훼손시킬 수 있을 것이다. 이는 결국 「해양경비법」이 「경찰관직무집행법」에 귀속되는 결과를 가져올 수 있다는 것이다.[90) 91)]

이에 반해 일본은 앞서 언급한 우리나라 「경찰관직무집행법」 제11조의2제1항제1호 괄호안의 내용과 관련해서는 별도의 개별법으로 「경찰관의 직무에 협력 원조한 자의 재해급부에 관한 법률」을 제정하고는 있으나, 해상보안청의 해상보안관에게 이와 유사한 사안이 발생될 경우에는 별도의 개별법을 근거로 하고 있다.

해당 법률로는 「해상보안관에게 협력 원조한 자 등의 재해급부에 관한 법률」이 있으며, 해상보안청의 해상보안관에게 협력 · 지원한 자 등의 재해(부상, 질병, 장애 또는 사망을 말한다. 이하 동일하다)에 대해 나라가 요양, 기타의 급부를 실시하는 것을 목적으로 하고 있다.

또한 이 법률 제2조에서는 범인의 체포 또는 해난구조, 기타 천재사변 시 인명이나 재산을 구조하기 위한 직무수행 중 해상보안관이 그 직무집행상의 필요에 따라 원조를 요구했을 경우, 또는 그 외 이것에 협력해야 하는 것이 마땅

---

90) 해양경찰관의 적법한 경찰행위로 인한 손실보상과 관련하여 「경찰관직무집행법」을 부득이 적용할 경우 동법 제11조의2제4항에서 규정하고 있는 손실보상의 기준, 보상금액, 지급절차 및 방법, 손실보상심의위원회의 구성 및 운영, 그 밖에 필요한 사항을 해양환경에서 발생할 수 있는 다양한 경우의 수를 충분히 반영할 수 있도록 세부적인 검토과정이 필요하다.

91) 2010년 9월 25일 01시 45분경 인천 덕적도 북서방 6.4마일 해상에서 인천해양경찰서 소속 235함정이 기관고장으로 구조 요청한 어획물 운반선 ○○호를 예인 중 침몰한 사고(피해사항: 2명 사망, 선체 침몰)와 관련해서 피해자측은 선주 및 대한민국(해양경찰청)을 상대로 소송을 제기한 바 있다. 이 사건에서 법원은 선주에게만 실종자 2명에 대해 각각 30,375,360원, 69,996,514원을 지급(2심, 3심 기각)하라고 판결하였다. 법원은 피예인선인 ○○호의 예인과정에서의 과실(예인 중 선장이 캔버스로 어창을 덮지 않아 수밀 불가, 기상 악화시 속력 감소 미요청 및 상갑판 하부 방수구 미점검, 경비함정과 약 15분 간격으로 이상 유무 보고 시 막연히 이상 없다는 미온적인 반응 등)을 인정하여 국가에 대한 과실은 묻지 않고 있다. 하지만 여기에서 만약 피예인선의 과실이 없는 것으로 가정한다면 결국 해양경찰은 적법한 경찰권 행사로 인해 발생될 수 있는 신체상의 손실에 대한 구제방안을 제시하지 못하는 결과를 초래할 수 있으므로 「경찰관직무집행법」의 무조건적인 적용은 적절하지 않다 할 것이다.

하다고 인정된 경우, 협력지원자는 자신의 직무에 의하지 않고 대신 해당 해상보안관이 요구한 직무를 수행하면서 그 때문에 재해를 받은 경우에 국가는 이 법률이 정하는 바에 따라 급부의 책임, 즉 국가가 임해야 할 책임에 대해 명확히 규정하고 있다.

이는 유사한 사안일지라도 발생되는 장소적 특성 및 적용대상에 따라 법적용의 적정성을 높이기 위한 것으로 국민에게 법적 안정성 및 최적의 서비스를 제공하기 위한 것으로 볼 수 있다. 따라서 우리나라 해양경찰이 「경찰관직무집행법」을 그대로 따르는 것과 관련해서 많은 시사점을 제시하고 있다 할 것이다.

「유엔해양법협약」 제110조제3항 및 제111조제8항에서는 공해상에서 혐의가 근거 없는 것으로 판명되고, 또한 임검받은 선박의 혐의가 정당화될 어떤 행동도 하지 않은 경우, 그리고 추적권의 행사가 정당화되지 않는 상황에서 선박이 영해 밖에서 정선 또는 나포된 경우 이들 선박은 그로 인하여 지속될 수 있는 손실 및 손해에 대하여 보상을 받는다는 명문규정을 명확히 하고 있다.

「대한민국헌법」 제6조제1항에서는 헌법에 의하여 체결·공포된 조약과 일반적으로 승인된 국제법규는 국내법과 동일한 효력을 가진다고 명시하고 있다. 따라서 해양경찰이 공해상에서 행한 경찰권 행사와 관련한 보상문제는 어느 정도 다룰 여지는 있으나, 「해양경비법」이 국회에 상정되어 심사되는 과정에서 이와 관련한 조항이 국회 입법권을 침해할 우려가 있다는 이유로 삭제됨에 따라 「해양경비법」은 이와 관련해서 대응할 수 있는 근거법으로서의 요소가 배제되어 있다. 이러한 경우 국내법으로 수용절차를 거치지 아니한 협약은 일반 국민들이 쉽게 접근할 수 없는 문제점이 있다. 따라서 동법의 구체적인 개선방안은 필요하다.

한편, 미국해안경비대의 경우 U.S.C. Title 14 §637(b)에서는 경찰선박이나 항공기의 책임자 및 권한 대행자는 선박을 향한 경고성 발포로 인한 모든 벌칙이나 손해배상소송으로부터 면책되어야 한다고 규정하고 있다. 만약 경찰선박이나 항공기의 책임자 및 그 명령에 따라 실행한 자가 기소되거나 체포된 경우에는 보석 · 석방허가가 이루어져야 한다는 명문규정을 두고 있다. 즉 미국연방법에서는 행위 당사자를 구제할 수 있는 근거를 명문으로 명확히 규정하고 있어 일종의 경찰구제법적인 성격이 내포되어 있으며, 이는 우리나라 해양경찰에게 시사하는 바가 크다 할 것이다.

제6편

해양경찰 법체계의 개선을 위한 정책 제안은?

지금까지의 내용을 종합해 보면, 해양경찰의 사회적 위치와 궁극적으로 추구해야 할 경찰활동 범위 등 해양경찰과 관련한 여러 환경적 요인을 과거와 비교해 보면 많은 차이를 보이고 있다는 것을 알 수 있다. 이처럼 시대가 요구하는 해양경찰은 갈수록 국제화되어가는 세계정세에 적절히 대응하고, 또한 치안행정 업무의 중심에서 국민에게 봉사하는 서비스기관으로서의 이중적 역할을 감당하고 있다.

해양경찰은 경찰기관으로서 치안환경의 변화에 전략적으로 대응하여야 하며, 규제보다는 능동적인 치안서비스의 제공으로 다원화된 사회에서 효과적인 치안유지를 가능하게 해야 한다. 따라서 복잡하고 다양한 업무를 수행하는 해양경찰조직에 대한 명확한 근거법 마련은 중대한 과제가 아닐 수 없다. 다시 말해 과거에 비해 많은 변화를 가져왔고, 해양에서의 중추적 역할을 감당할 수 있는 유일한 기관으로 해양경찰은 성장한 것이다. 하지만 해양경찰과 관련한 법체계는 아직까지 미약하다.

결국 시대적 흐름에 적절히 대응할 수 있는 합리적인 법체계의 정비가 절실한 현실에서 급변하는 사회 환경의 변화에 해양경찰도 능동적으로 대처해야 한다. 그리고 해양경찰의 활동과 관련된 법적 제도를 지속적으로 보완 발전시켜 나가는 것은 중요한 시대적 요청이 아닐 수 없다. 이에 더해 해양경찰이 담당해야 하는 소관법률에 대한 법체계의 재정비도 꼭 필요한 과제로 남아있다.

해양경찰은 국제협약을 기반으로 수용된 국내 개별법들과의 종합적 검토와 함께 해당 직무와 관련된 국내 다른 법률과의 제도적 체계정립이 필요하다. 또한 유사기관과의 중복된 직무를 하나로 통합 관리하여 해양정책의 중심으로 자리 잡을 수 있는 방안이 마련되어야 한다. 좀더 나아가 해상테러 및 해적행위에 대한 적절한 대응을 위한 입법추진이 필요하다.

끝으로, 본 저서에는 언급되지 않은 내용이나, 여러 학계 등에서는 우리나라 육상경찰 관련 법제의 문제점을 해결하기 위한 대안으로 독일의 "통일경찰법모범초안"을 제시하고 있다. 해양경찰에서도 같은 경찰기관이라는 맥락에서 이를 종합적으로 분석한 후 해양경찰의 법제를 개선하는데 적절히 이용하는 것 또한 하나의 방법으로 제시할 수 있을 것이다.

제6장

Legal System in Korea
Coast Guard Relevant Laws

주요정책 제안

본 저서는 우리나라 해양경찰 법체계의 미비점을 개선하고, 재정립함으로써 해양경찰의 조직구성과 경찰활동의 근거를 엄격한 법적 절차에 따르도록 하여 국민에게 법적 안정성을 제공할 수 있는 방안 마련을 목적으로 하였다. 이를 수행하기 위한 적용범위는 크게 두 가지 분야로 나누어 논거하였다. 먼저 해양경찰조직법 제정을 위한 당위성 및 필요성을 중심으로 열거한 후 전반적인 입법 방향을 제시하였다.

이와 관련하여 해양경찰 내에서 해양경찰과 관련한 조직법의 필요성을 놓고 의견이 분분하지만, 이것은 논거의 대상에서 제외하였다. 이는 국가기관의 필요에 의해 추진되는 것이 아니라 당연히 국가기관으로서 경찰권을 행사하는 기관이라면 우선적으로 마련되어야 하기 때문이다. 다음으로 해양경찰의 작용법과 관련한 전반적인 내용을 살펴보고, 현행 「해양경비법」의 문제점과 그 개정방향을 개별적 수권조항을 중심으로 제시하였다.

현재 해양경찰청은 외형적 구성뿐만 아니라 제도적 측면에서도 육상경찰과 견주어 차이가 없으며, 오히려 관할구역의 범위는 육상경찰보다 더 넓다. 또한 육상경찰과 해양경찰에 대해 이론적 · 제도적으로 다양한 시각에서 살펴보면, 해양경찰은 육상경찰과 마찬가지로 국가경찰기관으로서의 분명한 차별성 있는 업무수행을 감당하고 있다.

하지만 해양경찰은 1953년 창설부터 수많은 변화를 겪어왔고, 해양경찰에 대한 정체성은 여전히 불안정하다. 뿐만 아니라 육상경찰과 조직운영상의 법체계를 비교해 보면 상당히 미흡한 차이를 보이고 있으나, 국가 차원에서는 두

기관을 이같이 차별성 있게 운영해야만 하는 명확한 이유를 제시하지 못하고 있다. 이는 학문적(이론적) 측면에서도 마찬가지다.

따라서 본 저서에서는 해양경찰조직법을 제정하기 위해 해양경찰이 육상경찰과 대등한 경찰기관인지를 이론적 · 제도적으로 입증하였다. 또한 우리나라 경찰조직과 관련한 과거사를 통해 해양경찰의 변천과정을 제도적으로 분석하여 현재의 위치가 어떠한지도 함께 확인해 보았다. 뿐만 아니라 해양경찰의 업무적 특성 및 사회에서의 고유한 역할에 대해 객관적 자료를 근거로 사실적 입장에서 구체적으로 열거하고, 이에 더해 육상경찰과 해양경찰의 제도적 입장에서의 업무범위를 살펴봄으로써 해양경찰이 육상경찰과 다른 차별화된 경찰기관임을 제도적 측면에서 상세히 제시하였다.

그 밖에 주요국가의 해양경찰제도를 우리나라 해양경찰과 비교 · 분석하고 해양경찰 법체계를 개선해야 할 필요성을 강조하였다. 이상의 내용을 바탕으로 해양경찰조직법을 제정해야 하는 당위성과 필요성을 중점적으로 피력하였다. 이를 위해서 국내 실정법인 「정부조직법」과 「경찰법」 외 다른 중앙행정기관과 관련된 법률 등을 중심으로 해양경찰조직법 제정에 필요한 전반적인 방향성을 제시하였다.

결론적으로 해양경찰조직의 법적 근거가 되는 「정부조직법」의 적정성, 해양경찰조직법 제정과 관련한 사회적 입장, 해양경찰의 역할, 「경찰법」의 제정이유, 해양경찰의 설립목적 및 해양경찰청과 다른 중앙행정기관과의 제도적 입장 등 여러 환경적 특성의 종합적 분석과정을 통해 해양경찰의 조직법을 제정해야만 하는 명확한 이유를 제시하였다. 반면, 해양경찰을 육상경찰과 다르게 운영해야만 하는 이론적 · 제도적 근거는 발견하지 못했다.

해양경찰조직법 제정에 필요한 전반적인 입법방향을 제시하면 다음과 같다. i) 해양경찰의 조직체계 및 기능수행을 명확히 해야 한다. 해양경찰 관련 모든 조직을 운영할 수 있는 근거법 마련으로 효율적인 업무수행은 물론 국민에게 최적의 서비스를 제공하기 위한 기본법체제를 갖추어야 한다. 그리고 조직법이지만 경찰작용과 경찰강제, 경찰구제에 관한 내용을 수용해서 해양경찰의 대표적 기본법의 요건을 갖추기 위한 방안마련이 필요하다. 물론 여기에서 거론되고 있는 경찰작용과 경찰강제 및 경찰구제는 작용법적인 특징을 가지지 아니하며, 조직법적인 측면에서의 경찰권 행사의 원칙과 한계를 규정하고자 하는 것이다. 결국 이러한 일련의 활동들은 해양경찰이 법적 근거를 바탕으로 더 효율적이고, 체계적인 조직을 운영할 수 있는 법체계를 마련하는 것이며, 이는 궁극적으로 국민에게 법적 안정성과 신뢰를 제공할 수 있다.

ii) 해양경찰 직무범위를 정립해야 한다. 조직법의 성격은 업무수행에 따른 경찰권 행사의 원칙과 한계를 규정할 뿐이다. 따라서 직무범위에 대한 구체적인 입법은 국민에 대한 법적 안정성을 제공한다. 복잡한 현대사회에서 해양경찰은 육상경찰에 비해 국제정세의 환경에 더욱더 민감하며 육상경찰보다 국제분쟁에 휩싸일 가능성이 높다. 따라서 해양경찰의 모든 직무를 수용할 수 있는 개괄적 수권조항이 포함된 입법이 필요하다.

iii) 해양경찰의 중립성을 확보해야 한다. 해양경찰의 경찰이념적 요소를 바탕으로 한 중립적인 태도는 정치뿐만 아니라 국민에게 경찰권을 행사하는데 있어서도 중요한 필수사항이므로 개별적 수권조항에 명확히 규정해야 한다. 그리고 또 하나의 대안은 현행 「경찰법」상의 경찰위원회를 해양경찰까지 확대 적용하는 방안이 있을 수 있다. 이를 위해서는 동법의 개정과 함께 경찰위원회의 문제점으로 드러난 기능적 권한 등의 일부를 보완하여 적용하면 될 것이다. 또한 현재로선 이러한 개선방안이 최선책이라 본다.

iv) 해양경찰의 개념적 정립을 구체화해야 한다. 해양경찰에 대한 개념은 별도의 개념정립이 되어 있지 않으므로 입법론적인 입장과 직무의 특성 등을 고려하여야 한다. 따라서 해양경찰도 육상경찰과 동일한 개념적 자격을 갖추기 위해서는 해양경찰조직법 제정을 통한 법률적 근거 마련이 최우선적으로 선행되어야 한다.

다음으로 해양경찰 법체계의 개선방안으로 현행 「해양경비법」의 개정방향을 제시하였다. 「해양경비법」의 가장 큰 문제점은 몇몇 조항에서 「경찰관직무집행법」을 그대로 수용하고 있다는 것이다. 특히 국민의 인권에 가장 큰 영향력을 미치는 무기사용 등과 관련해서는 「경찰관직무집행법」을 그대로 따르고 있다. 그리고 또하나는 적용범위가 선박 등이나 해양시설에 한정되어 있다는 것이다. 물론 「해양경비법」은 기존 「경찰관직무집행법」에 대한 특례적 · 보충적 규범 차원에서 검토된 법률로 해양에서의 직무범위로 한정하는 것은 당연하다.

일각에서는 해양경비활동의 범위 중 해양경찰이 관여하는 범죄장소의 약 70% 이상이 육상에서 발생하고 있는 것과 관련해서 육상경찰의 대표적 작용법인 「경찰관직무집행법」을 해양경찰의 작용법으로 간주하는 것과 동시에 「해양경비법」을 「경찰관직무집행법」의 특례적 · 보충적 법률로 인식하고 있다. 이는 「경찰관직무집행법」은 육상경찰을 대상으로 제정된 법률이라는 점과 엄연히 해양경찰은 육상경찰과 근무환경이 확연히 다르다는 점 등을 간과한 것이라 본다.

결론적으로 법률이 주로 적용되는 환경에 맞게 별도의 개별법을 마련하는 것은 오히려 국민에게 더욱 신뢰를 줄 수 있다. 따라서 해양경찰의 경찰권 행사와 관련하여 적절한 작용법을 마련하기 위해 현행 「해양경비법」을 현시점에 맞게 개정하여 단기적으로 운영할 수 있는 개선방안을 개별적 수권조항을 중심으로 제시하고, 더 나아가 해양경찰의 직무를 전체적으로 포함할 수 있는 장기적인 계획수립이 필요하다고 본다. 본 저서에서는 해양경찰만의 독자적 개별작용법 마련에 따른 사회각층의 충분한 검토와 장기간의 시간적 소요 등을 고려하여, 현행 「해양경비법」의 개별적 수권조항에 대한 개정방향을 우선적으로 고려하여 제시하고자 한다.

「해양경비법」의 개정방향에 대한 주요내용을 제시하면 다음과 같다. i) 법령명의 정의를 명확히 해야 한다. 「해양경비법」의 영자(英字)와 한자(漢字)의 의미를 볼 때 「해양보안법」으로 개칭하는 것이 옳다. 하지만 별다른 법적 실익이 없다. 따라서 궁극적으로는 해양경찰의 모든 업무를 수행하는데 있어 합당한 가칭 「해양경찰관직무집행법」 제정을 위한 장기적 계획수립이 필요하다.

이는 현행 「해양경비법」의 입법정신을 포괄적으로 적용하고, 「경찰관직무집행법」의 문제점을 해소한 해양경찰만의 독자적인 작용법을 마련하기 위한 것이다.

ii) 「해양경비법」상 개별적 수권조항인 제2조제1호(해양경비) · 제2호(경비수역) 및 제10호(선박 등), 제5조(다른 법률과의 관계), 제7조(해양경비활동의 범위), 제11조(경비수역별 중점사항), 제17조(무기의 사용), 제18조(해양경찰장비 및 장구의 사용)의 개정을 통해 「해양경비법」을 재정립하여 운영할 수 있는 방안이 필요하다.

iii) 「해양경비법」에서 규정하고 있는 해양경찰의 직무와 관련한 적용범위를 확대하는데 있어 합당한 대안을 구체적으로 제시하였다. 동법은 해양경비의 적용범위를 선박 등이나 해양시설에 한정하고 있어 해양경찰 전체 업무범위 중 해양에서의 직무집행에 제한적으로 적용하고 있다. 그리고 「경찰관직무집행법」은 해양경비활동의 범위 중 육상에서의 업무수행에 적용하기에도 적합하지 않다.

따라서 해양경찰의 경찰권 행사에 대한 적용범위를 확대하기 위해 가칭 「해양경찰관직무집행법」을 제정하기 위한 근거를 구체적으로 제시하였다. 이는 이중적 법체계 운영으로 국민에게 경찰책임을 더 가중시키는 것이 아니며, 오히려 더 나은 경찰서비스와 법적 안정성을 제공할 수 있는 근거법이 될 수 있다. 물론 가칭 「해양경찰관직무집행법」을 제정하는데 있어 법적 요건은 충분하며, 반대할만한 부정적인 요인도 없을 것으로 보인다.

iv) 해양경찰권 행사의 포괄적 기본원칙을 반영해야 한다. 「해양경비법」 제8조는 경찰권 행사에 대한 권력남용금지의 원칙을 명문화한 것이다. 그러나 동법 제8조는 권한남용의 금지원칙 이외에는 아무런 경찰권 제한과 관련한 기본원칙을 포함하고 있지 못하고 있다. 따라서 경찰권을 행사하는데 있어서는 제한원칙인 적합성의 원칙, 필요성의 원칙, 상당성의 원칙 모두를 포함하고 있어야 한다.

v) 손해전보의 입법을 추진할 수 있는 방안을 마련해야 한다. 「경찰관직무

집행법」 제11조의2를 준용하는 것보다 해양경찰의 직무와 직접적인 경찰작용으로 인해 발생하는 재산상의 손실뿐만 아니라 신체상의 손실 등에 대한 적절한 보상방안이 마련되어야 한다. 또한 경찰작용의 특성상 비상사태 등 부득이하게 비경찰책임사에게도 예외적으로 경찰권을 행사할 수밖에 없는 상황에서 이에 따른 손실보상을 할 수 있는 명문규정을 마련하여 경찰권 행사 당사자(해양경찰관)에게 안정된 업무를 수행할 수 있도록 입법을 통한 해결이 요구된다. 즉 「해양경비법」상의 독립된 무과실책임주의를 수용할 수 있는 방안마련이 필요한 것이다. 더 나아가 장기적으로는 해양경찰의 모든 직무범위를 포함한 독립된 대표적 작용법상에서의 수용방안 또한 종합적으로 검토·추진되어야 할 것이다.

지금까지의 내용을 종합해 볼 때, 해양경찰의 사회적 위치와 궁극적으로 추구해야 할 경찰활동 범위 등 해양경찰과 관련한 여러 환경적 요인을 과거와 비교해 보면 많은 차이를 보이고 있다는 것을 알 수 있다. 이처럼 시대가 요구하는 해양경찰은 갈수록 국제화되어가는 세계정세에 적절히 대응하고, 또한 치안행정 업무의 중심에서 국민에게 봉사하는 서비스기관으로서의 이중적 역할을 지금보다 훨씬 더 폭넓고 지속적으로 수행해야만 한다. 이뿐만 아니라 경찰기관으로서 치안환경의 변화에 전략적으로 대응하는 것은 물론 규제보다는 능동적인 치안서비스의 제공으로 다원화된 사회에서 효과적인 치안유지를 가능하게 해야 한다.

따라서 복잡하고 다양한 업무를 수행하는 해양경찰조직에 대한 명확한 근거법 마련은 중대한 과제가 아닐 수 없다. 다시 말해서 해양경찰청은 과거에 비해 많은 변화를 가져왔고, 해양에서의 중추적 역할을 감당할 수 있는 유일한 중앙행정기관으로 성장한 것이다. 하지만 해양경찰과 관련한 법체계는 아직까지 미약하다.

결국 시대적 흐름에 따라 급변하는 사회환경의 변화에 적절히 대응할 수 있는 합리적인 법체계의 정비를 위해서는 그 어느 때보다 해양경찰의 능동적이고 적극적인 활동이 수반되어야 한다. 그리고 해양경찰의 활동과 관련된 법적 제도를 지속적으로 보완 발전시켜 나가는 것은 중요한 시대적 과제라 할 것이다. 이에 더해 여타 중앙행정기관이 담당하고 있는 각각의 소관 법령 중 해양경찰청으로 이관하는 것이 오히려 법률을 운영하는데 있어 적정성 및 효율성의 성과를 통해 국민에게 좀더 법적 안정성을 제공할 수 있는 부분이 존재하는지에 대해 체계적으로 면밀히 검토 후 재정비할 수 있는 여건마련은 수반되어야 한다.

특히 해양경찰은 국제협약을 기반으로 수용된 국내 개별법들과의 종합적 검토와 함께 해양경찰의 직무와 관련된 국내 다른 법률과의 제도적 체계정립이 필요하다. 또한 유사기관과의 중복된 직무를 하나로 통합 관리하여 해양정책의 중심으로 자리 잡을 수 있는 방안이 마련되어야 한다. 좀더 나아가 해상테러 및 해적행위에 대해 적절히 대응하기 위한 입법추진이 필요하다.

끝으로, 본 저서에서는 구체적으로 언급되지 않은 내용이나 여러 학계 등에서는 우리나라 육상경찰 관련 법제의 문제점을 해결하기 위한 대안으로 독일의 "통일경찰법모범초안"을 제시하고 있다.[1)] 해양경찰에서도 같은 경찰기관이라는 맥락에서 이를 종합적으로 분석한 후, 해양경찰의 법체계를 개선하는데 적절히 이용하는 것 또한 하나의 방법으로 제시할 수 있을 것이다.

1) 독일의 「연방과 각 주의 단일경찰법전을 위한 모범초안」 일명, 통일경찰법 모범초안 제2장 경찰의 권한 중 제8조 일반적 권한에서는 동법 제8조의a 내지 제24조에서 경찰의 직무권한으로 특별히 규정하고 있지 않는 한, 경찰은 공공의 안녕과 질서에 대한 개별적 경우에 존재하는 위험을 방지하기 위하여 필요한 조치를 행할 수 있다고 규정하고 있다. 즉 일반적 권한으로서 공공의 안녕 혹은 질서에 대한 위험을 방지하기 위하여 필요한 조치를 취할 수 있다는 일반적 수권조항 내지 개괄적 수권조항을 명백히 인정하고 있는 것이다. 여기에서 사용된 공공의 안녕, 공공의 질서, 위험 등의 개념은 학문상의 재량개념이 아닌 불확정 개념으로서, 이는 학설과 판례 등을 통하여 구체화할 수 있는 법률개념이며 행정처의 재량을 인정하는 것은 아니다(홍준형 외, 앞의 보고서, 195, 208면).

부 록

[부록 1] **경찰법**

[시행 2013.3.23]

[법률 제11690호, 2013.3.23, 타법개정]

[부록 2] **경찰관직무집행법**

[시행 2014.4.6]

[법률 제11736호, 2013.4.5, 일부개정]

[부록 3] **해양경비법**

[시행 2014.2.14]

[법률 제12090호, 2013.8.13, 일부개정]

부록 1
Legal System in Korea
Coast Guard Relevant Laws

경찰법

[시행 2013.3.23]
[법률 제11690호, 2013.3.23, 타법개정]

제1장 총칙 〈개정 2011.5.30〉

제1조(목적) 이 법은 국가경찰의 민주적인 관리·운영과 효율적인 임무수행을 위하여 국가경찰의 기본조직 및 직무범위와 그 밖에 필요한 사항을 규정함을 목적으로 한다.
[전문개정 2011.5.30]

제2조(국가경찰의 조직) ① 치안에 관한 사무를 관장하게 하기 위하여 안전행정부장관 소속으로 경찰청을 둔다. 〈개정 2013.3.23〉
② 경찰청의 사무를 지역적으로 분담하여 수행하게 하기 위하여 특별시장·광역시장 및 도지사(이하 "시·도지사"라 한다) 소속으로 지방경찰청을 두고, 지방경찰청장 소속으로 경찰서를 둔다. 이 경우 인구, 행정구역, 면적, 지리적 특성, 교통 및 그 밖의 조건을 고려하여 시·도지사 소속으로 2개의 지방경찰청을 둘 수 있다. 〈개정 2012.2.22〉
[전문개정 2011.5.30]

제3조(국가경찰의 임무) 국가경찰의 임무는 다음 각 호와 같다.
1. 국민의 생명·신체 및 재산의 보호
2. 범죄의 예방·진압 및 수사
3. 경비·요인경호 및 대간첩작전 수행
4. 치안정보의 수집·작성 및 배포

5. 교통의 단속과 위해의 방지
6. 그 밖의 공공의 안녕과 질서유지
[전문개정 2011.8.4]

제4조(권한남용의 금지) 국가경찰은 그 직무를 수행할 때 헌법과 법률에 따라 국민의 자유와 권리를 존중하고, 국민 전체에 대한 봉사자로서 공정·중립을 지켜야 하며, 부여된 권한을 남용하여서는 아니된다.
[전문개정 2011.5.30]

제2장 경찰위원회 〈개정 2011.5.30〉

제5조(경찰위원회의 설치) ① 경찰행정에 관하여 제9조제1항 각 호의 사항을 심의·의결하기 위하여 안전행정부에 경찰위원회(이하 "위원회"라 한다)를 둔다. 〈개정 2013.3.23〉
② 위원회는 위원장 1명을 포함한 7명의 위원으로 구성하되, 위원장 및 5명의 위원은 비상임(非常任)으로 하고, 1명의 위원은 상임(常任)으로 한다.
③ 제2항에 따른 위원 중 상임위원은 정무직으로 한다.
[전문개정 2011.5.30]

제6조(위원의 임명 및 결격사유) ① 위원은 안전행정부장관의 제청으로 국무총리를 거쳐 대통령이 임명한다. 〈개정 2013.3.23〉
② 안전행정부장관은 위원 임명을 제청할 때 국가경찰의 정치적 중립이 보장되도록 하여야 한다. 〈개정 2013.3.23〉
③ 위원 중 2명은 법관의 자격이 있는 사람이어야 한다.
④ 다음 각 호의 어느 하나에 해당하는 사람은 위원이 될 수 없다.
1. 당적(黨籍)을 이탈한 날부터 3년이 지나지 아니한 사람

2. 선거에 의하여 취임하는 공직에서 퇴직한 날부터 3년이 지나지 아니한 사람
3. 경찰, 검찰, 국가정보원 직원 또는 군인의 직(職)에서 퇴직한 날부터 3년이 지나지 아니한 사람
4. 「국가공무원법」 제33조 각 호의 어느 하나에 해당하는 사람

[전문개정 2011.5.30]

제7조(위원의 임기 및 신분보장) ① 위원의 임기는 3년으로 하며, 연임(連任)할 수 없다. 이 경우 보궐위원의 임기는 전임자 임기의 남은 기간으로 한다.

② 위원은 정당에 가입하거나 제6조제4항제2호 또는 제3호의 직에 취임 또는 임용되거나 제4호에 해당하게 된 때에는 당연히 퇴직된다.

③ 위원은 중대한 신체상 또는 정신상의 장애로 직무를 수행할 수 없게 된 경우를 제외하고는 그 의사에 반하여 면직되지 아니한다.

[전문개정 2011.5.30]

제8조(「국가공무원법」의 준용) 위원에 대하여는 「국가공무원법」 제60조 및 제65조를 준용한다.

제9조(위원회의 심의·의결 사항) ① 다음 각 호의 사항은 위원회의 심의·의결을 거쳐야 한다. 〈개정 2013.3.23〉

1. 국가경찰의 인사, 예산, 장비, 통신 등에 관한 주요정책 및 국가경찰 업무 발전에 관한 사항
2. 인권보호와 관련되는 국가경찰의 운영·개선에 관한 사항
3. 국가경찰 임무 외에 다른 국가기관으로부터의 업무협조 요청에 관한 사항
4. 제주특별자치도의 자치경찰에 대한 국가경찰의 지원·협조 및 협약체결의 조정 등에 관한 주요 정책사항
5. 그 밖에 안전행정부장관 및 경찰청장이 중요하다고 인정하여 위원회의 회

의에 부친 사항

② 안전행정부장관은 제1항에 따라 심의·의결된 내용이 적정하지 아니하다고 판단할 때에는 재의(再議)를 요구할 수 있다. 〈개정 2013.3.23〉

[전문개정 2011.5.30]

제10조(위원회의 운영 등) ① 위원회의 사무는 경찰청에서 수행한다.

② 위원회의 회의는 재적위원 과반수의 출석과 출석위원 과반수의 찬성으로 의결한다.

③ 이 법에 규정된 것 외에 위원회의 운영 및 제9조제1항 각 호에 따른 심의·의결사항의 구체적 범위, 재의 요구 등에 필요한 사항은 대통령령으로 정한다.

[전문개정 2011.5.30]

제3장 경찰청 〈개정 2011.5.30〉

제11조(경찰청장) ① 경찰청에 경찰청장을 두며, 경찰청장은 치안총감(治安總監)으로 보한다. 〈개정 2011.5.30〉

② 경찰청장은 경찰위원회의 동의를 받아 안전행정부장관의 제청으로 국무총리를 거쳐 대통령이 임명한다. 이 경우 국회의 인사청문을 거쳐야 한다. 〈개정 2011.5.30, 2013.3.23〉

③ 경찰청장은 국가경찰에 관한 사무를 총괄하고 경찰청 업무를 관장하며 소속 공무원 및 각급 국가경찰기관의 장을 지휘·감독한다. 〈개정 2011.5.30〉

④ 삭제 〈2003.12.31〉

⑤ 경찰청장의 임기는 2년으로 하고, 중임(重任)할 수 없다. 〈개정 2011.5.30〉

⑥ 경찰청장이 직무를 집행하면서 헌법이나 법률을 위배하였을 때에는 국회는 탄핵소추를 의결할 수 있다. 〈개정 2011.5.30〉

[제목개정 2011.5.30]

[2003.12.31 법률 제7035호에 의하여 1999.12.23 헌법재판소에서 위헌 결정된 이 조를 삭제함.]

第12조(차장) ① 경찰청에 차장을 두며, 차장은 치안정감(治安正監)으로 보한다.

② 차장은 경찰청장을 보좌하며, 경찰청장이 부득이한 사유로 직무를 수행할 수 없을 때에는 그 직무를 대행한다.

[전문개정 2011.5.30]

第13조(하부조직) ① 경찰청의 하부조직은 국(局) 또는 부(部) 및 과(課)로 한다.

② 경찰청장·차장·국장 또는 부장 밑에 정책의 기획이나 계획의 입안(立案) 및 연구·조사를 통하여 그를 직접 보좌하는 담당관을 둘 수 있다.

③ 경찰청의 하부조직의 명칭 및 분장 사무와 공무원의 정원은 「정부조직법」 제2조제4항 및 제5항을 준용하여 대통령령 또는 안전행정부령으로 정한다. 〈개정 2013.3.23〉

[전문개정 2011.5.30]

제4장 지방경찰 〈개정 2011.5.30〉

第14조(지방경찰청장) ① 지방경찰청에 지방경찰청장을 두며, 지방경찰청장은 치안정감·치안감(治安監) 또는 경무관(警務官)으로 보한다.

② 지방경찰청장은 경찰청장의 지휘·감독을 받아 관할구역의 국가경찰사무를 관장하고 소속 공무원 및 소속 국가경찰기관의 장을 지휘·감독한다.

[전문개정 2011.5.30]

第15조(차장) ① 지방경찰청에 차장을 둘 수 있다.

② 차장은 지방경찰청장을 보좌하여 소관 사무를 처리하고 지방경찰청장이 부득이한 사유로 직무를 수행할 수 없을 때에는 그 직무를 대행한다.
[전문개정 2011.5.30]

제16조(치안행정협의회) ① 지방행정과 치안행정의 업무조정과 그 밖에 필요한 사항을 협의 · 조정하기 위하여 시 · 도지사(제주특별자치도지사는 제외한다) 소속으로 치안행정협의회를 둔다.
② 치안행정협의회의 조직 · 운영과 그 밖에 필요한 사항은 대통령령으로 정한다. [전문개정 2011.5.30]
제17조(경찰서장) ① 경찰서에 경찰서장을 두며, 경찰서장은 경무관, 총경(總警) 또는 경정(警正)으로 보한다. 〈개정 2012.2.22〉
② 경찰서장은 지방경찰청장의 지휘 · 감독을 받아 관할구역의 소관 사무를 관장하고 소속 공무원을 지휘 · 감독한다.
③ 경찰서장 소속으로 지구대 또는 파출소를 두고, 그 설치기준은 치안수요 · 교통 · 지리 등 관할구역의 특성을 고려하여 안전행정부령으로 정한다. 다만, 필요한 경우에는 출장소를 둘 수 있다. 〈개정 2013.3.23〉
[전문개정 2011.5.30]

제18조(직제) 지방경찰청 및 경찰서의 명칭, 위치, 관할구역, 하부조직, 공무원의 정원, 그 밖에 필요한 사항은 「정부조직법」 제2조제4항 및 제5항을 준용하여 대통령령 또는 안전행정부령으로 정한다. 〈개정 2013.3.23〉
[전문개정 2011.5.30]

제5장 삭제 〈1996.8.8〉

제19조 삭제 〈1996.8.8〉

제20조 삭제 〈1996.8.8〉

제21조 삭제 〈1996.8.8〉

제22조 삭제 〈1996.8.8〉

제6장 국가경찰공무원 〈개정 2011.5.30〉

제23조(국가경찰공무원) ① 국가경찰공무원의 계급은 치안총감 · 치안정감 · 치안감 · 경무관 · 총경 · 경정 · 경감(警監) · 경위(警衛) · 경사(警査) · 경장(警長) · 순경(巡警)으로 한다.

② 국가경찰공무원의 임용 · 교육훈련 · 복무 · 신분보장 등에 관한 사항은 따로 법률로 정한다.

[전문개정 2011.5.30]

제24조(직무수행) ① 국가경찰공무원은 상관의 지휘 · 감독을 받아 직무를 수행하고, 그 직무수행에 관하여 서로 협력하여야 한다.

② 국가경찰공무원은 구체적 사건수사와 관련된 제1항의 지휘 · 감독의 적법성 또는 정당성에 대하여 이견이 있을 때에는 이의를 제기할 수 있다.

③ 국가경찰공무원의 직무수행에 필요한 사항은 따로 법률로 정한다.

[전문개정 2011.5.30]

제7장 비상사태 시의 특별조치 〈개정 2011.5.30〉

제25조(비상사태 시 자치경찰에 대한 지휘 · 명령) ① 경찰청장은 전시 · 사변, 천재지변, 그 밖에 이에 준하는 국가비상사태, 대규모의 테러 또는 소요사태가 발생하였거나 발생할 우려가 있어 전국적인 치안유지를 위하여 긴급한 조치가 필요하다고 인정할 만한 충분한 사유가 있는 경우에는 제2항에 따라 제주특별자치도의 자치경찰공무원(이하 "자치경찰공무원"이라 한다)을 직접 지휘 · 명

령할 수 있다. 다만, 제주특별자치도 지역단위의 치안유지를 위하여 필요한 경우에는 제주특별자치도지방경찰청장이 지휘 · 명령할 수 있다.

② 경찰청장 또는 제주특별자치도지방경찰청장은 제1항에 따른 조치가 필요한 경우에는 미리 제주특별자치도지사에게 자치경찰공무원을 직접 지휘 · 명령하려는 사유 및 내용 등을 구체적으로 제시하여 통보하여야 한다. 이 경우 제주특별자치도지사는 정당한 사유가 없으면 즉시 소속 자치경찰공무원에게 경찰청장 또는 제주특별자치도지방경찰청장의 지휘 · 명령을 받을 것을 명하여야 한다.

③ 경찰청장 또는 제주특별자치도지방경찰청장이 제1항에 따라 지휘 · 명령권을 인수한 경우에는 경찰청장은 경찰위원회에 즉시 보고하여야 하고, 제주특별자치도지방경찰청장은 「제주특별자치도 설치 및 국제자유도시 조성을 위한 특별법」 제113조에 따른 관할 치안행정위원회에 즉시 통보하여야 한다.

④ 제3항에 따라 자치경찰공무원에 대한 지휘 · 명령권자가 변동된 사실을 보고받은 경찰위원회는 제1항에 규정된 사유에 해당되지 아니한다고 인정하면 그 지휘 · 명령권을 반환할 것을 의결할 수 있으며, 같은 사실을 통보받은 치안행정위원회는 제1항에 규정된 사유에 해당되지 아니한다고 인정하면 경찰청장 또는 제주특별자치도지방경찰청장에게 그 지휘 · 명령권의 반환을 건의할 수 있다.

⑤ 경찰청장 또는 제주특별자치도지방경찰청장은 제1항에 따라 경찰청장 또는 제주특별자치도지방경찰청장이 자치경찰공무원을 지휘 · 명령할 수 있는 사유가 해소된 때에는 자치경찰공무원에 대한 지휘 · 명령권을 즉시 제주특별자치도지사에게 반환하여야 한다.

⑥ 제1항 및 제2항에 따라 제주특별자치도의 자치경찰공무원이 경찰청장 또는 제주특별자치도지방경찰청장의 지휘 · 명령을 받는 경우 그 지휘 · 명령의 범위에서는 국가경찰공무원으로 본다.

[전문개정 2011.5.30]

[부록 2]
Legal System in Korea Coast Guard Relevant Laws

경찰관직무집행법

[시행 2014.4.6]
[법률 제11736호, 2013.4.5, 일부개정]

제1조(목적) ① 이 법은 국민의 자유와 권리의 보호 및 사회공공의 질서유지를 위한 경찰관(국가경찰공무원에 한한다. 이하 같다)의 직무수행에 필요한 사항을 규정함을 목적으로 한다. 〈개정 2006.2.21〉

② 이 법에 규정된 경찰관의 직권은 그 직무수행에 필요한 최소한도 내에서 행사되어야 하며 이를 남용하여서는 아니된다.

제2조(직무의 범위) 경찰관은 다음 각호의 직무를 행한다. 〈개정 2011.8.4〉

1. 국민의 생명·신체 및 재산의 보호
2. 범죄의 예방·진압 및 수사
3. 경비·요인경호 및 대간첩작전 수행
4. 치안정보의 수집·작성 및 배포
5. 교통의 단속과 위해의 방지
6. 기타 공공의 안녕과 질서유지

제3조(불심검문) ① 경찰관은 수상한 거동 기타 주위의 사정을 합리적으로 판단하여 어떠한 죄를 범하였거나 범하려 하고 있다고 의심할만한 상당한 이유가 있는 자 또는 이미 행하여진 범죄나 행하여지려고 하는 범죄행위에 관하여 그 사실을 안다고 인정되는 자를 정지시켜 질문할 수 있다.

② 그 장소에서 제1항의 질문을 하는 것이 당해인에게 불리하거나 교통의 방해가 된다고 인정되는 때에는 질문하기 위하여 부근의 경찰서·지구대·파

출소 또는 출장소(이하 "경찰관서"라 하되, 지방해양경찰관서를 포함한다)에 동행할 것을 요구할 수 있다. 이 경우 당해인은 경찰관의 동행요구를 거절할 수 있다. 〈개정 1988.12.31, 1996.8.8, 2004.12.23〉

③ 경찰관은 제1항에 규정된 자에 대하여 질문을 할 때에 흉기의 소지 여부를 조사할 수 있다.

④ 제1항 또는 제2항의 규정에 의하여 질문하거나 동행을 요구할 경우 경찰관은 당해인에게 자신의 신분을 표시하는 증표를 제시하면서 소속과 성명을 밝히고 그 목적과 이유를 설명하여야 하며, 동행의 경우에는 동행장소를 밝혀야 한다. 〈개정 1991.3.8〉

⑤ 제2항의 규정에 의하여 동행을 한 경우 경찰관은 당해인의 가족 또는 친지 등에게 동행한 경찰관의 신분, 동행장소, 동행목적과 이유를 고지하거나 본인으로 하여금 즉시 연락할 수 있는 기회를 부여하여야 하며, 변호인의 조력을 받을 권리가 있음을 고지하여야 한다. 〈신설 1988.12.31〉

⑥ 제2항의 규정에 의하여 동행을 한 경우 경찰관은 당해인을 6시간을 초과하여 경찰관서에 머물게 할 수 없다. 〈신설 1988.12.31, 1991.3.8〉

⑦ 제1항 내지 제3항의 경우에 당해인은 형사소송에 관한 법률에 의하지 아니하고는 신체를 구속당하지 아니하며, 그 의사에 반하여 답변을 강요당하지 아니한다. 〈신설 1988.12.31〉

제4조(보호조치 등) ① 경찰관은 수상한 거동 기타 주위의 사정을 합리적으로 판단하여 다음 각호의 1에 해당함이 명백하며 응급의 구호를 요한다고 믿을 만한 상당한 이유가 있는 자를 발견한 때에는 보건의료기관 또는 공공구호기관에 긴급구호를 요청하거나 경찰관서에 보호하는 등 적당한 조치를 할 수 있다. 〈개정 1988.12.31〉

1. 정신착란 또는 술취한 상태로 인하여 자기 또는 타인의 생명 · 신체와 재산에 위해를 미칠 우려가 있는 자와 자살을 기도하는 자

2. 미아 · 병자 · 부상자 등으로서 적당한 보호자가 없으며 응급의 구호를 요한다고 인정되는 자. 다만, 당해인이 이를 거절하는 경우에는 예외로 한다.

② 제1항의 긴급구호요청을 받은 보건의료기관이나 공공구호기관은 정당한 이유 없이 긴급구호를 거절할 수 없다.

③ 제1항의 경우에 피구호자가 휴대하고 있는 무기 · 흉기 등 위험을 야기할 수 있는 것으로 인정되는 물건은 경찰관서에 임시 영치할 수 있다.

④ 경찰관이 제1항의 조치를 한 때에는 지체 없이 이를 피구호자의 가족 · 친지 기타의 연고자에게 그 사실을 통지하여야 하며, 연고자가 발견되지 아니할 때에는 피보호자를 적당한 공중보건의료기관이나 공공구호기관에 즉시 인계하여야 한다.

⑤ 경찰관은 제4항의 규정에 의하여 피구호자를 공중보건의료기관 또는 공공구호기관에 인계한 때에는 즉시 그 사실을 소속 경찰서장 또는 지방해양경찰관서의 장에게 보고하여야 한다. 〈신설 1988.12.31, 1996.8.8〉

⑥ 제5항의 보고를 받은 소속 경찰서장 또는 지방해양경찰관서의 장은 대통령령이 정하는 바에 의하여 피구호자를 인계한 사실을 지체 없이 당해 공중보건의료기관 · 공공구호기관의 장 및 그 감독행정청에 통보하여야 한다. 〈신설 1988.12.31, 1996.8.8〉

⑦ 제1항의 규정에 의한 경찰관서에서의 보호는 24시간을, 제3항의 임시 영치는 10일을 초과할 수 없다. 〈개정 1988.12.31〉

제5조(위험발생의 방지) ① 경찰관은 인명 또는 신체에 위해를 미치거나 재산에 중대한 손해를 끼칠 우려가 있는 천재, 사변, 공작물의 손괴, 교통사고, 위험물의 폭발, 광견 · 분마류 등의 출현, 극단한 혼잡 기타 위험한 사태가 있을 때에는 다음의 조치를 할 수 있다.

1. 그 장소에 집합한 자, 사물의 관리자 기타 관계인에게 필요한 경고를 발하는 것

2. 특히 긴급을 요할 때에는 위해를 받을 우려가 있는 자를 필요한 한도 내에서 억류하거나 피난시키는 것

3. 그 장소에 있는 자, 사물의 관리자 기타 관계인에게 위해방지상 필요하다고 인정되는 조치를 하게 하거나 스스로 그 조치를 하는 것

② 경찰관서의 장은 대간첩작전 수행 또는 소요사태의 진압을 위하여 필요하다고 인정되는 상당한 이유가 있을 때에는 대간첩작전 지역 또는 경찰관서 · 무기고 등 국가중요시설에 대한 접근 또는 통행을 제한하거나 금지할 수 있다.

③ 경찰관이 제1항의 조치를 한 때에는 지체 없이 이를 소속 경찰관서의 장에게 보고하여야 한다.

④ 제2항의 조치를 하거나 제3항의 보고를 받은 경찰관서의 장은 관계기관의 협조를 구하는 등 적당한 조치를 하여야 한다.

제6조(범죄의 예방과 제지) ① 경찰관은 범죄행위가 목전에 행하여지려고 하고 있다고 인정될 때에는 이를 예방하기 위하여 관계인에게 필요한 경고를 발하고, 그 행위로 인하여 인명 · 신체에 위해를 미치거나 재산에 중대한 손해를 끼칠 우려가 있어 긴급을 요하는 경우에는 그 행위를 제지할 수 있다.

② 삭제 〈1988.12.31〉

제7조(위험방지를 위한 출입) ① 경찰관은 제5조제1항 · 제2항 및 제6조제1항에 규정한 위험한 사태가 발생하여 인명 · 신체 또는 재산에 대한 위해가 절박한 때에 그 위해를 방지하거나 피해자를 구조하기 위하여 부득이 하다고 인정할 때에는 합리적으로 판단하여 필요한 한도 내에서 타인의 토지 · 건물 또는 선차 내에 출입할 수 있다.

② 흥행장 · 여관 · 음식점 · 역 기타 다수인이 출입하는 장소의 관리자 또는 이에 준하는 관계인은 그 영업 또는 공개시간 내에 경찰관이 범죄의 예방 또는 인명 · 신체와 재산에 대한 위해예방을 목적으로 그 장소에 출입할 것을

요구한 때에는 정당한 이유 없이 이를 거절할 수 없다.

③ 경찰관은 대간첩작전 수행에 필요한 때에는 작전지역 안에 있어서의 제2항에 규정된 장소 안을 검색할 수 있다.

④ 제1항 내지 제3항의 규정에 의하여 경찰관이 필요한 장소에 출입할 때에는 그 신분을 표시하는 증표를 제시하여야 하며, 함부로 관계인의 정당한 업무를 방해하여서는 아니된다.

제8조(사실의 확인 등) ① 경찰관서의 장은 직무수행에 필요하다고 인정되는 상당한 이유가 있을 때에는 국가기관 또는 공사단체 등에 대하여 직무수행에 관련된 사실을 조회할 수 있다. 다만, 긴급을 요할 때에는 소속 경찰관으로 하여금 현장에 출장하여 당해 기관 또는 단체의 장의 협조를 얻어 그 사실을 확인하게 할 수 있다.

② 경찰관은 미아를 인수할 보호자의 여부, 유실물을 인수할 권리자의 여부 또는 사고로 인한 사상자를 확인하기 위하거나 행정처분을 위한 교통사고조사상의 사실을 확인하기 위하여 필요한 때에는 관계인에게 출석을 요하는 사유 · 일시 및 장소를 명확히 한 출석요구서에 의하여 경찰관서에 출석할 것을 요구할 수 있다.

제9조(유치장) 경찰서 및 지방해양경찰관서에 법률이 정한 절차에 따라 체포 · 구속되거나 신체의 자유를 제한하는 판결 또는 처분을 받은 자를 수용하기 위하여 유치장을 둔다. 〈개정 1996.8.8, 1999.5.24〉

제10조(경찰장비의 사용 등) ① 경찰관은 직무수행 중 경찰장비를 사용할 수 있다. 다만, 인명 또는 신체에 위해를 가할 수 있는 경찰장비에 대하여는 필요한 안전교육과 안전검사를 실시하여야 한다.

② 제1항의 "경찰장비"라 함은 무기, 경찰장구, 최루제 및 그 발사장치, 감식

기구, 해안감시기구, 통신기기, 차량 · 선박 · 항공기 등 경찰의 직무수행을 위하여 필요한 장치와 기구를 말한다.

③ 경찰장비를 임의로 개조하거나 임의의 장비를 부착하여 통상의 용법과 달리 사용함으로써 타인의 생명 · 신체에 위해를 주어서는 아니된다.

④ 제1항 단서의 경찰장비의 종류 및 그 사용기준, 안전교육 · 안전검사의 기준 등에 대하여는 대통령령으로 정한다.

[본조신설 1999.5.24]

제10조의2(경찰장구의 사용) ① 경찰관은 현행범인인 경우와 사형 · 무기 또는 장기 3년 이상의 징역이나 금고에 해당하는 죄를 범한 범인의 체포 · 도주의 방지, 자기 또는 타인의 생명 · 신체에 대한 방호, 공무집행에 대한 항거의 억제를 위하여 필요하다고 인정되는 상당한 이유가 있을 때에는 그 사태를 합리적으로 판단하여 필요한 한도 내에서 경찰장구를 사용할 수 있다. 〈개정 1991.3.8, 1999.5.24〉

② 제1항의 "경찰장구"라 함은 경찰관이 휴대하여 범인검거와 범죄진압 등 직무수행에 사용하는 수갑 · 포승 · 경찰봉 · 방패 등을 말한다. 〈신설 1999.5.24〉,

[제목개정 1999.5.24]

제10조의3(분사기 등의 사용) ① 경찰관은 범인의 체포 · 도주의 방지 또는 불법집회 · 시위로 인하여 자기 또는 타인의 생명 · 신체와 재산 및 공공시설안전에 대한 현저한 위해의 발생을 억제하기 위하여 부득이한 경우 현장책임자의 판단으로 필요한 최소한의 범위 안에서 분사기(총포 · 도검 · 화약류 등 단속법의 규정에 의한 분사기와 최루 등의 작용제) 또는 최루탄을 사용할 수 있다. 〈개정 1999.5.24〉

② 삭제 〈1999.5.24〉

[본조신설 1989.6.16] [제목개정 1999.5.24]

제10조의4(무기의 사용) ① 경찰관은 범인의 체포 · 도주의 방지, 자기 또는 타인의 생명 · 신체에 대한 방호, 공무집행에 대한 항거의 억제를 위하여 필요하다고 인정되는 상당한 이유가 있을 때에는 그 사태를 합리적으로 판단하여 필요한 한도 내에서 무기를 사용할 수 있다. 다만, 형법에 규정한 정당방위와 긴급피난에 해당하는 때 또는 다음 각호의 1에 해당하는 때를 제외하고는 사람에게 위해를 주어서는 아니된다. 〈개정 1988.12.31, 1999.5.24〉

1. 사형 · 무기 또는 장기 3년 이상의 징역이나 금고에 해당하는 죄를 범하거나 범하였다고 의심할만한 충분한 이유가 있는 자가 경찰관의 직무집행에 대하여 항거하거나 도주하려고 할 때 또는 제삼자가 그를 도주시키려고 경찰관에게 항거할 때에 이를 방지 또는 체포하기 위하여 무기를 사용하지 아니하고는 다른 수단이 없다고 인정되는 상당한 이유가 있을 때
2. 체포 · 구속영장과 압수 · 수색영장을 집행할 때에 본인이 경찰관의 직무집행에 대하여 항거하거나 도주하려고 할 때 또는 제3자가 그를 도주시키려고 경찰관에게 항거할 때 이를 방지 또는 체포하기 위하여 무기를 사용하지 아니하고는 다른 수단이 없다고 인정되는 상당한 이유가 있을 때
3. 범인 또는 소요행위자가 무기 · 흉기 등 위험한 물건을 소지하고 경찰관으로부터 3회 이상의 투기명령 또는 투항명령을 받고도 이에 불응하면서 계속 항거하여 이를 방지 또는 체포하기 위하여 무기를 사용하지 아니하고는 다른 수단이 없다고 인정되는 상당한 이유가 있을 때
4. 대간첩작전 수행에 있어 무장간첩이 경찰관의 투항명령을 받고도 이에 불응하는 경우

② 제1항의 "무기"라 함은 인명 또는 신체에 위해를 가할 수 있도록 제작된 권총 · 소총 · 도검 등을 말한다. 〈신설 1999.5.24〉

③ 대간첩 · 대테러작전 등 국가안전에 관련되는 작전을 수행할 때에는 개인화기 외에 공용화기를 사용할 수 있다. 〈신설 1999.5.24〉

제11조(사용등록의 보관) 제10조의3의 규정에 의한 분사기나 최루탄 또는 제10조의4의 규정에 의한 무기를 사용하는 경우 그 책임자는 사용일시 · 사용장소 · 사용대상 · 현장책임자 · 종류 · 수량 등을 기록하여 보관하여야 한다. [본조신설 1999.5.24]

제11조의2(손실보상) ① 국가는 경찰관의 적법한 직무집행으로 인하여 다음 각 호의 어느 하나에 해당하는 손실을 입은 자에 대하여 정당한 보상을 하여야 한다.

1. 손실발생의 원인에 대하여 책임이 없는 자가 재산상의 손실을 입은 경우(손실발생의 원인에 대하여 책임이 없는 자가 경찰관의 직무집행에 자발적으로 협조하거나 물건을 제공하여 재산상의 손실을 입은 경우를 포함한다)
2. 손실발생의 원인에 대하여 책임이 있는 자가 자신의 책임에 상응하는 정도를 초과하는 재산상의 손실을 입은 경우

② 제1항에 따른 보상을 청구할 수 있는 권리는 손실이 있음을 안 날부터 3년, 손실이 발생한 날부터 5년간 행사하지 아니하면 시효의 완성으로 소멸한다.

③ 제1항에 따른 손실보상신청 사건을 심의하기 위하여 손실보상심의위원회를 둔다.

④ 제1항에 따른 손실보상의 기준, 보상금액, 지급절차 및 방법, 손실보상심의위원회의 구성 및 운영, 그 밖에 필요한 사항은 대통령령으로 정한다.

[본조신설 2013.4.5] **[시행일: 2014.4.6] 제11조의2**

第12조(벌칙) 이 법에 규정된 경찰관의 의무에 위반하거나 직권을 남용하여 다른 사람에게 해를 끼친 자는 1년 이하의 징역이나 금고에 처한다.
[전문개정 1988.12.31]

第13조(시행령) 이 법 시행에 관하여 필요한 사항은 대통령령으로 정한다.

부록 3
Legal System in Korea Coast Guard Relevant Laws

해양경비법

[시행 2014.2.14]
[법률 제12090호, 2013.8.13, 일부개정]

제1장 총칙

제1조(목적) 이 법은 경비수역에서의 해양안보 확보, 치안질서 유지, 해양자원 및 해양시설 보호를 위하여 해양경비에 관한 사항을 규정함으로써 국민의 안전과 공공질서의 유지에 이바지함을 목적으로 한다.

제2조(정의) 이 법에서 사용하는 용어의 뜻은 다음과 같다.

1. "해양경비"란 해양경찰청장이 경비수역에서 해양주권의 수호를 목적으로 행하는 해양안보 및 해양치안의 확보, 해양자원 및 해양시설의 보호를 위한 경찰권의 행사를 말한다.
2. "경비수역"이란 대한민국의 법령과 국제법에 따라 대한민국의 권리가 미치는 수역으로서 연안수역, 근해수역 및 원해수역을 말한다.
3. "연안수역"이란 「영해 및 접속수역법」 제1조 및 제3조에 따른 영해 및 내수(「내수면어업법」 제2조제1호에 따른 내수면은 제외한다)를 말한다.
4. "근해수역"이란 「영해 및 접속수역법」 제3조의2에 따른 접속수역을 말한다.
5. "원해수역"이란 「해양수산발전기본법」 제3조제1호에 따른 해양 중 연안수역과 근해수역을 제외한 수역을 말한다.
6. "해양자원"이란 「해양수산발전기본법」 제3조제2호에 따른 해양자원을 말한다.
7. "해양시설"이란 「해양환경관리법」 제2조제17호에 따른 해양시설을 말한다.
8. "경비세력"이란 해양경찰청장이 해양경비를 목적으로 투입하는 인력, 함

정, 항공기 및 전기통신설비 등을 말한다.

9. "해상검문검색"이란 해양경찰청장이 경비세력을 사용하여 경비수역에서 선박 등을 대상으로 정선(停船) 요구, 승선(乘船), 질문, 사실 확인, 선체(船體) 수색이나 그 밖에 필요한 조치를 하는 것을 말한다.
10. "선박 등"이란 「선박법」 제1조의2제1항에 따른 선박(이하 "선박"이라 한다), 「수상레저안전법」 제2조제3호에 따른 수상레저기구, 그 밖에 수상에서 사람이 탑승하여 이동 가능한 기구를 말한다.
11. "임해 중요시설"이란 바다와 인접하고 있는 공공기관, 공항, 항만, 발전소, 조선소 및 저유소(貯油所) 등 국민경제의 기간(基幹)이 되는 주요 산업시설로서 대통령령으로 정하는 시설을 말한다.

제3조(국가의 책무) 국가는 경비수역에서의 해양안보 및 해양치안을 확보하고 해양자원 및 해양시설을 보호하기 위하여 해양경비에 필요한 제도와 여건을 확립하고 이를 위한 시책을 마련하여 추진하여야 한다.

제4조(적용범위) 이 법은 다음 각 호의 어느 하나에 해당하는 선박 등이나 해양시설에 대하여 적용한다.

1. 경비수역에 있는 선박 등이나 해양시설
2. 경비수역을 제외한 수역에 있는 「선박법」 제2조에 따른 대한민국 선박

제5조(다른 법률과의 관계) ① 해양경비에 관하여 「통합방위법」에서 규정한 것을 제외하고는 이 법에서 정하는 바에 따른다.

② 해양경비에 관하여 이 법에서 규정한 것을 제외하고는 「경찰관직무집행법」을 적용한다.

제5조의2(해양경찰의 날) 국민에게 해양주권 수호의 중요성을 널리 알리고 해양

안전 의식을 높이기 위하여 매년 9월 10일을 해양경찰의 날로 정하여 기념행사를 한다.
[본조신설 2013.5.22]

제2장 해양경비활동

제6조(해양경비기본계획의 수립) ① 해양경찰청장은 해양경비활동을 효율적으로 수행하기 위하여 해양경비기본계획(이하 "기본계획"이라 한다)을 5년마다 수립하고 추진하여야 한다.
② 기본계획에는 다음 각 호의 사항이 포함되어야 한다.
1. 주변정세의 변화에 따른 해양치안 수요분석에 관한 사항
2. 해양치안 수요에 따른 경비세력의 운용방안 및 국제공조에 관한 사항
3. 경비세력 증감에 대한 전망 및 인력 · 재원의 조달에 관한 사항
4. 경비수역별 특성에 알맞은 경비방법에 관한 사항
5. 그 밖에 해양경비 운용에 필요한 사항
③ 해양경찰청장은 기본계획을 수립하려는 경우에는 외교부장관, 국방부장관, 경찰청장 등 관계 중앙행정기관의 장 및 특별시장 · 광역시장 · 도지사 · 특별자치도지사(이하 "시 · 도지사"라 한다)의 의견을 들어야 한다. 〈개정 2013.3.23〉
④ 해양경찰청장은 수립된 기본계획에 따라 매년 전년도 해양경비 실적이나 치안여건 등을 분석하여 해당 연도의 중점 경비대상과 달성목표 등을 포함한 연간 해양경비계획을 수립하여야 한다.

제7조(해양경비활동의 범위) 해양경찰청 소속 경찰공무원(이하 "해양경찰관"이라 한다)은 다음 각 호의 어느 하나에 해당하는 해양경비활동을 수행한다.
1. 해양 관련 범죄에 대한 예방
2. 해양오염방제 및 해양자원 보호에 관한 조치

3. 해상경호, 대(對)테러 및 대간첩작전 수행
4. 해양시설의 보호에 관한 조치
5. 해상항행 보호에 관한 조치
6. 그 밖에 경비수역에서 해양경비를 위한 공공의 안녕과 질서유지

제8조(권한남용의 금지) 해양경찰관은 이 법에 따른 직무를 수행할 때 권한을 남용하여 개인의 권리 및 자유를 침해하여서는 아니된다.

제9조(경비세력의 해외파견) 해양경찰청장은 국제협력을 위한 국가 간 합동훈련 및 구호활동을 위하여 대통령령으로 정하는 바에 따라 경비세력의 일부를 외국에 파견할 수 있다.

제10조(협의체의 설치 및 운영) ① 해양경찰청장은 해양경비활동과 관련하여 긴급한 사안이 있을 경우 신속한 정보의 수집 · 전파 등 업무협조를 위하여 외교부, 해양수산부 및 경찰청 등 관계기관과 협의체를 설치하여 운영할 수 있다. 〈개정 2013.3.23〉

② 제1항에 따른 협의체의 설치 및 운영 등에 필요한 사항은 대통령령으로 정한다.

제11조(경비수역별 중점 경비사항) ① 해양경찰청장은 경비수역의 구분에 따라 경비세력의 배치와 중점 경비사항을 달리할 수 있다.

② 제1항의 구분에 따른 중점 경비사항은 다음 각 호와 같다.

1. 연안수역: 해양 관계 국내법령을 위반한 선박 등의 단속 등 민생치안 확보 및 임해 중요시설의 보호경비
2. 근해수역: 「영해 및 접속수역법」 제6조의2에 따른 법령을 위반한 외국선박의 단속을 위한 경비

3. 원해수역: 해양자원 및 해양시설의 보호, 해양환경의 보전·관리, 해양과학조사 실시 등에 관한 국내법령 및 대한민국이 체결·비준한 조약을 위반한 외국선박의 단속을 위한 경비

제12조(해상검문검색) ① 해양경찰관은 해양경비활동 중 다음 각 호의 어느 하나에 해당하는 선박 등에 대하여 주위의 사정을 합리적으로 판단하여 상당한 이유가 있는 경우 해상검문검색을 실시할 수 있다. 다만, 외국선박에 대한 해상검문검색은 대한민국이 체결·비준한 조약 또는 일반적으로 승인된 국제법규에 따라 실시한다.

1. 다른 선박의 항행 안전에 지장을 주거나 진로 등 항행상태가 일정하지 아니하고 정상적인 항법을 일탈하여 운항되는 선박 등
2. 대량파괴무기나 그 밖의 무기류 또는 관련 물자의 수송에 사용되고 있다고 의심되는 선박 등
3. 국내법령 및 대한민국이 체결·비준한 조약을 위반하거나 위반행위가 발생하려 하고 있다고 의심되는 선박 등

② 해양경찰관은 해상검문검색을 목적으로 선박 등에 승선하는 경우 선장(선박 등을 운용하는 자를 포함한다)에게 소속, 성명, 해상검문검색의 목적과 이유를 고지하여야 한다.

제12조(해상검문검색) ① 해양경찰관은 해양경비활동 중 다음 각 호의 어느 하나에 해당하는 선박 등에 대하여 주위의 사정을 합리적으로 판단하여 상당한 이유가 있는 경우 해상검문검색을 실시할 수 있다. 다만, 외국선박에 대한 해상검문검색은 대한민국이 체결·비준한 조약 또는 일반적으로 승인된 국제법규에 따라 실시한다.

1. 다른 선박의 항행 안전에 지장을 주거나 진로 등 항행상태가 일정

하지 아니하고 정상적인 항법을 일탈하여 운항되는 선박 등
2. 대량파괴무기나 그 밖의 무기류 또는 관련 물자의 수송에 사용되고 있다고 의심되는 선박 등
3. 국내법령 및 대한민국이 체결 · 비준한 조약을 위반하거나 위반행위가 발생하려 하고 있다고 의심되는 선박 등

② 해양경찰관은 해상 검문검색을 목적으로 선박 등에 승선하는 경우 선장(선박 등을 운용하는 자를 포함한다. 이하 같다)에게 소속, 성명, 해상 검문검색의 목적과 이유를 고지하여야 한다. 〈개정 2013.8.13〉

[시행일: 2014.2.14] 제12조

제13조(추적 · 나포) 해양경찰관은 다음 각 호의 어느 하나에 해당하는 선박 등에 대하여 추적 · 나포(拿捕)할 수 있다. 다만, 외국선박에 대한 추적권의 행사는 「해양법에 관한 국제연합 협약」 제111조에 따른다.
1. 제12조에 따른 해상 검문검색에 따르지 아니하고 도주하는 선박 등
2. 해당 경비수역에서 적용되는 국내법령 및 대한민국이 체결 · 비준한 조약을 위반하거나 위반행위가 발생하려 하고 있다고 확실시되는 상당한 이유가 있는 선박 등

제14조(해상항행 보호조치) ① 해양경찰관은 경비수역에서 다음 각 호의 어느 하나에 해당하는 행위를 하는 선박 등의 선장(선박 등을 운용하는 자를 포함한다)에 대하여 경고, 이동 · 해산명령 등 해상항행 보호조치를 할 수 있다. 다만, 외국선박에 대한 해상항행 보호조치는 연안수역에서만 실시한다.
1. 선박 등이 본래의 목적을 벗어나 다른 선박 등의 항행 또는 입항 · 출항 등에 현저히 지장을 주는 행위

2. 선박 등이 항구·포구 내외의 수역과 지정된 항로에서 무리를 지어 장시간 점거하거나 항법상 정상적인 횡단방법을 일탈하여 다른 선박 등의 항행에 지장을 주는 행위
3. 임해 중요시설 경계 바깥쪽으로부터 1킬로미터 이내 경비수역에서 선박 등이 무리를 지어 위력적인 방법으로 항행 또는 점거함으로써 안전사고가 발생할 우려가 높은 행위

② 제1항에 따른 해상항행 보호조치에 관한 절차는 해양수산부령으로 정한다. 〈개정 2013.3.23〉

제14조(해상항행 보호조치 등) ① 해양경찰관은 경비수역에서 다음 각 호의 어느 하나에 해당하는 행위를 하는 선박 등의 선장에 대하여 경고, 이동·해산 명령 등 해상항행 보호조치를 할 수 있다. 다만, 외국선박에 대한 해상항행 보호조치는 연안수역에서만 실시한다. 〈개정 2013.8.13〉

1. 선박 등이 본래의 목적을 벗어나 다른 선박 등의 항행 또는 입항·출항 등에 현저히 지장을 주는 행위
2. 선박 등이 항구·포구 내외의 수역과 지정된 항로에서 무리를 지어 장시간 점거하거나 항법상 정상적인 횡단방법을 일탈하여 다른 선박 등의 항행에 지장을 주는 행위
3. 임해 중요시설 경계 바깥쪽으로부터 1킬로미터 이내 경비수역에서 선박 등이 무리를 지어 위력적인 방법으로 항행 또는 점거함으로써 안전사고가 발생할 우려가 높은 행위

② 해양경찰관은 경비수역(이 항에서 「개항질서법」에 따른 개항의항계안 등의 수역은 제외한다)에서 다음 각 호의 어느 하나에 해당하는 사유로 선박 등이 좌초·충돌·침몰·파손 등의 위험에 처하여 인

명 · 신체에 대한 위해나 중대한 재산상 손해의 발생 또는 해양오염의 우려가 현저한 경우에는 그 선박 등의 선장에 대하여 경고, 이동 · 피난 명령 등 안전조치를 할 수 있다. 다만, 외국선박에 대한 안전조치는 연안수역에서만 실시한다. 〈신설 2013.8.13〉

1. 태풍, 해일 등 천재(天災)
2. 위험물의 폭발 또는 선박의 화재
3. 해상구조물의 파손

③ 해양경찰관은 선박 등의 통신장치 고장 등의 사유로 제2항에 따른 명령을 할 수 없거나 선박 등의 선장이 제2항에 따른 명령에 불응하는 경우로서 인명 · 신체에 대한 위해, 중대한 재산상 손해 또는 해양오염을 방지하기 위하여 긴급하거나 불가피하다고 인정할 때에는 합리적으로 판단하여 필요한 한도에서 다음 각 호의 조치를 할 수 있다. 〈신설 2013.8.13〉

1. 선박 등을 안전한 곳으로 이동시키는 조치
2. 선박 등의 선장, 해원(海員) 또는 승객을 하선하게 하여 안전한 곳으로 피난시키는 조치
3. 그 밖에 대통령령으로 정하는 조치

④ 해양경찰관은 제3항에 따른 조치를 하려는 경우에는 선박 등의 선장에게 자신의 신분을 표시하는 증표를 제시하고 조치의 목적 · 이유 및 이동 · 피난장소를 알려야 한다. 다만, 기상상황 등으로 선박에 승선할 수 없는 경우에는 무선통신 등을 이용하여 자신의 신분 고지 등을 할 수 있다. 〈신설 2013.8.13〉

⑤ 해양경찰서장은 제3항제1호에 따른 이동조치와 관련하여 발생한 비용을 대통령령으로 정하는 선박 등의 소유자에게 부담하게 할 수

있다. 〈신설 2013.8.13〉
⑥ 제1항부터 제4항까지에 따른 해상항행 보호조치 등에 필요한 사항은 해양수산부령으로 정한다. 〈개정 2013.3.23, 2013.8.13〉
[제목개정 2013.8.13]
[시행일: 2014.2.14] 제14조

제15조(지원요청) ① 해양경찰관서의 장은 해양경비활동 중 긴급하게 지원이 필요한 경우에는 인근에 있는 행정기관에 선박 및 항공기 등의 지원을 요청할 수 있다.
② 제1항에 따른 지원요청을 받은 행정기관의 장은 정당한 사유가 없는 한 이에 따라야 한다.

제16조(해양경비 교육훈련) 해양경찰청장은 해양경비를 원활하게 수행하기 위하여 함정승조원 및 항공요원 등 경비인력에 대한 교육훈련, 함정 · 항공기 등을 이용한 종합훈련을 실시할 수 있다.

제3장 무기 및 장비 등의 사용

제17조(무기의 사용) ① 해양경찰관은 해양경비활동 중 다음 각 호의 어느 하나에 해당하는 경우에는 무기를 사용할 수 있다. 이 경우 무기사용의 기준은 「경찰관직무집행법」 제10조의4에 따른다.
1. 선박 등의 나포와 범인을 체포하기 위한 경우
2. 선박 등과 범인의 도주를 방지하기 위한 경우
3. 자기 또는 다른 사람의 생명 · 신체에 대한 위해(危害)를 방지하기 위한 경우
4. 공무집행에 대한 저항을 억제하기 위한 경우

② 제1항의 경우 선박 등과 범인이 선체나 무기 · 흉기 등 위험한 물건을 사용하여 경비세력을 공격한 때와 대간첩 · 대테러 작전 등 국가안보와 관련되는 작전을 수행하는 때에는 개인화기(個人火器) 외에 공용화기를 사용할 수 있다.

제18조(해양경찰장비 및 장구의 사용) ① 해양경찰관은 「경찰관직무집행법」 제10조제2항 및 제10조의2제2항에 따른 경찰장비 및 경찰장구 외에 다음 각 호의 어느 하나에 따른 경찰장비 및 경찰장구를 사용할 수 있다.

1. 해상검문검색 및 추적 · 나포 시 선박 등을 강제 정선, 차단 또는 검색하는 경우 경비세력에 부수되어 운용하는 경찰장비 및 경찰장구
2. 선박 등에 대한 이동 · 해산 명령 등 해상항행 보호조치에 필요한 경찰장비 및 경찰장구
3. 제1호 및 제2호에 따른 경찰장비 및 경찰장구 외에 정당한 직무수행 중 경비세력에 부당하게 저항하거나 위해를 가하려 하는 경우 경비세력의 자체 방호를 위한 경찰장비 및 경찰장구

② 제1항에 따른 경찰장비 및 경찰장구의 종류 및 사용기준은 대통령령으로 정한다.

제4장 보칙

제19조(협조요청) 해양경찰청장은 제7조제1호부터 제5호까지의 규정에 따른 해양경비활동을 하기 위하여 필요한 경우 관계 행정기관의 장에게 정보의 제공 등 협조를 요청할 수 있다.

제20조(경비수역 내 점용 · 사용허가 등의 통보) ① 해양수산부장관, 특별자치도지사 · 시장 · 군수 · 구청장(자치구의 구청장을 말한다. 이하 같다)은 경비수역

에서 「공유수면 관리 및 매립에 관한 법률」 제8조에 따른 공유수면 점용·사용허가를 하는 경우 제7조제1호부터 제5호까지의 규정에 따른 해양경비활동에 중대한 지장을 줄 것으로 인정할 때에는 해양경찰청장, 지방해양경찰청장 또는 관할 해양경찰서장에게 그 사실을 통보하여야 한다. 〈개정 2013.3.23〉

② 해양수산부장관은 「항만법」 제9조제1항에 따른 항만시설의 신설·개축(改築)·유지·보수 및 준설 등에 관한 공사를 시행하는 경우 제7조제1호부터 제5호까지의 규정에 따른 해양경비활동에 중대한 지장을 줄 것으로 인정할 때에는 해양경찰청장, 지방해양경찰청장 또는 관할 해양경찰서장에게 그 사실을 통보하여야 한다. 〈개정 2013.3.23〉

③ 해양수산부장관, 시·도지사 또는 시장·군수·구청장은 「어촌·어항법」 제23조제1항에 따른 어항개발사업을 시행하는 경우 제7조제1호부터 제5호까지의 규정에 따른 해양경비활동에 중대한 지장을 줄 것으로 인정할 때에는 해양경찰청장, 지방해양경찰청장 또는 관할 해양경찰서장에게 그 사실을 통보하여야 한다. 〈개정 2013.3.23〉

④ 시·도지사 또는 시장·군수·구청장은 「수산업법」 제8조에 따른 어업 면허를 하는 경우 제7조 각 호에 따른 해양경비활동과 관련이 있는 사항에 대하여는 관할 해양경찰서장에게 통보하여야 한다.

⑤ 제1항부터 제4항까지의 규정에 따른 구체적인 통보사항 및 절차는 해양수산부령으로 정한다. 〈개정 2013.3.23〉

제5장 벌칙

제21조(벌칙) 제14조제1항에 따른 이동·해산 명령을 거부, 방해 또는 기피한 자는 6개월 이하의 징역 또는 500만 원 이하의 벌금에 처한다.

제21조(벌칙) 제14조에 따른 이동·해산·피난 명령 또는 이동·피난 조치를 거부, 방해 또는 기피한 자는 6개월 이하의 징역 또는 500만 원 이하의 벌금에 처한다. 〈개정 2013.8.13〉
[시행일: 2014.2.14] 제21조

제22조(과태료) ① 제12조제1항에 따른 해상 검문검색을 정당한 사유 없이 거부, 방해 또는 기피한 자에게는 300만 원 이하의 과태료를 부과한다.
② 제1항에 따른 과태료는 대통령령으로 정하는 바에 따라 해양경찰청장이 부과·징수한다.

참고문헌

【Ⅰ】 국내문헌

1. 단행본

권영성, 『헌법학원론』, 법문사, 2003.

권영호 · 고헌환, 『해양경찰법』, 제주대학교출판부, 2010.

김남진, 『행정법Ⅰ』, 법문사, 2001.

______, 『경찰행정법』, 경세원, 2002.

______, 『행정법Ⅱ』, 법문사, 2002.

김도창, 『일반행정법론(하)』, 청운사, 1993.

김동희, 『행정법(Ⅱ)』, 박영사, 2005.

김명기, 『국제사법원론』, 법지사, 2003.

김상호 · 김형만 · 신현기 · 이영남 · 이종화 · 이진권 · 임준태 · 전돈수 · 표창원, 『경찰학개론』, 법문사, 2005.

김성수, 『개별행정법』, 법문사, 2004.

김영구, 『한국과 바다의 국제법』, 21세기북스, 2004.

김영환, 『경찰관련법규해설』, 현남, 2000

김인현, 『해상법』, 법문사, 2003.

김재광, 『경찰관직무집행법』, 학림, 2012.

김정건, 박덕영, 조소영, 『국제법 주요판례집』, 연세대학교출판부, 2006.

김철용, 『행정법Ⅱ』, 박영사, 2005.

______, 『행정법Ⅰ』, 박영사, 2006.

김철환, 『엣센스 국어사전』, 민중서림, 2012.

______, 『엣센스 한영사전』, 민중서림, 2012.

김춘환, 『행정법Ⅱ』, 조선대학교출판부, 2006.

김충남, 『경찰학개론』, 박영사, 2005.

김형만 · 김상호 · 박상주 · 신현기 · 이영남 · 이진권 · 이상열 · 이창무 · 임준태, 『경찰행정학』, 법문사, 2005.
노건상, 『오픈 열역학』, 태훈출판사, 2012.
박균성, 『행정법론(하)』, 박영사, 2007.
______, 『행정법강의』, 박영사, 2008.
박성일, 『신해사법규』, 해인출판사, 2007.
박윤흔, 『최신 행정법강의(하)』, 박영사, 2004.
______, 『행정법원론(하)』, 박영사, 2007.
박찬호 · 김한택, 『국제해양법』, 서울경제경영, 2011.
박평준 · 박창석, 『경찰행정법』, 고시연구사, 2004.
류지태, 『행정법신론』, 신영사, 2002.
서정범 · 김연태 · 이기춘, 『경찰법연구』, 세창출판사, 2012.
석낙양, 『프라임 영한사전』, 두산동아, 2012.
석종현, 『일반행정법(하)』, 삼영사, 2005.
손봉선 · 송재복, 『경찰조직관리론』, 대왕사, 2002.
손재영, 『경찰법』, 박영사, 2012.
신정현, 『정치학』, 법문사, 1998.
신창선, 『국제사법』, 피데스, 2006.
신현기, 『경찰조직론』, 법문사, 2007.
신호진, 『형법요론』, 한국서원, 2002.
양문승 · 신현기 · 김형만 · 이영남 · 이종화 · 이진권 · 임준태 · 전돈수 · 표창원, 『비교경찰제도론』, 법문사, 2003.
엄기찬, 『기계중심의 열역학』, 북스힐, 2011.
이명구, 『신행정법원론』, 대명출판사, 1997.
이병태, 『법률용어사전』, 법문북스, 2010.
이상규, 『신행정법론(下)』, 법문사, 1994.
이상안, 『신경찰행정학』, 대명출판사, 2001.
이상집 · 국승기 · 김길수 · 박상희 · 윤종휘 · 이은방 · 최석용, 『해양경찰학개론』, 한국해양대학교, 2006.

이영남 · 신현기, 『경찰조직관리론』, 법문사, 2003.
이운주, 『경찰학개론』, 경찰대학, 2001.
이재화, 『행정법의 쟁점』, 문영사, 1998.
이창원, 『새조직론』, 대영문화사, 1997.
이황우, 『경찰행정학』, 법문사, 2002.
이황우 · 조병인 · 최응렬, 『경찰학개론』, 형사정책연구원, 2001.
장태주, 『행정법개론』, 현암사, 2003.
정영석, 『해사법규강의』, 해인출판사, 2007.
정찬형, 『상법강의요론』, 박영사, 2006.
최영규, 『경찰행정법』, 법영사, 2007.
최종화, 『현대 국제해양법』, 두남, 2005.
한견우, 『현대 행정법강의』, 신영사, 2008.
허경미, 『경찰행정법』, 법문사, 2003.
해양경찰학교, 『일본해상보안청법 해설서』, 해양경찰청, 2007.
홍정선, 『행정법원론(하)』, 박영사, 2008.
_____, 『경찰행정법』, 박영사, 2010.

2. 보고서

고명석, "미국 Coast Guard 연구", 해양경찰청, 2005.
김성기, "미국해안경비대의 조직, 활동, 법집행에 대한 연구", 해양경찰청, 2004.
김장권, "경찰법", 현안분석 제13호, 국회도서관 입법자료분석실, 1990.
김진환, "해양범죄백서", 부산지방검찰청, 1997.
김현성, "통일과도기 치안수요예측과 경찰대응방안 연구", 치안연구소 연구보고서, 1998.
김형근, 해운, "해양경비법에 관한 법률 제정 공청회자료", 해양경찰청, 2010.
대검찰청, "서울중앙지방검찰청 업무현황", 2009년도 국정감사자료, 2009.
박경귀 · 이행숙 · 박정환 · 노경미, "해양경찰청 혁신 아젠다 수립 및 해양집행기능 효율화 방안", 한국정책평가연구원, 2004.
박상희 · 서정범, "경찰작용법제의 개선방안", 연구보고서 96-8, 한국법제연구원, 1996.

박수철, "해양경비법안 심사보고서", 국토해양위원회 전문위원, 2011.
박찬호, 수요자 및 유관기관, "해양경비법에 관한 법률 제정 공청회 자료", 해양경찰청, 2010.
서정범 · 이영돈, "경찰관직무집행법 개정방향에 관한 연구", 연구보고서 2003-05, 치안연구소, 2003.
안병준, "해양경비법에 대한 심의경과 보고서", 법제 통권 제636호, 법제처, 2010.
이병석, "대한민국 해경발전을 위한 위원장 제언", 국회 국토해양위원회, 2008.
이종열 · 박광국 · 주동범 · 이영철 · 김옥일 · 전태영 · MD. Sohel. Iqbal, "해양경찰의 효율적 조직체계에 관한 연구", (사)서울행정학회 · 인천대 위기관리연구센터, 2006.
조성한 · 홍준현 · 강정석, "21세기 신해양시대를 대비한 해양경찰 역량 강화방안", KIPA연구보고, 한국행정연구원, 1998.
한동훈 · 차현숙 · 신창훈, "해양경비에 관한 법률 하위법령 제정", 한국법제연구원, 2010.
해양경찰청, "2008년 성과관리시행계획", 2008.
홍준형 · 이상안 · 송인동 · 정순도, "경찰통합법에 관한 연구", 연구보고서 97-03, 치안연구소, 1997.

3. 논문

고영완, "경찰법제의 개선 및 통합에 관한 연구", 서울시립대학교 일반대학원 박사학위논문, 2009.
구형근, "한국경찰법상 일반적 수권조항", 「법학연구」, 제23집, 2006.
______, "경찰법상 위험방지에 관한 연구", 조선대학교 일반대학원 박사학위논문, 2006.
김경석, "일본의 해상보안청", 한국법제연구원, 2010.
김동욱, "중앙정부 조직개편 기능조정 연구", 「새정부를 위한 정부조직개편 연구세미나 발표논문」, 한국행정학회, 2003.
김인유, "편의치적선의 법적 지위", 「해사법연구」, 제20권 제3호, 2008.
김인현, "선박 국적부여조건으로서의 진정한 연계와 국제사회의 대응", 「해사법연구」, 제18권 제1호, 2006.

김재광, "경찰관직무집행법의 개선방안 연구", 한국법제연구원, 2003.

김재호, "경찰권의 한계", 「법학연구」, 제11집 제1호, 충남대학교 법학연구소, 2000.

김종구, "유엔해양법협약상 추적권 행사의 요건에 관한 고찰", 「2008년도 해양환경안전학회 춘계학술발표회 논문집」, 해양환경안전학회, 2008.

______, "해상에서 선박에 대한 영장 없는 수색과 압수", 「2009년도 해양환경안전학회 추계학술발표회 자료」, 2009.

김태진, "한국경찰법제의 개선방안에 관한 연구", 동아대학교 일반대학원 박사학위논문, 2001.

김 현, "한국해양경찰 기능의 재정립에 관한 연구", 전남대학교 일반대학원 박사학위논문, 2005.

김현기, "해상테러리즘의 본질과 실체(Ⅰ)", 「연맹회지 바다」, 11호, 대한민국해양연맹, 2005.

남장우, "회사법인격무시의 법리", 고려대학교 일반대학원 박사학위논문, 1996.

박귀보, "해양경찰의 조직 및 법제에 관한 연구", 동아대학교 경찰법무대학원 석사학위논문, 2005.

박상희, "해양경찰법제 정비의 기본방향", 「한국해양대학교 국제해양문제연구소 2006년 연례 학술심포지엄 자료」, 2006.

박주석, "경찰의 정보수집 작용에 관한 법적 연구", 서울시립대학교 일반대학원 박사학위논문, 2010.

손영태, "해양경찰의 국내 · 외 해양범죄 대응실태 및 개선방안에 관한 연구", 목포해양대학교 일반대학원 석사학위논문, 2009.

______, "해양경찰조직 관련 법제의 입법방향에 관한 고찰", 「동국대학교 비교법 연구」, 제11권 제2호, 2011.

송병호 · 최관, "국제성 해양범죄에 대한 해양경찰의 대응실태 고찰", 「경찰학연구」, 제6권 제3호 통권 12호, 경찰대학, 2006.

신용관, "공해에 있어서의 경찰권", 경찰고시사, 1970.

신학승, "정기용선계약 하에서 제3자 손해에 대한 책임분담에 관한 연구", 부산대학교 일반대학원 박사학위논문, 2011.

윤성의, "경찰관직무집행법상 경찰활동의 문제점과 개선방안에 관한 연구", 호남대학교 일반대학원 박사학위논문, 2008.

윤종휘 · 이은방 · 국승기 · 하민재 · 문정환 · 전다운, "한국민간해양구조단(KCG Aux) 설립에 관한 연구", 「2010년도 해양환경안전학회 추계학술발표회 자료」, 2010.

이강종, "한국 경찰위원회제도에 관한 연구", 동국대학교 일반대학원 박사학위논문, 2002.

이운주, "경찰법상의 개괄수권조항에 관한 연구", 서울대학교 일반대학원 박사학위논문, 2004.

이영남, "전략개념에 의한 경찰체제의 연구", 한국공안행정학회보 제3호, 1994.

임재연, "법인격부인론", 「법조」, 43권 8호(455호), 1984.

임준태, "경찰작용의 본질과 서비스 한계", 「한국경찰연구」, 제1권 제1호, 한국경찰발전연구회, 2002.

임채현, "국제법상 연안국 해양안보관할권에 관한 연구", 한국해양대학교 일반대학원 박사학위논문, 2008.

장영민 · 박기석, "경찰관직무집행법에 관한 연구", 한국형사정책연구원, 1995.

정경식, "공해에서의 경찰권과 그 한계", 「검찰」, 17, 대검찰청, 1969.

정하중, "독일경찰법의 체계와 한국 경찰관직무집행법의 개선방향(상)", 사법행정, 1994.

주동금, "국제법상 편의치적에 관한 연구", 연세대학교 일반대학원 박사학위논문, 1988.

한정갑, "공공질서의 확립을 위한 형사정책 개선방안에 관한 연구", 청주대학교 일반대학원 박사학위논문, 2008.

【Ⅱ】 외국문헌

1. 미국 등

Amitai Etzioni, *A Comparative study of complex Organization*, N.Y.: The Free Press, 1961.

Angelos M. Syrigos, "Developments on the Interdiction of Vessels on the High

Seas", David Freestone, et al., ed., The Law of the Sea, New York: Oxford University Press, 2006.

Barker, Joan C, Danger, "Duty and Disillusion", Prospect Heights, Illinois: Waveland Press, Inc, 1999.

Bayley, David H, Police For the Future, New York: Oxford University Press, 1994.

Bratton, William · Peter Knobler, Turnaround: How America's Top Cop Reversed the Crime Epidemic, New York: Random House, 1998.

Burdick H. Brittin, International Law for Seagoing Officers, 5th ed., US Naval Institute, 1986.

Daniel P. O'Connell, *The International Law of the Sea*, vol. 1, Clarendon Press, 1982.

Goetz, Volkmar, *Allgemeines Polizei-und Ordnungsrecht* 12. Aufl., 1995.

Greg Shelton, The United States Coast Guard's Law Enforcement Authority Under 14 U.S.C. 89: Smuggler's Blues or Boaters' Nightmare?, William and Mary Law Review Vol. 34, 1993.

Henry M. Wrobleski and Kären M. Hess, *Introduction to Law Enforcement and Criminal Justice*, Belmont, CA.: Wadsworth, 2000.

Holden, R.N, Modern Police Management, Englewood Cliffs, NJ: Prentice Hall Career and Technology, 1994.

James Q. Wilson, "What Makes a Better Policeman?" Atlantic, March 1969.

Ian Brownlie, Principles of Public International Law, 7th ed., Oxford University Press, 1999.

Jeremy Firestone & James Corbett, Maritime Transportation: A Third Way for Port and Environmental Security, Widener Law Symposium Journal Vol. 9, 2003.

John S. Dempsey, *An Introduction to policing*, N.Y.: West/Wadsworth Publishing Company, 1999.

John Webster, "Police Task and Time Study", Journal of Criminal Law, Criminology, and Police Science 61, 1970.

Joseph J. Senna and Larry J. Siegel, *Introduction to Criminal Justice*, Belmont, CA.: Wadsworth, 1999

Juliana Gonzalez-Pinto, Interdiction of Narcotics in International Waters, University of Miami International and Comparative Law Review Vol. 15, 2008.

Karmen, Andrew, New York Murder Mystery, New York: New York University Press, 2000.

Kurt Herndl, The Lotus, Encyclopedia of Public International Law, Vol. Ⅲ, North-Holland Publishing Company, Installment 2, 1997.

Megan Jaye Kight, Constitutional Barriers to Smooth Sailing: 14 U.S.C. §89(a) and the Fourth Amendment, Indiana Law Journal Vol. 72, 1997.

Mergen, Armand, *Die Kriminologie. Eine systematische Darstellung* 3. Aufl., 1995.

Molgan v. Attorney General for Palestine, Appeal Cases, 1948.

Roberg/Kuykendall, Police & Society, Belmont, CA.: Wadsworth Publishing Co., 1993.

Robert Lilly, What Are the Police Now Doing? Journal of Police Science and Administration 6, 1978.

Samuel Walker and Charles M. Katz, *The Police in America*, N.Y.: McGraw-Hill, 2002.

Stephen H. Evans, The United States Coast Guard 1790-1915, Reviewed by Henry L. Roberts, 1950.

Talcott Parsons, *Structure and Process in Modern Societies*, Glencoe, Ill.: The Free Press, 1960.

Wilson, James Q, "Dilemmas of Police Administration", Public Administration Review (Sep/Oct), American Society of Public Administration, 1968.

Wolf-Rüdiger Scenke, Polizei-und Ordnungsrecht, C.F. Müller Verlag, 2002.

2. 일본

日本 海上保安庁,『海上保安白書』, 2011.

____________,『海上保安白書』, 2012.

柿谷哲也,『海上保安庁 装備』のすべて, ソフトバンク クリエイティブ株式會社, 2012.

山本草二,『海上保安法制』, 三省堂, 2009.

【Ⅲ】 기타

1. 행정간행물

경찰청, 『경찰백서』, 2011.

______, 『경찰백서』, 2012.

법무연수원, 『범죄백서』, 2011.

해양경찰청, 『해양경찰백서』, 2009.

__________, 『해양경찰백서』, 2011.

__________, 『해양경찰백서』, 2012.

__________, 『국제해양법 실무서』, 2011.

2. 홈페이지

가. 국내 홈페이지

http://www.police.go.kr(경찰청)

http://www.naver.com(네이버검색사이트)

http://likms.assembly.go.kr(대한민국국회 의안검색시스템)

http://seapower.or.kr(대한민국해양연맹)

http://www.law.go.kr(법제처)

http://www.kapa21.or.kr(한국행정학회)

http://www.kcg.go.kr(해양경찰청)

나. 국외 홈페이지

http://www.mlit.go.jp(국토교통성)

http://www.gpo.gov(미국연방인쇄국)

http://www.uscg.mil(미국해안경비대)

http://www.kaiho.mlit.go.jp(일본해상보안청)